Politische Eintheilung des Österreichischen Kaiserreiches.

12206¾ Quadrat Meilen, 36,500,000 Einwohnern.

BÖHMEN.
Prag.

Kreise.

1. Rakonitzer
2. Berauner
3. Kaurzimer
4. Bunzlauer
5. Bidschower
6. Koniggrätzer
7. Chrudimer
8. Czaslauer
9. Taborer
10. Budweiser
11. Prachiner
12. Klattauer
13. Pilsner
14. Elbogner
15. Saazer
16. Leitmeritzer

Prag mit ihrem Gebiete.

MAEHREN und SCHLESIEN.
Brünn.

Kreise.

1. Brünner
2. Olmützer
3. Iglauer
4. Znaimer
5. Hradischer
6. Preraner

Schlesien.

7. Troppauer
8. Teschener

OESTERREICH
Unter-
Wien.

Viertels.

1. U. Wienerwald
2. O. Wienerwald
3. U. Manhartsb.
4. O. Manhartsb.

Ober
Linz.

5. Mühlviertl
6. Traunviertl
7. Hausruckviertl
8. Innviertl
9. Salzburg

STEIERMARK.
Grätz.

Kreise.

1. Grätzer
2. Marburger
3. Cillyer
4. Brucker
5. Judenburger.

ILLIRIEN.
Gub. Laibach.
Laibach.

Kreise.

1. Laibacher
2. Neustädtler
3. Adelsberger
4. Klagenfurter
5. Villacher.

Gub. TRIEST.
Triest.

6. Görzer
7. Mitterburger v. Istrien

Freihafen von Triest mit seinem Gebiete.

TIROL.
Innsbruck.

Kreise.

1. Ober-Innthaler
2. Unter-Innthaler
3. Pusterthaler
4. An der Etsch
5. Trienter
6. Roveredaner
7. Bregenzer oder Vorarlberger.

LOMBARDIE.
Mailand.

Provinzen.

1. Mailand
2. Como
3. Sondrio oder Veltlin
4. Pavia
5. Lodi
6. Bergamo
7. Brescia
8. Cremona
9. Mantua

VENEDIG.
Venedig.

Provinzen.

1. Venedig
2. Verona
3. Polesina oder Rovigo
4. Padua
5. Vicenza
6. Belluno
7. Treviso
8. Friauler oder Udine

DALMATIEN.
Zara.

Kreise.

1. Zara
2. Spalato
3. Ragusa
4. Cattaro

GALIZIEN.
Lemberg.

Kreise.

1. Wadowitzer
2. Bochnier
3. Sandecer
4. Jasloer
5. Tarnower
6. Rzeszower
7. Sanoker
8. Samborer
9. Przemysler
10. Zolkiewer
11. Lemberger
12. Zloczower
13. Tarnopoler
14. Brzezaner
15. Stryer
16. Stanislawower
17. Czortkower
18. Kolomeer
19. Czernowitzer o. Bukowina.

UNGARN.
Ofen.

Comitate

Jenseits der Donau.

1. Wieselburger
2. Ödenburger
3. Raaber
4. Comorner
5. Stuhlweissenb.
6. Vesprimer
7. Eisenburger
8. Szalader
9. Simegher
10. Tolnaer
11. Baranyaer.

Diess. der Donau.

12. Bácser
13. Pesther
14. Neograder
15. Sohler
16. Honther
17. Graner
18. Barser
19. Neutraer
20. Pressburger
21. Trentschiner
22. Turoczer
23. Árvaer
24. Liptauer.

Dies. der Theiss.

25. Zipser
26. Gomorer
27. Heveser
28. Borsoder
29. Tornaer
30. Abaujvarer
31. Saroser
32. Zempliner
33. Unghvarer
34. Bereghev.

Jenseits der Theiss.

35. Maroser
36. Ugocser
37. Szathmarer
38. Szabolcser
39. Biharer
40. Bekeser
41. Csongráder
42. Csanader
43. Arader
44. Krassóer
45. Temeser
46. Torontaler
47. Zarander
48. Krasnaer
49. Mt. Szolnoker
50. Kovarer D.

Slavonien.

51. Syrmien
52. Veroczer
53. Poseganer

Croatien.

54. Kreutzer
55. Warasdiner
56. Agramer.

Besondere Districte.

A. Jazygien
B. Gross-) Kumanien
C. Klein-) Kumanien
D. Heid. Städte
E. Ung. Litorale.

SIEBENBÜRGEN.
Land
der Ungarn.

Comitate.

1. Hunyader
2. Inn-Szolnoker
3. Dobokaer
4. Klausenburger
5. Thorenburger
6. Kokelburger
7. Unterweissenburger
8. Oberweissenb.

A. Fogaraser Distrikt,

der Szekler

9. Aranyoser
10. Maroser
11. Udvarhelyer
12. Csiker
13. Haromszeker,

der Sachsen.

Stühle

14. Repser
15. Schäsburger
16. Gross-Schenker
17. Mediascher
18. Leschkirchner
19. Hermannstädter
20. Reismarkter
21. Mühlenbacher
22. Brosser

B. Bistritzer
C. Kronstädter.

Militair-Grenze.

Vereintes Kroatisches Generalat.

Regimente.

1. Liccaner
2. Ottochaner
3. Oguliner
4. Szluiner
5. Kreutzer
6. St. Georger
10. I. Banal
11. II. Banal.

Slavonisches Generalat.

7. Broder
8. Gradiskaner
9. Peterwardeiner

CB. Czajkisten

Banater Generalat.

Regimente.

12. Deutsch Banat.
13. Wallach. Banatisches
14. Illyr. banat. Bataillon.

Siebenb. Militär-Generalat.

Regimente.

15. 1. Szekler
16. 2. "
17. 1. Wallach.
18. 2. "
19. Szekler Hus.

1841.

Kaiser Franz Joseph I. und seine Zeit

Anton Graf Bossi Fedrigotti

Kaiser Franz Joseph I. und seine Zeit

RINGIER

Gedruckt in der Schweiz bei C. J. Bucher AG, Luzern
ISBN 3 85859 087 8

Inhalt

H. Ströhl

Vorwort

Wie weit ist es – angesichts des bereits darüber beschriebenen und gedruckten Papiers – heute überhaupt noch statthaft, über Kaiser Franz Joseph ein Buch zu schreiben? Nun, ein sicherlich sehr stichhaltiger Grund ist die unbezweifelbare Tatsache, daß der Kaiser und seine Zeit momentan – und wenn nicht alles täuscht, auch noch für eine Weile – zum bevorzugten Interessengebiet einer Generation gehört, die als »Nachgeborene« nur noch die Denkmäler dieser Epoche wahrnehmen, nicht mehr jedoch sich all das vergegenwärtigen können, was diesen Monumenten und Überresten einst Leben und Sinn eingehaucht hat.

Die Faszination dieser Zeit mag in ihrem äußeren Glanz liegen, in der Größe und Weite der Verhältnisse und schließlich auch in einer für uns heute fast nicht mehr vorstellbaren, scheinbaren Wertbeständigkeit in geistiger und materieller Hinsicht. Vielleicht, daß darin aber auch so etwas wie ein Heimweh nach einem Europa mitschwingt, das sich damals zu Recht als Mittelpunkt des Erdballes fühlen durfte, dessen Möglichkeiten unbegrenzt schienen und dessen funkelnde Lichter dann so jäh und unwiederbringlich erloschen.

Für den Autor, Graf Bossi Fedrigotti, liegt das Problem weniger in dem »Was« als in dem »Wie«, in der Art wie er den ungeheueren Stoff zu raffen, die Akzente zu setzen und das, was er für bedeutsam hält, seinem Leser klar und übersichtlich darzulegen vermag.

Und schließlich der Leser? Was enthält dieses Buch für ihn an Besonderheiten, die es von anderen unterscheidet? Vielleicht dies: der Autor ist weniger forschender Historiker, der sein Material reproduziert, sondern er ist durch Familie, Tradition und eigenes Erleben, im weitesten Sinne Zeuge, ja Augenzeuge des von ihm geschilderten Geschehens. Verständlich, daß er sein Anliegen mit jener Anteilnahme schildert, die nur das Miterleben letztlich hervorrufen kann. Damit wird aber nicht nur Geschichte erzählt, sondern die Erzählung selbst wird Geschichte; Tradition, wenn man dieses Wort gebrauchen will.

Legenden, Mayerlingenthüllungen und Filme über das gesellschaftliche Leben und Offiziersmilieu prägten bislang das Bild der Vielvölkermonarchie. Wer nicht die Zeit findet, sich mit der authentischen Forscher- und Biografenliteratur zu beschäftigen, wird daher zu einer Schilderung greifen, die ihm in geraffter und doch anschaulicher Form das Zeitalter vor Augen führt. Dabei soll gerade das Bild einen Gesamteindruck über die Regierungszeit des »alten Kaisers« vermitteln. Die Kennzeichnung »alt« ist hier mit Absicht gewählt, weil Franz Joseph I. in der Vorstellung der zeitgenössischen, wie der späteren Generationen fast immer als der »alte Herr« erscheint. Obwohl das im Spiegel seiner Regierungszeit, der damit zusammenhängenden Ereignisse für seine Person und für seine Handlungen keineswegs zutrifft; stand er doch, wie alle seine Zeitgenossen, unter dem Einfluß einer Zeit, die aus der Selbstgefälligkeit des Biedermeier hinüberwechselte zum Untergang einer Welt, deren Ordnung von der historisch-traditionellen, wirtschaftlichen, technischen und der sozialen Struktur zum Einsturz gebracht wurde.

Daß er selbst vielfach den Hebel an Veränderungen anlegte, die den Wechsel einleiteten, ist ihm als Verdienst anzurechnen. Wie man andererseits an seinem Widerstand gegen das Aufgeben hierarchischer Einrichtungen Kritik üben muß.

Um das Buch in der vorliegenden Form zu gestalten, bedurfte es der Mitwirkung von Persönlichkeiten, denen sich der Autor zu besonderem Dank verpflichtet fühlt. Besonders seien hier genannt: Der Direktor des Heeresgeschichtlichen Museums in Wien, Dr. Christoph Freiherr von Allmayer-Beck, der Direktor des Bildarchivs und der Portraitsammlung der Österreichischen Nationalbibliothek, Wirkl. Hofrat Dr. Walter G. Wieser, seine Mitarbeiterin, Dr. Brigitta Freiin von Zeßner-Spitzenberg, ganz besonders aber der Wissenschaftliche Oberrat Dr. Othmar Tuider von der Militärwissenschaftlichen Abteilung des Bundesministeriums für Landesverteidigung in Wien, wie auch der Referent für Truppenbetreuung beim Militärkommando Wien, Professor Walther Jary. Ihre Mitarbeit erscheint eine Gewähr dafür, daß dieser Bildband neue und nachhaltige Kenntnisse über das Zeitalter Kaiser Franz Josephs vermitteln wird.

Dr. Joh. Chr. Allmayer-Beck
Direktor des Heeresgeschichtlichen Museums, Wien.

Anton Graf Bossi Fedrigotti
Lohwinden (Wolnzach) bei München, im Oktober 1978

Im Dämmer des Biedermeier - der Vormärz

Wien 1830! – Noch erscheint der Lebensstil dieser Stadt bestimmt von der Harmonie und Anmut des Biedermeier. Nicht nur in den Salons des Adels und der angesehenen Bürgerfamilien ist etwas von der Atmosphäre jenes Kongresses von 1815 zurückgeblieben, dessen Verlauf Feste und Belustigungen eindrucksvoller prägten, als es die Konferenzen der Staatsmänner vermochten. Auch in den Kreislerläden und Heurigenschänken der Vorstädte lebt man noch von der Vorstellung, daß diese Stadt unter den Städten Europas den ersten Rang einnimmt.

In Wien geboren zu sein, gilt sozusagen als ein vom Hergott zugestandenes Vorrecht. Man sonnt sich im milden Licht jener Verklärung, in dem sich noch »das Ebenmaß der klassischen Goethezeit spiegelt«, und welche andere Stadt hat einem Genius Beethoven eine Heimstatt geboten? Wo anders, als in der Kaiserstadt an der Donau, vermochte der Umgang mit den Wienern das Fluidum, in welchem sich die Symbole einer Ehrfurcht gebietenden Vergangenheit mit dem von den Bürgern dieser Stadt verkörperten Stil vereinigten, einen Geist von der Empfänglichkeit eines Beethoven fruchtbarer beeinflussen? Bilden doch »Fidelio«, weit mehr aber das Erlebnis der Erstaufführung der »Neunten« noch jetzt, drei Jahre nach dem Tode des Meisters, das Tagesgespräch.

Erfüllt die Erinnerung an Beethoven die Wiener mit Ehrfurcht und Genugtuung, so geht ihnen beim Namen »Schubert« das Herz auf. Ist er doch der »weanerischste« unter den Meistern der Tonschöpfung. Genau ein Jahr nach Beethoven ist auch der »Schubert Franzl« gestorben. Aber seine Melodien bleiben weiter lebendig, so, als säße er wieder mitten unter ihnen und horche mit gerunzelter Stirn nach einem Nachbarfenster hinüber, hinter dem eine Frauenstimme eines seiner Lieder anstimmt.

Dann ist da auch der Lanner! Jeden Sonntag ziehen ganze Karawanen, Familienväter mit der Frau, den Söhnen und Töchtern, alte und junge Ehepaare, Feschaks mit ihren Madln in Schutenhütchen und Reifröcken hinaus zum Paradiesgartl oder nach Hietzing, zum Sperl, um den Lanner sein Orchester dirigieren zu sehen. Und auch der sechsundzwanzigjährige Johann Strauß schwingt bereits probeweise vor der Kapelle des 1. Bürgerregiments den Taktstock. Man weiß auch, daß der junge Franz Liszt hie und da von Ödenburg herüberkommt, seitdem ihn sein Vater dem großen Beethoven vorgestellt hat. Wie man es überhaupt als selbstverständlich hinnimmt, daß sich in Wien nach einem Gluck, einem Mozart, einem Haydn, Beethoven und Schubert berühmte Komponisten ein Stelldichein geben und man in der Stadt auch den bekanntesten Interpreten ihrer Schöpfungen begegnet.

Wien ist anno 1830 nicht allein der Schauplatz glanzvoller Auftritte aus den Bereichen des Gesanges und der Musik. Was von seinen Bühnen ausgeht, gleicht vom Sonnenlicht angeleuchteten Wolken, deren milder, strahlender Glanz die Weite des Weltraumes mit einem Schleier bezaubernder Melodien umhüllt. Auf den Sprechbühnen spielt man Grillparzers »Sappho«, »Die Ahnfrau« und das »Goldene Vließ«, man streitet in den Zirkeln über die Versuche des Dichters, in seinen Bühnenstücken den Abschluß der alten und das Heraufdämmern einer neuen, der Romantik abgewandten Epoche aufzuzeigen, bekennt sich aber trotzdem ungeteilt zur vaterländischen Aussage des Österreichers Grillparzer in dessen Werken. Anno dreißig wird Johann Nestroy in seiner Volkstümlichkeit noch von der Beliebtheit Ferdinand Raimunds überschattet. Das Abschiedslied in »Alpenkönig und Menschenfeind«: »So leb' denn wohl, du stilles Haus« wirkt nicht allein auf die Stimmung poetisch veranlagter Gemüter, es vermag sogar kühler empfindende Zeitgenossen einzufangen. Schon damals hielten zwei dunkel gekleidete Herren zwei Plätze im Hintergrund des Zuschauerraumes besetzt, deren zylinderförmige Hüte mit den glänzenden Doppelschnallen draußen in der Garderobe die Zugehörigkeit ihrer Träger zur Staatspolizei des Präsidenten Graf Sedlnitzky erkennen ließen. Die Zensoren schienen blind gewesen zu sein oder wollten es, damals wenigstens, nicht bemerkt haben, wie Raimund in der Figur des Königs Tutu die Schlafmützigkeit gewisser k.k. Behörden anprangerte.

Die Monarchie, eine von Gott gewollte Ordnung!

Doch auch die schönen Wienerinnen haben ihre Gesprächsstoffe, besonders seit dem Fasching des Neunundzwanziger-Jahres. Da ist getanzt, »geschnast« und geflirtet worden, auch »bei Hof«! Unter den Tänzern, welche dort die Aufmerksamkeit der Damenwelt auf sich zogen, war ein erst neunzehnjähriger Offizier. Seine schmucke weiße Uniform, die noble Art seines Auftretens, die Eleganz seiner Haltung, verursachten stets ein lebhaftes Flüstern hinter vorgehaltenen Fächern. Der junge Mann ist der Herzog von Reichstadt, Sohn Napoleon I. und dessen österreichischer Gemahlin Marie Louise, der von seinem Vater als Napoleon II. zum »König von Rom« erhoben worden war und nach dem Zusammenbruch des Empire mit seiner Mutter an den Wiener Hof zurückgekehrt war. Die Frau, zu der er sich in jugendlicher Schwärmerei besonders hingezogen fühlt, ist Erzherzogin Sophie, ihr gewährt er ab und zu Einblicke in seine Gedanken. So während eines Auftrittes des Burgschauspielers Maximilian Korn in der Rolle eines französischen Generals: »So waren wir! Wenn wir nur noch so wären!«

Diese Frau, die ein Affären witternder Gesellschaftsklatsch mit dem Herzog von Reichstadt in Verbindung bringt, bekennt sich vorbehaltlos zu Wien und Österreich. Sophie, die Tochter des Königs Max Josef von Bayern ist seit dem 4. November 1824 Gemahlin des zweiten Sohnes von Kaiser Franz I., des Erzherzogs Franz Karl. Sie gilt zwar nicht als ausgesprochen hübsch, besitzt aber einen ansprechenden Charme und eine »wohlgerundete« Gestalt (Corti). Ganz im Sinne der damals populären katholischen Romantik erzogen, fromm,

Franz I., 1804 – 1835 Kaiser von Österreich. Als Franz II. war er von 1792 bis 1806 der letzte Kaiser des »Heiligen Römischen Reiches Deutscher Nation«. Die Österreicher nannten ihn den »Guten« (links).

willensstark und sittenrein, sieht sie in den Vorrechten des monarchischen Systems eine von Gott gewollte Ordnung. Kaiser Franz I. hatte in vierter Ehe die Tochter Max Josefs, Charlotte, geheiratet. Nachkommen besaß er bisher nur aus seiner zweiten Ehe mit einer Tochter des neapolitanischen Königspaares. Sein ältester Sohn, Ferdinand, leidet an Epilepsie und ist geistig äußerst labil. Nach den habsburgischen Hausgesetzen steht ihm trotzdem das Recht der Nachfolgeschaft seines Vaters zu. Dies, obwohl die anderen Geschwister aus der zweiten Ehe Franz I. keinerlei Krankheitssymptome zeigen. Der jüngere Bruder Ferdinands, Erzherzog Franz Karl, der Gemahl der Erzherzogin Sophie, ist ein nicht besonders intelligenter, aber gutmütiger und von jeglichem Standesdünkel und Ehrgeiz unbelasteter Prinz. Sein Hauptinteresse gilt der Jagd, er hat viel für ein unbeschwertes Familienleben übrig und findet wenig Interesse an der Politik. Daß er eines Tages die Nachfolgeschaft seines kranken Bruders antreten würde, hält er angesichts der Bestimmungen der habsburgischen Hausgesetze für ziemlich ausgeschlossen.
Die persönliche Lebenshaltung des Kaisers und die seiner Familie hielt sich in beinahe bürgerlich zu nennenden Grenzen.
Franz der Erste ist durchaus beliebt. Man verehrt ihn, verkörpert er doch in seiner Person das deutsche Schicksal während eines Vierteljahrhunderts. Die Erschütterungen der französischen Revolution, die Koalitionskriege, das Ringen mit Napoleon, Österreichs alleiniger Opfergang für Deutschland von 1809 und sein entscheidender Entschluß von 1813, an die Seite Rußlands und Preußens zu treten, hatten die Persönlichkeit des letzten Trägers der Krone des Heiligen Römischen Reiches Deutscher Nation und ersten Kaisers von Österreich geprägt. Gewiß, Franz I. besaß nicht die persönliche Ausstrahlung seiner Brüder, wie jene des erfolgreichen Feldherrn und Siegers von Aspern, Erzherzog Karl, oder des volkstümlichen Gatten der Postmeisterstochter Anna Plochl, Erzherzog Johann. Auch nicht jene des Palatins von Ungarn, Erzherzog Joseph. Was Franz I. kennzeichnet ist das Ungekünstelte seines Auftretens, das ihn beim Volk populär macht. Weshalb es ihm auch die Bezeichnung »guter Kaiser Franz« zubilligt. Nachdem niemand, auch keiner der Brüder des Kaisers, an der Nachfolgeschaft Ferdinands auf den Thron rüttelt, hat Sophie die Vorstellung, selbst einmal Kaiserin zu werden, aus dem Bereich des vorerst Möglichen ausgeschlossen. Um dafür umso umsichtiger die Thronfolge eines eigenen Sohnes ins Auge zu fassen. Ein Sohn – das heißt aber auch seine Empfängnis der Intimität der Ehebetten zu entreißen und sie den Zielen des das Staatsschiff lenkender Fürsten Clemens Metternich einzuordnen. Wo gab es in diesem Staat überhaupt einen Beschluß von politischer Bedeutung, dem nicht das »placet« des Staatskanzlers vorangegangen war? Sich mit ihm gut zu stellen, erscheint nicht allein als ein Gebot der Vernunft, es erfordert auch die Taktik, wenn man Ziele verfolgt, die man nicht mit jedermann zu erörtern braucht.

Der Verwaltungsstaat des Fürsten Metternich

Freilich, die vom Fürsten Metternich zum Leitgedanken seiner Politik erhobene »Staatsidee« entbehrt in diesem Jahr 1830 bereits mehr und mehr aller Romantik. Vom Grundgedanken ausgehend, jede Auslegung des Freiheitsgedankens nach dem Beispiel der französischen Revolution und ihrer Folgen entschieden zu bekämpfen, um neue Erschütterungen in Europa auszuschließen, sieht der Kanzler nach wie vor im Bündnis der Siegermächte, der sogenannten heiligen Allianz, die Garantie eines Friedensbundes der Völker nach den Prinzipien des Christentums und des monarchischen Gottesgnadentums. 1830 heißt der »Kutscher Europas« noch immer Metternich. Lenkt er doch auch die Beschlüsse des Deutschen Bundes in Frankfurt, wo er versucht, die Vormachtstellung des Hauses Habsburg gegenüber dem wieder erstarkenden Preußen, wie vor anderen deutschen Bundesstaaten zu verankern. Innenpolitisch bleibt sein Augenmerk auf die strikte Beibehaltung der von ihm vertretenen Grundsätze einer dem Willen des Monarchen angepaßten Ordnung gerichtet. Die von altersher in Österreich bestehenden Landstände und Landtage entbehren nach wie vor jeder nur andeutungsweise erkennbaren Volkssouveränität. Schlimm ist es auch um den Bauernstand in weiten Teilen des Staates bestellt. Trotz Aufhebung der Leibeigenschaft durch Josef II. lebt ein großer Teil der Landbevölkerung, vor allem in Böhmen und Galizien, in Abhängigkeit und Zinsverpflichtung vom Großgrundbesitz. In den Städten mehren sich allerdings seit einigen Jahren die Anzeichen eines nicht nur schwelenden, sondern regsamer werdenden Widerstandes aus den Reihen des Bürgertums, das vor allem in den auswärtigen Provinzen des Staates auch in den Volksmassen Anhänger findet. Allen voran in Italien, dort haben die Patrioten den Gedanken einer Einigung

aller Italiener unter einer Fahne, nach der Auflösung des von Napoleon I. ins Leben gerufenen Vizekönigreiches Italien, zum nationalen Glaubensbekenntnis erhoben. Auch die Magyaren zeigen sich im zunehmendem Maße widerspenstig. Seit sie 1825 die Wiedereröffnung ihres Reichstages erzwungen haben, mehren sich unter ihnen die Stimmen, die eine Änderung des bestehenden Status verlangen. Doch weder die magyarische, noch die polnische, aber auch die böhmische Herrenschicht erklärt sich zu einschneidenden Zugeständnissen an das Landvolk bereit. In Böhmen gibt es zwar noch kein tschechisches Problem, doch lassen sich auch dort bereits Kräfte erkennen, die in der Wiederbelebung der tschechischen Sprache ein Grundelement für die Verkündigung eines nationalen Gedankens sehen. Auch unter den Südslawen kann man ähnliche Regungen feststellen. Völlig veraltete Einrichtungen weisen die geistigen Zentren des Landes, die Universitäten, auf. Um hier jeden Ruf nach Freiheit der Anschauungen oder nach Fortschritt auszuschalten, werden Lehrer und Studentenschaft überwacht. Welch groteske Auswüchse das annimmt, zeigt das Vorgehen der Polizei gegen den Erfinder der Schiffsschraube, Josef Ressel. Dieser hatte seine Erfindung in Triest vorgeführt und wurde deshalb als »Projektemacher« gemaßregelt. Auch wurde ihm jede weitere Erfindertätigkeit untersagt. Was dazu führte, daß kurz darauf England seine Erfindung auswertete. Es nimmt beinahe Wunder, daß man nicht auch die Ingenieure der eben fertiggestellten Stilfserjochstraße oder die Erbauer der neuen Pferdeeisenbahn von Prag nach Lana als verdächtig beschattet. Bei den Behörden sind es zum Teil kleine Beamte, die, wie Metternich später selbst sagt, »den Staat verwalten«, statt seine Belange zu fördern. Erblicken sie doch in der Erhaltung seiner absoluten Autorität eine Art Selbstbestätigung. Gerade ihr Vorgehen führt in den fremdsprachigen Provinzen des Kaiserreiches, in der Lombardei, in Venetien und in Galizien, zu offenen Anfeindungen. Man bezeichnet sie dort als Vollstrecker einer landfremden Staatsmacht.
Selbst in den Erblanden finden sich sogar Adelige, die gemeinsam mit staatstreuen Bürgern ihrer Empörung über die Schnüffeleien der Behörden Ausdruck verleihen und sich auch bei der Erzherzogin Sophie darüber beschweren. Diese allerdings zeigt sich Metternich gegenüber weiterhin respektvoll und höflich. Sophie beeindruckt die ausgesuchte Liebenswürdigkeit, mit der der Kanzler ihrem Gatten Franz Karl entgegenkommt. Wo sie doch genau weiß, daß er es war, der einer möglichen Thronfolge ihres Mannes anstelle Ferdinands beizeiten einen Riegel vorgeschoben hatte. Ein noch so gutmütiger wie auch politisch wenig erfahrener Kaiser Franz Karl hätte immerhin eines Tages eigene Ideen und Erfahrungen ins Spiel bringen und dem Staatskanzler widersprechen können. Ein labiler Ferdinand ließ sich vom Ballhausplatz her hingegen leicht lenken. Er bedeutete keine Gefahr für ein Imperium Metternich. Wie sich nach dem Tode Franz I. herausstellen wird, weiß der Fürst den Monarchen noch bei Lebzeiten so zu beeinflussen, daß sein künftiges Einwirken auf Ferdinand sogar im Testament des Kaisers verankert wird. Anders freilich verhält es sich mit einem Sohn Franz Karls. So lange die Aussicht auf Nachkommenschaft beim Kronprinzen ausgeschlossen erscheint, hat der erste Sohn Sophies alle Chancen, eines Tages Kaiser zu werden. Um sich nun bereits beizeiten Einfluß auf die Erziehung eines künftigen Kaisers und Sohnes Franz Karls zu sichern, sucht Metternich die Freundschaft ihres Gatten.
Ein Sohn also! – Dieser Gedanke formt sich zu einer einzigen Vorstellung! Ein Bub auf ihrem Schoß, der sie aus strahlenden Augen anlacht!

Erzherzogin Sophie – eine junge Mutter kämpft um einen Sohn!

Auch Kaiser Franz I. erwartet unter dem Eindruck der Tragik, welche die Person seines Ältesten umschattet, »sehnsüchtig«, wie der Chronist sagt, »den Kindersegen«, mit dem seine Schwiegertochter Sophie die Nachkommenschaft des Erzhauses sichern soll. Seine Hoffnungen scheinen sich zu erfüllen, als ihm Ende Juli 1826 berichtet wird, Erzherzogin Sophie sehe Mutterfreuden entgegen. Eine »fausse couche« zerstört alle Erwartungen. Die Folgen sind nicht allein eine gesundheitliche Schwäche, sondern auch eine tiefgreifende Depression. Sophies zäher Wille überwindet beides. Sie bleibt auch Siegerin, denn bereits im Juni des darauffolgenden Jahres fühlt sie sich erneut in der Hoffnung. Auch Kaiser Franz zeigt sich besonders erfreut, ist das junge Paar doch bereits drei Jahre verheiratet, weshalb zu erwarten wäre, daß es Zeit wird, seinem Reich die Geburt eines Enkels zu verkünden.
Doch wieder versagt das Schicksal der jungen Gattin Erzherzog Franz Karls das so sehr herbeigewünschte Mutterglück.

Wien 1830 – Noch erscheint die Stadt vom Biedermeier geprägt.

Sophie vermag den Schlag kaum zu verwinden. Aber sie nimmt alle Kräfte zusammen, zumal die Ärzte erklären, ihre gesundheitliche Verfassung wäre ausgezeichnet und es läge nur an einer örtlichen Schwäche, die es ihr bisher versagt habe, ein Kind zur Welt zu bringen. Man verordnet ihr den Besuch von Bädern – sie unterzieht sich auch gehorsam den Kuren, sie wäre aber nicht eine resolute Tochter ihrer bayerischen Heimat, wenn sie trotz der seelischen Belastung nicht weiter an dem Ziel festhielte. Dazu gehört nach ihrer Meinung auch die Stellung ihres Mannes außerhalb der Familie. Auf die Jagd gehen, sich loyal mit den »Leuten« unterhalten, aber den brennenden Problemen des politischen Alltags einfach aus dem Wege gehen, das reicht für den Gatten einer Erzherzogin Sophie auf die Dauer nicht aus. Sie spricht mit dem Kaiser, ja sie tut es sogar wiederholt und erreicht, daß Franz I. seinen Sohn tatsächlich in den Staatsrat beruft. Bevor er daran teilnimmt, stärkt sie mit fraulicher Raffinesse sein Selbstbewußtsein und zeigt sich sehr glücklich, als sie erfährt, daß sein erstes Auftreten im Staatsrat Anerkennung gefunden habe.

Sie selbst leidet unter der inneren Spannung, die sie zwischen Hoffnung und beklemmender Sorge hin- und herzerrt. Besonders nachdem sich im Februar 1829 wieder eine bevorstehende Schwangerschaft anzumelden schien. Ihre Enttäuschung darüber, daß sie sich als Irrtum herausstellt, verbirgt sie durch häufiges Auftreten während der Hoffeste und oftmaliges Erscheinen im Theater. Rossinis »Tancred« mit der Pasta, »Fiesco«, aber auch erheiternde Aufführungen im Theater auf der Wieden stehen während dieses Winters auf den Theaterzetteln. Auch fehlt Fränzchen Reichstadt fast niemals in ihrer Loge.

Dann wieder, im Verlaufe so mancher schlaflosen Nacht, bohrt die bange Sorge weiter in ihr. Sie erfährt von neuerlichen, besonders schweren Anfällen des Kronprinzen Ferdinand und von Äußerungen des Kaisers, daß er alle Hoffnungen in sie setze. Ihn zu enttäuschen, nein, das wäre nicht auszudenken! So ist es gerade diese Vorstellung, die sie in den Vorschlag der Ärzte einwilligen läßt, nach Ischl zu reisen, um dort Bäder zu nehmen. »Ich will mich Gottes Willen unterordnen und will gerne warten lernen«, schreibt sie ihrer Mutter und zeigt sich auch fest entschlossen, sich allen Forderungen ihrer Ärzte zu fügen.

Sie fügt sich auch wirklich. Anfang Januar 1830 weiß sie, daß ihr die Ischler Kur wirklich geholfen hat. Sie fühlt sich seit zwei Monaten schwanger. Ihr Arzt, Malfatti – bereits vom Krankenbette Beethovens her kein Unbekannter – nennt ihr den 16. August als äußersten Termin für die Niederkunft. Was nun folgt, vermittelt ein eindrucksvolles Zeugnis darüber, wie die Willensstärke dieser Frau alle körperlichen Beschwerden zu überwinden versteht, immer mit dem Ziel vor Augen, das ihr »eine herrliche Zukunft eröffnen soll und so viele geliebte Wesen glücklich machen kann.« Die Zukunft, das heißt einen Sohn, der einmal die Habsburger Krone tragen soll!

Was ihr von diesem Zeitpunkt ab zugemutet wird, faßt der gerade in Wien anwesende Prinz Philipp von Hessen gegenüber Erzherzog Franz Karl mit den Worten zusammen: »Er möge die Ärzte zum Teufel jagen!« Malfatti läßt Sophie zunächst acht(!) Wochen lang nicht aus dem Zimmer. Als dann eines Tages das Kind im Mutterleib deutliche Lebenszeichen von sich gibt, erklärt er, er müsse eine Frühgeburt befürchten. Womit er Sophie einen weiteren Zimmerarrest vorzuschreiben gedenkt. Doch diese hat jetzt genug. Sie widersetzt sich, ja sie streitet und setzt schließlich durch, daß sie in einer Sänfte ins Theater getragen werden darf. »Die Schlafwandlerin« von einem Pariser Ballett getanzt, und die Stimme der Dupois in der »Stummen von Portici« sind ihr dieses Risiko wert, auch enthebt sie das Erlebnis der Aufführungen wieder für Stunden von quälenden Sorgen. In ihre Appartements zurückgekehrt, stellt sie fest, daß man sie seit Beginn ihrer Schwangerschaft vierzehn Wochen an das Zimmer gefesselt hat. Sie verlangt, nach Schönbrunn gebracht zu werden. Umgeben vom herrlichen Park des Schlosses mit seinen prächtigen Blumenarrangements fühlt sie sich bedeutend widerstandsfähiger und auch mutiger. Da, endlich, am 16. August, genau an dem Tag, den Malfatti seinerzeit genannt hatte, machen sich Anzeichen einer bevorstehenden Niederkunft bemerkbar. Im Schloße, läuft alles zusammen, man setzt in der Hofkapelle das Allerheiligste aus, und Kaiser und Kaiserin zeigen sich beinahe erregter als Sophies Gatte, ihre Mutter und auch ihre Schwester, die von München angereist sind.

Vorerst aber vergeht Stunde um Stunde. Die Wehen treten noch immer nicht ein. Jetzt sind es vor allem die Frauen im Schloß, die ihre Blicke beklommen nach der Schlafzimmertür der Erzherzogin richten. Endlich, um acht Uhr morgens des 17. August setzen die Wehen nun doch ein. Von diesem Augenblick an kämpft eine junge Frau mit letzter Kraft, aber auch mit verbissenem Willen um das Leben ihres Kindes. Wird sie die Geburt erzwingen?

Es ist, als widersetze sich ihr Körper auch dieses Mal der erhofften Erfüllung. Die Lage des Kindes erweist sich als so ungünstig, daß die Ärzte gezwungen sind, zur Zange zu greifen. Doch dann gibt der Körper nach. Sophies Wille bleibt Sieger! Neun Uhr fünfundvierzig zeigen die Zeiger der kostbaren Barockuhr im Vorzimmer an. Man schreibt den 18. August 1830.

Franz Joseph, der Sohn des Erzherzogs Franz Karl und seiner Gemahlin Sophie aus dem Hause Wittelsbach, erblickt zu dieser Stunde das Licht der Welt. Das Geläut aller Glocken von Wien, hundertein Kanonenschüsse, Trommelwirbel und der Jubel einer Volksmenge, die seit Stunden vor dem Schönbrunner Schloß gewartet hatte, umrahmen die Szenerie seines ersten Auftrittes vor der Geschichte!

Unruhe im Habsburger Reich, Vorzeichen der großen Krise?

Drei Monate vor der Geburt Franz Josephs hatte die Nachricht vom Ausbruch der Juli-Revolution in Paris und die Ablösung des Bourbonenkönigs Karl X. durch Louis Philippe Erzherzogin Sophie mit Unruhe und Besorgnis erfüllt. Noch am Sylvesterabend des Jahres 1830 bekennt sie: »Die Kehrseite der Medaille sind die schreckenerregenden Wirren, die Europa im Aufruhr halten« und sie fügt hinzu, sie würde Gott darum bitten, er möge »unseren lieben Kaiser so lange als möglich erhalten«, sähe sie doch in ihm die stärkste und am meisten geachtete Stütze der guten Sache!

Metternich sieht in der Heiligen Allianz, dem Bündnis der Siegermächte von 1815 und 1816, die Garantie eines Friedensbundes der Monarchen von Österreich, Rußland und

Alt-Wiener Szenen aus den dreißiger Jahren des vorigen Jahrhunderts. Diese zeitgenössischen Darstellungen lassen noch nicht den Sturm der kommenden Jahre erahnen.

Franz Grillparzer, Johann Strauß (Vater) und Josef Lanner (Bildleiste oben von links), mit diesen Namen verbindet sich heute die Erinnerung an ein glückliches Biedermeier.

Kleine Leute im Wien von 1830: In zwanzig Jahren werden diese Kleinbürger dem »Fünf-Kreuzer-Proletariat« einen erbitterten Kampf liefern (Bild links).

Auf den Bühnen der Hauptstadt waren Albert Lortzing, Adolf Baeuerle und Johann Nestroy die »Avantgarde« in eine neue Zeit (unten von links).

Preußen, die ihre Völker nach den Prinzipien des Christentums und Gottesgnadentums regieren.
Nach seiner Auffassung sollen die beiden Großmächte Österreich und Preußen die vielstaatliche, politisch eher machtlose deutsche Mitte Europas von einem Flankendruck aus dem Westen wie aus dem Osten bewahren. Weiteres hätten beide jede Revolutionsgefahr im Innern niederzuhalten. Metternichs Grundsatz lautet: keine deutsche Einheit, sondern Einigkeit der Deutschen im Rahmen der europäischen Ordnung. Diese Ordnung ist aber seit langem in sich äußerst ungleich. Allein ihre soziale Struktur zeigt ein deutliches Gefälle vom Westen gegen Osten. Nach der Wiederherstellung der bourbonischen Herrschaft hatte keine Staatsgewalt in Frankreich den einmal in Fluß gekommenen Aufbruch des Bürgertums und mit ihm des »dritten Standes«, also breiter Volksschichten, zurückzudämmen vermocht. Auch England steht vor der Einführung einschneidender Reformen. Und in Mitteleuropa mehren sich die Anzeichen, die im Zuge einer sich rasch entwickelnden Technik die bisherige Gesellschaft umzuwandeln beginnen. Langsam verblaßt das Bild von der deutschen Landschaft, von der der Historiker sagt, sie wäre bislang noch zu sehr eine Welt ohne Eisenbahnen, ohne Telegraf, ohne Fabriken und Maschinen gewesen, noch dünn besiedelt, weitgespanntes Bauernland, mit vielen Wäldern rings um zahlreiche Kleinstädte, um einem von Unruhe erfüllten Zeitalter Platz zu machen.
Innerhalb Deutschlands und damit auch Österreichs war diese »Unruhe« vom Wartburgfest 1817 ausgegangen. Man hatte es zur Erinnerung an die Reformation und die Völkerschlacht bei Leipzig abgehalten. Träger dieser Großveranstaltung waren die Studentenschaften, die Turner, die Burschenschaften. Während der Feier wurden Bücher verbrannt, die die unumschränkte Fürstenherrschaft verteidigt hatten, und Schriften, die sich gegen die Organisationen der Studenten richteten. Dem Kanzler Metternich und seinen Bündnispartnern genügte dieser Vorwand, schärfste Maßnahmen gegen die freiheitlich gesinnte Jugend zu veranlassen. Als weiterer Funke hatte die Ermordung des »systemtreuen Dichters Kotzebue« gezündet. Um ihre Sicherheit zu untermauern, waren von den Ministern der Heiligen Allianz und acht kleinerer Staaten die sogenannten Karlsbader Beschlüsse im Jahr 1819 gefaßt worden. Deren Ergebnis war die Einführung einer strengen Zensur, das Verbot der Burschenschaften, die Schließung aller Turnhallen gewesen. Den Universitäten setzte man einen Regierungskommissar vor, was allgemein einer amtlichen Knebelung jeglicher freien Meinungsäußerung gleichkam. Natürlich wurde dadurch auch das Stimmrecht des einzelnen untersagt, der es gewagt haben würde, im Wege verfassungsmäßiger Einrichtungen einer Umgestaltung der Gesellschaftsordnung das Wort zu reden. Dennoch erhob sich allerorts immer deutlicher der Ruf nach einer, wie man es damals nannte, Konstitution. Die übrigens seit 1818 bereits in Bayern, Baden und Württemberg eingeführt worden war. Das »Volk« – lies: das Bürgertum – hatte bisher nur durch ständisch gegliederte Landtage so etwas wie ein Stimmrecht gegenüber der Staatsführung. Doch in diesen Landtagen hatten der Adel und die Geistlichkeit noch immer das Sagen. So waren in Österreich, mit Ausnahme der deutschen Alpenländer, in Böhmen, Mähren, Schlesien, Galizien und vor allem in Ungarn die Bauern noch immer dem Großgrundbesitz leistungs- und zinspflichtig. Die Arbeiterschaft besaß überhaupt noch keine bürgerlichen Rechte im Sinne einer ihrer sozialen Stellung gemäßen Vertretung.
Erst viel später wird Metternich selber bekennen, daß ein

Erzherzog Franz Karl, Vater des künftigen Kaisers Franz Joseph I.

Erzherzogin Sophie aus dem Hause Wittelsbach. Die künftige Kaiserinmutter hatte mit ihrem Erstgeborenen ehrgeizige Pläne.

Herzog »Fränzchen« von Reichstadt, einziger Sohn Napoleons I., »König von Rom«, ein Lieblingsthema des Wiener Hoftratsches.

Übergang aus dem geschichtlich Gewachsenen zu zeitgemäßen Einrichtungen richtig gewesen wäre. Daß er sich nicht kraft seiner Autorität zur Einleitung dieses Überganges aufraffte, lag zum Teil wohl auch an der Halsstarrigkeit des »guten« Kaisers Franz, der von einem nicht zu unterdrückenden Mißtrauen gegen jede Regung von Elementen, die nach seiner Ansicht die bestehende Ordnung zu stören vermochten, beseelt war. So wird im Kaiserstaat Österreich geschnüffelt, zensiert und »gesamtshandelt«, wobei sich besonders das »kleine« Beamtentum hervortut. Selbstbestätigung sind hier die Beweggründe, die allerdings auch von oben her angeheizt werden. Besonders unbeliebt ist der Polizeidirektor Graf Sedlnitzky und nicht weniger der Herr Friedrich von Gentz. Aus Preußisch-Schlesien über Berlin zugewandert, war er einst ein leidenschaftlicher Verfechter freisinniger Ideen gewesen. Seit dem Wiener Kongreß zählte er jedoch zu den kompromißlosen Anhängern der Ordnungsmacht, die ihm sein persönliches, sehr leidenschaftliches Engagement für die schöne Tänzerin Fanny Elßler mit Augenzwinkern nachsieht. Obgleich diese so reizvolle Botschafterin Wiens in der Welt stets etwas von einer Brise westeuropäischen, ja amerikanischen Gedankenguts von ihren Tourneen mitbringt.
Es ist der Westen, der vom Sturm aufgepeitschte Wellen gegen das »polizeilich gesicherte« Ufer der Ordnungsstaaten heranführt. Noch dazu in einem Jahr, in welchem die europäischen Großmächte den griechischen Freiheitskampf gegen die Türken durch die Bestätigung der Unabhängigkeit der Hellenen beenden. Dieser Freiheitskampf und der Juli-Aufstand in Paris wirken sich aus: Die Belgier, Katholiken und Liberale, erheben sich und vertreiben die evangelischen Holländer. Das stärkste Echo ertönt aber aus dem von Rußland besetzten Polen. Dort greifen Tausende zu den Waffen, das Wort »Noch ist Polen nicht verloren!« wird zur zündenden Losung, ein Freiheitskampf von gewaltigem Ausmaß setzt ein. Die Russen räumen zuletzt Warschau und ziehen sich zurück. Das sind Ereignisse, die besonders die Gemüter der slawischen Brüder in Lemberg und Prag, aber auch der Magyaren in Budapest erhitzen. In Böhmen und Mähren wird seit 1817 unter der tschechisch sprechenden Bevölkerung die vom Prager Bibliothekar Wenzel Hanka aufgefundene Königinhofer Handschrift verbreitet. Es handelt sich hierbei um einen Fund von altböhmischen Gedichten in tschechischer Sprache aus dem Ende des dreizehnten und dem Beginn des vierzehnten Jahrhunderts. Obwohl diese Handschrift bald als Fälschung erkannt wird, sind es der Tschechenführer Palacký und der Slowake Chafarčik, die sie zur Grundlage einer Erneuerung des Tschechischen und seiner Literatur erheben, mit der sie gleichzeitig ein tschechisches Nationalbewußtsein ins Leben rufen wollen. Wie ein Symbol wirkt dabei eine technische Neuerung, die von Pferden gezogene Schienenbahn von Prag nach Lana. Ein erster Ansatz zu einer beginnenden Industrialisierung der »Perle Böhmen in der Krone der Habsburger«, die von nun ab systematisch einsetzt und zunächst in den von den deutschen Sudetenländern besiedelten Gebieten kräftig wächst. Das erregt den Neid der Tschechen, die sich benachteiligt fühlen. Damals also, im Geburtsjahr Kaiser Franz Josephs, machen sich in Böhmen bereits die ersten Anzeichen eines »Kampfes um Arbeitsplätze« zwischen Deutschen und Tschechen bemerkbar.
Daß auch die polnischen Untertanen des Österreich eingegliederten Königreiches Galizien den Kampf ihrer Landsleute jenseits der schwarz-gelben Grenzpfähle mit größter Anteilnahme verfolgen, ergibt sich aus der Gemeinschaft des Blutes. Wer aber mit brennender Anteilnahme die Ereignisse in Polen verfolgt, das ist die Bevölkerung der lombardisch-venetiischen Provinzen des Reiches – die Italiener. In Turin ist es der Priester Gioberti, der spätere Herausgeber des »Primato degli Italiani«, der mit seinen Ideen die Köpfe der italienischen Jugend erhitzt. Und Massimo d'Azeglio, der Vorkämpfer eines unter der Führung des Hauses Savoyen geeinten Italiens, fordert ganz offen den Abzug der Österreicher aus der Lombardei und Venetien. Beide gelten zusammen mit dem Republikaner Mazzini zu den führenden Köpfen des »Risorgimento«, dessen Parolen die Behörden in den oberitalienischen und von habsburgischen Herzögen regierten Ländern der Apeninnenhalbinsel zu verschärften Polizeimaßnahmen zwingt, die sich sogar bis Istrien auswirken.
Man betrachtet die k.k.-Behörden im nichtdeutschen Sprachraum des Habsburgerreiches als Vertreter einer fremden Macht, die zu bekämpfen eine nationale Pflicht ist.

Clemens Fürst Metternich, der »Kutscher Europas«. Sein Regierungsstil führte zur Revolution.

Tradition ist auch die gegen alles Österreichische gerichtete Opposition der Magyaren. Seit der Vertreibung der Türken aus Ungarn war es nicht geglückt, dieses Land mit den übrigen österreichisch-böhmischen Ländern des Kaisers zu einem Einheitsstaat zu vereinigen. In Ungarn beherrscht weiterhin der feudale Adel das Land. Zwar gilt der Kaiser in Wien als ihr König. Daß er auch über andere, nicht dem Reiche der Heiligen Stephanskrone zugehörige Länder regiert, interessiert die Magnaten recht wenig. Einzig die »Militärgrenze«, ein längs des osmanischen Hoheitsgebietes verlaufender Korridor, un-

tersteht unmittelbar dem Kaiser. Auch Siebenbürgen besitzt ein eigenes Verfassungsstatut. Es war nicht einmal während des Wiener Kongresses gelungen, die Feudalherrschaft in Ungarn abzuschaffen, nur der ungarische Reichstag war geschlossen worden. Er mußte aber angesichts der Unzufriedenheit 1825 erneut zugelassen werden. Ungarn besitzt in der Person des Grafen Stefan Széchényi einen politischen Führer von großem Weitblick, der klar die bestehenden Mißstände zwischen Feudalherrschaft und wirtschaftlicher Notlage breiter Volksmassen erkannt hat. Persönlich gilt er als Anhänger der durch die Habsburger verkörperten Königsidee. Er ist es auch, der sich als einer der ersten die Wiederbelebung der magyarischen Sprache zur Aufgabe gemacht hat. Denn in Ungarn diente bislang noch immer das Lateinische als Umgangssprache der Gebildeten und Behörden.
Angesichts der Tatenlosigkeit und des Mißtrauens, mit denen man in Wien die Reformpläne Széchényis begleitet, bemächtigen sich ihrer die Vorkämpfer liberal-nationaldemokratischer Ideen. Aus dem im Volke auflebenden Erneuerungsgedanken erwächst die Fiktion eines magyarischen Imperialismus. Nach diesem soll von nun ab die neu ins Leben gerufene magyarische Sprache auch den nicht magyarischen Völkern innerhalb des Gebietes der Stephanskrone – und das ist ihrer Bevölkerungszahl nach die große Mehrheit –, den Slowaken, den Kroaten, den Serben, Rumänen und Deutschen, als Staats-, und wenn irgendwie durchführbar, auch zur Umgangssprache aufgezwungen werden. Als Verfechter eines »einzigen magyarischen Staatsvolkes« zieht ein Mann die Aufmerksamkeit der Öffentlichkeit auf sich: Ludwig Kossuth, Rechtsanwalt und Journalist in Budapest.

Franz Joseph – Kaiserenkel, Erzherzog und möglicher Thronfolger?

Von all diesen Ereignissen dringt kein Laut in das Kinderzimmer des eben zur Welt gekommenen »Franzi«! Schon bald nach der Geburt hat die Mutter diesen Namen geprägt. Er ist auch ein ausgesprochen »liebes Kind«, dieser kleine Kerl, den die Bewohner von Ischl schon bald ihren »Prinzen aus dem Salz« nennen werden. Fränzchen Reichstadt wiederum meint, er erinnere ihn an »Erdbeergefrorenes mit Schlagobers«, seines rosigen Aussehens wegen. Schon am Tage seines ersten Erscheinens will ihn »alle Welt« sehen. Am häufigsten besucht ihn der kaiserliche Großvater. Er ist es auch, der anordnet, man habe vom Tage an, da er ausgefahren werden dürfe, statt vier Pferden deren sechs vorzuspannen. Ein Zugeständnis, das er sonst keinem erzherzoglichen Kinde zugebilligt hatte. Kurz nach der Geburt wird ihm eine »Kindskammer« zugewiesen, der als »Aja« die Baronin Louise Sturmfeder vorsteht. Mit ihr wird er von der »Kindsfrau« Cäcilia Ascher betreut und außer den beiden zählen ein Kindermädchen, zwei Leiblakaien, eine Kindsköchin, zwei »Kammerweiber« und ein Küchenmädchen zum »Hofstaat« des Babys.
Natürlich beschwert den Kleinen zunächst kaum die fürstliche Umgebung. Er plärrt, weint, nässt und »füllt« wie jedes andere Kleinkind die Windeln, ja er strampelt gewöhnlich so kräftig auf der Wickelkommode, daß die »Aja« und die Frau Ascher ihre liebe Not haben, den kleinen Burschen zu bändigen.
Erzherzogin Sophie ist ganz glückliche Mutter. Die Besucher ihres Empfangssalons geben einander die Türklinke, auch die Botschafter und Gesandten der in Wien vertretenen Staaten stellen sich mit Glückwünschen ihrer Staatsoberhäupter ein. Weniger begeistert zeigen sich »Franzis« Betreuerinnen allerdings über die allzu intensive Fürsorge von nicht weniger als vier Ärzten. Die von der Zangengeburt herrührenden Wunden am Kopf des Kindes werden mit Höllenstein behandelt, was die »unglückliche kleine Kaiserliche Hoheit« zu weithin vernehmbarem Gebrüll veranlaßt. Ansonsten rührt er die Herzen der Damen durch sein auffallend freundliches Wesen. Sogar der alte Kaiser holt ihn gelegentlich in sein Arbeitszimmer. Als eines Tages auch Fränzchen Reichstadt zufällig zugegen ist, bemerkt der Kaiser zu Sophie, wobei er zuerst auf den Sohn Napoleons I. hindeutet und sich dann Franzi zuwendet, mit einem deutlichen Anflug großväterlichen Stolzes: »Das da ist mein großer Enkel und das da ist der kleine!« Dessen Blauaugen sich jedesmal erstaunt runden, wenn man ihn in Schönbrunn aus dem Schloß zur Orangerie hinüberträgt und die Wache dann unter Trommelwirbel die Ehrenbezeugung erweist. Gilt diese bereits dem künftigen Kaiser?
Oder nicht? In Schönbrunn kursiert eine überraschende Nachricht. Ein neuester Befund der Ärzte hat festgestellt, daß einer Eheschließung des kranken Thronfolgers Ferdinand nichts im Wege stünde. Er liefe keine Gefahr, einen plötzlichen Schlaganfall zu erleiden, denn sein Leiden beschränke sich nur auf die Fallsucht. Ferdinand bittet Kaiser Franz um Erlaubnis für eine Brautwerbung. Schon nach kurzer Zeit entscheidet man sich in Wien, in Turin um die Hand der Prinzessin Anna Maria von Sardinien, einer Schwester der Herzogin Therese von Lucca, zu werben. Turin sagt auch zu, man weiß dort natürlich um den geistigen Zustand Ferdinands und hofft, daß die Prinzessin eines Tages ihren Einfluß auf den künftigen Gatten im Sinne des Hauses Piemont-Sardinien

Schloß Schönbrunn, hier wartete am 18. August 1830 eine große Menschenmenge auf die Geburt des Erben der Habsburger Krone.

geltend machen würde. Das erweist sich später jedoch als Irrtum. Marianna wird zeitlebens unter der Last des sie um ihre Jugend gebrachten Opfers in der Fürsorge um ihren kranken Mann ihre vordringlichste Aufgabe sehen und sich sehr rasch die Herzen der Mitglieder der kaiserlichen Familie durch ihre zuvorkommende, wie durch Sanftmut geprägte Haltung erobern.
Erzherzogin Sophie allerdings muß sich eingestehen, daß sie bei der Nachricht von den Heiratsabsichten ihres Schwagers im ersten Augenblick etwas aus der Fassung geraten war. Was

würde geschehen, wenn Ferdinand allen Voraussagen zum Trotz doch eines Tages einen gesunden Sohn in die Welt setzte? »Ich glaube, wenn man Ferdinand nicht sagt, er soll von seinem Gattenrecht Gebrauch machen, würde er niemals daran denken, es zu tun!« Erst als sie sich an die Ärzte um eine vertrauliche Auskunft wendet und sie von diesen erfährt, daß der Kronprinz wohl kaum mit einer Nachkommenschaft rechnen könne, beruhigt sie sich wieder. Auf die bevorstehende Heirat Ferdinands bezogen, schreibt sie ihrer Mutter, sie habe nunmehr für ihren ausgezeichneten Franz, für ihr Kind und für sich nichts zu befürchten.

Ob sie sich dabei auch an ein Gespräch erinnert, das sie zur ungefähr gleichen Zeit mit Metternich geführt hat? Thema war das sehr weit fortgeschrittene Alter des Kaisers gewesen: »Ich wage nicht, meine Gedanken an eine Zukunft ohne ihn schweifen zu lassen«, hatte sie dem Kanzler gegenüber geäußert. Worauf dessen Antwort gelautet hatte, daß es die gleiche Sorge wäre, die ihn seit langem beschäftige.

Fürchtet Metternich nun doch für die Fortdauer der von ihm eingerichteten Ordnung nach dem Tode des Kaisers Franz I.? Dies trotz der Verankerung seines Einflusses im Testament des Monarchen?

Die Bilanz des Jahres 1830 weist nunmehr auch in Deutschland besorgniserregende Belastungen auf. In Nassau wurde geschossen, und auch in Braunschweig hatten Karl III. dem Vetter Sophies, Wilhelm, die Regentschaft überlassen müssen. Ärger aber hatte vor allem Baden bereitet. Dort war von der Zweiten Kammer ein Gesetz durchgedrückt worden, das die Pressefreiheit garantierte, die Staatsfrohnen beseitigte und neue Gemeinde- und Prozeßordnungen ermöglichte. Bestimmungen, gegen die man in Wien Sturm lief. Und in Preußen, das einen Neid erregenden Aufschwung seiner Wirtschaft und seines Handels verzeichnet, geht man daran, die kleineren deutschen Staaten durch einen Zollverein an sich zu ziehen. Auch dort bereiten »demagogische Bewegungen« »Dicki«, Sophies Schwager Friedrich Wilhelm IV., Sorgen, weil eine »liberale« Partei hartnäckig an ein anno 1815 gegebenes Versprechen über die Gewährung einer Verfassung erinnert. Dann ist es wieder Belgien, von dem man in den Salons der Erzherzogin spricht. Man sucht für den dort neu geschaffenen Staat einen König. Gerüchtweise ist für diesen Thron der Schwiegersohn König Max Josephs von Bayern und Stiefsohn Napoleons I., Eugène Beauharnais, der als Herzog von Leuchtenberg in Franken lebt, vorgesehen. Während sich in Wien ein ganz anderer der stillen Hoffnung hingibt, König der Belgier zu werden – Fränzchen Reichstadt! Seine Enttäuschung ist groß, als er erfährt, daß man gegen seine Berufung – vor allem in Frankreich – heftigen Widerstand leistet. So muß Fränzchen sich schließlich damit abfinden, daß man Leopold von Sachsen-Coburg den Thron anbietet.

Für die Erzherzogin Sophie steht ihr eigener Sohn Franzi von nun ab im Mittelpunkt ihres Denkens. Als er zum ersten Mal »Papa« ruft, ist sie ein wenig enttäuscht. Es vergehen erst weitere vierzehn Tage, bis er sich herbeiläßt, zu ihr »Mama« zu sagen. Als die Cholera auftritt und sich über das ganze Kaiserreich verbreitet, flüchtet sie nach Traunstein und Ischl und wartet dort das Abflauen der Seuche ab. Nach Schönbrunn zurückgekehrt, ist Sophie bestrebt, trotz der Zugeständnisse an das traditionelle Zeremoniell und der vielen Verpflichtungen, alle die Entwicklung des Kleinen störenden Eindrücke von ihm fernzuhalten. Von einer Verzärtelung oder gar Verhimmelung des Lieblingssohnes, des künftigen Herrschers, ist keine Rede. Ordnung, Gehorsam, Pflichterfüllung, Eingliederung in die Familie – diese Tugenden wird sie während des Heranwachsens ihres Franzi von ihm immer wieder verlangen. Doch vorerst sind das Kinderzimmer, Gänge und Korridore, die Schloßterrassen in Schönbrunn, Laxenburg und an der »Burg«, die Schlafzimmer seiner Eltern und Großeltern, Mamas Salon, aber auch das Arbeitszimmer des Kaisers das Reich, welches dem kleinen Buben erste Eindrücke vermittelt. Oft wird er nach der Familientafel in den »blauen Salon« getragen und darf dort auf dem Schoß der Großeltern die »honneurs« der Anwesenden entgegennehmen, die er mit großen, aufmerksamen Blicken anstaunt. Die fast täglichen Begegnungen mit dem Großpapa bringen Augenblicke ungetrübter Kinderfreude. Wie überhaupt das Verhältnis des Großvaters zu seinen beiden Enkeln, zum Sohn seiner Tochter Marie Louise und seiner Schwiegertochter Sophie die »bürgerliche« Atmosphäre innerhalb der Kaiserfamilie kennzeichnet. Auch vergeht kaum ein Tag, an welchem nicht Fränzchen Reichstadt im Kinderzimmer seines kleinen Vetters erscheint.

Kaiser Franz I. stirbt – das Ende froher Kindertage

So stört während dieser Wochen und der darauffolgenden Monate nichts von den Ereignissen »bei Hof« und »draußen in der Welt« den sorgsam gehüteten Bereich des Kinderzimmers. Noch erfährt klein Franzi nichts von der Verlobung und der darauffolgenden Heirat des Kronprinzen Ferdinand mit Maria Anna von Savoyen. Einer Hochzeit, während deren Verlauf Kaiser Franz beim Anblick des neu vermählten Paares bekümmert bemerkt: »Daß Gott erbarm!« Und auch erst viele Jahre später wird Franzi davon hören, daß man »damals« von einer bevorstehenden Verlobung seines Cousins Fränzchen mit der sechzehnjährigen Tochter des Siegers von Aspern, Erzherzog Karl, Maria Therese, gesprochen hatte, einem Gerücht, das bald danach ebenso zerflatterte, wie es aufgekommen war.

Kaiserliche Hoheiten: Franz Joseph, Anna, Ferdinand Max, Karl Ludwig (von links nach rechts).

Zwei Ereignisse sind es dann, die plötzlich mit dunklen Schatten die Unbekümmertheit in Franzis Kinderzimmer verdüstern. Das erste: Fränzchen Reichstadt erkrankt! Als ihn die Ärzte untersuchten, hatte er von starken Magenschmerzen gesprochen. Weil die angewandten Kuren nicht halfen, ja sein Zustand sich zusehends verschlimmerte, wurde klar, daß sein Leiden eine andere Ursache haben mußte. Er erschien jetzt öfters »wie vom Fieber geschüttelt und bei bedrückender Wärme mit zwei wattierten Röcken über der Weste«. Ganz plötzlich dann spuckt er Blut. Trotzdem will er noch immer nicht wahrhaben, daß er an einem unheilbaren Leiden erkrankt sei. Noch spricht man von Krebs, doch dann erkennen die Ärzte, daß Fränzchen lungenkrank ist. Man verständigt seine Mutter in Parma, die unverzüglich nach Wien aufbricht. Von nun ab verändert sich das Aussehen Fränzchens von Tag zu Tag. Bis schließlich eines Nachts den Kranken eine überaus heftige Atemnot befällt. Der Anfall ist so bedenklich, daß die Ärzte Fränzchens Mutter an das Krankenbett holen lassen, ganz offensichtlich ringt ihr Sohn bereits mit dem Tode. Und so wird die Herzogin von Parma Zeugin vom Erlöschen ihres und Napoleons Sohn. Kurz nach fünf Uhr morgens, am 22. Juli 1832, stirbt der »König von Rom«.

Erzherzogin Sophie ist während der Todesstunde ihres Schützlings nicht zugegen. Sie hat vor etwas mehr als zwei Wochen einem zweiten Sohn das Leben geschenkt. Getauft wird er auf den Namen »Ferdinand Max«! Während die Mutter die Glückwünsche ihrer Umgebung entgegennimmt, ahnt keiner der Gratulanten etwas von der erschütternden Tragik, mit der das Schicksal dem Leben dieses Kindes dreiunddreißig Jahre später ein Ende setzen wird. Als seine Mutter jetzt die Nachricht vom Tode des Herzogs von Reichstadt erhält, zeigt sie sich auf das tiefste erschüttert »über die bittere Erinnerung an all die grausamen Leiden, gegen die es kein Mittel gibt« (Corti).

Und noch einer zeigt sich untröstlich über den Verlust seines ältesten Enkels – Kaiser Franz I.! Mit der Erinnerung an ihn verbindet sich dann auch das zweite Ereignis, das in dem bereits klarer werdenden Bewußtsein des zweiten Enkels ein erstes, von kindlicher Betrübnis geprägtes Leid verursachen wird. Wie oft hatte doch das Geplapper des Kleinen dem alten Manne Augenblicke versonnener Heiterkeit abgewonnen. Oder später sein Jubel, wenn er dem Großvater inmitten aufgereihter Zinnsoldaten in einem, eigens für ihn zugeschneiderten Waffenrock und unter einem Tschako hervorquellenden Locken beim Betreten des Kinderzimmers entgegengestürmt war. Sah Kaiser Franz in »Franzi« nicht doch schon den künftigen Kaiser? Zumal ihm sein eigener Ältester gerade während der letzten Zeit wieder große Sorgen macht: Eine Reihe sehr schwerer epileptischer Anfälle hatte Ferdinand wochenlang am Erscheinen in der Öffentlichkeit gehindert, was zur Folge hatte, daß Kaiser Franz alle Aufmerksamkeit auf die Entwicklung seines Enkels richtete. Noch nach Jahren wird sich dieser des zustimmenden Lächelns entsinnen, mit dem »der Großpapa« die Aufzählung aller Buchstaben des ABC durch den noch nicht Dreijährigen aufgenommen hatte. Oder wenn er die Versuche der Mutter beobachtete, die sich abmühte, ihrem Franzi die richtige Aussprache des »a« oder »e« beizubringen. Pflegte er doch lange Zeit statt »essen« »assen« oder statt »setzen« »satzen« zu sagen. Noch immer steht ihm aber das Entsetzen Mamas vor Augen, als er eines Tages, – gewohnt, beim Erscheinen des Kaisers diesem die Hand zu küssen –, den Inhalt seiner Nase auf dessen Handfläche abgewischt hatte. Er war nämlich durchaus kein »Musterenkel«. Auch hatte er sich weniger anschmiegsam als »Maxi« gezeigt. Und der im Juni 1833 Drittgeborene, »Karl Ludwig«, zählte noch nicht. Wie bei allen Kindern, hatte man ihn gelobt, getadelt und ab und zu auch ein wenig bestraft. Was dem Großpapa stets besonders gefiel, und auch den Eltern sichtliche Genugtuung bereitete, war Franzis ausgesprochene Höflichkeit. Ging er mit ihnen spazieren, vergaß er niemals, artig den Hut zu ziehen, wenn Bekannte vorbeikamen oder die Eltern gegrüßt wurden. Weit lieber aber als mit Papa und Mama war er mit dem Großvater spazieren gegangen, der ihn im Schönbrunner Park nicht nur an die Blumenbeete geführt, sondern ihm viele andere sehenswerte Dinge gezeigt hatte. Von den Spielsachen gar nicht zu reden, für die er sich an seinen Geburtstagen oder unter dem Christbaum bedanken mußte. Ein besonderes Ereignis war es dann jedesmal, wenn er während militärischer Feiern in der Nähe des Großvaters oder gar neben ihm stehen durfte. Unvergessen bleibt das Lob in seinem Gedächtnis, das er erhielt, weil er während der Fronleichnamsprozession, beim Abfeuern der Generaldecharge, mit keiner Wimper gezuckt hatte. Und dann war ihm auch der Vorbeimarsch eines vom Exerzieren einrückenden Bataillons unvergeßlich geblieben, das dem Großvater und ihm während eines Spazierganges auf dem Glacis begegnet war. Als gelte ihm die Ehrenbezeugung der Truppe, hatte er sich neben dem Großpapa kerzengerade aufgerichtet und mit seinem Spazierstöckchen, wie mit dem Säbel, gedankt. Noch in späteren Jahren wird man sich an seinen Ausruf erinnern, mit dem er den Großvater überrascht hatte, als sich dieser über die Haltung einer Wachmannschaft im Burghof erboste. »Großpapa soll dem Franzi sagen, daß die Soldaten unordentlich stehen!« Zum Glück für den kommandierenden Offizier mußte Kaiser Franz I. über diese Aufforderung so lachen, daß er auf die »Zitierung« desselben vergaß.

Dieser geliebte Großpapa, den sein Enkel einfach nicht aus

Glückliche Mutter zweier Söhne und Kaiser: Franz Joseph (Österreich) und Max (Mexiko).

seiner kindlichen Vorstellungswelt wegzudenken vermag, erkrankt plötzlich an einer Lungenentzündung. Knapp eine Woche später, am 2. März 1835, schließt Kaiser Franz I. nach vierunddreißigjähriger Regierungszeit die Augen für immer. Franzi kann diese Trennung für immer lange Zeit nicht begreifen. »Kann er mich vom Himmel aus sehen?« erkundigt er sich beklommen bei seiner »Aja« Louise Sturmfeder, während er zusammen mit dem Brüderchen Maxi am Totenbett des Kaisers steht. »Kann er erkennen, was ich tue?« Und als ihm Louise Sturmfeder darauf antwortet und den Hinweis hinzufügt, was der Liebe Gott tue, wäre immer das Beste, meint er nachdenklich:
»Ja, aber für uns war es nicht das Beste, ich habe das Sterben nicht gerne!« (Corti)

Ferdinand I., ein gütiger Monarch

Nein, der Tod des Kaisers Franz I. hat für alle wirklich nicht das Beste zur Folge: Für das Kaiserhaus bedeutet er den Verlust der Autorität des Familienoberhauptes und seiner – trotz Metternich – immer noch autoritären Ausstrahlung. Für die Staatsführung bringt der Tod des Monarchen ein Vakuum, dessen Richtungslosigkeit eines Tages unweigerlich zum Aufbegehren jener Kräfte führen muß, die eine radikale Veränderung der Verhältnisse fordern. Der neue Kaiser Ferdinand beweist von Anfang an seine – selbst unverschuldete – Unfähigkeit, sich aus eigener Kraft durchzusetzen, und auch Metternich scheitert mehr und mehr an der mangelnden Flexibilität seiner Maximen.
Der Thronwechsel vollzieht sich ohne jede Erschütterung. Ferdinand, der bereits 1830 zum König von Ungarn gekrönt worden war (1836 wird er zum König von Böhmen, 1838 zum König der Lombardei und Venetiens gekrönt werden), überläßt Metternich die Leitung der Regierungsgeschäfte. Der Fürst hatte bei Franz I. eine Klausel in dessen Testament durchgesetzt, die ihm den weiteren Einfluß auf die Regierungsgeschäfte sichert. So tritt genau das ein, was eingangs über den Widerstand des Kanzlers gegen eine Thronfolge Franz Karls, des Gatten von Erzherzogin Sophie, gesagt worden war. Als Repräsentant kaiserlicher Würde gibt sich Ferdinand als gütiger, freundlicher und gegenüber allen Schichten der Bevölkerung aufgeschlossener Souverän, der offen bekennt, daß er angesichts seines Leidens die Berufung auf den Thron zwar als Verpflichtung, aber auch als Last empfindet. Maria Anna zeigt sich als Gattin diesen Verpflichtungen durchaus gewachsen. Sie wird geachtet, ist beliebt und vor allem von den Frauen – darunter auch von Erzherzogin Sophie – wegen ihrer seelischen Kraft, mit der sie die Belastung als Frau und Kaiserin an der Seite des kranken Monarchen trägt, bewundert.
Geradezu verhängnisvoll wandelt sich jedoch die innere Struktur des habsburgergischen Ordnungsstaates nach dem Thronwechsel. Sie führt zu einer Dienst-, ja Staatsverdrossenheit eines großen Teiles der Beamten und zu einer immer tiefer um sich greifenden Erbitterung, ja Empörung der immer weniger regierten, sondern eben nur »verwalteten« Untertanen. Angesichts des Fehlens eines profilierten Staatsoberhauptes, das Franz I. trotz seiner ordnungsbesessenen Engstirnigkeit eben doch vorgestellt hatte, wird der jüngste und 1809 als Truppenführer erfolglose Bruder des Verstorbenen, Erzherzog Ludwig, zum Präsidenten und ständigen Vorsitzenden der Staatskonferenz (einer Art Ministerrat) gewählt. Metternich, von dem bekannt ist, daß er sich rechtzeitig als Freund und Förderer Ludwigs erwiesen hat, fungiert immer in dessen Abwesenheit als sein Stellvertreter. Der (ständig tagenden) Konferenz gehören, dank der von ihr in Szene gesetzten Initiative, der Gatte Sophies, Erzherzog Franz Karl, und ein Intimgegener Metternichs, Graf Franz Kolowrat als Ressortchef für alle Angelegenheiten der Finanzen, an.
Diese von zwei alten oder alternden Männern angeführte Konferenz verfährt unter dem Einfluß Metternichs nach mehr oder minder absolutistischen Methoden. Noch immer bringt eine sogenannte Gesetzgebungs-Hofkommission Beschlüsse zur Durchführung, ohne daß die Länder, selbst auf der bisherigen ständischen Grundlage, zuvor darüber befunden hätten. In der Regel durften die Länder ohnehin nur Steuern bewilligen oder Rekrutierungsmaßnahmen zustimmen. Nicht anders, als sich Kaiser Franz nur in der Ausübung bestimmter Rechte an sie gebunden gefühlt hatte, veranlaßt die Staatskonferenz seinen Nachfolger Ferdinand zu ähnlichem Verfahren. Selbst im »Verfassungsstaat« Ungarn ändert sich nichts. Noch immer genießt dort der Adel den Vorrang politischer Rechte. Weder hier, noch in den österreichischen Ländern, bemüht sich Wien um eine Abschaffung der Zinsverpflichtungen und der Ableistung von Roboten unter der Landbevölkerung. Dort, wo das dennoch freiwillig von Seiten einiger Grundherren erfolgt, äußert sich die Regierung sogar mit Besorgnis, es könnten liberal-aufrührerische Tendenzen genährt werden.
Noch vor dem Tode Kaiser Franz I. hat es unter den Schriftstellern und Dichtern nicht an Warnern gefehlt. Im Spiegel des kulturellen Schaffens halten sich jedoch Kritiker und solche, die noch in einem von Romatik verklärten Abwarten verharren, ungefähr die Waage. Unter die Warner ist zunächst Anastasius Grün zu rechnen. In Wirklichkeit hieß er Anton Alexander Graf Auersperg. Eines Tages waren in Hamburg »Die Spaziergänger« eines Poeten erschienen. Diese »Spaziergänger«, von Alexander Auersperg verfaßt, werden sehr bald verboten. Der Autor hatte nämlich in dieser Schrift die Todsünde begangen und Kaiser Franz um die Gewährung größerer Freiheit gebeten. Auch hatte er Wien künftig nur mehr als einen Ort voller Ruinen gesehen.
Weit mehr Aufsehen erregte die Tagung liberal eingestellter Persönlichkeiten auf der Hambacher Schloßruine beim pfälzischen Neustadt an der Haardt. Man hatte sich dort zu einer »Verfassungsfeier« versammelt und Reden gehalten, die Metternich aufhorchenließen. Er ließ sofort Gegenmaßnahmen einleiten und bediente sich, wie immer bei ähnlichen Verfahren, des deutschen Bundestages in Mainz. Auf seinen Antrag hin wurde das Abhalten politischer Reden in der Öffentlichkeit verboten. Man schloß alle politischen Vereine und unterzog selbst das Vorzeigen der Fahnen einer polizeilichen Genehmigung. Von nun ab durften nur mehr Landesfarben getragen werden. Auch wurde eine strenge Überwachung verdächtiger Elemente angeordnet und ein Beschluß gefaßt, nach dem man sich verpflichtete, gegenseitig politische Flüchtlinge auszuliefern.
Fast hatte es den Anschein, als würde sich mit diesem Jahr

Kaiserin Maria-Anna. Sie opferte ihre Liebe einem kranken Kaiser.

Kaiser Ferdinand I. Ein »gütiger« Monarch, von Krankheit gezeichnet.

1832 eine neue Finsternis über der geistigen Landschaft der Nation ausbreiten. Es zeigte sich aber bald, daß man den Rufern nach freier Meinungsäußerung nicht mehr den Mund zu schließen vermochte. Das deutsche Bürgertum bediente sich seiner Dichter und Schriftsteller, um das Eis aufzubrechen, unter dem es nicht nur zu brodeln, sondern bereits zu kochen begann.

Schauplatz eines ersten Aufruhrs wurde Frankfurt am Main. Dort waren Flüchtlinge aus Polen eingetroffen. Ihre Berichte über das Vorgehen der nunmehr wieder siegreichen Russen erhitzten die Köpfe der Studentenschaft derart, daß sie zu Demonstrationen aufriefen. Es kam zu Zusammenstößen mit Ordnungskräften, in deren Verlauf es den Studenten gelang, die Hauptwache zu überrumpeln. Doch schon kurz danach gewann die Bundesarmee, (Österreicher, Preußen und Bayern) wieder die Oberhand und schlug den Aufruhr blutig nieder. Auf Betreiben Metternichs wurde ein Untersuchungsausschuß bestellt, der dann an die 1800 Menschen für schuldig erklärte, zahlreiche von ihnen »einziehen« ließ, und bestraft. Doch damit nicht genug! – Anno vierunddreißig trat zu Wien eine geheime Ministerkonferenz zusammen. Ihre Beschlüsse wurden unmittelbar darauf auch zu Beschlüssen des deutschen Bundestages erhoben: Alle Staatsgewalt geht vom Souverän aus, alle Rede-, Lehr- und Pressefreiheit wird weiter eingeschränkt und mißliebige Zeitungen werden zur Einstellung ihres Erscheinens »angehalten«. Eine weitere Verfügung des gleichen deutschen Bundestages befaßte sich mit der eindeutigen Verdammung des »JUNGEN DEUTSCHLAND«. Damit belegte man unter anderem die Dichter Heinrich Heine, Karl Gutzkow, den Fanatiker in den Schriftreihen des »Phönix«, und Wiens großen Dramaturgen Heinrich Laube mit dem Bann.

In eine ganz andere Richtung zielen die Schriften des Humoristen und Satirikers Moritz Gottfried Saphir. Nach mehrjähriger Tätigkeit als Mitarbeiter der Wiener »Theaterzeitung« und Aufenthalt in Berlin, München und Paris nimmt er die Gesellschaft in seinen Schriften aufs Korn. Er wird damit, wie einer seiner Kritiker sagt, zu einem Autor, »der durch die zersetzende Wirkung seiner Schriften« die von ihm angesprochenen Kreise »für die Revolution reifer macht«.

König des geistigen Aufbruchs aus der Erziehungszeit des jungen Erzherzogs Franz Joseph, dessen Aussagen weit über die Grenzen Österreichs hinausdrangen und noch heute gehört werden, ist und bleibt Johann Nestroy. Mit ihm tritt ein geradezu bissiger Widersacher zu Raimunds Idealismus auf die Bühne. Schon mit seinem »Einsilbigen« war er Grillparzer auf die Rockschöße getreten. Seine Kritik reibt sich vor allem an der Romantik, wobei er als blendender Schilderer der Ge-

Dem späten Biedermeier, besonders aber dem Vormärz gaben sie richtungsweisende Aspekte (Obere Bildzeile von links): Der Satiriker Moritz Gottfried von Saphir, Adalbert Stifter, der Maler und Portraitist Josef Kriehuber sowie (Bilder links) Nikolaus Lenau und Friedrich Hebbel.

sellschaft, vor allem volksnaher Schichten, mit offenem Visier gegen die morbiden Erscheinungen der Zeit ankämpft.
Zu den vielen, die sich damals daran machten, dem gedrosselten Geist Freiheit zu verschaffen, zählt auch Eduard Bauernfeld. Er galt und gilt als »Schimpfer«, der es auf sich nahm, der Wiener Gesellschaft einen nicht immer Wohlgefallen erregenden Spiegel vorzuhalten. Und von Franz Grillparzer wurde bereits gesagt, daß er, obwohl er sich als Gegner der Romantik versteht, sie wie kaum ein anderer zu Wort kommen läßt.
Seitdem ihn auch die Polizei »beschattet« und er sich in seiner Beförderung als Beamter zurückgesetzt sieht, wird er erst nach den Siegen Radetzkys den Soldaten seines Vaterlandes mit seinem »In Deinem Lager ist Österreich!« ein unvergängliches Zeugnis ihrer Treue ausstellen.
Noch einer, der in dieser Zeit seine Landsleute anzusprechen versteht, das ist der Johann Gabriel Seidl. In seinen Gsangln, Gstanzln und »Flinserln« kommt wie kaum bei einem anderen die Wesensart des Österreichers zum Ausdruck. Im übrigen hat er die Strophen zur österreichischen Volkshymne gedichtet und sich damit durch rund hundert Jahre im Bewußtsein der Völker der Monarchie lebendig erhalten.
Zu den profilierten Gegnern der sich anbahnenden Richtung zählt Niembsch von Strehlenau, besser bekannt als Nikolaus Lenau. Er ist ein Freund von Anastasius Grün und sieht in ihm weniger den Repräsentanten vormärzlicher Freiheitsideen als vielmehr einen von falschem Liberalismus infizierten Aristokraten. Er wird im Jahr 1850 in geistiger Umnachtung sein Leben beenden.
Besonders aber sei eines Mannes gedacht, der, aus dem Böhmerwald stammend, im Jahr 1826 zum ersten Mal Wiener Boden betreten hat – Adalbert Stifter! Er war nach Wien gekommen und hatte mit 21 Jahren an der Universität seine Studien begonnen. An den Eindrücken, die er in der Kaiserstadt gewinnt, arbeitet er jetzt, während er eine Stelle als Erzieher in den Häusern der Fürsten Schwarzenberg und Metternich übernommen hat. Ihm, Adalbert Stifter, den die Kulturhistoriker den »Mann der österreichischen Idylle« nennen werden, verdankt die Donaustadt das weltberühmte Buch »Wien und die Wiener«.

Das Österreich des Fürsten Metternich: Keine Veröffentlichung ohne das »Excudatur« der Zensoren. Beschönigende Ballbildchen (oben) waren gern gesehen, »Frivolitäten« (unten) hatten keine Chance.

Liebevolle Strenge – die Erziehung prägt die Persönlichkeit

»Franzis« Mutter, Erzherzogin Sophie, erwartet unterdessen ihr viertes Kind. Was sie nicht abhält, sich auch weiterhin selber um die Erziehung ihrer drei Söhne zu kümmern. Im Vordergrund beschäftigen sich natürlich ihre Gedanken mit Franzi. Er zeigt erfreuliche Anlagen von Intelligenz und Aufnahmefähigkeit. Die Erzherzogin erteilt Franzi den ersten Leseunterricht. Er lernte den Begriff der Buchstaben an einigen einprägsamen Beispielen. Das »A« erinnert nicht so sehr an den Apfel, wie an Andreas Hofer, von dessen Freiheitskampf er schon Manches gehört hat, wie ihm auch das »Y« im Zusammenhang mit dem griechischen Freiheitshelden Ypsilanti beigebracht wird, von dem er schon Bilder gesehen hat. Mehr oder minder gut kann er seit seinem vierten Lebensjahr lesen, mit dem fünften beginnt nun auch für Franzi der Ernst des Lebens. Er tritt in Gestalt eines Erziehers auf. Der neue Mann ist Graf Heinrich Bombelles, sechsundvierzigjähriger Sohn eines während der Revolution aus dem Staatsdienst ausgeschiedenen französischen Diplomaten und überzeugter Gefolgsmann Metternichs. Selbst Vater zweier Söhne und einer Tochter ist Graf Bombelles im Umgang mit jungen Menschen erfahren, und da er selbst eher zurückhaltend und bescheiden auftritt, gewinnt er auch rasch das Vertrauen der Eltern der beiden Buben.

Probleme bereitet zunächst ihre Unterbringung in der alten Hofburg. Die Räume liegen dort so ungünstig, daß zuletzt sogar »die Mama« auf ihr Zimmer verzichtet und umzieht. Von nun ab befindet sich Franzis Zimmer neben dem ihrigen, was ermöglicht, daß sie seine Entwicklung auch weiterhin aus unmittelbarer Nähe beobachten kann. Zu dieser gehört, unter anderem, auch eine frühzeitige Stählung des Körpers, was nach den Vorstellungen jener Zeit und der Umgebung des

Buben im Exerzieren besteht. Zusammen mit einigen anderen Spielkameraden tritt Franzi jetzt jeden zweiten Tag vor seinem Exerziermeister an. Der noch dazu den Vorteil anbietet, daß Franzi von ihm schon jetzt ein wenig Ungarisch lernt. Im übrigen bereitet ihm diese Grundausbildung großen Spaß. Er ist mit vollendetem Eifer dabei und führt alle Übungen mit einer Exaktheit aus, die auch hier wieder sein Interesse an allem, was das Militär betrifft, erkennen läßt. Dem »Primo-Ajo« Bombelles wird ein Dienstkämmerer beigestellt, dem von nun ab die unmittelbare Erziehung des kleinen Erzherzogs Franz Joseph untersteht. Es ist der aus dem Görzischen stammende Graf Johann Alexander Coronini-Cronberg, ein ernster Offizier, der aus der Genietruppe kommt. Es wird für Franzi auch eine eigene »Kammer« eingerichtet, der neben den beiden Erziehern ein Kammerdiener, ein Kammerjunge, zwei Leiblakaien, ein Zimmerputzer, ein Hausknecht und ein »Kammerweib« angehören.
Erzherzogin Sophie behält indessen trotz aller »Ajos« und Dienstkämmerer die Zügel der Erziehung immer noch selbst in Händen. Sie läßt es sich auch nicht nehmen, so oft wie möglich höchst persönlich den Unterrichtsstunden beizuwohnen, die anfänglich für den bald Sechsjährigen auf dreizehn Stunden in der Woche festgesetzt werden. Auf dem Programm stehen neben Religion und Deutsch bereits Französisch, Geographie und, was Franzi eher Schwierigkeiten bereitete, die Orthographie. Das künftige Unterrichtsprogramm sieht für den Siebenjährigen achtzehn Wochenstunden vor. Besonderen Einfluß auf den Knaben gewinnt Graf Coronini. Pünktlichkeit, Aufrichtigkeit, Pflichterfüllung, kameradschaftliches Verhalten zu allen Gleichgestellten und Respekt vor seinen Lehrern, das sind die Leitgedanken, die er ihm einzuprägen versucht und deren Ausübung er auch durchsetzt. Nicht die »Militärs«, so lernt Franz Joseph schon früh den Beruf des Waffenträgers verstehen, sondern die »Soldaten« verkörpern die echten Tugenden eines Mannes. Ein Grundsatz, den er in Franz Joseph für seine ganze Regierungszeit verankerte.
Mit der Festsetzung neuer Unterrichtsfächer wird auch auf das Erlernen weiterer Sprachen gedrungen. Als österreichischer Erzherzog muß er neben den Weltsprachen Englisch und Französisch nun auch Tschechisch, Magyarisch, Italienisch und auch Polnisch mindestens soweit beherrschen, daß er sich mit seinen »Landsleuten« nichtdeutscher Nationalität mühelos verständigen und auch anläßlich offizieller Anlässe eine Rede in einwandfreier Aussprache vortragen kann. Von einschneidender Bedeutung, nicht zuletzt auch durch den Grafen Coronini bestimmt, wird für den Knaben nunmehr die soldatische Ausbildung, für die er die besten Voraussetzungen mitbringt. Zunächst unterbricht allerdings ein gesundheitliches Intermezzo den Beginn dieser neuen, systematischen Schulung. Franzi beginnt, sich häufig zu erbrechen. Was die Ärzte sehr bald auf die Überanstrengung des jungen Menschen durch zu viele Unterrichtsstunden, aber auch auf den Reitunterricht, die Tanzstunden und das Schwimmen zurückführen. Schließlich einigt man sich auf die beginnende Pubertät als tiefere Ursache dieser Verstimmungen und behält scheinbar recht.
Das neue Gesicht im »Team« (würden wir heute sagen) der Erzieher trägt keineswegs die gewohnten hocharistokratischen Züge: Ein Major Franz von Hauslab meldet sich bei Erzherzogin Sophie und ihrem Gatten. Er bringt eine Empfehlung von schwerwiegender Bedeutung mit, geschrieben von keinem Geringeren als dem Sieger von Aspern, Erzherzog Karl. Hauslaub ist hochgebildet, nicht allein auf militärischem Fachgebiet. Er spricht Russisch und Türkisch neben allen großen europäischen Sprachen. Spezialkenntnisse hat er sich als Kartograph und durch das Studium von Strategie und Taktik erworben. Er legt auch sogleich ein Vierteljahresprogramm vor, in dem er die militärischen Leitsätze für »einen künftigen Thronfolger« festlegt. Größte Bedeutung wird auf Selbständigkeit in der Arbeit und auf eigene Überzeugung, statt auf ein Festhalten an Theorien gelegt. Wer einmal befehlen wolle, müsse zuerst gehorchen gelernt haben! Von der Pike auf also, als Rekrut behandelt, wird Franz Joseph jetzt »ausgebildet«. Als Uniform erhält er für alle Übungen des Fußdienstes und der infanteristischen Gefechtsausbildung Rock und Hose eines »Gemeinen« des Infanterieregimentes Hoch- und Deutschmeister Nr. 4. Für die Erziehung zum künftigen Reiteroffizier zwängt man ihn in der Reitschule in einen Mannschaftsrock der Dragoner und am »Geschütz« trägt er die kleidsame braun-blau-rote Farbe der österreichischen Artillerie.
Kummer bereitet dem später als glänzenden Reiter bewunderten Franz Joseph der erste Reitunterricht. Er hat geradezu Scheu vor den Pferden, die er erst allmählich überwindet, um

Erzherzog Franz Joseph mit 13 Jahren in der Uniform seines Dragoner-Regimentes.

Diese Erzieher formten die Persönlichkeit des zukünftigen Kaisers: Franz Ritter von Hauslab, Freiherr von Gorizutti, Johann Graf von Coronini-Cronberg (Bildseite oben von links) und ganz besonders Abt Josef Othmar von Rauscher, der spätere Kardinal und Fürst-Erzbischof von Wien (unten).

dann mit größter Passion in den Sattel zu steigen. Er erhält in der Josefstädter Kavalleriekaserne ein Dienstpferd und hört dort auch, wie jeder andere Reitschüler, manchen saftigen Kraftausdruck eines grauhaarigen Wachtmeisters. Er macht im Reiten bald solche Fortschritte, daß man daran denkt, ihm eine große Überraschung zu bereiten. Dies geschieht auch zu Franzis dreizehntem Geburstag. Der Tradition des kaiserlichen Hauses nachkommend, wird ihm die Inhaberschaft über das Dragonerregiment Nr. 3 verliehen.

Am darauffolgenden Tag darf er mit seinem Vater zum erstenmal auf die Gemsjagd. Es glückt ihm auch, einen Bock zu erlegen, allerdings nicht gleich auf waidgerechte Art; denn es bedarf dreier Schüsse, bis er ihn zur Strecke bringt.

Trotz seiner Jugend kennzeichnet ein zunehmender Ernst sein Wesen, in dem sich übrigens auch ein starkes Gefühlsleben offenbart. Franz Joseph zeigt eine tiefe Anhänglichkeit zur Familie, die vor allem in tiefen Verehrung für die Mutter zum Ausdruck kommt. Er achtet gewiß auch den Vater, sein Verhältnis zu ihm wird jedoch eher durch die gebotene Sohnespflicht bestimmt. Mit den Brüdern verbindet ihn eine richtige Bubenkameradschaft. Auffallend überzeugend wirkt aber sein Zartgefühl, das sich in seinem Verhalten gegenüber der Mutter ofenbart, als diese den Tod ihrer kleinen Tochter, dem Nesthäkchen Anna, nur schwer überwindet. Den überaus großen Schmerz der Mutter über den Verlust des heißgeliebten Mädchens hatte der damals Achtjährige mit einem für sein Alter ungewöhnlichen Ausdruck von Mitgefühl zu lindern versucht. Auch sein erst 1842 geborener dritter Bruder, Ludwig Viktor, »Hetzi« genannt, erfreut sich einer außerordentlichen Zuneigung Franz Josephs, die er übrigens auch dem lebhafteren und leichtsinnigen Maxi entgegenbringt.

Mit seiner Ernennung zum Oberst und der damit verbundenen stärkeren Verlagerung seiner Erziehung in militärische Fächer ist keine Zurückstellung des übrigen Unterrichtspensums verbunden. Es setzen jetzt auch philosophische Studiengänge ein, die der Abt Dr. Rauscher vorträgt. Es fällt auf, daß Franz Joseph gerade den Gesetzen der Logik eine aufnahmefähige geistige Anlage entgegenbringt. Es folgen Rechtsstudien, vom Juristen Hofrat Dr. von Lichtenfels vorgetragen, mit dem Ziel, dem Kandidaten die Bedeutung des Gesetzes zu erklären und es ihm zu ermöglichen, später einmal nüchtern und den Tatsachen entsprechende Urteile zu fällen. Auch die Themen Technik und Volkswirtschaft werden angesprochen. Von besonderer Bedeutung sind dann die »Privatissima«, die der Erzherzog-Schüler über die Staatswissenschaft von Metternich persönlich vorgetragen erhält. Der Kanzler läßt es sich nicht nehmen, allwöchentlich im Salon der Erzherzogin zu erscheinen und deren Ältesten in seine Prinzipien der Innen- wie Außenpolitik einzuweihen. Es sind Grundsätze, die später für Franz Joseph richtunggebend sein werden, so oft er über die Stellung des Monarchen und dessen Weisungsrecht an »seine« Minister zu befinden haben wird.
Zu den einprägsamsten Erinnerungen seiner Jugend wird der Kaiser den Tag zählen, an dem er im September 1844 das ihm verliehene Dragonerregiment im mährischen Proßnitz besuchte. Er war auf Anordnung seines militärischen Erziehers Hauslab vom Infanteriedienst befreit und zur Kavallerieausbildung dem Ulanenrittmeister Schiller übergeben worden. Zusammen mit seinem Vetter, Erzherzog Albrecht, dem späteren Feldmarschall, hatte er sich beim kommandierenden General in Brünn gemeldet und war mit diesem zum Regiment gefahren. Schon in Brünn fiel der vierzehnjährige Oberst durch seine natürliche Freundlichkeit und mit Anmut verbundene Würde auf. In Proßnitz, beim Regiment eingetroffen, übernahm er dort das Kommando über das zur Besichtigung aufmarschierte Regiment. Er ritt »mit dem Aplomb eines alten Stabsoffiziers«, wie Albrecht nachher seinem Vater, Erzherzog Karl, berichtet, vor die Front, riß den Säbel aus der Scheide und erteilte mit klarer, bestimmter Stimme die Kommandos zum Regimentsexerzieren. Im Anschluß daran führte er die Schwadronen in allen Gangarten dem Kommandierenden vor und defilierte am Schluß im Galopp an ihrer Spitze vor dem General und dessen Suite vorüber. Zweifelsohne bewies er schon damals eine angeborene Eignung, vielleicht weniger zu einem Heerführer, bestimmt aber zu einem befähigten Truppenoffizier.

Erzherzogin Elisabeth von Österreich, seine erste große Liebe.

Zwei Monate bevor er sich die ersten Sporen als Kommandant eines Reiterregiments verdient, hat Franzi das erste Mal eine Begegnung, die in ihm ein bisher völlig unbekanntes Gefühl weckt. Ein Flirt zwischen ihm und einer jungen Hofdame aus dem Gefolge seiner Tante Elisabeth, Königin von Preußen, bahnt sich an. Er war während des Frühjahrs an Scharlach erkrankt. Nach dem Abflauen der Krankheit, die ihn stark mitgenommen hatte, war er zusammen mit seiner Mutter und seinen Dienstkämmerern nach Ischl gereist. Die üblichen Sommerferien sollten dieses Mal gleichzeitig auch seiner völligen Genesung dienen. Er genoß auch! – Allerdings nicht allein dank des berühmten Ischler Kurklimas, sondern mit Hilfe zweier ausdrucksvoller Augen, die ihn aus einem schmalen Frauenantlitz aufmunternd anblickten. Sein Herz geriet jedesmal in Wallung, sobald er das Fräulein Beate von Marwitz, so hieß die auffallend hübsche junge Dame, im Gefolge der preußischen Königin erblickte. Bis dann Erzherzogin Sophie den Zeitpunkt für gekommen sah, an dem sie ihrem Tagebuch anvertraute: »Franzi ist in zarter Art und Weise mit Fräulein von Marwitz beschäftigt. Es ist das erstemal«, gesteht sie weiter, »daß solch ein Gefühl in ihm erwacht. Ich kann den Eindruck nicht genügend beschreiben, den mir das gemacht hat. Dieser Bub, den ich noch für ein Kind hielt, geht plötzlich, ohne daß ich es merke, zu den Neigungen und Gefühlen eines jungen Mannes über. Das ließe mich eine vage Unruhe wie eine plötzliche Sensation empfinden, und es scheint mir, als gehöre er mir nicht mehr so, wie bisher!« (Corti)

Wien – europäisches Kulturzentrum im Aufbruch in eine neue Zeit

Während des Hochsommers 1832 hatte sich der damals neunzehnjährige Richard Wagner für sechs Wochen in Wien aufgehalten. Er schrieb später, daß seiner Vorstellung nach Wien für lange Zeit als Vertreterin »originaler volksblütiger Produktivität« anzusprechen wäre. Ein Urteil, das beinahe überzeugend wirkt, wenn man erfährt, wie die Wiener die beiden »Könige« ihres »musikalischen Volksgeistes« (Wagner), Johann Strauß und Josef Lanner, zu bewerten verstanden. So sollen hinter dem Sarg Lanners an die 20.000 Wiener einhergeschritten sein.
Als Ergänzung sozusagen der von Wagner gepriesenen Volksproduktivität verdient auch das Schaffen bedeutender Musiker und Meister der bildenden Künste aus der Vormärzzeit geschildert zu werden. So hält sich 1838 Robert Schumann für längere Zeit in Wien auf, auch Liszt weilt oftmals in Wien und gibt auf Veranlassung der Erzherzogin Sophie Klavierkonzerte bei Hof. Donizetti beruft man als Hofkomponisten. Al-

Fanny Elßler, strahlender Stern am europäischen Theaterhimmel des späten Biedermeier.

Staatsrat Friedrich v. Gentz, entschiedener publizistischer Verfechter der Politik Metternichs und treuer Verehrer »seiner« Fanny.

bert Lortzing komponiert in Wien seinen »Waffenschmied von Worms«, und Konradin Kreutzer erhält in Wien von Mosenthal des Textbuch zu den »Lustigen Weibern von Windsor«.

Das Gegenstück zur musikalischen Produktivität dieser Größen sind die Werke der bildenden Künste. In der Malerei löst eine neue Realistik die Romatik eines Führich, Steinle und Schwind ab. Es entsteht ein »echt wienerischer romantischer Naturalismus«. Von Johann Ender stammt eine Reihe von Portraits und Familienbildnissen im Besitz der Erzherzogin Sophie. Als hervorragenden Portraitisten beauftragt sie auch Peter Fendi. Im Jahr 1843 wird bereits der Schutzengelbrunnen vor der Paulanerkirche errichtet. Es ist ein »echt wienerisches Werk«, der Architekten Van der Nüll und Siccardsburg, für das Preleuthner die Plastik geliefert hatte. Einen typischen Baustil des Biedermeier lassen heute noch das Hauptzollamt und die »Münze« erkennen.

Großen Einfluß auf das Kunstleben der Stadt, sei es im Bereich der bildenden Künste, wie auch in jenem der geistig Schaffenden, nehmen einige Vereine und Zirkel ein. Führend wirkt der Verein Concordia, zu dessen Zusammenkünften man sich sonntags zusammenfindet. Hier begegnet man den meisten Dichtern und Schriftstellern, beginnend mit Bauernfeld, Grillparzer, Schreyvogel, Deinhardstein, Feuchtersleben, Zedlitz und allen anderen aus der österreichischen Literatur bekannten Namen. Von den Malern und Bildhauern frequentieren Amerling, Decker, Danhauser, Johann und Thomas Ender neben Preleuthner, Schilcher, Steinfeld und Schwemminger die Concordia. Und zur »Musik« zählen, unter anderem, Donizetti, Hoven, Adolph Müller, Nicolai, Storch. Nicht zu vergessen die Schauspieler Anschütz, Ander, Carl, Erl, Fichtner, Löwe, Lucas, Laroche, Mayseder, Nestroy, Staudigl, Wild. Und als Gäste gehören auch Meyerbeer und Öhlschläger zum engeren Kreis des Vereins.

Ein besonders prominenter Gast der Concordia ist auch Friedrich Hebbel, der 1845, also gegen Ende des Vormärz, Wiener Boden betritt. Er wird die Stadt bis zu seinem Tod 1863 als zweite Heimat betrachten. Der Concordia ist eine andere Vereinsgründung entgegengesetzt, der »juristische-politische Leseverein«. Führende Mitglieder dieser »Gegenseite« sind Mühlfeld, Sommaruga, Bach, der nachmalige Minister, sowie Würth, Hye, – der während der Revolutionstage des Achtundvierzigerjahres in Wien eine Rolle spielen wird–, und Stubenrauch. Unter den Medizinern begründen bereits

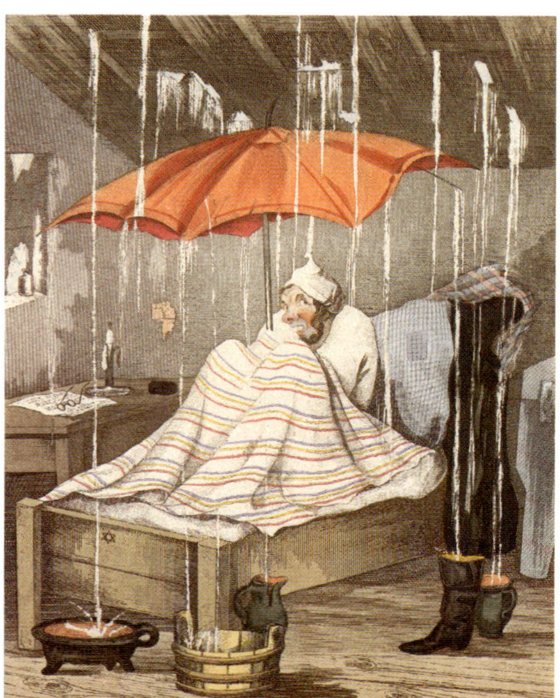

Das Österreich des Fürsten Metternich: »Der Staat wird nicht regiert, sondern verwaltet!« Unter der Macht kleiner Beamter stöhnte das Volk (oben).

Die sozialen Zustände sind kaum zu beschreiben. In Wien zu wohnen war nicht für alle ein Vergnügen (links).

Altersvorsorge war ein unbekannter Begriff (rechts).

Platz 1ter Classe. Einschreib-Nro. 3.

KARTE zur FAHRT
mit dem
Eisenbahn-Stellwagen

von Linz nach Neubau

am 30 ten Jan 1837
präcise um Uhr mittags.
Bezahlt wurde . . fl 15 kr. Cv. Mze.

Bureau der k. k. priv. ersten
Eisenbahn-Gesellschaft.

Funk

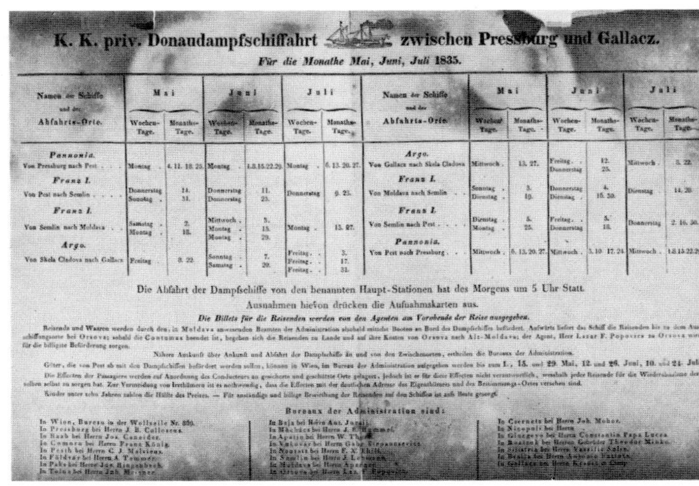

K. K. priv. Donaudampfschiffahrt zwischen Pressburg und Gallacz.

Für die Monathe Mai, Juni, Juli 1835.

Namen der Schiffe und der Abfahrts-Orte.	Mai Wochen-Tage.	Mai Monaths-Tage.	Juni Wochen-Tage.	Juni Monaths-Tage.	Juli Wochen-Tage.	Juli Monaths-Tage.
Pannonia. Von Pressburg nach Pest	Montag	4. 11. 18. 25.	Montag	1.8.15.22.29.	Montag	6. 13. 20. 27.
Franz I. Von Pest nach Semlin	Donnerstag Sonntag	14. 31.	Donnerstag Donnerstag	11. 25.	Donnerstag	9. 23.
Franz I. Von Semlin nach Moldava	Samstag Montag	2. 18.	Mittwoch Montag Montag	5. 15. 29.	Montag	13. 27.
Argo. Von Skela Cladova nach Gallacz	Freitag	8. 22.	Sonntag Samstag	7. 20.	Freitag Freitag Freitag	3. 17. 31.

Namen der Schiffe und der Abfahrts-Orte.	Mai Wochen-Tage.	Mai Monaths-Tage.	Juni Wochen-Tage.	Juni Monaths-Tage.	Juli Wochen-Tage.	Juli Monaths-Tage.
Argo. Von Gallacz nach Skela Cladova	Mittwoch	13. 27.	Freitag Donnerstag	12. 25.	Mittwoch	5. 22.
Franz I. Von Moldava nach Semlin	Sonntag Dienstag	3. 19.	Donnerstag Dienstag	4. 16. 30.	Dienstag	14. 28.
Franz I. Von Semlin nach Pest	Dienstag Montag	5. 25.	Freitag Donnerstag	5. 18.	Donnerstag	2. 16. 30.
Pannonia. Von Pest nach Pressburg	Mittwoch	6. 13. 20. 27.	Mittwoch	3. 10. 17. 24.	Mittwoch	1.8.15.22.29.

Die Abfahrt der Dampfschiffe von den benannten Haupt-Stationen hat des Morgens um 5 Uhr Statt.
Ausnahmen hievon drücken die Aufnahmskarten aus.

Die Billets für die Reisenden werden von den Agenten am Vorabende der Reise ausgegeben.

Reisende und Waaren werden durch den, in Moldava anwesenden Beamten der Administration alsobald mittelst Booten an Bord des Dampfschiffes befördert. Aufwärts liefert das Schiff die Reisenden bis zu dem Ausschiffungsorte bei Orsova; sobald die Contumaz beendet ist, begeben sich die Reisenden zu Lande und auf ihre Kosten von Orsova nach Alt-Moldava; der Agent, Herr Lazar F. Popovics zu Orsova wird für die billigste Beförderung sorgen.

Nähere Auskunft über Ankunft und Abfahrt der Dampfschiffe an und von den Zwischenorten, ertheilen die Bureaux der Administration.

Güter, die von Pest ab mit den Dampfschiffen befördert werden sollen, können in Wien, im Bureau der Administration aufgegeben werden bis zum 1., 15. und 29. Mai, 12. und 26. Juni, 10. und 24. Juli.

Die Effecten der Passagiere werden auf Anordnung des Conducteurs an gesicherte und geschützte Orte gelagert, jedoch ist er für diese Effecten nicht verantwortlich, weshalb jeder Reisende für die Wiederabnahme derselben selbst zu sorgen hat. Zur Vermeidung von Irrthümern ist es nothwendig, dass die Effecten mit der deutlichen Adresse des Eigenthümers und des Bestimmungs-Ortes versehen sind.

Kinder unter zehn Jahren zahlen die Hälfte des Preises. — Für anständige und billige Bewirthung der Reisenden auf den Schiffen ist aufs Beste gesorgt.

Bureaux der Administration sind:

In Wien, Bureau in der Wollzeile Nr. 890.
In Pressburg bei Herrn J. B. [illegible]
In Raab bei Herrn Jos. [illegible]
In Comorn bei Herrn Franz König.
In Pesth bei Herrn C. J. [illegible]
In Földvar bei Herrn A. [illegible]
In Paks bei Herrn [illegible]
In Tolna bei Herrn Joh. [illegible]
In Baja bei Herrn Ant. [illegible]
In Mohács bei Herrn J. [illegible]
In Apatin bei Herrn W. [illegible]
In Vukovar bei Herrn [illegible]
In Neusatz bei Herrn [illegible]
In Semlin bei Herrn J. [illegible]
In Moldava bei Herrn [illegible]
In Orsova bei Herrn Laz. F. Popovics.
In Czernetz bei Herrn Joh. Mohor.
In Nicopoli bei Herrn
In Giurgevo bei Herrn Constantin Papa Lucca.
In [illegible] bei Herren Gebrüder Theodor [illegible]
In Silistria bei Herrn [illegible]
In Braila bei Herrn [illegible]
In Gallacz bei Herrn [illegible]

Pferdeeisenbahnen waren für Güter und Passagiere im Vormärz das »modernste« Transportmittel (oben und Mitte links).

Die K.K. priviligierte Donaudampfschiffahrtsgesellschaft: Lebensader der Wirtschaft des Habsburgerreiches (Mitte rechts und unten).

Hyrtl, Schuh und Rokitansky ihren späteren Weltruf. In dieser Vereinigung finden sich auch eine große Anzahl von Vertretern des oppositionellen Adels ein. Es sind Männer, die die Gebrechen der Staatsführung erkennen und den Gefahren entgegenwirken wollen, die der bestehende Zustand unweigerlich heraufzubeschwören droht.
1839 etabliert sich der niederösterreichische Gewerbeverein. Das sich anbahnende Industriezeitalter fordert dringend eine Steuerung der an der technischen und wirtschaftlichen Entfaltung beteiligten Kräfte. Schon 1829 war die Donaudampfschiffgesellschaft gegründet worden, und nach einer weiteren 1832 zwischen Linz und Budweis eingerichteten Schieneneisenbahn mit Pferdevorspann sind 1837 auf der Kaiser Ferdinand-Nordbahn zum erstenmal Züge mit Dampflokomotiven eingesetzt worden. In Triest hatte man schon vor bald einem Jahrzehnt Handelsbeziehungen mit Ostasien angeknüpft und dann 1836 den Triester Lloyd gegründet. Auf die Initiative Erzherzog Johanns hin wird im steirischen Vordernberg eine Bergbauschule eingerichtet, die in der Zukunft als Leobener Berg-Akademie europäischen Ruf erlangen soll. Vergeblich versucht dagegen der deutsche Nationalökonom Friedrich List 1844, die Wiener Industriellen zum Beitritt zu dem von Preußen betriebenen deutschen Zollverein zu bewegen. Selbst Metternich – Kommendes vorausahnend – rät dazu, um zu erreichen, daß die Führung eines mächtigen deutschen Wirtschaftsblockes durch Preußen mit dem Eintritt Österreichs in den Verein unterbunden würde. Kurzsichtige Beweggründe, die Sorge, der Wegfall der Zölle würde eine Verringerung der eigenen Geschäftsaussichten nach sich ziehen, führt zur Ablehnung eines Anschlusses an den deutschen Zollverein. Worin, wie der Historiker feststellt, »die eigentlichen Wurzeln des Ausganges von 1866« zu suchen sind!
Zwei Jahre bevor der große Sturm ausbricht, wird Wien Schauplatz eines Ereignisses, dessen Folgen sich erst siebzig Jahre später in ihrer ganzen Tragik auswirken werden. Der dem jugendlichen Erzherzog Franz Joseph wohlgesinnte russische Zar Nikolaus I. verfolgt den Plan, seine Tochter Olga mit Erzherzog Stephan, dem Sohn des Palatins von Ungarn, Joseph, zu verheitaten. Wer sich dagegen ausspricht, das ist der Staatskanzler Fürst Metternich. Der Kanzler fürchtet mögliche »brüderliche« Ratschläge des Zaren in Angelegenheiten der österreichischen Innenpolitik. Zar Nikolaus erfährt eine Ablehnung, die mit den konfessionellen Hindernissen begründet wird. Der Zar ist empört, denn er erkennt ganz deutlich die Richtung, aus der der Wind weht. Er verbirgt seinen Ärger auch nicht gegenüber der Erzherzogin Sophie und äußert sich in ihrer Gegenwart über die Wiener Regierung äußerst gereizt.
Vierzehn Tage später verlobt sich Prinzessin Olga mit dem württembergischen Kronprinzen. Mit dem Jahr 1848 droht dem Habsburgerreich der Sturz in den Abgrund. Das Erdbeben setzt im Januar ein: Ein Volksaufstand in Sizilien zwingt König Ferdinand II., dem Land eine Verfassung zuzugestehen und liberale Minister zu berufen. Auch Rè Carlo Alberto von Piemont-Sardinien wird zu ähnlichen Zugeständnissen gezwungen. In der Toscana muß der Habsburger Leopold II. ebenfalls eine Verfassung bewilligen. Hingegen verläßt Franz IV. fluchtartig Modena. In Mailand wieder kommt es zur berühmten Sabotage des Tabakmonopols, mit dem Erfolg, daß Tausende auf das Rauchen verzichten und auch die Annah-

mestellen der staatlichen Lotterie nicht betreten. die Folgen sind Zusammenstöße mit den Kroaten, die die »Abstinenzler« mit zwei und mehr Virginias im Mund auf den Straßen provozieren. Tumulte und Schießereien veranlassen daraufhin den Vizekönig Erzherzog Rainer zum Rücktritt. Er übergibt die Ausübung der Exekutive dem Feldmarschall Graf Radetzky, der unverzüglich das Standrecht innerhalb der Lombardei proklamiert.
Und Wien? – Dort besteht der Fasching vorerst auf seinem Recht. Man tanzt in den Sophiensälen und beim Mozartfest in der Künstlerhalle auf der Laimgrube. Zu gleicher Zeit hält der Schutzverein für entlassene Sträflinge eine Generalversammlung ab. Aufsehen erregt aber vor allem die feierliche Eröffnung der Akademie der Wissenschaften in Gegenwart hoher und höchster Honoratioren.
Da schlägt wie ein Blitz in die Fröhlichkeit die Nachricht vom Ausbruch der Februarrevolution in Paris ein, bei der es zu blutigen Straßenkämpfen kommt, die der General Cavaignac brutal niederschlägt. Louis Philippe muß fliehen, und in Frankreich wird die Republik ausgerufen. Die Arbeiterschaft strebt an die Macht. In den gleichen Wochen veröffentlichen Mardochai Levy unter dem Namen Karl Marx und Friedrich Engels ihr kommunistisches Manifest. Auch aus Baden, aus Württemberg und anderen Staaten kommen Nachrichten, nach denen in diesen Ländern freiheitlich gesinnte Männer in die Regierungen berufen wurden.
Die Ereignisse in Frankreich bilden in Wien jetzt das Tagesgespräch. Mit einem Mal achtet kein Mensch mehr auf Polizeispitzel. Dazu kommen Gerüchte über einen drohenden Staatsbankrott. Die Menschen drängen sich an den Schaltern der Geldinstitute, man hortet Silbergeld und verweigert die Annahme von Banknoten. Auch im Kaiserhaus erkennt man plötzlich, wie sehr sich die tatsächliche Lage so ganz anders entwickelt, als sie der Staatskanzler Metternich bisher dargestellt hatte. Erzherzog Johann reist aus Graz an und fordert in einer erregten Auseinandersetzung mit seinem jüngsten Bruder Ludwig, sich von Metternich zu trennen und nicht mehr den Forderungen der Öffentlichkeit zu verschließen.
Eigensinnig widersetzt sich Erzherzog Ludwig jedem Zugeständnis. Er beruft sich dabei auf das Testament seines kaiserlichen Bruders Franz I. und stellt sich vor Metternich. Dabei sind es gerade Erzherzog Karl Franz und dessen Gemahlin Sophie, die den Ratschlägen Erzherzog Johanns beipflichten. Die Mutter Franz Josephs hat nämlich während der letzten Jahre durchaus nicht an den Ereignissen »vorbeigelebt«.
Es wurde Zeit, daß sie ihre Ohren auch gegenüber den Kritikern und Mahnern öffnete, solange deren Einstellung zum Kaisertum ihren Auffassungen entsprach. So war der Tag herangekommen, an dem sie anfing, bestimmte Stellungnahmen des Staatskanzlers kritisch zu betrachten. Mit dem Ergebnis, daß sie allmählich zur Gegnerin des Kanzlers wurde. Eine Einstellung, die vor allem aus der Sorge erwuchs, die Politik des Kanzlers könne eines Tages zu einem Umsturz und damit zum Verlust der Thronfolge Franz Josephs führen.

Wenn die unregulierte Donau wieder einmal über ihre Ufer trat, war das für die Hauptstadt stets eine Katastrophe (Seite links).

Im Biedermeier noch harmloses Freizeitvergnügen, im Vormärz Keimzellen politischer Auflehnung: Die Sportvereinigungen (unten).

Am Vorabend der Revolution

Metternichs vorläufiger Abschied

Kaiser und Kanzler versuchen jetzt, die Stände ins Spiel zu bringen, von denen sie sich eine maßvolle Behandlung von Reformvorschlägen erhoffen. Schon ist es zu spät! Zum ersten Mal erhebt sich der Ruf nach einer Republik! Der ihn ausspricht, heißt Dr. Löhner, Mitglied des Lesevereins. Er fordert vom Führer der ständischen Opposition die Alternative: Entweder die Stände entschließen sich zur kompromißlosen Durchführung von Reformen, oder die Revolution setzt diese auch ohne deren Mithilfe durch.
Nun erfolgt Schlag auf Schlag!– Am 12. März versammeln sich die Studenten in der Universität. Sie haben seit Jahren in Metternich und dem Polizeipräsidenten Sedlnitzky ihre besonderen Gegner gesehen. Streng überwacht und auch verfolgt, haben sie in der »Burschenschaft« trotzdem eine Geheimorganisation geschaffen, die vor allem Verbindung mit gleichgesinnten Kreisen im übrigen Deutschland aufrecht erhält. Zweck der Versammlung ist die Beschlußfassung über eine Adresse an den Kaiser und die Staatskonferenz. Ihrem Inhalt nach stellt sie die ungefähr gleichen Forderungen wie die »Petitionen« und Denkschriften der verschiedenen Vereine und Bürgerinitiativen. Nur daß hier mehr Nachdruck auf die Gewährung der Rede-, Lehr-, Lern- und Glaubensfreiheit gelegt wird. Während des akademischen Gottesdienstes hält der geistliche Professor Fischer eine zündende Predigt. Er appelliert an die Vaterlandsliebe seiner Zuhörer und ruft ihnen zu, »für das Vaterland dürfe kein Opfer zu groß sein!«
Wieder weigert sich Erzherzog Ludwig, auf die Forderungen der Studentenschaft einzugehen. Er erklärt sich zwar bereit, den Polizeipräsidenten fallen zu lassen, besteht aber auf der weiteren Führung der Staatsgeschäfte durch Metternich. Der Kaiser, dem die Adresse später vorgelegt wird, sagt aber zu, sie »in Erwägung zu ziehen«. Was die Studenten zum Entschluß veranlaßt, am 13. März mit der gleichen Petition vor das Landhaus zu ziehen, um auch die Stände für ihre Forderungen zu gewinnen.
Jetzt also sollen sich die niederösterreichischen Stände hinter die Forderungen der Studentschaft stellen. In dichten Massen marschieren die Studenten in den Morgenstunden des 13. März vor das Landtagsgebäude in der Herrengasse. Auch die Hörer des polytechnischen Instituts schließen sich an. Der Aufmarsch zieht außerdem eine Menge Neugieriger und aus den Vorstädten herandrängender Leute an sich, sodaß im Hof des Landtagsgebäudes und den anliegenden Gassen ein heftiges Gedränge entsteht. Es werden auch Reden gehalten, Aufsehen und Beifallskundgebungen erzielt, vor allem durch die Bekanntgabe einer Rede, die der ungarische Abgeordnete Kossuth vor dem Preßburger Reichstag gehalten hat.
Während der nun einsetzenden Tagung des Landtages kommt es zu keiner Entschlußfassung. Die Abgeordneten werden dauernd durch Einlaß fordernde Deputationen gestört. Zuletzt einigt man sich, selbst eine Deputation zu bilden, die sich zum Kaiser begibt, um »allerhöchsten Ortes« auf mehr als bloße Zusagen zu drängen. Noch während die Deputation das Landtagsgebäude verläßt, tönen vom Ballhausplatz Sprechchöre der dort versammelten Menge herüber, die lautstark den Rücktritt des Staatskanzlers fordern.
Unterdessen hat man die Garnison alarmiert. Auf dem Glacis vor dem Franzenstor (wo heute das Burgtheater steht) sind Grenadiere, Pioniere und Geschützbedienungen angetreten. Das Kommando führt der Feldmarschalleutnant Erzherzog Albrecht, der Sohn des Siegers von Aspern. Da erhält er ein Aviso des Landtagspräsidenten, mit welchem ihn dieser bittet, den Platz des Landtagsgebäudes und die umliegenden Gassen, »wenn möglich ohne Gewalt«, säubern zu lassen. Zunächst wird eine Grenadierkompanie vorgeschickt. Doch ihr Versuch, sich den Zugang zur Herrengasse zu erzwingen, mißglückt. Eine Menschenmauer versperrt hier den Weg. Daraufhin läßt der Kommandierende eine Pionierkompanie den Platz vor der Schottenkirche besetzen, auch dirigiert er Artillerie vor die Hauptwache »am Hof« und läßt sie dort abprotzen. Nun erhalten auch die Grenadiere den Befehl, wieder vorzugehen. Da poltern ihnen während ihres Anmarsches plötzlich schwere Gegenstände, ja sogar Möbelstücke, in der engen Gasse auf die Köpfe. Es gibt Verletzte, einige Grenadiere stürzen sogar schwer getroffen zu Boden. Jetzt befiehlt der kommandierende Hauptmann »laden!«, er läßt zur Warnung eine Salve in die Luft abfeuern. Wutgeheul, Schimpfworte und heranfliegende Steine sind die Antwort. Es ist der Augenblick, an dem Erzherzog Albrecht persönlich zu Pferd zwischen den Grenadieren erscheint. Unerschrocken reitet er vor und fordert mit lauter Stimme die Menge auf, ruhig auseinanderzugehen. Da erhält auch er einen schweren Holzziegel gegen den Kopf. Er macht auf der Hinterhand kehrt und reitet zurück.
Nicht anders ergeht es dem zweiten Garnisonskommandanten Generalmajor Matauscheck, der von der Schottenbastei aus auf die Menge zureitet. Fast, daß man den 72jährigen vom Pferde gerissen hätte, wären ihm nicht Soldaten beigesprungen. Auf den Vorfall hin galoppiert ein Adjutant zur Schottenkirche zurück. Die dort stehenden Pioniere werden nach vorne befohlen. Oberst Frank von Seewies dirigiert zwei seiner Kompanien getrennt in Richtung der Herrengasse, mit dem Befehl, nunmehr die Menge mit gefälltem Bajonett auseinanderzutreiben. Sobald die Truppe vor der Menge auftaucht, empfängt die Soldaten ein Steinhagel. Als erster bricht ein Hauptmann getroffen zu Boden. Da dröhnt eine Salve – in ihrer Wut hat ein Teil der Soldaten auf die Menschenmasse gefeuert. Fast zugleich räumen die übrigen Pioniere mit der blanken Waffe den Platz. Vor dem Landhaus aber liegen fünf Tote – vier Männer und eine Frau. Wie sich später herausstellt, wurde diese nicht erschossen, sondern von der flüchtenden Menge zu Tode getrampelt.

Eines der ersten Dokumente unzufriedenen Bürgertums: Mit einer nächtlichen »Katzenmusik« vor dem Haus des Betroffenen machten die Wiener ihrem Ärger Luft (linke Seite).

Fünf Tote! – Die Revolution hat ihre ersten Opfer!
Die in der Stadt versammelten Massen drohen mit Ausschreitungen. Da entschließt sich der wenig beliebte Bürgermeister Czapka in seiner Eigenschaft als Oberst der bewaffneten Wiener Bürgerwehr, diese zum Ordnungsdienst aufzurufen. Auf Czapkas Aufruf hin sammelt sich die Bürgerwehr nunmehr auf dem Glacis. Eine Abordnung ihrer Offiziere begibt sich in die Hofburg und verlangt dort mit Nachdruck die Abberufung Metternichs. Ein Zusammengehen mit dem Militär zur Wiederherstellung der Ordnung lehnen sie ab. Eine Trennung der Bürger von der Revolution, so erklären sie, wäre nicht ihre Aufgabe. Auch ringen jetzt die Vertreter der medizinischen Fakultät dem Erzherzog Ludwig die Genehmigung ab, eine Studentenlegion zu bilden. Erst jetzt, unter dem Druck einer sich immer bedrohlicher abzeichnenden Lage, – ist doch plötzlich das Schicksal der Dynastie in Frage gestellt –, läßt sich Erzherzog Ludwig bestimmen, in die Abberufung Metternichs einzuwilligen. Um neun Uhr abends des 13. März erklärt Fürst Metternich dann seinen Rücktritt. »Er habe«, so äußert er sich vor den versammelten Mitgliedern der Staatskonferenz, »es als seine Lebensaufgabe betrachtet, für das Heil der Monarchie zu wirken. Wenn sein Verbleiben dieses Heil gefährde, bedeute es ihm kein Opfer, seinen Posten zur Verfügung zu stellen.«

Eine trügerische Ruhe vor einem großen Sturm

Der neue, als streng und energisch geltende Landeskommandant für Wien und Niederösterreich, Fürst Alfred Windischgraetz, zieht alle Garnisonen aus dem nahen und weiteren Umkreis zusammen. Bis zum Abend des 13. März hatten die Unruhen fortgedauert, ja, es gab später sogar Freudenkundgebungen und Fackelzüge. Doch am darauffolgenden Morgen hatten sich die Ausschreitungen, besonders in den Vororten, wiederholt. Ziel von Plünderungen und Übergriffen waren vor allem die Besitzungen vermögender Bürger gewesen. Zudem hatten sich noch am Vorabend und während der Nacht die Studenten aus den Depots des bürgerlichen Zeughauses bewaffnet und waren als »Akademische Legion« in den Dienst der Bürgerwehr als Sicherheitskorps getreten. Zusammen mit Bürgergarde und Militär waren sie jedoch nicht in der Lage gewesen, allerorts für Ordnung zu sorgen. Was die Führer der Opposition veranlaßt hatte, jetzt mit besonderem Nachdruck in der Hofburg auf die Bewilligung zur Aufstellung einer Nationalgarde zu dringen, die nach französischem Muster organisiert werden sollte. Diesem Verlangen hatte sich der neue Landeskommandant Feldmarschalleutnant Fürst Windischgraetz mit Entschiedenheit widersetzt, doch war er mit seinen Argumenten nicht durchgedrungen. So hatte Erzherzog Ludwig zuletzt doch die Aufstellung der Nationalgarde genehmigt, mit der Auflage: sie habe »die Aufrechterhaltung der Ruhe und Ordnung in der Residenz und zum Schutze der Personen und des Eigentums« zu sichern. Die Nationalgarde selbst sah sich allerdings mehr als revolutionäre Einrichtung und »Wächterin der Volksinteressen«.
Da war es wieder einmal der »einzige Mann bei Hofe«, Erzherzogin Sophie, gewesen, die dem Kaiserpaar einen überraschenden Vorschlag gemacht hatte. Sie wußte um die Stimmung der Massen und hatte sich durch ihren Leibarzt von der »Stimme der Straße« auf dem laufenden halten lassen. Der Kaiser solle, so lautet ihr Vorschlag, eine Ausfahrt machen und während dieser zu erkennen geben, daß er sich auch vor einer Begegnung mit Gegnern nicht scheue. Man wisse im Volke genau, daß er »auf das Volk nicht schießen« lassen wollte und hege nicht gegen ihn, sondern nur gegen einige seiner Ratgeber Argwohn und Mißtrauen.
Kaiser Ferdinand hatte dann tatsächlich der Anregung seiner Schwägerin Folge geleistet. Er war in Begleitung seines Bruders und dessen Sohn, Franz Joseph, ausgefahren und von der Menge mit freundlichen Zurufen und Kundgebungen der Verbundenheit der Wiener mit ihrem Ferdinand empfangen worden. Bei seiner Rückkehr war es dann zu berühmten Worten: »Alles gewähren!« gekommen.
Zunächst erlebt er noch in Wien die feierliche Proklamation der nunmehr endlich vom Kaiser gewährten Verfassung. Das diesbezügliche Manifest wird vom Volksdichter und Offizier der Akademischen Legion, Friedrich Kaiser, hoch zu Roß, unter Voraustritt zweier Trompeter, auf dem Michaelerplatz um fünf Uhr nachmittags des 15. März vor einer begeisterten Volksmenge verlesen. Am Tage darauf beerdigt Wien unter der Teilnahme von Tausenden die fünf ersten Gefallenen der Revolution.

Von der »gemütlichen Anarchie« zur »Sturmpetition«

Von der amtlichen »Wiener Zeitung« wird das Edikt mit der Gewährung der Konstitution, der Pressefreiheit und der Genehmigung zur Aufstellung der Nationalgarde veröffentlicht. Gleichzeitig beruft der Kaiser neue Minister. An deren Spitze Metternichs alter Gegner Graf Kolowrat die Regierungsgeschäfte übernimmt. Zum Innenminister wird der populäre Freiherr von Pillersdorf ernannt.
Die Zusammensetzung der Regierung ist jedoch von sehr kurzer Dauer. Mit Kolowrat verschwindet auch endlich der »k.k. Staats- und Konferenzrat« und auch Erzherzog Ludwig stellt seinen Posten als Präsident der »Geheimen Kabinettskanzlei des Kaisers« zur Verfügung, den von nun an der Gatte Erzherzogin Sophies, Franz Karl, übernimmt, ohne allerdings den von seiner Gemahlin gewünschten Einfluß auf den Kaiser zu gewinnen.
Zwei Ereignisse sind es, denen nach dem Geburtstag des vermeintlichen Anbruches einer neuen politischen Ära Bedeutung zukommt. Einmal die während der ersten Apriltage durchgeführte Wahl einer österreichischen Abordnung für das Frankfurter Vorparlament und das kaiserliche Patent vom 17. April. Mit diesem werden die Bauern von jeglicher Robotleistung entbunden. Das Volk nennt den Kaiser seit jener Zeit »Ferdinand, den Gütigen«.
Neben den Studenten tut sich plötzlich ein »Verein der Volksfreunde« hervor. Hauptagitator ist ein Dr. Schütte aus Westfalen. Als ihn die Behörde auf Betreiben der Bürgerschaft des Landes verweist, steigert sich die »gemütliche Anarchie« zu Erscheinungen brodelnden Unwillens. Schütte hatte die Parole von der »Sturmpetition« den Massen suggeriert und damit eine Saat gesät, die während des Mai neue Brände entfachen wird. Brände, die im Zusammenhang mit den Ereignissen in anderen Provinzen des Völkerreiches den Bestand desselben in größte Gefahr bringen werden.

Es gärt in Böhmen und Italien

Während sich nämlich die neue Regierung in Wien mit den Vorarbeiten für die Einführung einer Verfassung abmüht, sind die Blicke der »Untertanen« der übrigen Länder gespannt auf das Wiener Schaufenster gerichtet. So war bereits am 11. März in Prag von tschechischer Seite die Forderung nach der Gleichschaltung des Tschechischen mit dem Deutschen in den Ämtern und Schulen und die Vereinigung der Länder Böhmen, Mähren und Schlesien zu einer Verwaltungseinheit mit gleicher Verfassung erhoben worden. Nicht genug damit, wird die Einsetzung einer tschechischen Regierung und die Vertretung der genannten Länder durch eine tschechische Volksvertretung verlangt. Auch bildet man einen Nationalausschuß, der die Leitung aller böhmischen Angelegenheiten an sich zu reißen versucht. Selbst durch die Geschehnisse in der Hauptstadt blockiert, gewährt die Regierung Zugeständnisse. Schon bewaffnet sich in Prag eine Bürgerwehr, die den Namen »Svornost« führt. Die tschechischen Studenten gründen die »Slavia«, während die Hörer der deutschen Universität sich in der Verbindung »Teutonia« zusammenfinden. Von historischer Bedeutung bleibt hierbei die Haltung des nationalen tschechischen Vorkämpfers Franz Palacký. Unter dem Hinweis auf die historische Sonderstellung Böhmens lehnt er die Teilnahme als Deputierter des Frankfurter Bundestages ab, bezeichnet sich als »Böhme slawischen Stammes« und fordert von Wien die Autonomie seiner Heimat, zusammen mit deren Kronländern im Rahmen des Habsburger Reiches, nicht ohne auf die Gefährdung dieses Reiches durch den magyarischen Nationalismus hinzuweisen. Denn Palacký erblickt im Habsburgerreich jene Macht, die allein geeignet erscheint, gegen das nach Westen und gegen den Balkan vordringende Rußland einen festen Damm aufzurichten. Krakau ist in den Frühjahrstagen des Achtundvierziger Jahres Hauptzufluchtsort der aus Russisch-Polen geflüchteten Freiheitskämpfer, die darangehen, ein Freikorps zu bilden. Der österreichische Militärbefehlshaber verbietet es. Auch läßt er längs der galizischen Grenze, im Zusammenwirken mit preußischen Truppen, einen Kordon ziehen.

Analog mit dem Aufbegehren der Nordslawen beginnt es auch unter den Slowenen im Süden der österreichischen Reichshälfte zu gären. Ursache der Unzufriedenheit ist weniger eine feindselige Einstellung gegen den Staat, als die Beunruhigung, daß das Hervorheben der von den Deutschen betonten Freiheitsidee Nachteile für die slowenische Bevölkerung nach sich ziehen könnte. So werden in Laibach, aber auch in Graz slowenische Vereine gegründet. Man fordert von nun ab die Gründung eines slowenischen Königreiches unter dem Zepter des Kaisers in Wien.

Josef Wenzel Graf Radetzky von Radetz: k. k. Feldmarschall

Um im ganzen Land die Ruhe wiederherzustellen, verfällt man in Prag und Wien auf die Idee, den jungen Erzherzog Franz Joseph an die Spitze der böhmischen Landesregierung zu berufen. Er ist zwar noch nicht großjährig, sein bisheriges Auftreten nährt aber die Hoffnung, daß es ihm gelingen könnte, ausgleichend auf die Gemüter der einander bekämpfenden Parteien einzuwirken. Franz Joseph packt sozusagen bereits die Koffer, da verhindert seine Mutter die Reise. Die Verhältnisse in Böhmen erscheinen der ehrgeizigen Frau zu unsicher. Zudem besteht Gefahr, daß die Person des Thronerben mit möglicherweise erforderlichen scharfen Maßnahmen identifiziert werden könnte. Was Franzi gerade jetzt braucht, ist eine Tätigkeit, die nicht nur seinen Neigungen entspricht, sondern auch seine Stellung in den Augen der Völker in ein verklärendes Licht rückt. Wofür das Hauptquartier des Feldmarschalls Graf Radetzky die beste Gewähr bietet.

Josef Wenzel Graf Radetzky von Radetz, k.k. Feldmarschall und Befehlshaber der im lombardisch-venetischen Königreich stationierten österreichischen Streitkräfte, blickt auf eine lange und erfahrungsreiche Soldatenlaufbahn zurück. Jetzt schon fünfundsechzigjährig, mehrfach verwundet, übernimmt der alte Herr erst als Adlatus des Kommandierenden, dann selbst als Kommandierender, den Befehl über alle in den italienischen Provinzen stehenden k.k. Truppen.

Nicht ohne guten Grund hatte der damalige Kaiser Franz I. seiner Aufforderung, Radetzky möge das Kommando in Italien übernehmen, noch den Satz hinzugefügt: »Um sie aufzuwecken und für einen Krieg vorzubereiten!«. Radetzky beginnt ohne Verzug mit der systematischen Schulung der Truppe. Während der Wintermonate läßt er theoretischen Unterricht erteilen, zwingt seine Stabsoffiziere und die Truppenführer zu Studien und Entscheidungen am Kartentisch und führt die Truppen, kaum daß es draußen in der Campagna grünt, ins Gelände. Dann, zum Herbst, faßt er die Brigaden zu Korpsmanövern zusammen und führt mehrere Tage währende Übungen durch, wobei Anlage und Ausführung derselben die Truppenführer zu selbständigem Handeln und Eigenverantwortlichkeit veranlassen sollen. Diese, von Radetzky eingeführten Manöver, erwecken bald das Interesse der Generalstäbe anderer Heere. So begegnet man im Hauptquartier des Feldmarschalls, – er bekleidet seit 1836 diesen Rang –, hohen Offizieren aus allen Staaten Europas. Was aber entscheidend erscheint, ist der Geist, den der alte Soldat in der Truppe erweckt. So klein diese ist, – aus Ersparungsgründen beziffert sich ihre Stärke 1836 auf 62 000 Mann –, diese aus allen Nationalitäten des Völkerreiches ergänzte Armee erweist sich als ein Instrument, von dem »ihr Vater Radetzky« beim Ausbruch des Aufstandes in Mailand mit berechtigter Zuversicht sagen kann: »Noch ruht der Degen fest in meiner Hand!«.

»Cinque Giornate di Milano« – die fünf Tage von Mailand

Er sagt dies, obwohl er weiß, daß mit Beginn der Juli-Revolution in Frankreich auch unter seinen Italienern, Magyaren und Slawen ein Nationalbewußtsein entsteht. Das Bewußtsein der Soldaten ihrer inneren Zugehörigkeit zu »ihrem Regiment« ist jedoch bei der überwiegenden Mehrzahl der Mannschaften so stark, daß sich Fälle von Solidarität mit den nationalen »Brüdern« der anderen Seite nur begrenzt bei entscheidenden Einsätzen ereignen. Dieses Zusammengehörigkeitsgefühl fußt nicht zuletzt auf dem noch bestehenden Rekrutierungssystem. Jede Provinz hat eine bestimmte Anzahl von Rekruten zu stellen, die nach dem Los aufgerufen wer-

den. Adel, Geistlichkeit, aber auch Intelligenzberufe sind vom Wehrdienst befreit. So sind es die Bauern und die besitzlosen Klassen, die zur Dienstleistung herangezogen werden. Wer sich nicht loskaufen kann, wird eingezogen. Was wieder dazu führt, daß besonders in den Gemeinden häufig Elemente »abgeschoben« werden, die man in deren Bereich als unerwünscht ansieht. Solche Männer besitzen in der Regel kein Zuhause und fühlen sich nicht an Angehörige gebunden. Der harte Dienstbetrieb, die strenge Zucht und Ordnung, aber auch die jahrelange enge Gemeinschaft im gleichen Kameradenkreis des Regimentes führen dann dazu, daß sie dieses zuletzt als ihre Heimat betrachten. Der Feldmarschall ist während langer Zeit als blutdürstiger Vollstrecker eines reaktionären Regierungssystem hingestellt worden. Was aber die »Grausamkeit« dieses »Scheusals« im Generalsrock am einleuchtendsten kennzeichnet, ist sein Verhalten gegenüber den Gefangenen nach der Räumung Mailands, wie überhaupt während des sich daran anschließenden Feldzuges. Gefangene, deren Landsleute, wie es sich in Mailand ereignete, Radetzkys Soldaten aus dem Hinterhalt angefallen hatten, sie niederknallten, niederstachen und – auch verwundet – in bestialischer Weise mißhandelt hatten. So schickt Radetzky nicht nur den Befehlshaber der Aufständischen, den ehemaligen General Napoleons, Lecchi, den Mailändern zurück, er entläßt auch von den gefangenen dreihundert Mann alle – bis auf achtundzwanzig –, obwohl es Männer sind, die seine Soldaten, Zivil tragend, aus dem Hinterhalt angegriffen, sie verwundet und getötet haben. Die achtundzwanzig Gefangenen führt er allerdings als Geiseln mit, solange er keine Sicherheit dafür erhält, daß die in der Stadt zurückgebliebenen Verwundeten nicht Grausamkeiten ausgesetzt werden, wie solche während der Kämpfe festgestellt worden sind. Erschießen läßt Radetzky einen einzigen Mann, einen Deserteur, der auf seine ehemaligen Kameraden geschossen hatte. Statt Vergeltungsmaßnahmen anzuwenden, läßt dieser so »grausame General« den Besiegten gegenüber Gnade für Recht ergehen!
Mit dem sicheren Blick des auch politische Vorgänge verfolgenden Beobachters hat der Feldmarschall bereits im Herbst 1847 den offenen Ausbruch von Feindseligkeiten für den März 1848 vorausgesagt. Viel hängt dabei von der Haltung Karl Alberts im benachbarten Piemont ab. Vereinigten sich doch in der Person dieses Königs die Hoffnungen aller monarchisch gesinnten Italiener, mit Ausnahme jener, die im neuen Papst Pius IX. den Einiger des Vaterlandes erblicken wollten. Carlo Alberto beruft sieben Jahrgänge ein und bringt sein ohnehin gut ausgebildetes Heer auf 60000 Mann. Besorgnis erregen auch die zahlreichen Freischärler. Nicht nur, daß sie trotz des Grenzschutzes längs des Ticino Waffen aus Piemont herüberbringen, sie sickern in ganzen Rudeln während der Nacht auf österreichisches Gebiet ein. Ein Sammelplatz, zugleich mit Waffendepots, ist auch der schweizerische Kanton Tessin. Gewiß, der Kanton hat in Bern ein Observationskorps von 6000 Mann angefordert, das die Anhänger der »Giovane Italia« aber keineswegs hindern wird, sich ganz offen als künftige Freiheitskämpfer im Schutz des Schweizer Wappens zu bewegen.
Der Tag »X« tritt dann auch tatsächlich am 18. März 1848 ein. Seit Januar des Jahres schwelt der passive Widerstand der Bevölkerung weiter. Wie dann, während der Vormittagsstunden des Achtzehnten, einem regenverhangenen Tag, die Nachricht vom Ausbruch der Märzrevolution in Wien die Stadt durchläuft und gleichzeitig eine Depesche aus Innerösterreich bekanntgegeben wird, die die Gewährung einer Konstitution durch den Kaiser, die Abschaffung der Zensur und die Einberufung der Stände für den 3. Juli ankündigt, da erscheint an zahlreichen Mauern, ganz offensichtlich von Agitatoren geplant, die Inschrift: »TROPPO TARDI!« – »ZU SPÄT!« Radetzky, der seit den frühen Morgenstunden den Aufruhr verfolgt hat, jedoch an die Weisungen der vorgesetzten politischen Behörde gebunden ist, ergreift in dem Augenblick die Initiative, als er von der Erstürmung des Regierungspalazzo durch eine aufgeputschte Menge erfährt. Er begibt sich in das Kastell und alarmiert die Garnison. Mit diesem Befehl setzt jenes so denkwürdige Ringen ein, das als die Schlacht der »CINQUE GIORNATE DI MILANO« – der »FÜNF TAGE VON MAILAND« – in die Geschichte eingegangen ist und den Auftakt zu den vier Kriegen – unter Einbeziehung des Ersten Weltkrieges – der Italiener um die Einigung ihres Vaterlandes bildet. Radetzky besetzt Schwerpunkte innerhalb des Stadtgebietes und hält vor allem die Zugänge zur Stadtumwallung und nach den Toren offen.

Der Italienfeldzug von 1848

Das Rathaus und das Regierungsgebäude müssen erstürmt werden; sie wechseln im Verlauf der Kämpfe mehrmals ihre Besitzer. Die Kämpfe selbst werden von Stunde zu Stunde mit zunehmender Erbitterung geführt. Wobei die k.k. Truppen im Nachteil sind; denn während sie auf der Straße angreifen und in die Häuser eindringen müssen, empfängt sie aus den Deckungen derselben ein wohlgezieltes Feuer. Auf das Drängen seiner Offiziere, die dichten Häuserzeilen der Innenstadt unter Geschützfeuer zu nehmen, antwortet der Zweiundachtzigjährige: »Was würde Europa zu uns sagen, wollten wir uns zu Vandalen herabwürdigen!« Am vierten Kampftag erhält Radetzky Gewißheit, daß die Piemontesen an der Grenze laufend Verstärkungen heranführen. Den Österreichern droht ein Zwei-Fronten-Kampf. Angesichts dieser Lage entschließt sich der Feldmarschall zum planmäßigen Abzug aus Mailand. Als Nachhut verläßt als letzte Truppe ein Bataillon Tiroler Kaiserjäger den Kastellplatz. Ihnen, sowie der ganzen abmarschierenden Armee, hat Radetzky drei Worte als Tagesbefehl verlautbaren lassen: »Wir kommen wieder!«
Als Karl Albert vom Abzug der Österreicher aus Mailand erfährt, erklärt er am 23. März 1848 dem Habsburgerstaat den Krieg!
Während ihres Rückmarsches in Richtung auf die Adda ahnen die Offiziere und Mannschaften der Truppen Radetzkys noch nicht, daß unterdessen auch Venedig verlorengegangen ist. Ähnlich wie in Mailand war auch in Venedig nach den Nachrichten aus Wien die Revolution ausgebrochen. Der Zivilgouverneur, Graf Pálffy, und der Festungskommandant, Graf Zichy, verloren die Nerven.

Erzherzog Franz Joseph erlebt seine Feuertaufe

Nach der Kapitulation Venedigs entschließt sich der Feldmarschall zum Rückzug bis hinter den Mincio, versammeln sich doch bereits starke Verbände von Freischärlern unter dem

Kommando des schweizerischen Oberst Allemandi im Raum um Brescia, um über Judikarien und das Val Camonica in Südtirol einzudringen. Gleichzeitig gibt die provisorische Regierung in Mailand die Parole aus, daß Italiens Grenzen am Brenner lägen. Darauf versammeln sich Tausende begeisterter Freiheitskämpfer, um über das Nonstal bis Bozen vorzudringen. Im Süden wiederum sammeln sich toskanische, neapolitanische und päpstliche Truppen mit dem Ziel, Ferrara zu besetzen und weiter im Norden die Etsch zu forcieren. Die Gefahren erkennend, führt Radetzky seine Truppen deshalb in das berühmte Festungsviereck zwischen Peschiera, Mantua, Verona und Legnago zurück. Von dieser Basis aus wird er seine gesamten Streitkräfte neu formieren.

Ehe ein aus dem Görzischen herankommendes Reservekorps eintrifft, sieht der greise Feldmarschall seine einzige Chance in einem hinhaltenden Widerstand, der es ihm erlaubt, wie eine angefallende Wildkatze da und dort seine Pranken zu zeigen. Und er tut das auch! – Die jetzt bald eintretenden Kämpfe im Vorfeld des Festungsvierecks sind in zahlreichen Darstellungen ausführlich geschildert worden. Zu den denkwürdigsten zählt der gelungene Überfall des vom Obersten Benedek geführten Detachements, das die Piemontesen des Generals Bava bei Marcania am Oglio anfällt, sie zersprengt und die feindliche Führung verleitet, den eigenen Operationsplan zu ändern, weil man dort annimmt, es ständen ihr hier Radetzkys Hauptkräfte gegenüber.

Am 27. April dann vollenden die Truppen Karl Alberts und seiner Verbündeten den Aufmarsch im Westen von Verona. Im Hauptquartier Radetzkys trifft in den letzten Apriltagen eine Suite kaiserlicher Reisewagen ein. Ihnen entsteigen Seine kaiserliche und königliche Hoheit, der siebzehnjährige Erzherzog Franz Joseph, mit seinem neuen Generaladjutanten Graf Grünne, der Erzherzog Albrecht, bereits General, und die beiden Erzherzöge Wilhelm und Leopold. Radetzky zeigt sich über die Ankunft dieser »Schlachtenbummler« wenig entzückt. Bei aller Anhänglichkeit an das Kaiserhaus – er und seine Offiziere haben zur Zeit andere Sorgen, als sich dem Observations-Interesse kaiserlicher Prinzen zu widmen. »Kaiserliche Hoheit! Ihre Gegenwart bereitet mir nur Schwierigkeiten. Trifft Sie ein Unglück, welche Verantwortlichkeit für mich! Werden Sie gefangen, so können alle Vorteile, die meine Armee gewinnt, verloren gehen!« So lautet Radetzkys wenig entgegenkommende Begrüßung. Anscheinend hat Franz Joseph ähnliches erwartet; denn er antwortet klar und bestimmt: »Herr Feldmarschall, es mag eine Unvorsichtigkeit gewesen sein, mich hierher zu senden. Nun da ich aber einmal da bin, verbietet es mir meine Ehre, unverrichteter Dinge zurückzugehen.« Radetzky ordnet die Einweisung Franz Josephs zum Stab des II. Korps an.

Der Angriff der Piemontesen erfolgt dann am 6. Mai gegen neun Uhr auf breiter Front. Die Hauptziele sind die von den Österreichern besetzten Ortschaften Chiese und San Massimo im Norden und Santa Lucia, Tombetta und Tomba im Süden. Angesichts der piemontesischen Übermacht, am 6. Mai verfügt Karl Albert über 65 000 Mann, Radetzky hingegen nur über 28 000, kann sich der Feldmarschall nur auf das Festhalten der Linien im Vorfeld von Verona beschränken.

Der eigentliche Kampf setzt mit dem Sturm der piemontesischen Brigade Regina gegen San Massimo ein, ohne daß sie Erfolge erzielt. Was Generalleutnant Bava veranlaßt, den Druck gegen das im Zentrum liegende Santa Lucia zu erhöhen. So läßt er hier die bewährte Brigade Aosta vorgehen und schiebt ihr noch zusätzlich die Bataillone der Garde nach. Doch die Angreifer haben nicht mit dem ihnen gegenüberstehenden Gegner gerechnet. Am Nordwestteil der Häusergruppen, vor allem aber am ummauerten Friedhof stoßen sie auf das 10. Bataillon österreichischer Feldjäger des Oberst Kopal und auf Kompanien des 45. Infanterieregiments! Kopals Jäger halten buchstäblich bis zur letzten Patrone stand.

»Wir kommen wieder!« – Radetzkys Sieg in Italien

Um sie zu entlasten, stürmen vier Grenadierkompanien – alles Italiener – vor. Diese stürzen sich mit dem Ruf: »Avanti colla baionetta!« auf ihre Landsleute und schaffen den Jägern Luft. Erst gegen Mittag dann glückt es dem piemontesischen Spitzenregiment, der erst nachträglich nach vorne gebrachten Brigade Casale, den Südwesten von Santa Lucia zu erstürmen. Auch die piemontesische Garde erobert zuletzt ein am Nordrand des Ortes gelegenes Gehöft.

König Karl Albert späht unterdessen von einem erhöhten Standort aus vergeblich nach Verona hinüber. Nirgends lassen sich die Anzeichen einer von ihm erwarteten Volkserhebung feststellen. Die Drohung Radetzkys, er werde im Falle einer Revolte die Geschützrohre der Festung auf die Stadt richten lassen, hat die italienischen Patrioten eingeschüchtert.

Beim II. Korps des Feldmarschalleutnants d'Aspre ist in der Zwischenzeit das Ringen um die Häusergrupppen von Chiese und Massimo von neuem entbrannt. General d'Aspre, rücksichtslos gegen sich selbst, setzt sich dabei mit seinem Stab dauernd dem feindlichen Feuer aus. Besonders während der Häuserkämpfe der Brigade Liechtenstein gegen die Bataillone des Generals Broglia spannt das Kleingewehr- und Kartätschenfeuer einen glühenden Vorhang über die Gassen. Sooft d'Aspre sich umwendet, fällt sein Blick auf den jugendlichen Erzherzog Franz Joseph, der, ohne Anzeichen von Unruhe oder Beklommenheit, hoch aufgerichtet im Sattel sitzt und sein Pferd nur dann etwas seitwärts stellt, wenn ein zerplatzendes Geschoß die Pferde der neben ihm haltenden Reiter auseinander treibt. Während längerer Zeit ist der Erzherzog dann sogar nirgends zu entdecken. Bis ihn ein ihm nachgesandter Ordonnanzoffizier auf einer Leiter antrifft, die, gegen eine Mauer gelehnt, die Möglichkeit besserer Sicht bietet. Franz Joseph verfolgt dort gespannt den Sturmangriff eines Bataillons, dessen letzte Kolonnen bei Ankunft des Offiziers gerade an ihm vorbeistürmen. Zurückgebracht, wird Franz Joseph von d'Aspre nicht gerade freundlich empfangen. Da kommt dem General ein Befehl Radetzkys entgegen. Er solle, so lautet die Order, nachdem seine Truppen bei Massimo so erfolgreich standhielten, den eigenen rechten Flügel entblößen und einige Bataillone dem I. Korps zur Verfügung stellen. Nach Durchführung dieses Befehls wird in d'Aspres Rücken Raum für die Aufstellung einer größeren Kavalleriemasse frei, die sich dort zur Attacke bereitstellen kann.

»Kaiserliche Hoheit«, wendet er sich an Franz Joseph, »werden als Dragoneroberst bestimmt an einer Attacke teilnehmen wollen. Ich bitte daher, zurückzureiten und sich dort mit an die Spitze einer der Eskadronen zu setzen.«

Eine Aufforderung, die ganz nach »Franzis« Geschmack ist. Er ahnt freilich nicht, daß d'Aspre die Absicht, attackieren zu lassen, im Augenblick gar nicht erwägt. Er hat nur eine Lösung gefunden, ihn auf elegante Art loszuwerden. Ungeachtet dessen meldet er am Abend des Schlachttages an Radetzky: »Von denjenigen, die als Freiwillige dem Feldzuge beiwohnten, muß ich die Unerschrockenheit Seiner Kaiserlichen Hoheit, des Erzherzogs Franz Joseph, erwähnen, der sich an mich angeschlossen hatte. Er schien die Gefahr nicht zu bemerken, nicht zu achten; nur mit viel Mühe gelang es mir, Ihn später dem Kugelregen zu entziehen, und zwar nur dadurch, daß ich an Ihn die Bitte stellte, mit einer Kavallerie-Division sich rückwärts aufzustellen, um mir durch eine Attacke Luft zu machen.«

Bei Santa Lucia setzen die Österreicher unter General Clam Gallas zweimal zum Gegenstoß an. Ein dritter Angriff bringt Gewißheit, daß der Feind die Ruinen geräumt hat. Die Schlacht bei Santa Lucia wird damit zum Wendepunkt der politischen wie militärischen Lage in Oberitalien. Siegesbewußtsein erfüllt die Soldaten Radetzkys. Von nun ab heißt es wieder vorwärts! Der erste Vorstoß erfolgt als überaus kühner Flankenmarsch längs des Oglio nach Süden mit dem Ziel Mantua. Dort wird die von Durando zurückgelassene Division Toskaner zersprengt, und der Marsch gegen Vicenza fortgesetzt. Angesichts der Stadt, auf dem Monte Berico und dem Kloster Madonna del Monte, hat sich General Durando mit den päpstlichen Truppen verschanzt. Radetzky läßt angreifen, die Österreicher erstürmen die Schanzen und nehmen nach erbittertem Nahkampf, vor allem um das Kloster, die Schweizer Regimenter des General Durando gefangen. In Anerkennung ihrer Tapferkeit gewährt ihnen der Feldmarschall freien Abzug, allerdings unter der Verpflichtung, daß sie während dreier Monate ihre Waffen nicht gegen die Kaiserlichen erheben dürfen.

Radetzky findet immer mehr Zeit, den Feldzug nach seinen Plänen zu führen. Sommacampagna, Custoza, Volta heißen die bekanntesten Schlachtorte, auf denen er jetzt Sieg um Sieg erringt. Bis er dann, am 6. August 1848, jene Parole in die Tat umsetzt, mit der er sich beim Abmarsch aus Mailand von den Lombarden verabschiedet hatte: »Wir kommen wieder!« Denn an diesem 6. August marschieren seine Bataillone wieder in Mailand ein, während sich Karl Alberts Nachhut den Weg zum Westausgang der Stadt zwischen einer wütend auf sie losschimpfenden Menge mit dem Bajonett bahnen muß. Wie dann die Nachricht von der Rückkehr Radetzkys in die lombardische Hauptstadt in Wien bekannt wird, komponiert Johann Strauß der Ältere einen Marsch, dessen Rhythmus auch heute noch immer mitreißend wirkt: den »Radetzky-Marsch«. Schon nach dem Tag von Santa Lucia hat Franz Grillparzer die unvergeßlichen Verse gedichtet:

»Glück auf, mein Feldherr,
Führe den Streich,
Nicht bloß um des Ruhmes Schimmer.
In Deinem Lager ist Österreich,
Wir andern sind einzelne Trümmer.«

Es war in Innsbruck, wo einer diese Verse zum ersten Mal zu Gesicht bekam, und sie in stiller Trauer wiederholte: Franz Joseph, den man schon bald nach der Schlacht von Santa Lucia auf Drängen seiner Mutter aus dem Hauptquartier Radetzkys zurückgeholt hatte!

Volkswehr, Nationalgarde und Akademische Legion in Wien – der Hof flieht nach Innsbruck

Es war auf dem Marsch der Truppen Radetzkys auf Vicenza gewesen, als im Hauptquartier Sanguinello den jungen Franz Joseph der Brief seiner Mutter und des Grafen Bombelles mit der Aufforderung zur Rückkehr nach Innsbruck erreicht hatte. Es wäre in Innsbruck, so hatte darin unter anderem gestanden, eine Deputation des böhmischen Nationalausschusses eingetroffen, die ihre Loyalität gegenüber dem Kaiserhaus zum Ausdruck gebracht und den Wunsch geäußert habe, Franz Joseph möge nunmehr die ohnehin in Aussicht genommene Statthalterschaft in Prag antreten. Schweren Herzens hatte er, Franz Joseph, daraufhin Abschied »von der braven Armee« genommen, um sich »in die schreckliche Existenz« der politischen Wirren des Kaiserreiches zurückzubegeben.

Kaiser Ferdinand befindet sich seit den letzten Maitagen mit dem gesamten Hofstaat in Innsbruck. Man war am 18. Mai aus der Reichshauptstadt heimlich geflohen. Denn neue und bedrohliche Unruhen waren in Wien ausgebrochen. Am nämlichen Tage, da Erzherzog Franz Joseph die Reise nach Verona angetreten hatte, war von der Regierung das vom Innenminister Pillersdorf entworfene Verfassungsgesetz veröffentlicht worden. Den unmittelbaren Anlaß zum Ausbruch folgenschwerer Unruhen hatte die Verlautbarung der Wahlordnung abgegeben. Diese schloß nämlich jedes Wahlrecht der Arbeiter aus! Teile der aufgebrachten Arbeiterschaft hatten, von zwielichtigen Elementen aufgehetzt, Fabriken angezündet und Maschinen zerstört. Die Unzufriedenheit unter den Arbeitern war übrigens durchaus nicht unberechtigt. Hunderte von Familien hausten in menschenunwürdigen Behausungen und litten bittere Not. Die Masse bildeten die Gelegenheitsarbeiter, nur allmählich wuchs auch ein Stock gelernter Fabriksarbeiter heran und dann gab es auch die Handwerkergesellen, die eine besondere Zunft vorstellten. Diese waren es auch, die 1848 den »ersten Allgemeinen Arbeiterverein« gründeten. Nach ihrem Vorbild entstand dann auch in nämlichen Jahr der »Radikale liberale Verein«. Diese, im Dämmerlicht des Daseins dahinvegetierende Schicht wird noch durch den Zuzug fremdsprachiger Arbeitssuchender aus den benachbarten mährischen, böhmischen und slowakischen Bereichen unterwandert. Es gibt auch sogenannte Arbeitshäuser, ja Kinderhäuser, aus denen manche Fabriksherren billige Arbeitskräfte beziehen, deren Insassen oft 12-14 Stunden arbeiten müssen und bei denen Frauen und Kinder, vor allem in der Textilindustrie das hauptsächliche Kontingent stellen. Daß auch unter der Studentenschaft ein ähnliches, geistiges Proletariat die Stoßtrupps für revolutionäre Ideen abgibt, wurzelt nicht weniger »in der wirtschaftlichen, politischen, wie intellektuellen Misere, die das Regime dem ganzen Land auferlegte«. Es gibt Studierende, die wochenlang kein warmes Essen kennen, deren einzige Nahrung in Brot und Wasser besteht und die in Kellerlöchern wohnen. Manche übernachten in Scheunen oder Wagenremisen, andere können von Glück sprechen, wenn ihnen die Bibliotheken ein Asyl anbieten. Das sind die Kräfte, die enttäuscht nach den vermeintlichen Erfolgen des 18. März, angesichts der durch die Wahlordnung bestimmten Ausschaltung der niederen Stände, die neue Verfassung ablehnen. Bis dann, am 15. Mai die Alarmtrommeln durch die Stadt und ihre Vororte rasseln. In der Universität tritt die Akademische Legion, die an 8000 Mann, an, setzt sich nach der Ansprache eines Dr. Goldmark, in Richtung Hofburg in Marsch und erhält auch Verstärkung durch die Nationalgarde. Allerorts ertönt die Parole, man fordere einen vom ganzen Volk gewählten Reichstag, dessen Abgeordnete die neue Verfassung zu beraten hätten. Während des Marsches stoßen von allen Seiten neue Massen hinzu, sodaß zuletzt die Gassen und Plätze rings um die Hofburg von Tausenden blockiert werden. Auffallend sind dieses Mal die zahlreichen Arbeitertrupps, die aus den Vorstädten mit Pikkeln, Schaufeln und Eisenstangen heranziehen. Auf die Frage nach dem Zweck ihrer Ausrüstung, wird geantwortet: »Wir sind die Barrikadenbauer!« In der Burg ist man über die auftauchenden Massen aufs höchste beunruhigt, verweigert aber trotzdem einer vorgeschickten Deputation den Eintritt. Im Eilschritt wird Militär herangeführt. Was die Erregung der Masse erst recht aufpeitscht. »Wir werden den Eintritt erzwingen!« gellen stürmische Rufe zur Burgeinfahrt hinüber und plötzlich ertönt vor den Fronten der Region und der Nationalgarde das Kommando: »Scharf laden!« Und andere Stimmen fordern: »Hinein in die Burg!« Dort geistert mit einem Male das Schreckgespenst der Tuilerien durch die Gemächer und Gänge. Soll sich auch in Wien ähnliches wiederholen! Pillersdorf und seine Herren beraten, auch der Kaiser wird auf die drohende Gefahr aufmerksam gemacht. Zuletzt gibt man nach. Die Sturmpetition des 15. Mai hat ihre Forderungen durchgesetzt, der Verfassungsentwurf ist zu Fall gebracht.

Drei Tage danach verlassen Kaiser, Kaiserin, ihre Verwandten und ein Großteil des Hofes unbemerkt und fluchtartig Wien.

Tirol bot nicht allein dem »Hof«, sondern vielen Gegnern der »Märzerfolge« Zuflucht und Schutz. Die auf Jahrhunderte zurückgehende Verfassung dieses freiheitsliebenden Volkes räumte dem Kaiser das uneingeschränkte Recht des »Gefürsteten Grafen von Tirol« ein, behielt sich jedoch auch weiterhin die durch seine Stände verbrieften Landrechte vor. Die kaiserliche Familie sah sich daher von einer Bevölkerung umgeben, die ihr Schutz aus freiem Willen gewährte.

Die in Wien aus der Nationalgarde und der Akademischen Legion gebildete Volkswehr hatte während der zweiten Maihälfte den Hof zu Innsbruck in eine neue, weitaus größere Besorgnis versetzt. Anlaß hierzu war der Beschluß der jetzigen Regierung Pillersdorf gewesen, die Akademische Legion aufzulösen. Eine Verfügung, die auf Betreiben bürgerlicher und weniger radikal eingestellter studentischer Kreise innerhalb der Legion erlassen worden war. Noch waren die Ereignisse der Sturmdeputation und das Verhalten der Legion vor der Hofburg in Wien in aller Erinnerung. Nach Verlautbarung der Auflösungsorder hatte sich die Legion in der Universität versammelt und jedem Versuch, sie aufzulösen, mit Androhung von Waffengewalt widersetzt. Wieder einmal hatte das Schicksal Wiens auf des Messers Schneide gestanden. Unter dem Druck der Legion, der Nationalgarde und der Straße hatte die Regierung zuletzt nachgegeben und das Militär zurückgezogen. Auch die Auflösungsorder war widerrufen worden. Zu spät! – Schon entglitt die Führung der Massen mehr und mehr den Händen ihrer geistigen Vorkämpfer. Jetzt forderten die radikalen Elemente die Errichtung eines »Sicherheitsausschusses«, eines Gremiums, das sich aus Studenten, Nationalgardisten und besonders freiheitlich gesinnten Bürgern zusammensetzen sollte. Um diesem Begehren auch einen äußerlichen Nachdruck zu verleihen, hatten die aus den Vorstädten in die innere Stadt eingedrungenen Arbeiter an verschiedenen Stellen Barrikaden errichtet. Man fürchtete den Einmarsch von Truppen des Fürsten Windischgraetz aus dem böhmischen Raum. Ein plötzlich hereinbrechendes Unwetter »räumte« jedoch Fässer, Bauholz, Steine und Möbelstücke zur Seite. Als zudem bekannt wurde, daß der neue Führer der Legion, der Feldkaplan Füster, der Regierung einen einmaligen Wochenlohn für die Arbeiterschaft abgehandelt hatte, wechselte die Erbitterung der Massen in Freudenkundgebungen über. Eine Musikkapelle der Nationalgarde spielte auf, es erklangen Walzerweisen, die dann zuletzt doch in der zündenden Melodie der Marseillaise endeten.

Unruhen in Prag: das persönliche Drama des Fürsten Windischgraetz

Bedeutend bedrohlicher hatte sich die Lage in Prag entwikkelt. Dort war eine Slawentagung einberufen worden, in deren Verlauf es zwar zu Auseinandersetzungen, aber auch zu Verbrüderungskundgebungen zwischen Tschechen, Polen, Kroaten, Serben und Slowenen gekommen war. In den Tagen nach der Ankunft Franz Josephs in Innsbruck, am 11. Juni, hatten Prager Studenten, aufgehetzt durch aus Paris angereiste französische Revolutionäre und Mitglieder des dort tagenden polnischen Zentralkomitees, vom Landeskommandanten von Böhmen, Fürst Windischgraetz, die Herausgabe von Waffen für ihre Legion gefordert, was der Feldmarschallleutnant abgelehnt hatte. Am Pfingstmontag dann versammeln sich in Prag Tausende am heutigen Wenzelsplatz zu einer »Slawenmesse«. Dabei kommt es zu erregten Kundgebungen. Als eine Grenadierkompanie anrückt, werden die Soldaten mit Schüssen aus den umliegenden Häusern empfangen. Daraufhin begibt sich Windischgraetz persönlich und unbewaffnet auf die Straße, in der Absicht, die Menge durch sein persönliches Einschreiten zu beruhigen. Da splittern über seinem Kopf plötzlich mehrere Fensterscheiben des Kommandogebäudes. Ein leiser Aufschrei verhallt ungehört im Gejohle der aufgeputschten Menge. Windischgraetz geht in das Kommandogebäude zurück, um nunmehr die gesamte Garnison zu alarmieren. Schon auf der Treppe stürzen ihm einige Offiziere mit schreckensbleichen Gesichtern entgegen. Seine Gattin war an eines der Fenster geeilt und hatte besorgt die Vorgänge um ihren Mann auf der Straße verfolgt. Irgend jemand an einem der gegenüberliegenden Fenster mußte die Gestalt erkannt und sein Gewehr auf sie gerichtet haben. Denn dort, wo sie noch soeben gestanden hatte, wurde sie von einer Kugel getroffen, die Fürstin war sofort tot.

Trotz dieses furchtbaren Schicksalsschlages behält Windischgraetz die Fassung. Nur seine Befehle klingen härter und eindeutiger. Der allgemeine Aufruhr, der nun ausbricht, wird von seinen Soldaten in tagelangen, sehr blutigen Straßenkämpfen niedergeschlagen. Windischgraetz's Truppen erstürmen nicht weniger als 400 Barrikaden, der Altstädter Ring wird »gesäubert«, das Karolinum der Universität Schauplatz eines erbitterten Häuserkampfes. Zuletzt strecken aber die Aufständischen die Waffen. Sie müssen ihre nationalen Klubs schließen, die Nationalgarde wird aufgelöst und zahlreiche Personen werden verhaftet. Ganz im Gegensatz zu den Anstiftern des Aufstandes betrachten die bisherigen Führer der Tschechen, darunter besonders Palácky, die Prager Revolte als eine den national-liberalen Ideen zuwiderlaufende Aktion. Sie, die Väter des neuen tschechischen Erwachens, denken gar nicht daran, die eigenen Ziele durch eine sozialrevolutionäre Unterwanderung verfälschen zu lassen. Die Deutschen Böhmens wiederum sehen in Windischgraetz »ihren Retter« was der Fürst ablehnt. Für die übrigen Slawen der Monarchie wird Prag von nun ab gleichbedeutend mit dem Datum von der Zerstörung eines alle österreichischen Slawen einigenden Blocks. Sie werden in Zukunft gezwungen sein, mit jedem ihrer Stämme einen Austroslawismus regionaler Prägung zu bilden. Für das Kaiserhaus erhält die Niederschlagung des Prager Aufstandes jedoch eine symbolhafte Deutung. Es ist die Armee, deren Zuverlässigkeit und Schlagkraft das habsburgische Erbe nicht nur in der Lombardei und in Venetien, sondern auch in allen übrigen Gebieten der österreichischen Reichshälfte sichert. Am 14. Juni dann, also in den Tagen, da die Prager Ereignisse ihrem Höhepunkt zutreiben, erfolgt in Innsbruck eine erste, sehr ernste Aussprache, zwischen Mutter und Sohn »über ihres und ihres Mannes innerste Pläne«. Eine weitaus bedeutendere und vom Schicksal belastete Aufgabe, als jene einer Statthalterschaft in Böhmen, käme für Franz Joseph in Betracht, das eröffnet Sophie dem nunmehr bald Achtzehnjährigen.

Der 18jährige Franz Joseph – wird dieser Jüngling jetzt schon Kaiser?

Er ahnt nicht, daß gerade dieses Datum, der 18. August 1848, erst vor wenigen Tagen Inhalt einer sehr offenen Aussprache zwischen seinen Eltern, der Kaiserin Marianna und dem volkstümlichen Erzherzog Johann gewesen war. Beide, die Kaiserin wie der Erzherzog, hatten empfohlen, Franzi an seinem 18. Geburtstag für großjährig erklären zu lassen, »um ihm«, wie Johann sich ausgedrückt hatte, »dem unbelasteten jungen Agaten, die Thronbesteigung schon jetzt zu ermöglichen«. Denn, und damit sei den nachfolgenden Schilderungen des ungarischen Aufstandes vorgegriffen, der so gütige Kaiser Ferdinand habe Situationen geschaffen, die nunmehr den endgültigen Thronverzicht des kranken Monarchen erforderten. Es war nämlich am Innsbrucker Hoflager der amtierende ungarische Ministerpräsident, Graf Batthyány, erschienen. Dieser hatte beim Kaiser Klage darüber geführt, daß der Banus von Kroatien, Jellačić, offen die Losreißung der kroatisch-serbischen Gebiete vom Reiche der Stephanskrone betreibe. Der Kaiser möge somit Jellačić aller seiner Ämter und Würden entkleiden. Ein Verlangen, dem Ferdinand zuletzt nachgegeben hatte. Es war eine Entscheidung, die einem Faustschlag in das Gesicht aller Habsburg verbundenen politischen Führer gleichkam. Zählte doch gerade Jellačić zu den getreuesten Anhängern des Hauses Österreich. Seine Einstellung gegen das Magyarentum wurzelte in der Ablehnung aller Unabhängigkeitsbestrebungen nationalistischer magyarischer Kreise, die auch eine gewaltsame Assimilierung aller kroatisch-serbischen Gebiete in Ungarn zum Ziele hatten. Für Erzherzog Johann bildete das Nachgeben Ferdinands einen weiteren, schwerwiegenden Beweis für die Regierungsunfähigkeit seines kaiserlichen Neffen, dessen Schwäche die »Monarchie eines Tages in den Abgrund stürzen würde«.

Es war der Initiative der Erzherzogin Sophie, aber auch ihres Gatten und Johanns zu verdanken, daß Jellačić später rehabilitiert und in seine Ämter neu eingesetzt wurde. Womit Vorfälle durch Mitglieder des Hofes ausgebügelt wurden, die »sich nicht wiederholen durften«. Diese Vorfälle waren jedoch zugleich Anlaß zu einem neuerlichen, von noch größerem Ernst getragenen Gespräch zwischen Mutter und Sohn. Was Sophie während der vorangegangenen Aussprache mit der »größeren Statthalterschaft« angedeutet, jedoch noch nicht klar ausgesprochen hatte, eröffnet sie »ihrem armen lieben Franzi« jetzt, Satz um Satz, mit unmißverständlicher Eindringlichkeit: Er wird in allernächster Zeit Kaiser werden und die Nachfolgerschaft Ferdinands auf dem Thron antreten!

Ihr Franzi, der Bub, den sie erst vor vierzehn Tagen, nach seiner Rückkehr aus dem Lager Radetzkys, unter Tränen ans Herz gedrückt und dem Himmel dafür gedankt hatte, daß er jeder Gefahr entronnen war! Diesen Achtzehnjährigen soll nun schon bald die Einsamkeit eines von den Stürmen der Revolution bedrängten Thrones umgeben. Eines Thrones, der gleichzeitig die Herrschaft über Millionen deutscher, slawischer, magyarischer und romanischer Menschen symbolisiert. Nunmehr steht er vor ihr, der Bub, mit gesenktem Haupt und vor innerer Erregung glühenden Wangen und hört ihre Worte! Nein, nicht ein Ministerpräsident, noch weniger der kranke Kaiser, kein Erzherzog Johann und auch kein Radetzky oder Windischgraetz treten auf ihn zu und eröffnen ihm, daß die von ihnen vertretene staatliche Institution ihn zum Kaiser ausrufen werde. Sie, die Mutter ist es, die es ihm mit gedämpfter, weit weniger von Stolz als von geheimer Trauer über den Verlust dieses Kindes getragener Stimme eröffnet: »Du wirst noch in diesem Jahr Kaiser sein, Franzi!«

Oh ja, er wird der Kaiser seiner Palatine, seiner Minister und Generale, er wird der oberste Kriegsherr, der Souverän über seine Völker und das Oberhaupt seiner großen Familie sein – doch eine Trennung von ihr? Erzherzogin Sophie muß plötzlich unbewußt lächeln. Erst vor wenigen Tagen hatte sich eine reizende Szene abgespielt, die so richtig das auch jetzt noch bestehende Verhältnis Franzis zu seiner Mutter beleuchtet: Er hatte ihr eine ganz besondere Freude bereiten wollen und war Forellen angeln gegangen. Doch Petrus schenkte ihm an diesem Tag kein Gehör. Der Fang war mißglückt. Daraufhin hatte sich Franzi Geld geborgt, er war zu einem Fischhändler gegangen und hatte dort eine prächtige Bachforelle gekauft. In die Hofburg zurückgekehrt, hatte er ihr den Fisch gebracht und gemeint, die Mama würde an dem gelungenen Fang gewiß ihre Freude haben. Sie aber hatte ihm nur in die Augen geblickt und gelächelt. Worauf er rot geworden war und gestanden hatte: »Ich habe sie gekauft!« Bub oder Kaiser! – Vor ihrem Blick würde er niemals seine Gedanken verbergen! Auch wenn er morgen das Zepter ergriff, noch lagen viele Jahre vor ihnen, in denen die Finger der Mutter die Hand berühren würden, die dieses Zepter führt.

Am 13. März 1848 fielen in Wien die ersten Schüsse der Revolution (oben). – Wien während der 48er Revolution: Die Stadt sank in Schutt und Asche (unten).

Es steht fest, daß während der Wiener Revolution kein Polizist verbrannt wurde. Eine von Metternich gesteuerte Presse hätte es wohl gerne so gesehen (oben).

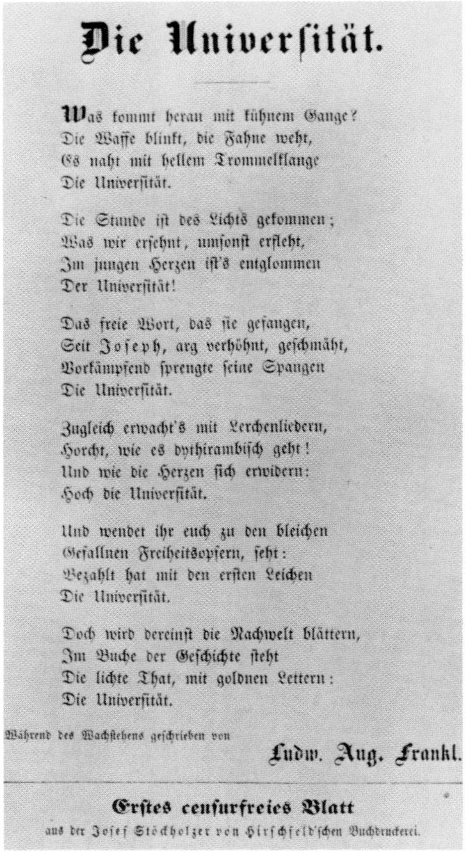

Die Universität.

Was kommt heran mit kühnem Gange?
Die Waffe blinkt, die Fahne weht,
Es naht mit hellem Trommelklange
Die Universität.

Die Stunde ist des Lichts gekommen;
Was wir ersehnt, umsonst erfleht,
Im jungen Herzen ist's entglommen
Der Universität!

Das freie Wort, das sie gefangen,
Seit Joseph, arg verhöhnt, geschmäht,
Vorkämpfend sprengte seine Spangen
Die Universität.

Zugleich erwacht's mit Lerchenliedern,
Horcht, wie es dythirambisch geht!
Und wie die Herzen sich erwidern:
Hoch die Universität.

Und wendet ihr euch zu den bleichen
Gefallnen Freiheitsopfern, seht:
Bezahlt hat mit den ersten Leichen
Die Universität.

Doch wird dereinst die Nachwelt blättern,
Im Buche der Geschichte steht
Die lichte That, mit goldnen Lettern:
Die Universität.

Während des Wachstehens geschrieben von

Ludw. Aug. Frankl.

Erstes censurfreies Blatt

aus der Josef Stöckholzer von Hirschfeld'schen Buchdruckerei.

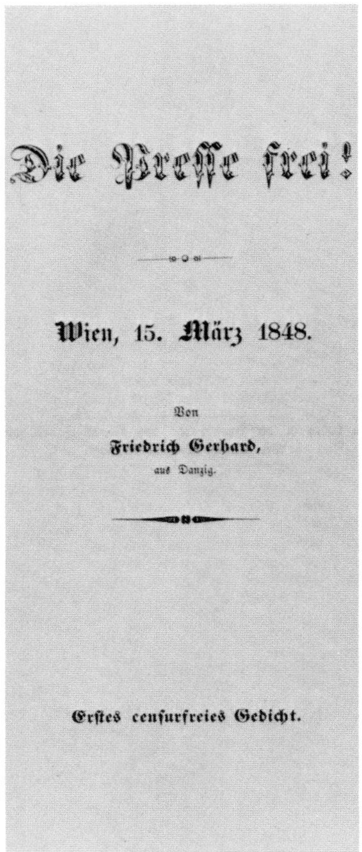

Die Presse frei!

Wien, 15. März 1848.

Von

Friedrich Gerhard,

aus Danzig.

Erstes censurfreies Gedicht.

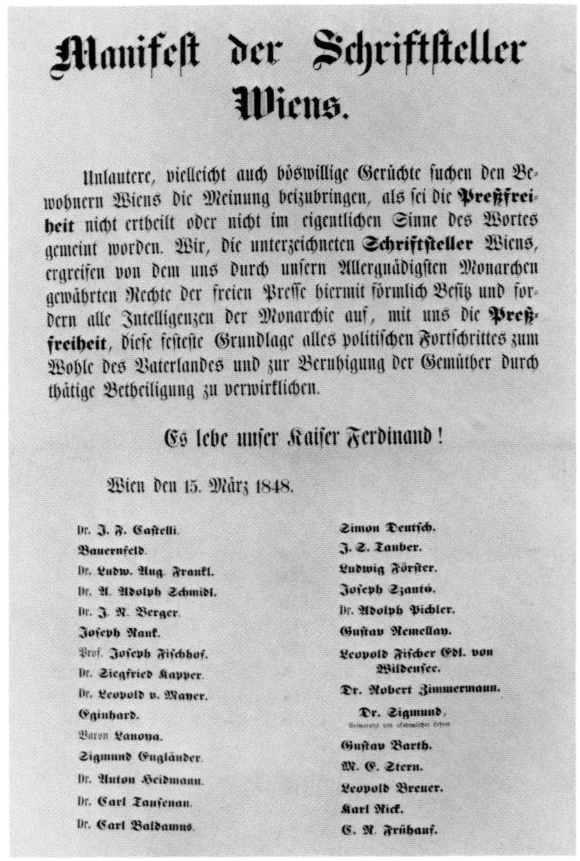

Manifest der Schriftsteller Wiens.

Unlautere, vielleicht auch böswillige Gerüchte suchen den Bewohnern Wiens die Meinung beizubringen, als sei die **Preßfreiheit** nicht ertheilt oder nicht im eigentlichen Sinne des Wortes gemeint worden. Wir, die unterzeichneten **Schriftsteller** Wiens, ergreifen von dem uns durch unsern Allergnädigsten Monarchen gewährten Rechte der freien Presse hiermit förmlich Besitz und fordern alle Intelligenzen der Monarchie auf, mit uns die **Preßfreiheit**, diese festeste Grundlage alles politischen Fortschrittes zum Wohle des Vaterlandes und zur Beruhigung der Gemüther durch thätige Betheiligung zu verwirklichen.

Es lebe unser Kaiser Ferdinand!

Wien den 15. März 1848.

Dr. J. F. Castelli.
Bauernfeld.
Dr. Ludw. Aug. Frankl.
Dr. A. Adolph Schmidl.
Dr. J. N. Berger.
Joseph Rank.
Prof. Joseph Fischhof.
Dr. Siegfried Kapper.
Dr. Leopold v. Mayer.
Eginhard.
Baron Lanoya.
Sigmund Engländer.
Dr. Anton Heidmann.
Dr. Carl Tausenau.
Dr. Carl Baldamus.
Simon Deutsch.
J. S. Tauber.
Ludwig Förster.
Joseph Szantó.
Dr. Adolph Pichler.
Gustav Remellay.
Leopold Fischer Edl. von Wildensee.
Dr. Robert Zimmermann.
Dr. Sigmund,
Primararzt und akademischer Lehrer
Gustav Barth.
M. E. Stern.
Leopold Breuer.
Karl Rick.
E. N. Frühauf.

Zahlreiche Flugblätter glaubten bereits am zweiten Tag an den Erfolg der Revolution (Reihe oben).

Nach dieser historischen Fahrt durch die aufrührerische Hauptstadt sagte Kaiser Ferdinand I.: »Alles gewähren!« (unten).

Besonnene Offiziere verhinderten manches Blutbad.

Begeistert schrieben sich die Bürger zur Nationalgarde ein.

Ein Techniker namens »Spitzer« war das erste Opfer der Revolution.

Nationalgarde und Studentenlegion, die »Ordnungstruppe« der Revolution.

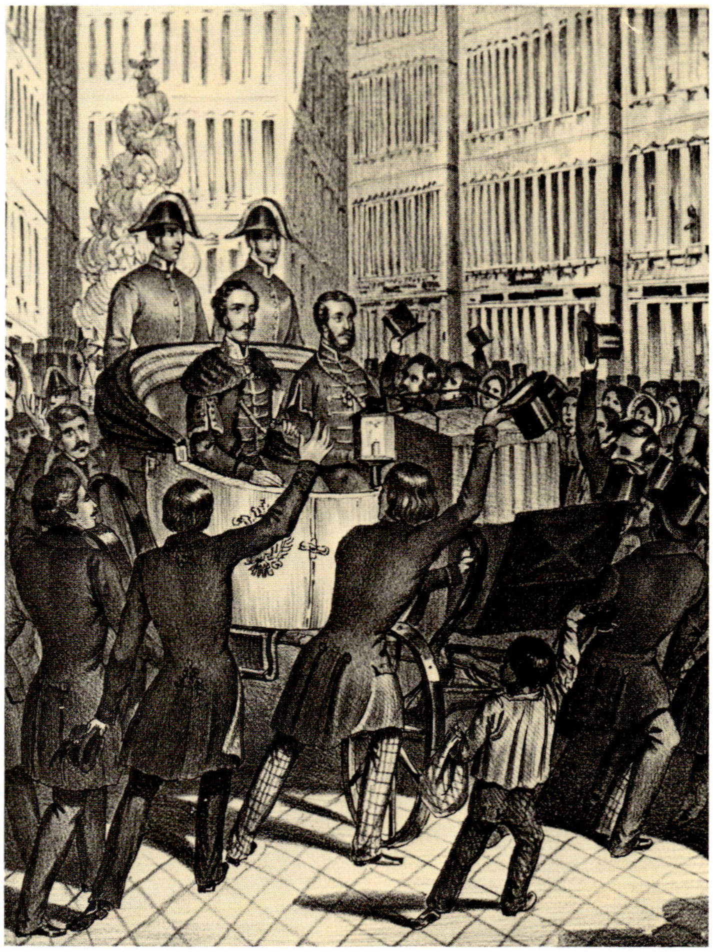

Lajos Kossuth (rechts) und der Palatin von Ungarn, Erzherzog Stephan auf dem Weg zur Regierung.

Begeisterter Empfang der Ungarischen Delegation in Wien (unten).

Aus Revolutionären wurden wieder Patrioten: Wiener Freiwillige schreiben sich für die Italienarmee Radetzkys ein (oben links).

Jubel um die »Märzverfassung« (oben rechts).

Der Volksdichter Friedrich Kaiser verliest am 15. März die Proklamation hoch zu Roß (unten).

Feldmarschall Wenzel Graf Radetzky von Radetz.
König Karl Albert von Piemont-Sardinien (rechts).

Franz Joseph in der Schlacht bei St. Lucia (unten). Auf einer Leiter den Feind beobachtend. Bild rechts: Als Dragoneroberst (Dritter von rechts) im Stab des General d'Aspre.

Innenminister Graf Kolowrat, ein Gegner Metternichs.

Josef Graf Sedlnitzky, der verhaßte Wiener Polizeipräsident des Vormärz.

Rücksichtslos schlug die Kavallerie auf die Demonstranten ein.

Thronfolger zwischen Revolution und Krieg

Die Pflichten des Thronfolgers: Einführung in die »Hohe Politik«

Vom Tage der letzten Aussprache mit seiner Mutter an, wird Franz Joseph nunmehr auch in den Einzelheiten der vom Hof verfolgten Politik auf dem laufenden gehalten, einschließlich dem Inhalt der Geheimakten. Erzherzogin Sophie besteht weiterhin darauf, daß er die infolge seiner Abreise nach Italien abgebrochenen Studien fortsetzt, denen Franzi jetzt nur noch mit halbem Herzen nachgeht. Seine Gedanken beschäftigen sich viel lieber mit den Eindrücken aus dem Heerlager Radetzkys. Doch er muß die Vorträge Professor Albaneders über Gesetzeskunde, des Domherrn Columbus über Religionsfragen und über Geschichte aus dem Munde des Historikers Professor Jäger geduldig anhören, genau wie seine Brüder Max und »Karli«. Sein Interesse für Geschichte verleitet ihn, dem Vortragenden öfters ein Buch in die Hand zu drükken oder einen Zeitungsartikel vorzulegen, um dessen Meinung über die darin vertretenen Auffassungen zu erfahren. Graf Bombelles, der bisher seiner Hofhaltung vorstand, tritt von seinem Posten zurück. Als profilierter Parteigänger Metternichs bekannt, erscheint seiner Mutter sein Verbleiben als Erzieher der kaiserlichen Prinzen angesichts der veränderten Zeitläufe für kaum tragbar. Bombelles wird unter äußerlichen Ehrungen verabschiedet. An seine Stelle wird der Oberst Graf Karl Grünne berufen. Dessen Familie stammt aus dem Luxemburgischen. Grünne vertritt ähnliche Anschauungen wie sein Vorgänger Bombelles und macht aus seiner Gegnerschaft zu den revolutionären Bewegungen und den geforderten Verfassungseinrichtungen kein Hehl. Die später verbreitete Meinung, Grünne habe auf den jugendlichen Kaiser besonders schlecht eingewirkt, wird durch viele, auch unbestechliche Persönlichkeiten widerlegt. Sein Ehrgeiz freilich, alle das Militär betreffenden Angelegenheiten persönlich dem Kaiser vorzutragen, und somit auch dessen Entscheidungen im Sinne seiner Auffassungen zu lenken, wird »die Entwicklung der Heeresverwaltung aufs tiefste und ungünstigste beeinflussen«. Bedauerlicherweise findet durch die Berufung Grünnes auch die bisherige militärische Fortbildung des Thronfolgers ein Ende. Sein ausgezeichneter Lehrmeister in diesen Bereichen, Franz von Hauslab, verläßt den Hof. Durch sein Ausscheiden entfällt die Einführung Franz Josephs in die Grundsätze einer höheren militärischen Führung. Ein Mangel, der ihn auch in Zukunft trotz der soldatischen Grundrichtung seines Denkens niemals über die Vorstellungen eines verläßlichen Truppenführers herausheben wird.

Erzherzog Johann: ein Habsburger wird deutscher Reichsverweser

Inmitten der durch die politischen Wirren gekennzeichneten Unruhe am kaiserlichen Hof bringt der Besuch der Herzogin Louise in Bayern, Sophies jüngster Schwester, mit ihren beiden Töchtern Elisabeth, Sissi gerufen, und Helene, Nené genannt, ein wenig Entspannung und Abwechslung. Doch weder die 14jährige Helene, noch weniger die 11jährige Sissi erwecken das Interesse Franz Josephs. Es ist vielmehr sein jüngerer Bruder Karl Ludwig, der sich mit den beiden Mädchen beschäftigt. Noch vor ihrer Abreise wird am Hof die Rückkehr des Kaisers nach Wien erörtert. Erzherzogin Sophie zeigt sich davon wenig begeistert. Sie befürchtet den Ausbruch neuer Unruhen und äußert Sorgen um ihre Kinder. Die Entscheidung fällt dann mit der Berufung Erzherzog Johanns, der als Stellvertreter des Kaisers nach Wien reisen soll. Nach seiner Ankunft in der Hauptstadt versteht er es, durch geschicktes und taktvolles Verhalten auch die Mitglieder des Sicherheitsausschusses für sich zu gewinnen. Zwischen letzteren und dem Ministerpräsidenten haben sich, nicht zuletzt im Hinblick auf die Prager Ereignisse, schwerwiegende Differenzen entwickelt, die sich nunmehr derart zuspitzen, daß die Führer einer Delegation, Silberstein und Löbenstein, vor dem Erzherzog kategorisch die Abberufung Pillersdorfs fordern. Doch dieser kommt einer solchen Maßnahme zuvor. Er beantragt seinen Rücktritt und erhält diesen auch. Ehe es zur Beauftragung einer Reihe neuer Männer kommt, muß Erzherzog Johann nach Frankfurt abreisen. Die deutsche Nationalversammlung hat ihn am 29. Juni 1848 zum Deutschen Reichsverweser gewählt. Nicht anders als in Österreich hatte das Beispiel aus Paris noch in den Märztagen die Gemüter freiheitlich gesinnter Menschen in den anderen deutschen Ländern entzündet. Unruhen – unter anderem auch Straßenkämpfe in Berlin – hatten zuletzt mit dem Abzug der königlichen Truppen aus der Stadt und der Abreise des »Kartätschenprinzen« Wilhelm nach London geendet. In München hatte der Bruder Sophies, König Ludwig I., nicht zuletzt seiner Affaire mit der Tänzerin Lola Montez wegen, abdanken müssen. Und in Baden war eine republikanische Erhebung unter Friedrich Hecker, Gustav von Struve und Georg Herwegh von Truppen des Deutschen Bundes blutig unterdrückt worden. Frankfurt hatte dann im Mai den Zusammentritt einer deutschen Nationalversammlung, und Berlin die einer preussischen gleichen Namens, erlebt. Die revolutionäre Bewegung in Deutschland besaß von Anfang an eine nationale Prägung. Auch schienen die Frankfurter Abgeordneten bestrebt, anstelle des wenig volkstümlichen Deutschen Bundes eine aus dem Volkswillen geeinte Vertretung aufzubauen, die sich nicht mehr auf die bisherge Fürstenmacht stützte. So fußte auch das Ergebnis der allerorts ruhig verlaufenen Wahlen, an denen sich gerade die deutsche Bevölkerung Österreichs trotz innerstaatlicher Wirren sehr zahlreich beteiligt hatte, auf den Gedanken nach Freiheit und Einheit. Nach seiner Ausrufung zum Deutschen Reichsverweser war dem allgemein beliebten habsburgischen Prinzen bei seiner Ankunft in Wien kaum Zeit geblieben, sich den österreichischen Regierungsgeschäften zu widmen. Er muß am 8. Juli die Reise nach Frankfurt antreten, verspricht aber den Wienern, zur

Eröffnung des österreichischen Reichstages am 17. Juli in die Donaustadt zurückzukehren.

Soziale Reformen: erste Erfolge der Revolution

Dort hat sich unterdessen der Sicherheitsausschuß an die praktische Arbeit gemacht. Als erstes wird die Polizei nach freiheitlichen Gesichtspunkten reorganisiert, Geschworenengerichte geschaffen und der Geistlichkeit untersagt, von der Kanzel aus als politische Kritiker zu agieren. Die Änderung des Wahlgesetzes und die Ausdehnung desselben auf die Arbeiterschaft kommt ebenfalls zur Durchführung. Nur die Anwendung des direkten Wahlrechts erfährt eine Verzögerung aufgrund des zu kurz bemessenen Termines für die Eröffnung des Reichstages. Auch wird mit Energie an die Aufrechterhaltung von Ordnung und Ruhe herangegangen. Das Hauptziel bleibt aber eine laufende Verständigung mit der seit den Maiunruhen immer entschiedener auftretenden Arbeiterschaft. Man ordnet Notstandsarbeiten für die vielen Arbeitslosen an. Die Entlohnung beträgt am Tag 25 Kreuzer pro Kopf; Frauen wie Kinder über 14 Jahre erhalten 18 Kreuzer Konventionsmünze. Die Notstandsarbeiten sind meistens Erdarbeiten! Man läßt das an der Stelle früherer Festungsanlagen freigelegte Gelände an den Glacis planieren, ein Unternehmen, das allgemein als äußerst unproduktiv angesehen wird. Die an sich gute Entlohnung lockt übrigens auch eine bedeutende Anzahl von Arbeitern aus den Privatbetrieben an; sie findet aber auch Zulauf von Seiten fremdsprachiger Elemente, besonders von Tschechen. Gerade unter diesen befinden sich zahlreiche Hetzer und Agitatoren. Auf deren Konto gehen auch neuerliche Zusammenrottungen am 15. Juni, in denen die Arbeiter, angesichts der Prager Ereignisse, an den Sicherheitsausschuß mit neuen Lohnforderungen, ja sogar mit Drohungen herantreten. Das geschieht in einem derart anmassenden Ton, daß der Vorsitzende des Ausschusses Verhaftungen anordnen muß. Wieder wird die Straße Schauplatz von Zusammenstößen, dieses Mal zwischen Nationalgarde und Arbeitern. Diese erreichen zunächst die neuen Lohnforderungen, enttäuscht und erbittert stellen sie jedoch fest, daß sie dieses Mal von der Akademischen Legion in Stich gelassen worden sind. Unter der Bürgerschaft wächst inzwischen der Widerwillen gegen jedwede Agitation; auch ausgesprochen freiheitlich eingestellte Bürger sehen in einer gesteigerten Hetze unter der Arbeiterschaft Erscheinungen, die sich gegen jede Art von Besitz richten. Der Versuch einer neuerlichen Massendemonstration wird durch den Aufmarsch der gesamten Nationalgarde auf den Glacis verhindert. Rückhaltlose Zustimmung findet das Verhalten der Wiener Genossen in der am 1. Juni zum erstenmal erschienenen »Neuen Rheinischen Zeitung«. Ihr Chefredakteur, Karl Marx, stellt sie in einem Artikel als Vorbild hin. Sie wären dabei, die Reaktion Schlag auf Schlag zu überwältigen und hätten für sich nunmehr einen konstituierenden, statt eines vereinbarenden Reichstages erobert. Den von Marx so Gelobten bringen die folgenden Wahlen allerdings eine Enttäuschung, denn es ziehen in den neuen Reichstag in der Mehrzahl Abgeordnete von gemäßigt liberaler Gesinnung ein. Sogar die Vertreter der Stadt Wien, wie auch anderer größerer Städte gelten als ausgesprochen konservativ.

In den Städten herrscht wieder Ruhe, die Revolution geht auf das Land

Anders die Bauern! Ihre Vertreter werden im neuen Reichstag als eindeutige Verfechter demokratischer Grundsätze auftreten. Dies auch ungeachtet mancher bäuerlicher Wähler, die im bisherigen System der Abhängigkeit vom Grundbesitz einen in der Tradition verwurzelten Zustand erblicken, und die jeder Neuerung, besonders einer künftigen Eigenverantwortlichkeit, mit Skepsis gegenübertreten. Mit Ausnahme Tirols sind nämlich in weiten Teilen der österreichischen Reichshälfte, von Ungarn gar nicht zu reden, die Reformedikte Josefs II. und das Patent Ferdinands vom 17. April in ihren Ansätzen stecken geblieben. Besonders in Galizien kommen immer noch die überlieferten Herrenrechte zur Anwendung. Dort wurde von Seiten des polnischen Adels noch immer kein Finger zur Besserung der Lage der Bauern gerührt. Ein von der Regierung unterdessen erlassenes »Robot-Abilitationsdekret«, mit welchem an die Gutsherren die Aufforderung ergangen war, sich freiwillig mit ihren Untergebenen über die Herabsetzung der »Naturfron und Naturalzehente« auseinanderzusetzen, war von deren Mehrheit als Verhöhnung angesehen worden. »Wer unter den Gutsherren«, erklärten sie, »wird schon freiwillig eine Verminderung der Abgaben zum eigenen Nachteil ins Auge fassen?« Wenngleich sich später herausstellt, daß sich unter den Genannten doch etliche solcher »Freiwilliger« fanden! Zur Einstellung der Bauernschaft kommt dann hinzu, daß die Ertragswirtschaft nur dort eine allmähliche Besserung erfährt, wo man dazu übergeht, die bisherige Dreifelderwirtschaft durch eine Fruchtwechselwirtschaft zu ersetzen. Eine Mißernte während des Jahres 1847 hat außerdem gerade in der Umgebung Wiens, in Niederösterreich, eine nicht ungefährliche Bauernrevolte zur Folge gehabt. Noch während des Wahljahres war dann unter den Bauern die Parole umgegangen, statt weniger von nun an überhaupt nichts mehr zu leisten.

Darum werden es auch die Forderungen der bäuerlichen Vertreter sein, die während der ersten Sitzungen des neuen Reichtstages durch die Unerschrockenheit ihrer Sprecher neue, geradezu unerhörte Akzente setzen. An ihrer Spitze steht der aus Schlesien stammende Bauernsohn und Student Hans Kudlich. Als jüngstes Mitglied des Reichtstages ist er es, der den Antrag einbringt, das Untertänigkeitsverhältnis der Bauern (»Meine Herren! Was Sie heute aussprechen sollen, ist kein Paragraph der Geschäftsordnung. Das ist die Thronrede des österreichischen Volkes . . .«) zusammen mit allen daraus sich ergebenden Rechten und Pflichten aufzuheben. Ein Verlangen, das er und seine Freunde schließlich auch durchsetzen. Für den Grundbesitzer soll als Gegenleistung für die preisgegebenen Privilegien von den Bauern eine Entschädigung geleistet werden, was zum Widerspruch fast aller anwesenden deutschsprachigen wie andersnationalen Landvolksvertreter führt. (Ausruf eines ruthenischukrainischen Bauernsprechers: »Ich sage nein. Die Peitschen und Knuten, die sich um unsere Köpfe und unsere zerschundenen Körper gewickelt haben, damit sollen sich die Herren begnügen, das soll unsere Entschädigung sein!«). Zuletzt wird der Antrag auf entschädigungslose Befreiung mit einer Mehrheit von 4 Stimmen abgelehnt. Galizische Bauern sind es selbst, die für die Leistung einer Entschädigung stimmen.

Es sind auch die Siege Radetzkys in Italien und der von Piemont-Sardinien angebotene Waffenstillstand vom 30. Juli, die gerade unter den bürgerlichen Kreisen das Begehren nach einer allmählichen Konsolidierung der inneren Verhältnisse steigern. Aus Prag erreicht den Innsbrucker Hof ein Antrag des Fürsten Windischgraetz, ihm nunmehr den Oberbefehl über alle, nicht in Italien eingesetzte Truppen anzuvertrauen. Er warnt gleichzeitig vor einem Thronwechsel. Seiner Meinung nach müsse erst eine durch die Präsenz der Armee fundierte Sicherung der Monarchie den Zeitpunkt einer Thronbesteigung Franz Josephs bestimmen. Eine Auffassung, die sich auch mit der des alten Erzherzog Ludwig deckt.

Der Kaiser kommt wieder nach Wien zurück!

In der Folge erteilt Kaiser Ferdinand dem Fürsten Windischgraetz die gewünschte Befehlsgewalt. Er empfängt auch eine Deputation des Reichstages aus Wien. Geführt von seinem Präsidenten, legen die Herren dem Monarchen nahe, an eine Rückkehr nach Wien zu denken. Angesichts der sich stabilisierenden Lage hätte der Hof keine neuerlichen Gefahren zu befürchten. Seit dem 18. Juli amtiert in der Reichshauptstadt auch eine neue Regierung. Geführt wird sie von dem auch dem Sicherheitsausschuß genehmen Freiherrn von Doblhoff. Als Justizminister wurde der wegen seines Auftretens in der Öffentlichkeit angesehene Rechtsanwalt Dr. Alexander Bach berufen. Selbst Bauernsohn, gilt er als einer der Wortführer demokratischer Grundsätze, denen er allerdings während seiner späteren Amtszeit abschwört und schließlich in das Lager der Reaktion überwechselt. Ministerpräsident Doblhoff verwaltet zunächst auch das Unterrichtsministerium. Zu seiner Entlastung beruft er den Arzt, Philosophen und Dichter Ernst Freiherr von Feuchtersleben als Staatssekretär. Ein Schöngeist, dessen Werke später von Friedrich Hebbel veröffentlicht werden, unter denen das als Volkslied vertonte »Es ist bestimmt in Gottes Rat . . .« das bekannteste ist. Schwierigkeiten ergeben sich lediglich aus der Ernennung des Grafen Baillet-Latour vom provisorischen zum ordentlichen Kriegsminister. Er verbleibt auf diesem Posten nur auf Drängen Doblhoffs und gegen die eigene Überzeugung als kaisertreuer Soldat. So verbreitet sich unter den Beratern Kaiser Ferdinands in Innsbruck der Eindruck von einem allmählichen, aber auch tatsächlichen Abklingen revolutionärer Herausforderungen in Wien. Man hofft auch auf eine konstruktive Tätigkeit des ins Leben gerufenen Reichstages, in dem übrigens die slawischen Abgeordneten die Mehrheit besitzen. Gestützt auf die Berichte aus der Hauptstadt und im Glauben an das Wiedererwachen der alten Loyalität ihrer Bürger gegenüber dem Kaiserhaus, entschließt sich Kaiser Ferdinand am 9. August 1848 zur Rückkehr nach Wien!

Die größte Gefahr für den weiteren Fortbestand des habsburgischen Völkerreiches droht jedoch – abgesehen vom Aufstand der Lombarden und Venezianer – von Seiten der Magyaren. Weder Wien noch Prag oder Krakau können den versammelten militärischen Kräften des Kaisers auf die Dauer Widerstand entgegensetzen. Ungarn hingegen verfügt allein schon durch seine Sonderstellung und die in seinem »Reichstag« verkörperte Macht seiner Stände, besonders des Feudaladels, über die Möglichkeit, seinen Forderungen nachdrücklich Gehör zu verschaffen.

Ungarn – ein Verfassungsstaat mit Sonderstellung

So ist Ungarn aus der Sicht seiner Sonderstellung – im Gegensatz zu den deutschen, böhmischen und galizischen Provinzen des Kaisertums – ein Verfassungsstaat, in dessen Verwaltungseinrichtungen vor allem der Adel Sonderrechte genießt. Besonders in den nichtmagyarischen Bezirken, wie z.B. in Zivilkroatien, bleibt die Masse der Bevölkerung von jeder Mitwirkung an Verwaltungsaufgaben ausgeschlossen. Überhaupt kontrolliert Budapest auch die Einrichtungen Zivilkroatiens. Was unter den Kroaten und Serben auf heftigen Widerspruch stößt. Auch Siebenbürgern hält eifersüchtig an seinen Sonderrechten fest. Während sich in den Städten, vor allem in Ofen-Pest und Preßburg, eine immer deutlicher werdende Opposition nationaler, wie liberaler Kreise zu Wort zu melden beginnt, herrscht in den Komitaten draußen nach wie vor das traditionelle Untertanenverhältnis zwischen Gutsherren und Bauern. Dort haben erst nach und nach gewisse Erleichterungen die Lage der »Untertanen« verbessert. Was aber den »Loskauf« aus diesem Verhältnis betrifft, so sieht es die Regierung nicht ungern, wenn die Gutsherren einem Loskauf nicht auf Lebenszeit, sondern nur für eine begrenzte Anzahl von Jahren zustimmen. Man hofft dadurch auf der Ofener Burg, der Verbreitung radikaler und freiheitlicher Tendenzen einen Riegel vorschieben zu können. Erst die Sessionen der Landtage von 1833/34, vor allem jene der Jahre 1843/44, bringen eine Reihe von Verordnungen, nach denen das Loskaufsrecht eine gesetzliche Verankerung findet. Zugleich wird den »Herrenstühlen« das körperliche Züchtigungsrecht untersagt. Ein Pferdefuß wird allerdings unter den Bestimmungen über die Ablöse von Robot- und Leistungsverpflichtungen sichtbar. Will nämlich ein Bauer Geld für diese Ablöse aufnehmen, wird ihm das Recht, um eine Hypothek einzukommen, vorenthalten. Ein Name ist es, der während der Sessionen dieser Reichs- oder Landtage, – beide Bezeichnungen sind für diese Körperschaften üblich –, seit dem Jahre 1832 immer wieder in Erscheinung tritt: Jener des »Juraten« Ludwig Kossuth, von den Magyaren Kossuth Lajos genannt.

Wer ist dieser Kossuth? – Geboren wurde er als Sohn eines »Fiskals« einer nordungarischen Baronie am 16. September 1802 in der Ortschaft Monok, der Pfarrei Tálya im Gebiet der Zempliner Gespanschaft. Seine Mutter war eine Slowakin, die bis zu ihrem Tode hauptsächlich das Slawische gesprochen haben soll. Auch war sie eine strenggläubige Calvinistin. Nach der Volksschule besuchte der junge Lajos mehrere Gymnasien. Sein Studium wurde von vermögenden Gönnern bezahlt. Doch kam er später selber durch das Erteilen von Nachhilfestunden und als Korrepetitor für die Kosten seiner Ausbildung auf. In den Jahren 1824–1826 begegnet man ihm dann an der Budapester Universität. Auch hier verdient er sich das Studiengeld als Hilfskraft in Anwaltskanzleien. Was ihn jedoch nicht davon anhält, die sinnesfreudige Atmosphäre der ungarischen Hauptstadt voll auszuschöpfen. Noch als Student zeigt er bereits lebhaftes Interesse für die Politik. Er begeistert sich an den Reden bekannter politischer Größen im britischen Parlament und in der französischen Kammer. Er prägt sich deren Wortlaut ein und trägt ihn Freunden und Jugendlichen als Beweis seiner rethorischen Begabung vor. In Pest beendet er auch seine Studien und wird als »Jurat« an der königlichen »Tafel« vereidigt. Während der folgenden Jahre hält er sich als Fiskal auf den Besitzungen einer begüterten Witwe auf. Dort lebt er auf großem Fuß, gibt Feste und sonnt sich in der Gunst seiner Brotgeberin, zu der er auch intime Beziehungen unterhält.

Ludwig Kossuth – ein Abgeordneter mit eigenem Geheimdienst

Schon während dieser Zeit macht sich Ludwig Kossuth als Redner auf Bauernversammlungen einen Namen, der allerdings plötzlich infolge gewisser Vorkommnisse viel von seinem Ruf einbüßt. So ist von Eingriffen in die Kasse von Waisengeldern und ähnlichen, niemals zur Gänze aufgeklärten Unregelmässigkeiten die Rede. Affairen, deren Akten später spurlos verschwunden sind. Es sei denn, man schenkt Gerüchten Glauben, nach denen Kossuth alle entstandenen Schäden wieder gutgemacht haben soll. Lajos verläßt seinen bisherigen Aufenthaltsort und siedelt nach Budapest über. Hier öffnet ihm ein glücklicher Zufall den Weg zu einer neuen, von ihm seit seinen Studienjahren erträumten Tätigkeit. Es gelingt ihm, sich als sogenannter »Absentist« zum Mitglied der Ständetafel des Reichstages aufstellen zu lassen. Diese Absentisten haben den eigentlichen Stände-Deputierten während einer Abwesenheit zu vertreten. Sie erhalten freie Wohnung, besitzen auch die Möglichkeit, während der Sitzungen als Redner aufzutreten, doch bleibt ihnen das eigentliche Stimmrecht versagt. Schon bald gerät Kossuth in Auseinandersetzungen zwischen Reichstag und Regierung, und damit auch in das Blickfeld einer politisch engagierten Öffentlichkeit. Gemeint ist damit Kossuths später berühmt gewordene Veröffentlichung der Reichstagsberichte. Diese waren bisher unter Verschluß gehalten und nur zweimal im Jahr den Komitatsbehörden und Gespanschaften zugestellt worden. Dem Inhalt nach faßten sie die wichtigsten Reden, Debatten und Entschließungen des Landtags zusammen. Auf Anregung einiger einflußreicher Abgeordneter wurde Kossuth mit der Abfassung laufender Berichte über die Sitzungen des Reichstages beauftragt, die von nun ab regelmäßig den Provinzbehörden zuzustellen waren. Er unterzog sich dieser Aufgabe von Anfang an mit größtem Engagement, verfehlte dabei aber nicht, der Rolle der Opposition in seinen Mitteilungen den Vorrang zu geben. So pflegte er sich über jede Rede und Diskussion Notizen zu machen, die er dann redigierte und handschriftlich vervielfältigen ließ. Es währte nicht lange, und diese Berichte fanden bei interessierten Stellen reißenden Absatz. Wer sich allerdings weniger erfreut zeigte, war die Regierung. Es mehrten sich die Ermahnungen von »oben«. Bis die Regierung zuletzt den Postversand der Berichte untersagte. Mit dem Erfolg, daß die bisherigen »Abonnenten« sich die Berichte durch Husaren und Panduren zustellen ließen. Sobald die laufende Reichstagssession ihrem Ende zuging, blieben die Berichte aus. Doch nun kam Kossuth auf eine geniale Idee: Er schuf die sogenannten »Behördlichen Nachrichten«, eine handgeschriebene Zeitung, mit der er die Provinz von den Vorkommnissen in der Hauptstadt, aus der Regierung, von Beschlüssen, Versammlungen, Reden, Verwaltungsmaßnahmen u.ä. auf dem laufenden hielt. Natürlich stimmte er den Tenor seines Nachrichtendienstes im Sinne der Opposition ab. Auch führte er eine Sprache, wie man sie bisher selbst im Reiche der Stephanskrone noch nicht vernommen hatte.

PESTI HIRLAP – das Sprachrohr der ungarischen Separatisten

Es nahm daher nicht Wunder, wenn der sonst als außerordentlich loyal bekannte Palatin Erzherzog Joseph mit der Faust auf den Tisch schlug. Nun war es genug! Anlaß zu seiner Empörung hatte ein Artikel in den »Berichten« gegeben, in dem Kossuth die Verhaftung verschiedener Führer der Opposition angegriffen hatte. Im Mai 1837 wurde Kossuth verhaftet und zunächst in Untersuchungshaft gehalten. Diese war äußerst streng und währte ein ganzes Jahr. Ein Gericht verurteilte ihn wegen Hochverrats zu weiteren drei Jahren Haft. Nunmehr zählt Kossuth mit einem Mal zu den Märtyrern der Nation. Er erhält laufend Beweise einer allgemeinen Anteilnahme, man sammelt für seine Familie und ehrt seine Mutter und Schwester als Angehörige eines um das Vaterland verdienten Mannes. Aus dieser Festungszeit datiert auch Kossuths erste Bekanntschaft mit seiner späteren Frau Therese Meszlényi aus Stuhlweißenburg. Während der ihm nach und nach zugestandenen Erleichterungen besucht sie ihn öfters und versorgt ihn mit Büchern, Schreibmaterial und Zeitungen. Mitleid und Bewunderung, aber auch der Ehrgeiz, an der Seite eines solchen Mannes eines Tages eine Rolle spielen zu können, sind es, die Therese Meszlényi von da an den Weg weisen.

Mit der Rückkehr in die Freiheit, aus Anlaß einer vom König erlassenen Amnestie, beginnt für Kossuth der historische Einsatz mit dem Ziel, die Lostrennung Ungarns von Österreich vorzubereiten. Ein Plan, den er zunächst hinter konstitutionellen Forderungen verschleiert.

Sprachrohr dieser Tendenzen wird eine von Ludwig Landner und Kossuth gegründete, zweimal wöchentlich erscheinende Zeitung, der »PESTI HIRLAP«, zugleich das Blatt der ungarischen Opposition. Zu den darin veröffentlichten Anprangerungen zählen die Hinweise, daß Gefangene jahrelang ohne Verhör in Kerkerhaft zurückgehalten werden, was zum Überhandnehmen von schweren Typhusfällen führe. Dann die immer wieder festzustellende Straflosigkeit bei Geldunterschlagungen in den Komitatsverwaltungen, eine willkürliche Steuerbemessung durch einflußreiche Komitatsherren, das Verfallenlassen von Straßen zu einem benachbarten Komitat, um der Konkurrenz die Marktzufuhr zu unterbinden, und auch die üble Gepflogenheit, private Wege zum Besitz eines Gepannsherrn durch eine an Fron erinnernde Arbeitsleistung des Landvolks ausbauen zu lassen. An die genannten Feststellungen schließen im politisch-nationalen Bereich zum Teil recht gewagte Forderungen an. So wird z.B. die Ausschließlichkeit der magyarischen Sprache verlangt, man fordert die Vereinigung Siebenbürgens mit dem ungarischen Mutterland, die Unabhängigkeit des eigenen Staates und auch dessen Selbständigkeit. Weiter Raum wird auch einer Änderung im Sozialbereich gewidmet. So fordern Kossuth und seine Mitarbeiter die Befreiung der Bauern von den Feudallasten, sie sprechen von der Notwendigkeit, die Gesundheitspflege und das Armenwesen zu organisieren, sie rufen nach allgemeiner Volksbildung durch Schulgründungen, die Gleichstellung der Konfessionen, eine Öffentlichkeit des Gerichtswesens, die Einrichtung von Findelhäusern und Leichenhallen, immer wieder dazu natürlich die Freiheit der Presse.

HONI – Ungarns Boykott der österreichischen Wirtschaft

Eine Schar außerordentlich befähigter Mitredakteure sorgt dafür, daß die Anfangsauflage des »PESTI HIRLAP« von 60 in verhältnismäßig kurzer Zeit auf 7000 ausgelieferte Exemplare steigt. Leider versteht es Kossuth nicht, den von diesen Erfolgen gezeichneten Rahmen in entsprechenden Grenzen zu halten. Umgeben von einem Kreis ihn anhimmelnder Gleichgesinnter, nicht zuletzt aber auch aufgestachelt von seiner Gattin, die seit ihrer Eheschließung eine totale Abkehr von früheren ideellen Vorstellungen erkennen läßt, stellt Kossuth eines Tages an seinen Verleger Ladner Gehaltsforderungen, die dieser brüsk ablehnt. Es kommt zu Streitigkeiten und zuletzt zum Austritt Kossuths aus der Redaktion des »PESTI HIRLAP«. Wieder einmal steht er, und dieses Mal auch seine Familie (Gattin, zwei Söhne und eine Tochter) auf der Straße. Er plant in der Folge einige Zeitungsgründungen, erhält jedoch weder von Wien, noch von Budapest die erforderlichen Konzessionen. Mit dem Jahr 1844 setzen dann etliche Gründungen von Kossuth ins Leben gerufener wirtschaftlicher Unternehmen ein. Sie bleiben erfolglos, ja führen auf Grund betrügerischer Machenschaften einiger Geschäftspartner zu einer neuerlichen Verschlechterung von Kossuths Ruf. Am nachhaltigsten wirkt sich dieser im Zusammenhang mit der sogenannten HONI–Agitation aus, die einen Boykott ausländischer – lies österreichischer – Waren betreibt und dabei eine ganze Reihe ungarischer Unternehmer um ihre Existenz bringt. Kossuth versteht es allerdings, sich am Vortage des Zusammenbruchs einiger dieser Unternehmungen gerade noch rechtzeitig abzusetzen, was dann dazu führt, daß nicht er, sondern andere als die Schuldigen hingestellt werden. Ganz ohne Schaden für Kossuths politisches Prestige gehen diese Affairen jedoch nicht aus. So werden auch innerhalb der Opposition Stimmen laut, die Kossuths Namen von der Liste der kommenden Reichstagssession gestrichen sehen wollen, denen auffallenderweise eine Clique von Magnaten entgegentritt. Sie erhoffen sich nämlich von Kossuth die Durchsetzung eigener Interessen. Darum zahlen sie tüchtig, werben Stimmen und erreichen zuletzt, daß Kossuth als Kandidat aufgestellt wird. In einem dramatisch verlaufenden Wahlvorgang für den Pester Komitat (»Ich höre auf Agitator zu sein.« »Zur Gesetzgebung berufen, werde ich ein Mann der Mäßigung und des praktisch-nützlichen Erfolges sein.« »Nie werde ich Dienste von der österreichischen Regierung annehmen!«) erhält Kossuth 2950 gegen 1415 Stimmen und wird damit Führer der Abgeordneten der Opposition im Pester Komitat an der »Stände-Tafel.«

Kossuth als Führer der ungarischen Opposition – die Lage spitzt sich zu

Von nun ab lassen die Ereignisse auf der politischen Bühne Ungarns immer deutlicher Kossuths Handschrift erkennen. Dazu gehört seine Geschicklichkeit, sich Schlüsselpositionen zu sichern. Als im engeren Ausschuß der Opposition der beliebte Graf Batthyány vorschlägt, zu den Konferenzen über die Vorausberatung geplanter Anträge im Reichstag auch liberale Magnaten hinzuzuziehen, damit sich die Regierung einer geschlossenen Front beider Häuser gegenübersähe, verhält sich Kossuth abwartend. Vor der Deputiertenversammlung der Opposition trägt er jedoch diese Anträge als Ergebnis seiner Eigeninitiative vor. Was ihm unter den Mitgliedern der Reichstagsfraktion den Ruf eines hervorragenden Politikers einbringt. Sein ausgezeichnetes Rednertalent tut ein übriges, um seine leicht entflammbaren Landsleute für ihn zu begeistern. Ein Teil der von ihm im »PESTI HIRLAP« veröffentlichten Forderungen finden bereits in den Beschlüssen des Reichstages vom Jahr 1844 ihre gesetzliche Verankerung. So wird das Magyarische tatsächlich zur Amtssprache erhoben, ja selbst die Zuschriften des Königs haben von nun ab in dieser Sprache, und nicht mehr auf Lateinisch, zu erfolgen. Wie dann Franz Deak, der wegen seines Kampfes gegen die Steuerfreiheit des Adels außerordentliches Ansehen genießt, 1846 weitere Anträge der Opposition einbringt, kann Kossuth mit Genugtuung feststellen, daß sich ihr Wortlaut beinahe auf den Buchstaben mit den in seinem ehemaligen Blatte aufgegriffenen Themen deckt. So wächst Kossuths Einfluß gleichsam mit jeder seiner Reden vor dem Landtag. Reden, die ihrem Inhalt nach immer deutlicher das Herannahen einer unabwendbaren Auseinandersetzung mit Wien ankündigen. Als erstes bringt der Tod des bisherigen Palatins, des Bruders des ehemaligen Kaisers Franz I., Erzherzog Joseph, eine offene Brüskierung des Kaisers und Königs. Ferdinand beruft nämlich im Januar 1847 den Sohn Josephs, Stephan, zum vorläufigen Statthalter in Ungarn. Die eigentliche Wahl des Palatins wird im Sinne der geltenden Tradition erst während des nächsten Reichstages stattfinden. Kaum, daß dieser Entschluß bekannt wird, erfolgt aus Budapest lautstarker Widerspruch. Man erklärt die Entsendung Stephans für ungesetzlich und als Eingriff in die Verfassungsrechte des Landes, denn selbst die Berufung eines stellvertretenden Palatins stünde allein dem Reichstag zu. Wie sehr das Vorbild oppositioneller Kräfte auch die Öffentlichkeit aufputscht, lassen die zunehmenden Haßausbrüche gegenüber deutschen Einrichtungen erkennen. So geht im Februar 1847 das Pester Deutsche Theater in Flammen auf. Gleichzeitig bildet sich ein »Verein zur Verhinderung des Betretens des Deutschen Theaters«. Und Erzherzogin Sophie schlägt in Schönbrunn empört eine deutsch-ungarische Grammatik zu, die sie für den Unterricht ihrer Söhne bestellt hatte. Darin läßt ein gewisser Štancsics, ein Freund Kossuths, die Schüler folgende Fragen beantworten:

»Wer ist König von Ungarn?
Der deutsche Kaiser von Österreich!
Wo wohnt der König von Ungarn?
In der deutschen Provinz Österreich in Wien!
Wer ist ein Landesverräter?
Der Deutsche! Er nährt sich von den Einkünften Ungarns!
Was ist die heilige Pflicht jedes Ungarn?
Er soll kein fremdes Joch tragen und sollte es einen letzten Tropfen Blut kosten!«

Die Stimmung, welche Kossuth und seine Gesinnungsgenossen mit derartigen Texten anheizen, findet gerade anno 1847 die geeignete Nahrung. Denn das vorangegangene Jahr hatte ein ungemein schlechtes Ernteergebnis gebracht. In der Slowakei waren viele Gegenden völlig verarmt. Die Not zwang die Menschen im Agrarland Ungarn, Pferdefleisch zu verzehren, was von vielen Magyaren als nationale Schande empfunden wurde. Auch ereigneten sich zahlreiche Fälle von Kinderverkauf, die Zahl der Auswanderer stieg. Die Schuld an diesen Zuständen suchte man nicht in der eigenen Mißwirtschaft, man schob sie Wien in die Schuhe. Der Feind des Vaterlandes und die Ursache allen Elends verkörperte sich angeblich in Metternich, wie auch, und das wurde betont, im Schlaraffenleben gewisser Magnaten, die in Wien Feste feierten und sich damit zu Sympathisanten des herrschenden Systems herabwürdigten. Der Name Rakóczy lebte wieder allgemein auf und mit ihm die Parolen von einer Loslösung von Österreich.

Der Thronfolger und der Separatist – Erzherzog Franz Joseph und Ludwig Kossuth

Plötzlich und typisch für die Beeinflußbarkeit des magyarischen Temperaments schlägt die Stimmung um, als während der Leichenfeier für den verstorbenen Palatin Joseph der jugendliche Erzherzog Franz Joseph an der Seite seines Hofmarschalls Bombelles als Stellvertreter des Königs hinter dem Sarg einherschreitet. Mit einem Male fliegen ihm alle Herzen zu, auch Kossuth wird wenige Monate später sagen: Franz Joseph möge sich als jüngerer König nach Budapest begeben, wären doch die Ungarn diesem liebenswürdigen Erzherzog zugetan. Die Nation würde ihn, gleich einem unbesiegbaren Riesen, gegen eine Hölle verteidigen, und die Zukunft des österreichischen Hauses wäre gesichert!

Diese, wenn auch erst später ausgesprochenen Sätze, kennzeichnen den politischen Größenwahn (unbesiegbarer Riese!), der damals den Blick vieler Magyaren für die wahren Tatsachen trübte. Er wird 1847 zur unmittelbaren Ursache der sich anbahnenden ungarischen Tragödie. Ihren Anfang nimmt diese Tragödie in der von Kossuth und seinen Freunden gepredigten Ausschließlichkeit der magyarischen Sendung gegenüber anderen Volksstämmen des Königreiches. »Wo ist es, Euer Land?«, ruft Kossuth den Kroaten in einer seiner pathetischen Volksreden zu, »es reicht nicht einmal für ein Frühstück aus! Ich weiß sehr wohl, daß es in Ungarn verschiedene Rassen gibt und Individuen, welche andere Sprachen reden. Aber es gibt nur eine Nation in Ungarn und das ist die magyarische!«

Am 3. März hält Kossuth vor den Abgeordneten in Preßburg eine Rede, die in Österreich größtes Aufsehen erregt. In dieser Rede richtet er an Wien die Forderung, in den österreichischen Ländern mit dem bestehenden System zu brechen. Als »Anwalt der Wünsche der ungarischen Nation« meldet er deren Anspruch auf ein selbständiges ungarisches Ministerium und als dessen wichtigste Bestandteile ein eigenes Finanz- und Kriegsministerium an. Er wiederholt die im »PESTI HIRLAP« und von Deak aufgestellten Anträge als Adresse an den König und unterlässt es auch dieses Mal nicht, Wien als fremde Macht zu bezeichnen, die er für die zerrütteten Geldverhältnisse innerhalb des Vaterlandes verantwortlich macht. Was während dieser äußerst geschickt angelegten und eindrucksvollen Rede noch auffällt, ist wiederum das Lob für den jungen Erzherzog Franz Joseph, den Kossuth »einen hoffnungsvollen Sprößling der Habsburger« nennt, »welcher mit seinem ersten Auftreten die Liebe der Nation gewonnen hat, denn seiner wartet das Erbe eines glänzenden Thrones, der seine Stärke aus der Freiheit schöpft«.

Der Inhalt der 12 Punkte dieser Adresse trägt deutlich die Handschrift des Anführers der jugendlichen Radikalen, des Dichters Šandor Petöfi: Unter anderem das Verlangen einer Übersiedlung des neu zu schaffenden ungarischen Ministeriums nach Budapest, die Aufstellung einer Nationalgarde, Freilassung aller Staatsgefangenen und am Schluß noch zwei Anträge von tragischer Bedeutung: Die Vereidigung des in Ungarn stationierten Militärs auf die neue ungarische Verfassung und die Union mit Siebenbürgen.

Die öffentliche Bekanntgabe der Zustimmung beider Tafeln zu dieser Adresse an den König löst in ganz Ungarn, vor allem aber in Budapest, stürmischen Jubel aus. Eine begeisterte Menge wogt durch die Straßen; auf einem der Plätze wird der Volksdichter Petöfi auf die Schultern gehoben. Selber vom Rausch der Stunde ergriffen, stimmt er das Lied an, dessen Strophen er selbst gedichtet hat und das von nun ab das Nationallied der Magyaren sein wird: »Talpra magyar! – auf Magyar!«

Sándor Petöfi – »Apostel« des ungarischen Freiheitsgedankens

Dieser Petöfi war seit Jahren der jugendliche Wortführer der unterdrückten und ausgebeuteten Volksschichten. Am 1. Januar 1823 in Kiskörös geboren, entstammt er einer ursprünglich slowakischen, später freiwillig magyarisierten Familie. Mit 15 Jahren entläuft er der Schule und versucht sich als Schauspieler. Doch kehrt er der Bühne schon bald den Rükken. Er tritt in die österreichische Armee ein, rüstet aber nach anderthalb Jahren wieder ab. Nunmehr widmet er sich ernsthaft dem Studium. Zeitweilig Mitredakteur einer Modezeitung, befasst er sich in der Hauptsache mit Sprachen und ausländischer Literatur. Er übersetzt Sheakespeare, Béranger und Heine, liest sehr viel über Geschichte, vor allem über die Französische Revolution. Dem Empfinden nach Romantiker und liberaler Nationalist, gilt er als Verfechter der Unabhängigkeitsidee und fühlt sich als Sprecher des Volkes gegenüber dem Adel. Er kämpft konsequent für demokratische Reformen und bekennt sich zugleich auch als überzeugter Republikaner. Verheiratet mit der Tochter einer wohlhabenden Familie, Julia Scendrey, tritt er nach der Eheschließung immer häufiger vor die Öffentlichkeit. So sind, wie bereits erwähnt, die im Antrag an die Adresse des Königs aufgestellten Punkte zu einem wesentlichen Teil Gegenstand von Petöfis Forderungen.

Über sein dichterisches Werk dürfte das Urteil Heinrich Heines am treffendsten festhalten: »Petöfi ist ein Dichter, dem nur Burns und Béranger zu vergleichen, seine Natur, so überraschend gesund und primitiv inmitten einer Gesellschaft voll krankhafter und Reflexallüren, daß ich ihm in Deutschland nichts an die Seite zu setzen wüßte, dagegen scheint sein Geist nicht eben sehr tief und ihm jener Hamletzug ganz zu fehlen, zu seinem und seiner Nation Glück!«

In der Geschichte seines Volkes wird Sándor Petöfi jedoch als der »Apostel« (nach einem von ihm 1848 gedichteten Epos) des Freiheitsgedankens der Magyaren fortleben. Sein eigenes

Verhältnis zu Kossuth wird sich allerdings während der folgenden Monate abkühlen.

Ungarns Schritt zur innenpolitischen Selbständigkeit

Am 16. März bewilligt Kaiser Ferdinand der vor ihm erschienenen ungarischen Abordnung dann tatsächlich alle in deren Adresse vorgebrachten Anträge. Am 10. April begibt sich der Kaiserliche Hof selbst nach Preßburg. Dort hatte der Landtag am 8. April zum letzten Mal eine Sitzung in der historischen Krönungsstadt abgehalten. Von nun ab wird er in Pest tagen. Das geforderte ungarische Ministerium wird dort errichtet, sein erster Ministerpräsident heißt Graf Ludwig Batthyány. Dieser ernennt nunmehr auch selbst die Minister. Seine Wahl läßt dabei deutlich eine gewisse Zurückhaltung gegenüber Kossuth erkennen. Denn dieser erhält nicht, wie allgemein erwartet, das Ressort des neuen Innenministers, sondern er wird Finanzminister.
Trotzdem gilt er als der »Löwe des Tages.« Er ist für die Massen der Mann, unter dessen Hammerschlägen das Eis des starren Konservativismus zersplittern mußte, das Reich der Stephanskrone hat ihm die hart erkämpfte Selbständigkeit zu verdanken. Stützt sich doch die Verbindung Ungarns mit den Erbländern der österreichischen Krone nur mehr auf eine Personalunion in der Person des Monarchen, die ein zwar überaus »gütiger«, aber kranker Kaiser und König verkörpert. Als Finanzminister beweist Kossuth zunächst großen Fleiß und eine rastlos wirkende Tätigkeit. Zur Überraschung vieler seiner Anhänger tarnt er sich jetzt plötzlich gegenüber jedem vorpreschenden Radikalismus. Er lehnt die Ergänzung der neu aufgestellten Nationalgarde durch Proletarier ab.
Äußerst energisch betreibt er hingegen die Aufstellung einer nationalen ungarischen Armee. Noch vor Ankunft des zum Kriegsminister ernannten Husarenobersten Lazár Meszáros vom Einsatz bei der Armee Radetzkys, bestellt Kossuth bei einer Pester Industriefirma – 200 000 Infanteriegewehre. Auch richtet er an vielen Orten Rekrutierungsstellen für die neu zu errichtende Landwehr – die Honvéd, ein. Um das nötige Geld aufzubringen, läßt er sammeln und erhält gerade von vielen Magnaten hohe Summen, mitunter auch wertvolles Silbergerät aus dem Privatbesitz des ungarischen Adels.
Ungarn bietet nach der Ausrufung seiner innenpolitischen Selbständigkeit alles andere, als den Anblick einer Insel sozialer und liberal-demokratischer Glückseligkeit. Liberale und Radikale geraten sich gegenseitig in die Haare, Demonstrationen arten zu üblen Ausschreitungen aus, ein »Ausschuß für die Aufrechterhaltung der Ruhe und Ordnung« muß eingesetzt werden. Wie so oft bei den Auseinandersetzungen der Straße ertönt plötzlich der Ruf: »Schuld sind die Juden!« Der Pöbel plündert, es kommt zu Tätlichkeiten gegen jüdische Händler, und in Stuhlweißenburg schützt ein eigens dorthin entsandter Kommissar die jüdischen Einwohner vor der Vertreibung aus der Stadt. Auch in Preßburg verläuft das Osterfest blutig.
Dunkle Wolken ziehen gleichzeitig vom Süden und Südosten herauf. Dort melden sich jetzt die Völker des unteren Donauraumes zu Wort. Ein Name wird dabei zum Symbol einer Parole, der des Barons Josef Jellačić de Buzim aus Glina. Jellačić wurde als Sohn des in Peterwardein befehligenden Feldmarschalleutnants und Theresienritters, Franz Freiherr von Jellačić, am 16. Oktober 1801 geboren. Früh verwaist, kam er nach Wien und studierte dort an der Theresianischen Ritterakademie, um später einmal Zivilbeamter zu werden. Doch sattelte er plötzlich um und wurde Soldat. Mit 18 Jahren Leutnant bei den Dragonern, wurde er zur Infanterie versetzt und war zunächst Hauptmann bei einem Grenzerregiment. Später durch mehrere Jahre Adjutant des Militärkommandanten von Dalmatien, erhielt er nach seiner Rückkehr an die Militärgrenze als Oberstleutnant das 10. Banal-Grenzinfanterieregiment als Kommandeur. Zum Oberst befördert (1842), lag er mit dem Regimentsstab im kroatischen Glina in Garnison. Selbst ein hervorragender Soldat, wird er von seinen »Graničari« geliebt und geachtet. In den immer wiederkehrenden Scharmützeln mit über die Grenze herüberwechselnden bosnischen Freischärlern, hat er seine Truppe auf einen bemerkenswert hohen Ausbildungsstand gebracht. Jellačić gilt von jeher als entschiedener Gegner magyarischer Assimilierungsversuche.

Josef Jellačić – ein Kroate macht für den Kaiser Front gegen Ungarn

Es ist der Kroate Jellačić, der als erster die Fahne gegen Kossuth und seine Gefolgsleute erhebt. Er reist von Ort zu Ort und erreicht damit eines Tages, daß er zur volkstümlichsten Erscheinung seiner Kroaten wird. Diese fordern jetzt auch seine Berufung zum »Banus«, zum königlichen Statthalter ihrer Heimat. Ein Verlangen, dem Kaiser Ferdinand auch entspricht. Dabei ereignen sich allerdings einige Formfehler! Nach der noch bestehenden Verfassung steht es allein der Regierung in Budapest zu, der Berufung eines »Bannerherrn der Krone« (Banus) zuerst zuzustimmen.
Auch, daß Jellačić in Agram nicht wie bisher vom katholischen Bischof, sondern vom griechisch-orthodoxen Metropoliten als Banus vereidigt wird, ruft Budapest auf den Plan. Wobei man geflissentlich übersieht, daß es nicht immer das Gleiche ist, wenn Gleiche das Gleiche tun. Denn, was den Magyaren Kossuth, Petöfi, Szemere und anderen als recht erscheint, müßten auch die anderen Völker innerhalb Ungarns für sich beanspruchen können!
Der Banus, bei seiner Ernennung vom Obersten kurz darauf zum Generalmajor befördert, erhält nach 14 Tagen bereits den Rang eines Feldmarschalleutnants. Er verweigert zunächst die Durchführung der magyarischen Sprachenverordnung in dreien seiner Komitate. Und dann verfügt er kurzentschlossen das Standrecht über politische Aufwiegler und aus dem Ungarischen herüberwechselnde Provokateure.
Die Reaktionen aus Pest lassen nicht auf sich warten. Statt einer Antwort auf die an Ferdinand gerichtete Treueadresse erhält Jellačić ein in ungnädiger Form gehaltenes kaiserliches Schreiben, mit welchem ihm die Ungesetzlichkeit verschiedener von ihm getroffener Maßnahmen (u.a. Einberufung des Provinziallandtages usw.) vorgehalten und er zum Rapport nach Innsbruck beordert wird. Vor seiner Abreise dorthin hält Jellačić seine, später von Pest als Hochverrat bezeichnete Ansprache, in der er sagt: »Wir können nicht immerwährend gegen Ungarn unter Waffen stehen. Im unglücklichen Falle, wenn die Magyaren auch weiterhin gegen uns nicht als Brüder, sondern als Unterdrücker auftreten sollten, mögen sie

wissen, daß wir bereit sind, selbst mit dem Schwert in der Hand zu beweisen, daß jene Zeiten vorbei sind, in welchen ein Volk despotisch über ein anderes herrscht.«

Die Reise der kroatischen Abordnung gleicht, vor allem ab der Tiroler Grenze, einem Triumphzug. In Innsbruck eingetroffen, wartet Jellačić jedoch zu seinem und seiner Freunde Befremden vergeblich auf eine Audienz. Ursache hierfür ist das bereits während des Aufenthaltes des Hofes in Innsbruck geschilderte »Vorkommnis«, in welchem Ferdinand dem ungarischen Ministerpräsidenten Batthyány die Entlassung Jellačić zugesagt hatte. Es gelingt dem umsichtigen Erzherzog Johann, Ferdinand endlich zur Gewährung einer Audienz für Jellačić in Gegenwart des Hofes und des diplomatischen Korps zu bewegen. Diese findet am 19. Juni in der Innsbrukker Hofburg statt. Zunächst muß Jellačić mehrere Sätze eines geradezu verletzenden Tadels aus dem Munde des Monarchen über sich ergehen lassen. Doch unbeirrt übergeht er diesen und beginnt in einer eindrucksvollen Rede, dem Kaiser und König die Machenschaften der magyarischen Nationalisten und ihrer Treuhänder in Ofen-Pest zu enthüllen, Worte, denen er ein glühendes Bekenntnis zur angestammten Monarchie hinzufügt, das nicht nur ihn, sondern die ganze kroatische Nation uneingeschränkt verpflichte.

Der Eindruck dieser Rede auf alle Anwesenden, nicht zuletzt auf das Kaiserpaar, ist nachhaltig. Wieder ist es Erzherzog Johann, der Jellačić beipflichtet, auch Erzherzogin Sophie und ihr Sohn Franz Joseph zeigen sich ergriffen. Unterdessen läuft aber das vom Ungarn Batthyány eingefädelte Ränkespiel weiter. Die Kroaten, die Innsbruck wieder verlassen haben, erfahren in Lienz aus Zeitungen, daß Jellačić in Ungnade gefallen und vom Amte des Banus enthoben worden sei. Wie sich später herausstellt, war weder aus der Umgebung des Kaisers noch von Seiten der Erzherzöge Jellačić gegenüber etwas vom früheren Erlaß eines kaiserlichen Manifestes gegen seine Person angedeutet worden. Ganz augenscheinlich aber hatte es sich um einen jener »Vorfälle« gehandelt, die Erzherzog Johann nunmehr zum Anlaß nimmt, Erzherzogin Sophie, ihren Gatten und den jungen Erzherzog Franz Joseph mit Nachdruck auf die Notwendigkeit eines baldigen Thronverzichts des kranken Kaisers hinzuweisen.

Jellačić aber, vom Auftrag seines Volkes und der Verpflichtung »eines durch und durch gut kaiserlich empfindenden österreichischen Offiziers« durchdrungen, antwortet auf diesen folgenschweren Mißgriff der den Monarchen in Innsbruck umgebenden Ratgeber: »Gut! So werde ich fortan auf eigene Faust handeln und mit Gottes Hilfe etwas Klügeres zustande bringen als mit gebundenen Händen!«

Am 29. Juni 1848 überträgt ihm der kroatische Landtag nach einem triumphalen Empfang in der Landeshauptstadt Agram »die unumschränkte Gewalt und Vollmacht bezüglich aller Verfügungen, welche die Verwaltung und – Verteidigung des Landes erheischen!«

Zu den beiden großen Soldaten, Radetzky und Windischgraetz, unter deren Schutz der jugendliche Franz Joseph nunmehr näher und näher an die Stufen des Thrones herantritt, ist ein dritter getreten: Josef Freiherr von Jellačić de Buzim, kaiserlicher Feldmarschalleutnant und Bannerherr der Krone Kroatiens!

Am gleichen Tag, dem 12. Juni 1848, an dem Jellačić mit der kroatischen Abordnung die Reise nach Innsbruck antritt, entbrennen im Raum zwischen Peterwardein und Karlowitz die ersten Kämpfe. Zunächst kommt es zu Scharmützeln zwischen den von Ofen-Pest zur Wiederherstellung der Ordnung aufgebotenen Truppen Hrabovskys und kroatisch-serbischen Freiwilligen des Führers des »Glavni Odbor«, Stratimorović. Schon von Beginn an setzt ein gnadenloser Kampf ein, den Serben, Kroaten und Magyaren mit gleicher Grausamkeit führen.

12. Juni 1848 – Ungarns offener Aufstand gegen Wien

Verhängnisvoll wirkt sich diese blutige Auseinandersetzung bei den kaiserlichen Offizieren und Soldaten auf beiden Seiten aus. Die einen fühlen sich verpflichtet, dem kaiserlichen – und nun auch königlichen – General Hrabovsky zu gehorchen, während andere sich darauf berufen, daß auch Jellačić kaiserlicher General sei. So gehorchen die älteren Offiziere in ihrer Mehrzahl den Befehlen Hrabovskys; die jüngeren hingegen sehen ihre Verpflichtung im Dienste ihrer Nation. Es ereignen sich Befehlsverweigerungen, ganze Kompanien gehen zu den Anhängern Jellačić' über, sodaß auch Stratimorović bald über 15000 Mann und 40 bespannte Geschütze verfügt. Der Bürgerkrieg setzt nunmehr mit ungewöhnlicher Härte ein und bringt für beide Seiten wechselnde Erfolge. Ganze Ortschaften gehen in Flammen auf, Frauen werden vergewaltigt, Kinder getötet und Verwundete bestialisch verstümmelt. Auch Folterungen und Plünderungen sind Vorkommnisse, die vielfach auf die mangelnde Disziplin der aus Freiwilligen zusammengestellten Aufgebote auf kroatisch-serbischer Seite, als auch bei den eben erst rekrutierten Honvéds zurückzuführen sind. Als besonders brutale Kämpfer erweisen sich die aus dem Fürstentum Serbien herübergewechselten »Brüder« des Fürsten Alexander Karageorgević, die mit ihren langen Albanerflinten und dem Handschar eine der Kerntruppen des »Glavni Odbor« bilden.

In Ofen-Pest ist unterdessen eine neue Tageszeitung, die »Kossuth Hirlapia« erschienen. Kossuth schafft sich damit ein Organ, das von nun ab deutlich erkennen läßt, wer in der Regierung den Ton angibt. Am 11. Juli dann hält Kossuth vor dem kurz vorher eröffneten Reichstag jene verhängnisvolle Rede, die bereits wie eine offene Kriegserklärung an Wien wirkt. »Meine Herren! Das Vaterland ist in Gefahr!« Er schildert die Ereignisse im Süden, wo Kroaten und Serben in »offener Rebellion« stünden, obwohl Kroatien »seit Arpad« an allen Rechten Ungarns beteiligt gewesen wäre. Diesen Rebellen, die auf ungarischem Territorium ein eigenes Reich aufrichten wollten, dürfe man nur »mit dem Strick des Statariums« antworten. Kossuth warnt auch vor der »panslawistischen Agitation« im Norden, der ein am Pruth versammeltes russisches Heer gleichsam die Mauer mache. Ausführlich setzt er sich dann mit der Wiener Regierung auseinander, die nicht einmal die Kraft besessen habe, ihren Herrn und Kaiser zu schützen, sodaß dieser aus der Burg seiner Väter habe fliehen müssen. Durch das Überhandnehmen des slawischen Elements würden im Norden bei den Tschechen und im Süden neue slawische Reiche entstehen und Österreich aufhören, ein deutsches Reich zu sein.

Die Nationalgarde »räumt auf« (oben und rechts).

Militär und Garden feiern Verbrüderung (unten).

Wenzel Messenhauser

General Josef Bem

Ministerpräsident Freiherr von Pillersdorff

Auch das gab es während der Revolution: Plünderer werden vom Militär verhaftet (Mitte links).

Der Pöbel hängt die Leiche des Kriegsminister Latour an einer Laterne auf (Mitte rechts).

Und wieder sind Ruinen die Wahrzeichen der Revolution (links).

Der Sicherheitsausschuß, oberstes politisches Gremium der Revolution (oben).

Das Militär im Prater: Keine Schonung für Frauen und Kinder (links).

Die Revolution ehrt ihre Toten, doch der Kampf geht weiter (Bild unten links).

Unter Jubel werden Beutekanonen eingebracht.

Wir Ferdinand der Erste,

von Gottes Gnaden Kaiser von Oesterreich;

König von Hungarn und Böhmen, dieses Namens der Fünfte, König der Lombardei und Venedigs, von Dalmatien, Croatien, Slavonien, Galizien, Lodomerien und Illirien; Erzherzog von Oesterreich; Herzog von Lothringen, Salzburg, Steiermark, Kärnthen, Krain, Ober- und Nieder-Schlesien; Großfürst von Siebenbürgen; Markgraf von Mähren; gefürsteter Graf von Habsburg und Tirol etc. etc.

Ueberzeugt, daß die Staats-Institutionen den Fortschritten folgen müssen, welche in der Cultur und Geistes-Entwicklung der Völker eingetreten sind, und stets geneigt, anzuerkennen, daß die Uns anvertrauten Völker unter den Segnungen eines langjährigen Friedens auf der Bahn dieses Fortschreitens nicht zurückgeblieben sind, haben Wir denselben durch Unser Patent vom 15. März d. J. die Ertheilung einer Verfassung zugesichert.

Es gereicht Unserem Herzen zur Beruhigung, indem Wir Unser kaiserliches Wort lösen, die zahlreichen Merkmale treuer Liebe und Anhänglichkeit Unserer geliebten Völker dadurch zu erwidern, daß Wir auf eine feierliche Weise Unsere Sorgfalt für ihr Wohl und Unser Bestreben an den Tag legen, ihren Rechtszustand zu sichern, und ihnen eine, ihre Interessen sichernde Theilnahme an der Regelung der Angelegenheiten des Vaterlandes einzuräumen.

In dieser Erwägung haben Wir nach den Anträgen Unseres Ministerrathes und nach sorgfältiger Prüfung derselben beschlossen, die beigefügte Verfassungs-Urkunde für die in derselben bezeichneten Länder zu ertheilen, welche Wir unter den gemeinsamen Schutz aller zu Unserem Reiche gehörigen Völker mit der festen Zuversicht stellen, daß dadurch das Band des Vertrauens zwischen dem Throne und dem Volke, und die seit Jahrhunderten bestehende Vereinigung der zur Monarchie gehörigen Reiche zu ihrem gemeinsamen Wohle noch inniger verschlungen werden wird.

Wir verordnen daher, daß die in dieser Verfassungs-Urkunde enthaltenen Bestimmungen allen Unseren Unterthanen ohne Ausnahme, so wie allen geistlichen, Civil- und Militär-Autoritäten zur unverbrüchlichen Richtschnur zu dienen haben.

Wir behalten Uns vor, demnächst die Vertreter aller Provinzen in Folge eines provisorisch zu ertheilenden Wahlgesetzes wählen zu lassen, und zu dem abzuhaltenden Reichstage einzuberufen.

Gegeben in Unserer kaiserlichen Haupt- und Residenzstadt Wien den fünf und zwanzigsten April im Eintausend achthundert acht und vierzigsten, Unserer Reiche im vierzehnten Jahre.

Ferdinand m. p. **L. S.**

Ficquelmont,	**Pillersdorf**,	**Sommaruga**,	**Krauß**,	**Zanini**,
Minister des Äußeren und provisorischer Präsident.	Minister des Inneren.	Minister des Unterrichtes.	Finanzminister.	Kriegsminister.

Verfassungs-Urkunde des österreichischen Kaiserstaates.

I.
Allgemeine Bestimmung.

§. 1.

Sämmtliche zum österreichischen Kaiserstaate gehörige Länder bilden eine untrennbare constitutionelle Monarchie.

§. 2.

Die Verfassungs-Urkunde hat auf folgende Länder des Kaiserreichs Anwendung, nämlich: auf die Königreiche Böhmen, Galizien, Lodomerien mit Auschwitz und Zator und der Bukowina, Illirien (bestehend aus den Herzogthümern Kärnthen und Krain und dem Gubernialgebiete des Küstenlandes), auf das Königreich Dalmatien, auf das Erzherzogthum Österreich ob und unter der Enns, die Herzogthümer Salzburg, Steiermark, Ober- und Nieder-Schlesien, das Markgrafthum Mähren, die gefürstete Grafschaft Tyrol mit Vorarlberg.

§. 3.

Die Gebiets-Eintheilung der einzelnen Provinzen bleibt in ihrer gegenwärtigen Ausdehnung unberührt, und kann nur durch ein Gesetz abgeändert werden.

§. 4.

Allen Volksstämmen ist die Unverletzlichkeit ihrer Nationalität und Sprache gewährleistet.

§. 5.

Die Krone ist nach dem Grundsatze der pragmatischen Sanction vom 19. April 1713 erblich.

§. 6.

Der Thronfolger ist nach dem zurückgelegten achtzehnten Jahre volljährig.

§. 7.

Für den Fall seiner Minderjährigkeit, oder der Unfähigkeit zur Selbstregierung wird eine Regentschaft nach einem besondern Gesetze bestellt.

II.
Der Kaiser.

§. 8.

Die Person des Kaisers ist geheiligt und unverletzlich. Er ist für die Ausübung der Regierungsgewalt unverantwortlich; seine Anordnungen bedürfen aber zur vollen Giltigkeit der Mitfertigung eines verantwortlichen Ministers.

§. 9.

Der Kaiser legt bei Eröffnung des ersten Reichstages und jeder Nachfolger unmittelbar nach seinem Regierungsantritte den Eid auf die Verfassungs-Urkunde ab.

§. 10.

Dem Kaiser gebührt die vollziehende Gewalt allein, und er übt die gesetzgebende Gewalt im Vereine mit dem Reichstage aus.

§. 11.

Er besetzt alle Staatsämter, verleiht alle Würden, Orden und Adelsgrade, führt den Oberbefehl und verfügt über die Land- und Seemacht.

§. 12.

Er erklärt Krieg und schließt Frieden und Verträge mit fremden Regierungen.

Alle Verträge mit fremden Staaten bedürfen der nachträglichen Genehmigung des Reichstages.

§. 13.

Dem Kaiser steht die Belohnung ausgezeichneter Verdienste zu, er hat das Recht der Begnadigung und Strafmilderung, welches jedoch bei verurtheilten Ministern von dem Einschreiten einer der beiden Kammern des Reichstages abhängig ist.

§. 14.

Alle Rechtspflege geht vom Kaiser aus, und wird in seinem Namen ausgeübt.

§. 15.

Im Reichstage hat der Kaiser das Recht zum Vorschlage von Gesetzen, die Sanction aller Gesetze steht ihm allein zu.

§. 16.

Er beruft jährlich den Reichstag und kann ihn vertagen oder auflösen, in welchem Falle unter Einhaltung der Frist von neunzig Tagen ein neuer Reichstag einberufen wird.

In dem Falle des Ablebens des Kaisers hat sich der Reichstag inner der Frist von vier Wochen zu versammeln.

III.
Staatsbürgerliche und politische Rechte der Staatseinwohner.

§. 17.

Allen Staatsbürgern ist die volle Glaubens- und Gewissens- so wie die persönliche Freiheit gewährleistet.

§. 18.

Niemand kann anders als in Befolgung der gesetzlichen Form, mit Ausnahme der Anhaltung auf der That, verhaftet werden.

Binnen 24 Stunden nach der Gefangennehmung muß jeder Verhaftete über den Grund seiner Verhaftung gehört, und seinem Richter zugewiesen werden. Hausdurchsuchungen können nur in den Fällen und in der Form, welche das Gesetz vorausbezeichnet, vorgenommen werden.

§. 19.

Die Freiheit der Rede und Presse ist nach vollkommener Auflassung der Censur durch die Verfassungs-Urkunde gesichert. Die Bestrafung der Mißbräuche wird durch ein von dem ersten Reichstag zu erlassendes Gesetz geregelt werden.

§. 20.

Das Briefgeheimniß ist unverletzlich.

§. 21.

Die im §. 17 bis 20 bezeichneten Freiheiten genießen auch die Fremden, welche noch keine staatsbürgerlichen Rechte erworben haben.

§. 22.

Das Petitionsrecht und das Recht zur Bildung von Vereinen steht allen Staatsbürgern zu. Besondere Gesetze werden die Ausübung dieser Rechte regeln.

§. 23.

Der Freiheit der Auswanderung darf von den Behörden kein Hinderniß in den Weg gelegt werden.

§. 24.

Jeder Staatsbürger kann Grundbesitzer werden, jeden gesetzlich erlaubten Erwerbszweig ergreifen, und zu allen Ämtern und Würden gelangen.

§. 25.

Die Wirksamkeit des Gesetzes ist gleich für alle Staatsbürger, sie genießen einen gleichen persönlichen Gerichtsstand, unterliegen der gleichen Wehr- und Steuerverpflichtung, und keiner kann gegen seinen Willen seinem ordentlichen Richter entzogen werden.

§. 26.

Der Gerichtsstand für das Militär bleibt bis zum Erscheinen eines besonderen Gesetzes unverändert.

§. 27.

Die Beseitigung der, in einigen Theilen der Monarchie noch gesetzlich bestehenden Verschiedenheiten der bürgerlichen und politischen Rechte einzelner Religions-Confessionen, so wie die Aufhebung der, der Erwerbung aller Arten von Grundbesitz noch entgegenstehenden Beschränkungen werden den Gegenstand, dem ersten Reichstage vorzulegender Gesetzesvorschläge bilden.

§. 28.

Die Richter können nur durch ein Erkenntniß der Gerichtsbehörden entlassen, im Dienste zurückgesetzt, oder gegen ihren Wunsch an einen andern Dienstort oder in Ruhestand versetzt werden.

§. 29.

Die Rechtspflege wird durch öffentliches mündliches Verfahren ausgeübt.
Für die Strafgerichtspflege werden Schwurgerichte eingeführt, deren Errichtung ein besonderes Gesetz bestimmen wird.

§. 30.

Aenderungen in der Einrichtung der Gerichtshöfe können nur durch ein Gesetz eingeführt werden.

§. 31.

Allen in der Monarchie durch die Gesetze anerkannten christlichen Glaubensbekenntnissen und dem israelitischen Cultus ist die freie Ausübung des Gottesdienstes gesichert.

IV.

Die Minister.

§. 32.

Die Minister sind für alle Handlungen und Anträge in ihrer Amtsführung verantwortlich.

§. 33.

Diese Verantwortlichkeit, so wie die Bestimmung der anklagenden und richtenden Behörde wird durch ein besonderes Gesetz geregelt.

V.

Der Reichstag.

§. 34.

Der Reichstag, welcher im Vereine mit dem Kaiser die gesetzgebende Gewalt ausübt, ist in zwei Kammern, den Senat und die Kammer der Abgeordneten, getheilt. Die Dauer des Reichstages wird auf fünf Jahre mit jährlicher Einberufung desselben festgesetzt.

§. 35.

Der Senat besteht:
a) aus Prinzen des kaiserlichen Hauses nach vollendetem 24. Jahre;
b) aus den von dem Kaiser ohne Rücksicht auf Stand und Geburt für ihre Lebensdauer ernannten Mitgliedern;
c) aus hundertfünfzig Mitgliedern, welche von den bedeutendsten Grundbesitzern für die ganze Dauer der Wahlperiode aus ihrer Mitte gewählt werden.

§. 36.

Die Kammer der Abgeordneten besteht aus dreihundert drei und achtzig Mitgliedern.
Die Wahl sämmtlicher Mitglieder der Kammer der Abgeordneten beruht auf der Volkszahl und auf der Vertretung aller staatsbürgerlichen Interessen.

§. 37.

Die Wahlen der Mitglieder beider Kammern werden für den ersten Reichstag nach einer provisorischen Wahlordnung vorgenommen.

§. 38.

Das definitive Wahlgesetz wird von dem versammelten Reichstage beschlossen und darin auch die Bestimmungen über die den Abgeordneten zur zweiten Kammer zu gewährenden Entschädigungen ausgesprochen werden.

§. 39.

Jede Kammer erwählt ihre Präsidenten und übrigen Functionäre, ihr allein steht die Prüfung und Entscheidung über die Giltigkeit der Wahlen zu.

§. 40.

Die Mitglieder beider Kammern können ihr Stimmrecht nur persönlich ausüben, und dürfen von ihren Committenten keine Instructionen annehmen.

§. 41.

Die Sitzungen beider Kammern sind öffentlich; eine Ausnahme davon kann nur durch Beschluß der Kammer stattfinden, welche darüber auf Verlangen von zehn Mitgliedern oder dem Präsidenten in geheimer Sitzung entscheidet.

§. 42.

Kein Kammer-Mitglied kann während des Reichstages ohne ausdrückliche Zustimmung der Kammer, welcher es angehört, den Fall der Ergreifung auf der That ausgenommen, gerichtlich verfolgt oder verhaftet werden.

§. 43.

Ein Kammer-Mitglied, welches eine vom Staate besoldete Dienststelle annimmt, hat sich einer neuen Wahl zu unterziehen; die Regierung wird keinem gewählten Mitgliede den Eintritt in die Kammern verweigern.

§. 44.

Die Kammern versammeln sich nur über Einberufung des Kaisers, und haben nach erfolgter Auflösung oder Vertagung keine Geschäfte zu verhandeln.

VI.

Wirksamkeit des Reichstages.

§. 45.

Alle Gesetze bedürfen der Zustimmung beider Kammern und der Sanction des Kaisers.

§. 46.

Beim ersten abzuhaltenden Reichstage und nach jedem neuen Regierungsantritte wird die Civilliste des Kaisers für seine ganze Regierungsdauer festgesetzt.
Appanagen und Ausstattungen für die Mitglieder des Kaiserhauses werden von Fall zu Fall dem Reichstage zur Schlußfassung vorgelegt.

§. 47.

Die jährlichen Bewilligungen zur Ergänzung des stehenden Heeres, die Bewilligung zur Erhebung von Steuern und Abgaben, die Contrahirung von Staatsschulden, die Veräußerung von Staatsgütern, die Prüfung und Feststellung des jährlichen Voranschlags der Staats-Einnahmen und Ausgaben und des jährlichen Gebahrungs-Abschlusses kann nur durch ein Gesetz erfolgen.
Diese Gesetzvorschläge sind zuerst bei der Kammer der Abgeordneten einzubringen.

§. 48.

Beide Kammern können Gesetzvorschläge machen, oder unter Nachweisung der Gründe bei der Regierung auf die Vorlage eines Gesetzentwurfes antragen; Petitionen annehmen und zur Verhandlung bringen; jedoch dürfen solche Petitionen von Privaten und Corporationen nicht persönlich überreicht, sondern sie müssen durch ein Mitglied der Kammer vorgelegt werden.

§. 49.

Zur Giltigkeit eines Beschlusses ist in jeder Kammer die Anwesenheit von wenigstens dreißig in dem Senate und von sechzig in der zweiten Kammer erforderlich.

§. 50.

Gesetzesvorschläge, durch welche die Bestimmungen der Verfassungs-Urkunde ergänzt, erläutert oder abgeändert werden sollen, bedürfen in jeder der beiden Kammern die Zustimmung von zwei Drittheilen der anwesenden Mitglieder.

§. 51.

Bei allen anderen Gesetzesvorschlägen genügt die absolute Stimmenmehrheit.

§. 52.

In beiden Kammern wird die Regierung durch die verantwortlichen Minister oder von ihren, den Kammern zu bezeichnenden Regierungs-Commissäre vertreten. Entscheidende Stimme steht beiden aber nur dann zu, wenn sie Mitglieder der Kammern sind.

§. 53.

Ein besonderes von jeder Kammer zu beschließendes Reglement wird die Geschäfts-Ordnung für dieselben festsetzen, bis zu dessen Zustandebringung wird ein provisorisches Reglement für jede der beiden Kammern von der Regierung erlassen.

VII.

Provinzial-Stände.

§. 54.

In den einzelnen Ländern haben Provinzial-Stände zur Wahrnehmung der Provinzial-Interessen und zur Besorgung der für diese Interessen sich ergebenden Erfordernisse, so weit solche nicht unter den allgemeinen Staats-Erfordernissen begriffen sind, zu bestehen. Den bisherigen Provinzial-Ständen wird, insoferne die Verfassungs-Urkunde keine Aenderung enthält, ihre Einrichtung und Wirksamkeit erhalten.

§. 55.

Eine der ersten Aufgaben des Reichstages wird es seyn, die Prüfung und Würdigung der, von den Provinzial-Ständen vorzulegenden zeitgemäßen Aenderungen ihrer bisherigen Verfassungen und der Vorschläge überdie Art der Ersatzleistung der ablösbar erklärten Grundlasten in Verhandlung zu nehmen.

§. 56.

Zur Wahrnehmung der besonderen Interessen der Kreise und Bezirke in jeder Provinz wird die Gesetzgebung eigene Munizipal-Einrichtungen festsetzen.

§. 57.

Die Gemeinde-Verfassuugen sind nach dem Grundsatze zu ordnen, daß in denselben alle Interessen der Gemeinde und ihrer Glieder vertreten werden.

§. 58.

In dem ganzen Umfange der Monarchie wird die Nationalgarde nach den, durch ein besonderes Gesetz zu regelnden Normen errichtet, bleibt jedoch der Civil-Autorität und den Civilgerichten untergeordnet.

§. 59.

Die Nationalgarde und sämmtliche Beamte leisten dem Kaiser auf die Verfassung den Eid.
Der Eid der Armee auf die Verfassung wird in den Fahneneid aufgenommen.
Gegeben in Unserer kaiserlichen Haupt- und Residenzstadt Wien den fünf und zwanzigsten April im Eintausend achthu[illegible]cht und vierzigsten, Unserer Reiche im vierzehnten Jahre.

Ferdinand m. p. **L. S.**

Ficquelmont, Minister des Aeußeren und provisorischer Präsident.
Pillersdorf, Minister des Inneren.
Sommaruga, Minister des Unterrichtes.
Krauß, Finanzminister.
Zanini, Kriegsminister.

Die Bauern bringen Lebensmittel in die Stadt. Ihnen bringt die Revolution gute Geschäfte.

Die Monarchie schlägt zurück: General von Wredy fällt beim Kampf auf dem Tabor (links).

Eine Geste der Regierung: Politische Häftlinge werden freigelassen (unten).

Während die ersten Barrikaden errichtet werden, (oben), versammeln sich die kaiserlichen Truppen des Fürsten Windischgraetz und des Banus Jellačić zum Sturm auf die Stadt (unten).

Das endgültige Ende der Revolution: Jellačićs Kroaten erstürmen Wien (nächste Doppelseite).

Das zerstörte Odeon-Theater (oben). Der Kaiser in Innsbruck, auf seine Tiroler kann er sich verlassen! (nächste Seite oben)

Selbst in der Stadt verbliebene kaiserliche Truppen schließen sich jetzt der Revolution an (unten).

Friedrich Engels, Julius Fröbel, Karl Marx (Reihe Mitte).

Der Abgeordnete Robert Blum aus Frankfurt verteidigt eine Barrikade in Wien.

Rückzug nach der Stadt am 6. October.

Beschiessung des k.k Zeughauses v. 6. auf den 7. 8ber

Das bewaffnete Proletariat am 7. October.

Das Palais Schwarz

General Bem.

Das unbeschädigte Muttergottesbild am k.k Zeughaus

National-Eigenthum laut Reichstagsbeschluss

Oberst Aigner Commandant der A. Legion

Vertrauensmänner der Stadt Wien.

Innere Ansicht des Odeon nach dem Brande.

Wien in der Nacht vom 2

Die polnische Garde zu Pferd.

Die Sternbarricade wird bestürmt.

Die Zinner'sche Zucker-Raffinerie nach dem Brande.

Ausfall der k.k. Jäger aus dem k.k. Augarten

Die Franzensbrücke

…erg als Hauptquartier.

Errichtung des Eliten-Corps im 8ᵇᵉʳ.

Errichtung der Mobilgarde im Octob.

Noth-Spital.

Lager der Croaten vor Wien.

Die Sternbarricade in der Jägerzeile.

Die kk. Jäger versuchen den kk. Augarten zu nehmen.

…uf den 29. October.

Vertheidigung der 2. Barricade in der Jägerzeile am 28. Oct.

Die Croaten auf Vorposten.

Die Erstürmung des Burgthors.

Die Jägerzeile nach dem Brande.

Die Franzens-Allée nach dem Brande

Einmarsch der kk. Truppen i. d. Stadt

…d mit Sturm genommen

Der Brand am Josephsplatz in der Nacht vom 31. October

Ruhe und Ordnung

Erzherzog Johann, vom Frankfurter Bundestag zum deutschen Reichsverweser berufen (links).

Vor wem hat der Thronfolger (Bildmitte) wohl mehr Respekt? Vor seinen Lehrern (von links nach rechts) Graf Bombelles, Freiherr von Gorizutti und Kardinal Rauscher, oder vor seiner Mutter?

Karl von Ghega, der Erbauer der Semmeringbahn (oben).

Noch heute besticht die kühne Trassenführung mit ihren für damals einzigen Tunnelkonstruktionen und Viadukten (linke Seite und rechts).

Auch bei der ersten Dampflok auf der Ferdinand-Nordbahn gab es 1837 die üblichen Schwierigkeiten (unten).

Kaiser Franz Joseph I – »Adieu, meine Jugend!«

Kossuth fordert den Reichstag mit pathetischen Formulierungen auf, die Geldmittel für die Errichtung einer ungarischen nationalen Streitmacht von 200 000 Mann zu bewilligen, 42 Millionen Gulden. Er plane jedoch, zunächst nur 40 000 Mann ausheben zu lassen, was einen Kostenaufwand von nur 10 Millionen bedeuten würde.
»Megadjuk! – wir geben!«, tönt es dem Redner von allen Seiten entgegen. Die Gelder für die neu zu errichtende nationale Armee werden einstimmig bewilligt. Man wird hierfür nicht zuletzt die neugedruckten Kossuth-Banknoten verwenden. Auch alle an die Wiener Handelskammer abgesandten Goldsendungen werden anhalten, anstelle des Goldes geht ungarisches Papiergeld nach Wien.
Den Kern der neuen Streitkräfte bilden rund 15 000 Mann regulärer, in Ungarn beheimateter Linientruppen des bisherigen kaiserlichen Heeres, dazu 2 Regimenter Székler aus Siebenbürgen, 7000 Husaren und ein Artillerieregiment. Durch Neuaufstellungen von 10 Honvédbataillonen und dem Übertritt zweier, aus Italienern rekrutierter kaiserlicher Infanterieregimenter zu den Magyaren und verschiedene Freikorps, wird das ungarische Nationalheer in Kürze bald auf eine ernst zu nehmende Stärke gebracht.
Die Siege Radetzkys in Oberitalien, das Niederwerfen des Prager Aufstandes durch Windischgraetz und der anhaltende Zulauf zu den kroatisch-kaiserlichen Truppen Jellačić' geben dem Ansehen des habsburgischen Kaiserhauses neuen Auftrieb. Noch bevor Kaiser und König Ferdinand die Reise nach Wien antritt, werden bereits in Innsbruck Stimmen laut, die eine baldige Zurücknahme aller voreilig gewährten Zusagen an Ungarn fordern.

Kriegsrecht im Land der Stephanskrone

Auch steht in Kossuths »Hirlapia« zu lesen, daß Radetzkys Erfolge den ungarischen Plänen zuwiderliefen. Pläne, für deren Ablehnung sich Hof und Regierung in Wien sehr bald stark genug fühlen werden. Den ersten offenen Affront erfahren Graf Batthyány und sein Amtskollege Franz Deak. Beide sind nach Wien gereist, um von ihrem König die Genehmigung des auf Betreiben Kossuths vom ungarischen Reichstag beschlossenen Aufrüstungsgesetzes zu erlangen. Jetzt erleben sie die gleiche Brüskierung wie vor ihnen Jellačić in Innsbruck. Sie werden nicht empfangen. Währenddessen nimmt die Lage im Süden ihres Vaterlandes immer bedrohlichere Formen an. So wird der Name der Ortschaft Kikinda zum blutigen Fanal des sich immer weiter ausbreitenden südslawischen Aufruhrs. Als dann doch, erst im September, eine neuerlich nach Wien gereiste ungarische Deputation von König Ferdinand empfangen wird, fertigt sie der sonst immer entgegenkommende Herrscher eher ungnädig ab. Er läßt wissen, er würde ihre Forderung, die Rebellen im Süden zu bestrafen und Truppen gegen sie zu entsenden, durch seine Minister prüfen lassen und diese anweisen, seine Entschlüsse der Regierung in Ofen-Pest zur Kenntnis zu bringen.
Dieser Mißerfolg in Wien führt in Budapest zum Rücktritt Batthyánys und Franz Deaks. Kossuth schäumt vor Empörung. Er weigert sich, es seinen beiden Kollegen gleichzutun und erklärt, er würde sein Portefeuille nur in die Hände einer neuen Regierung zurücklegen. In groß aufgemachten Aufrufen und im »Kossuth Hirlapia« ruft er seinen Landsleuten zu: »Zu den Waffen, wer ein Mann ist!« – Noch einmal suchen Batthyány und Deak nach einem neuen Ausgleich mit Wien. Da erfährt man in Ofen-Pest, daß Jellačić zu marschieren begonnen und mit geschlossenen Verbänden Richtung auf den Plattensee genommen habe. Ein königliches Manifest beschuldigt außerdem die ungarische Regierung, »die königlichen Truppen zum eigenmächtigen Verlassen der Fahnen« veranlaßt und damit in die Rechte des Monarchen eingegriffen zu haben, »womit sie die Fahnentreue der Soldaten in Frage gestellt« habe.
Den Ausschlag gibt schließlich die Ermordnung des königlichen Kommissars, des Felmarschalleutnants Graf Lamberg. Während einer Fahrt von Ofen nach Pest hatte ihn die Menge auf der Kettenbrücke erkannt, aus dem Wagen gezerrt und bestialisch ermordet.
Dieser Mord wird zum Signal der offenen Revolution! – Der König, – Ferdinand –, löst nunmehr in einem Manifest vom 3. Oktober den ungarischen Reichstag auf und erklärt dessen sämtliche Beschlüsse für ungesetzlich und daher gegenstandslos. Damit widerfährt dem Stolz der Magyaren eine unverzeihliche Kränkung! Schließlich überträgt er dem Banus von Kroatien den Oberbefehl über alle Truppen in Ungarn und dessen Nebenländern, einschließlich Siebenbürgens. Auch werden ihm die Nationalgarden und Freiwilligenverbände unterstellt. Gleichzeitig wird Jellačić zum königlichen Kommissar ernannt und mit weitgehendsten Vollmachten ausgestattet. Über das ganze Land der Stephanskrone wird das Kriegsrecht verhängt. Dazu ordnet das königliche Manifest die Bestrafung der Mörder General Lambergs an und verfügt, daß alle Behörden ihre Amtsgeschäfte weiterzuführen hätten.
Die Antwort? – Kossuth erklärt vor dem ungarischen Reichstag das königliche Manifest für ungesetzlich. Jellačić bezeichnet er als Hochverräter, im übrigen läge von nun ab alle Regierungsgewalt in Händen des Landesverteidigungsausschusses, dessen Präsident Kossuth Lajos heißt. Als solcher verkündet er auch die von jetzt ab geltende Parole: Keine Vermittlungen mehr mit der Krone und Unterstützung des unterdessen in Wien ausgebrochenen, großen Aufstandes!

Wieder Kämpfe in Wien – Staatsstreich der Reaktion?

Zehn Tage nach der Rückkehr des Hofes nach Wien erhält die kaiserliche Familie in Schönbrunn Meldungen über neuerliche Unruhen in der Hauptstadt: Wieder geraten am 21. und

Linke Seite
Es gärt weiter: Im Sommer geraten Nationalgarde und Arbeiter aneinander (links oben).
Im August kehrt der Kaiser nach Wien zurück (links unten).

23. August Arbeiter und Nationalgarden aneinander. Ausgelöst werden die Zusammenstöße durch Arbeiterdemonstrationen. Die Arbeiter waren auf die Straße gegangen, weil eine Kommission des Ministeriums für öffentliche Arbeiten den Taglohn für Frauen auf 15 Kreuzer herabgesetzt hatte. Als der Gemeinderat daraufhin gegen die Demonstranten die Nationalgarde einsetzt, geht diese mit ungewöhnlicher Härte, stellenweise mit gefälltem Bajonett, vor. Es ereignen sich Grausamkeiten, die sich nur aus der seit den Junivorfällen angestauten Feindseligkeit zwischen der vielfach aus Bürgerlichen rekrutierten Nationalgarde und der Arbeiterschaft erklären lassen. Als endlich wieder Ruhe eintritt, kennzeichnen die Verluste – bei den Arbeitern 18 Tote und 282 Verwundete, bei den Garden 4 Tote und 56 Verwundete – die Erbitterung, mit welcher gekämpft wurde.

Nutznießer dieses makabren Erfolges ist die Regierung, Verlierer der Sicherheitsausschuß, dessen Tätigkeit seit der Eröffnung des neuen Reichstages am 22. Juli mehr und mehr eingeschlafen ist. Sitzt doch der größere Teil seiner Mitglieder nunmehr im Reichstag, während andere, hauptsächlich die radikaleren, in die Reihen ihrer Gesinnungsfreunde zurückgetreten sind. Am 25. August löst sich der Sicherheitsausschuß dann von selbst auf. Auch wendet sich die Aufmerksamkeit der Öffentlichkeit jetzt stärker den Reichstagsdebatten zu. Dort bringt – wie bereits berichtet – der schlesische Student Kudlich die Gesetzesvorschläge zur Bauernbefreiung ein, die übrigens zu der bekannten, für den Antragsteller und dessen Gefährten unbefriedigenden Abstimmung durch die Mehrheit der Abgeordneten führen. Diese beschließen Entschädigungen für die bisherigen Gutsherren. Anfang September nehmen die Kundgebungen auf der Straße ihren Fortgang. Es kommt zu Demonstrationen der Kleinbürger und Gewerbetreibenden, die sich durch Zahlungsschwierigkeiten eines von oben her geförderten und von zahlreichen Kunden in Anspruch genommenen Kreditvereins (Swoboda-Aktien) in ihrer Existenz bedroht fühlen. Die anfänglich von sozialen Sorgen bestimmten Kundgebungen weiten sich über Nacht zu politischen Auseinandersetzungen aus. Es kommt zu Demonstrationen, denen Nationalgarde und Akademische Legion kaum Herr werden, zumal die bisherige Zuverlässigkeit der Nationalgarde durch zahlreiche Bürger-Gardisten infrage gestellt wird. Auch beteiligen sich ganz plötzlich wieder Arbeitergruppen an den Versammlungen der aufgebrachten Bürgerschaft. Es geht die Parole um, die Regierung plane einen Staatsstreich zugunsten der Reaktion. Ein Gerücht, welches nicht zuletzt durch das geänderte Auftreten des Justizministers Dr. Alexander Bach seine Bestätigung findet. Wieder wird in der Aula der Universität aus den Reihen der Akademischen Legion der Ruf nach dem Sturz des Ministeriums, vereinzelt auch nach einer Ausrufung der Republik, laut. Weiter wird die Wiedereinsetzung des Sicherheitsausschusses gefordert. Doch dieses Mal verweigert die Regierung kurzerhand eine solche Zusage. Erst das Eingreifen einer gemischten Reichstagskommission vermag zunächst noch die Wogen zu glätten. Unterdessen hält die gespannte Atmosphäre weiter an. Es zeigt sich auch, daß Teile der Akademischen Legion nicht mehr in der Hand ihrer Führer sind. Darum legt der verdienstvolle und seiner Aufgabe bisher gewachsene Kommandant Koller seinen Posten nieder. An seine Stelle tritt ein gewisser Josef Aigner, von Beruf Kunstmaler. Ein Mann, dessen Charakter ziemlich undurchsichtig erscheint, sodaß einige Kompanien gegen seine Wahl Einspruch erheben. Auch innerhalb der Nationalgarde zeigen sich Spaltungserscheinungen. Zum Unterschied von den Kameraden anderer Bezirke gelten die Abteilungen des Kärntnerviertels und die Kavallerie als »Schwarz-gelb«, also kaisertreu. Überhaupt gewinnen die Kaiserfarben wieder an Attraktivität. So begegnet man in den Gassen Passanten, die demonstrativ ein schwarz-gelbes Band an den Rockaufschlägen tragen. Sogar die Fiaker heften sich solche Schleifen an den Hut, gleichsam als Herausforderung an die schwarz-rot-goldenen Bandschleifen mancher Spaziergänger. Eine neu ins Leben gerufene patriotische Sammelbewegung verspricht »echtes Österreichertum« zu fördern, und auch Nestroy nimmt im Theater in der Leopoldstadt die Demokratie mit seiner Posse »Freiheit in Krähwinkel« auf den Arm. Zu stürmischen Kundgebungen der schwarz-gelben Patrioten kommt es auch jedesmal, wenn ihr – die gleichen Farben tragender – Johann Strauß (Vater) im Kursalon am Wasserglacis zum Taktstock greift und der Radetzkymarsch erklingt.

»Banus« Jellačić – wird der Kroate der Retter Wiens?

Dagegen finden die Märsche der Legion, das Fuchsenlied der Coda, wie auch andere, zum Teil von Johann Strauß, dem Sohn, komponierte Revolutionsmärsche und Barrikadenlieder, keinen Widerhall. Dessenungeachtet behalten sie für die Arbeiterschaft ihre Bedeutung. Am 28. August 1848 kommt Karl Marx in Wien an und hält in Versammlungen des Arbeitervereins Vorträge. Dabei nennt er die augenblicklichen Auseinandersetzungen einen bereits einsetzenden Klassenkampf zwischen Bourgeoisie und Proletariat. Damit »heizt« er die Unzufriedenheit der Arbeitermassen mächtig an. Nicht zuletzt deshalb, weil die Regierung unterdessen ca. 10000 Erdarbeiter aus Wien entfernt und zum Teil der Armee überstellt hat. Angesichts des Wiedererstarkens der »Reaktion« und verdrossen über das »gereizte Durcheinander« des Kleinbürgertums, zeigen sich die Demokraten um das Weiterbestehen ihrer Errungenschaften besorgt und gründen ein »Zentralkomitee der radikalen Vereine«. Spiegelbild der sich bekämpfenden Auffassungen ist die Presse. Nunmehr, da sie nach Abschaffung der Zensur frei ist, steigert sich ihr Einfluß auf die Meinungsbildung der Massen gleichsam mit der Zahl ihrer Blätter. So ist diese von 10, aus der Zeit des Vormärz, auf 109 nach den Märzereignissen bis zum September angestiegen. Im allgemeinen dem Geschmack der Leserschaft angepaßt, finden die meisten Zeitungen breitesten Absatz. Die Mehrzahl davon, vor allem Julius Bechers »Der Radikale«, verfolgt Tendenzen im Sinne des Umsturzes. Parteilos, besser gesagt, der jeweiligen populären Stimmung angepaßt, stellt sich die »Allgemeine österreichische Zeitung« dem Publikum vor. Auch Saphirs »Humorist« wandelt sich von der Demokratie zur eher konservativen Richtung zurück, ebenso der von Weiss herausgebrachte »Hanns Jörgl«. »Die Presse« Dr. Leopold Landsteiners tritt bei aller Aufgeschlossenheit für die Notwendigkeit von Reformen, in einer taktvoll-fairen Sprache, jedem Radikalismus entgegen. Keine Hemmungen zeigt hingegen das »Tagblatt aller Tagblätter«, »Die Geißel« Böhringers in seiner Sprache, auf dessen Redaktionsgebäude

in den Tuchlauben übrigens am 9. September 1848 wieder die erste schwarz-gelbe Fahne gehißt wird.
In die gegenüber jedem neuen Zündstoff anfällige Atmosphäre der Donaustadt platzt dann die Nachricht von der brutalen Ermordung des Generals Graf Lamberg in Ofen-Pest. Kurz danach folgt eine weitere Meldung, die vom »Vollzug« des »standrechtlichen Erhängens« des Grafen Eugen Zichy berichtet. Dieser war zusammen mit seinem Bruder zu Jellačić unterwegs gewesen, um diesem die von König Ferdinand verfügten Kundmachungen zu überbringen. Unterwegs von Reitern des Kommandanten des »Hunyadi«-Freikorps und damaligen Majors Artur Görgei abgefangen, hatte dieser aufgrund seiner von Kossuth verliehenen Vollmacht den Grafen hinrichten lassen. Die Reaktion am kaiserlichen Hof auf diese Nachrichten wird durch eine allgemeine Bestürzung gekennzeichnet. Vor allem ist es Erzherzogin Sophie, die sich außer sich zeigt. Während einer von ihr und ihrem Gatten einberufenen Beratung überrascht der junge Franz Joseph durch erstaunlich nüchterne und gefaßt wirkende Vorstellungen. Er erteilt auch Ratschläge, die die Anwesenden aufrichten, indem er Erwägungen anstellt, »die eines jungen Mannes von 24 oder 28 Jahren würdig gewesen wären, während er doch erst 18 Jahre alt ist«.
Franz Josephs Blicke richten sich dabei nicht zuletzt auf die Lage im südlichen Ungarn. Dort hat Jellačić inzwischen eine Streitmacht von rund 45 000 Mann zusammengezogen, deren Kampfwert freilich recht unterschiedlich bewertet werden muß. (» . . . so bunt gewürfelt, als es gedacht werden kann: Grenzinfanterie, Grenzlandvolk, Serežaner, Kürassiere, Chevaulegers und Banal-Husaren, Männer mit Perkussions- oder Steinschloßgewehren, mit Vogelflinten, Pistolen, Handschar, Piken und Sensen . . .«)
Der Banus selbst rechnet daher nur mit 25 000 Mann an tatsächlich einsatzfähiger Mannschaft. Zunächst teilt er seine Streitkräfte in vier große, getrennt operierende Marschblökke. Sie lassen die Drau in ihrem Rücken und werfen die schwachen ungarischen Kräfte gegen Nordosten zurück. Der von Jellačić selbst geführte linke Flügel geht dann zu beiden Seiten des Plattensees vor, während das Gros unter General Hartlieb in Richtung Stuhlweißenburg marschiert. Der rechte Flügel unter General Roth hängt vom Beginn des Vormarsches an etwas zurück. In einem für die damalige Zeit bemerkenswerten Gewaltmarsch vereinigen sich dann Jellačić und Hartlieb vor Stuhlweißenburg. Operatives Ziel aller dieser kaisertreuen Verbände ist Ofen-Pest. Von dort hat sich der Palatin Erzherzog Stephan inzwischen zu den ungarischen Truppen des Obersten Graf Teleki im Norden des Plattensees begeben. Er hofft noch immer, zwischen den sich bekämpfenden Parteien vermitteln und einen Ausgleich herbeiführen zu können. Erst auf einen mehr als deutlichen Hinweis aus Schönbrunn hin und einem vergeblichen Versuch, mit dem Banus zusammenzutreffen, resigniert Stephan. Er begibt sich nach Wien zur Berichterstattung und verläßt anschließend Österreich. Später nimmt er seinen Wohnsitz in Deutschland.
Fünfundfünfzig Kilometer südwestlich von Ofen-Pest kommt es dann beim Dorf Pakózd zum ersten Waffengang. Die Ungarn werden vom k.k. Feldmarschalleutnant Moga geführt. Nach anfänglichen Erfolgen für Jellačić' Truppen endet der Kampf unentschieden. Während Moga Verstärkungen aus Ofen-Pest heranzieht und sich weiter rückwärts in einer besseren Verteidigungslinie einrichtet, ändert Jellačić seinen Plan. Er wählt nicht mehr die ungarische Hauptstadt, sondern Wien als Marschziel. Alarmierende Nachrichten aus der österreichischen Hauptstadt veranlassen ihn dazu. Schon am 6. Oktober erreichen seine Reiter bei Ungarisch-Altenburg die österreichische Grenze. Das von einer unmittelbaren Bedrohung befreite Ofen-Pest feiert den, übrigens in auffallender Unordnung erfolgenden Abmarsch Jellačić' in Richtung auf Österreich, als Folge eines ersten nationalen Sieges.

Kleinbürger und »Fünfkreuzer-proletariat« – die Hauptstadt vor dem großen Klassenkampf

Dieser 6. Oktober 1848 gewinnt aber auch für Wien und für den künftigen Kaiser Franz Joseph schicksalhafte Bedeutung! Das liberale Bürgertum sieht, nachdem es sich der Fesseln einer vom Staat auferlegten, starren Bevormundung entledigt hat, im Bestehen einer wirtschaftlichen Prosperität und von Freizügigkeit getragenen Ordnung seine Ziele erreicht. Bestrebungen, welche die Ausgeglichenheit dieser Errungenschaften stören, lehnt es ab. Das Kleinbürgertum – zwischen Liberalismus und Radikalismus hin- und herschwankend – mißt die Demokratie mit den Augen des Geldzählers, indem es hauptsächlich darauf achtet, was sie »ihm einbringt«. Die Armen, Besitzlosen der damaligen Zeit, die Arbeitermasse, bleibt vor der Tür. Sie findet höchstens als Stoßtrupp bürgerlicher Interessen eine bedingte Anerkennung. So auch in Wien. Das liberale Bürgertum erinnert sich – nunmehr vertreten durch Abgeordnete im neuen Reichstag wie im Gemeinderat – wieder seines »gütigen Kaisers« und weiß den Titel eines »k.k. Hoflieferanten« wie eines »k.k. Hofschauspielers« durchaus zu schätzen.
Die Kleinbürger und Gewerbetreibenden erkennen zu spät, daß sie ihre Chance verpaßt und ihre Interessen nicht als geschlossenen Block auf die Waagschale geworfen haben. In der Arbeiterschaft gärt die Erbitterung fort. Man empfindet Haß in der Erinnerung daran, wie sie von den Bürgersöhnen der Nationalgarde niedergeritten worden war. Das »Fünfkreuzerproletariat« vergißt auch nicht die Anfeindungen von seiten der Kleinbürger, die ihre Ladentüren beim Auftreten der Vorstadtarbeiter schleunigst abgesperrt hatten. Für die endgültige Radikalisierung sorgen unterdessen aus den Nachbarländern eingeschleuste Agitatoren.
Die aus dem revolutionären Ungarn herüberwehenden Gerüchte sind es, die die besitzlosen Massen in den Wiener Vorstädten aufhorchen lassen. Wie man erfahren hat, soll der Kriegsminister Latour an Jellačić Geld überwiesen und ihm die Bereitstellung österreichischer Verstärkungen zugesagt haben. Es sind die Tage, während derer die Volksmassen die Frage erregt, ob österreichische Soldaten in den inneren Kampf zwischen Magyarentum und seinen anderssprachigen Völkern eingreifen sollen. Natürlich läßt das kaiserliche Manifest des 3. Oktober keinen Zweifel daran, daß die Truppen des Banus Jellačić einen legalen Befehl ihres Königs befolgen.
Doch legt eine geschickt geführte Agitation den Schwerpunkt auf die Diktion, man wolle Österreicher für die inneren Auseinandersetzungen des Nachbarstaates opfern. Wobei natür-

lich auch die Absicht der Reaktion, die Errungenschaften der Revolution erst in Ungarn und danach natürlich auch in Österreich wieder auszulöschen, besonders hervorgehoben wird.

Chaos in Wien – Truppenmeuterei, Bürgerkrieg und Blutbad im Stephansdom

Da rasseln, wie der Historiker schildert, am Morgen des 6. Oktober die Trommeln im Hof der Gumpendorfer Kaserne. Es ist die Mannschaft, die mit ihren Trommeln eine Befehlsverweigerung ankündigt! Kurz vorher hat das Bataillon der Befehl des Kriegsministers erreicht, sich zum Abmarsch bereit zu machen. Schon die Alarmierung und der Abmarsch des aus den Kompanien italienischer Regimenter zusammengestellten Grenadierbataillons Ferrari, am 5. Oktober, war unter lauten Mißfallenskundgebungen der Straße erfolgt. Nachdem es sich aber um keine deutschen Landsleute handelte, die in Richtung ungarische Grenze abzumarschieren hatten, war deren Ausmarsch von den Tränen nur weniger hübscher Wienerinnen begleitet worden. Umso deutlicher hatte das Schluchzen bekümmerter Frauen den Grenadieren in der Gumpendorfer Kaserne in den Ohren geklungen. Auf den Lärm der Alarmtrommeln in dieser Kaserne hin, eilen von allen Seiten Nationalgardisten und in Zivil gekleidete Bewohner herbei. Die Zugangsgassen zur Kaserne werden abgeriegelt, und erst als Kavallerie herantrabt, hält das Auftauchen der Reiter die Volksmasse vor offener Widersetzlichkeit ab. Im Kasernenhof setzen die Offiziere unterdessen den Abmarschbefehl durch. Das Bataillon rückt, von Reitern eskortiert, in Richtung auf den Nordbahnhof ab. Dort angelangt, sieht der kommandierende Major Richter, daß alle Bahnhofszugänge geschlossen und das gesamte Gelände von aufrührerischen Massen besetzt ist. Er erteilt Befehl zum Weitermarsch in Richtung auf Floridsdorf, wo ebenfalls verladen werden kann, wird aber an der Taborbrücke und an der Donaubrücke durch bewaffnete Arbeiter aufgehalten. Während des so erzwungenen Halts entledigen sich die Grenadiere nunmehr endgültig ihrer Tornister und verbrüdern sich mit der Menge. Die Offiziere sind machtlos.

Inzwischen wird der Kriegsminister Latour von den Vorfällen unterrichtet. Daraufhin erteilt dieser dem Kommando der Nationalgarde den Befehl, die gesamte Garde zu alarmieren, was nur widerstrebend befolgt wird. Die meisten Angehörigen der Nationalgarde bleiben auf den Alarmplätzen zurück. Nur die Akademische Legion tritt geschlossen unter Gewehr. Sie marschiert unter Führung ihres in den Vortagen gewählten Kommandanten Aigner zum Nordbahnhof und über die Taborbrücke. Während sich die Kompanien dann längs des Eisenbahndammes formieren, findet Aigner Gelegenheit, unbemerkt zu verschwinden. Später behauptet er, er habe sich in das Kriegsministerium begeben, um dort Befehle entgegenzunehmen. Die zurückgebliebenen Hauptleute wählen dann den bereits genannten Dichter Friedrich Kaiser zu ihrem Kommandanten. Währenddessen rückt ein aus Galizien rekrutiertes Bataillon des 15. Regiments »Nassau«, zusammen mit Kürassieren, Chevaulegers und Geschützen, unter dem Kommando des Generalmajors von Wredy auf den Tabor und nimmt dort in einer Mulde gegenüber dem Bahndamm Aufstellung. Zunächst versucht der General, ein an sich gutmütiger Mann, die zwischen der angestauten Volksmenge verstreuten Grenadiere aus der Gumpendorfer Kaserne zum Gehorsam zu bewegen. Vergebens! Erst als man ihn mit unflätigen Schimpfworten tituliert und die Menge Anstalten macht, die Kanoniere am Abprotzen der Geschütze zu hindern, läßt er eine Decharge abfeuern. Zwei Akademiker stürzen getroffen zu Boden, und nun setzt ein Feuergefecht ein, das weitere Opfer fordert. Als einer der ersten fällt General Wredy. Ein darauffolgender, von der Legion mit Elan vorgetragener Bajonettangriff, bringt die führerlos gewordenen Truppen zum Weichen. Dabei gehen sogar zwei Kanonen verloren. Im Bewußtsein ihres Sieges marschieren jetzt Legionäre, Nationalgarden und das sie begleitende Volk unter Jubelrufen der Innenstadt zu. Zu gleicher Zeit rückt das Landwehrbataillon des Regiments Nassau, gefolgt von Pionieren, durch das Schotten- und Franzenstor ebenfalls in die Innere Stadt. Die Nationalgarde der Wache an beiden Toren, bürgerliche »Gleichgesinnte« der Soldaten, haben sie passieren lassen. Kurz danach stehen sich mit einem Mal Nationalgarden der Inneren Stadt und, jetzt ebenfalls aus Mariahilf und der Wieden hereindrängende Vorstadtgarden, deren »studentenfreundliche Gesinnung bekannt war«, gegenüber. Ihnen nun wollen die »Gleichgesinnten«, die erst vor kurzem die Soldaten herangelassen hatten, den Zugang zum Stadtinnern verwehren. Dabei kommt es zu einem Bruderkampf zwischen Nationalgarde und Nationalgarde, dessen Härte Friedrich Kaiser in seinen Erinnerungen schildert:

»Die Geschichte wird vielleicht kein ähnliches Beispiel aufweisen, daß ein Gotteshaus inmitten einer Residenzstadt dergestalt geschändet wurde. Aber die Geschichte wird auch kein ähnliches Beispiel von so grenzenloser Perfidie aufweisen können, womit ein großer Teil der Stadtgarden ihre Mitglieder zum blutigen Gemetzel herausforderte. Vorstadtgarden und Studenten zogen durch die Straßen, da schossen Stadtgarden hinterlistigerweise aus Fenstern und Verstecken auf die ruhig Vorüberziehenden. Aus dem deutschen Hause gaben sie ganze Dechargen auf Studenten und Nationalgarden. Pioniere kamen gleichfalls herangerückt und gaben Dechargen, aber sie wurden teils davongejagt, teils gefangen und entwaffnet. Das gräßlichste Schauspiel eines Blutbades aber bot der Stephansplatz und die Stephanskirche dar. Vom Turme, aus der Sakristei, vom Chore herab, wurde geschossen, und zwar so lange, bis Studenten und Nationalgarden dermaßen erbittert waren, daß sie in die Kirche hineindrangen, um ihre hinterlistigen Feinde zu vernichten. Mehrere Schüsse fielen in der Kirche. Ein Oberleutnant des Kärntnerviertels wurde besonders übel zugerichtet; das erbitterte Volk wollte den Halbtoten noch aufhängen, nur mühsam wurde er davor gerettet. Aus den Bet- und Beichtstühlen, von den Altären weg wurden die Verräter gerissen und der verdienten Strafe überliefert. Das Gemetzel war fürchterlich. Ringsum war alles mit Blut bedeckt . . .«

Fünfzehn Tote und 95 Verwundete blieben zuletzt vor und im Stephansdom liegen. Es bedarf erst des erneuten Eingreifens des von der Freyung her vorrückenden Militärs, um den Rest der am Dom eingekreisten Nationalgardisten der Innenstadt zu befreien. Von den Fenstern und Dächern hagelt es besonders auf die verhaßten Pioniere Schüsse, Barrikaden werden errichtet, und an verschiedenen Stellen bahnen sich die Kämpfer nur mit der blanken Waffe ein Gasse. Bis es dann den Pionieren, den Landwehrleuten von »Nassau« und den befreiten »Gleichgesinnten« gelingt, das Burgtor, und damit das rettende Glacis, zu erreichen. Wer hingegen am Platz weiter verharrt, das sind die Besatzungen des an der Renngasse gelegenen Zeughauses und die Wachmannschaften des Kriegsministeriums, in dem übrigens »die Regierung« in Permanenz tagt.

Die Ermordung des Kriegsministers und der Sturm auf das Zeughaus

Unverständlicherweise verhält sich der in der kaiserlichen Winterreitschule tagende Reichstag während dieser Ereignisse völlig passiv. Sein tschechischer Präsident Strobach weigert sich hartnäckig, eine Sitzung einzuberufen. Es wird erst Nachmittag, ehe Strobach nachgibt und die noch erreichbaren Abgeordneten unter Führung des Vicepräsidenten Smolka zusammentreten. Eine von der Regierung ausgegebene Proklamation, »Ruhe, Ordnung und gesetzliche Freiheit« wiederherzustellen, wird kaum beachtet. Verhängnisvoll hingegen wirkt sich ein von der gleichen Regierung – mit Ausnahme des Justizministers Bach – veröffentlichter Befehl aus, »das Feuer einzustellen!« Denn dieser Befehl wird jetzt von der Wachmannschaft des Kriegsministeriums befolgt. Sie läßt die an die Tore drängende Menge passieren, ohne erneut von der Waffe Gebrauch zu machen. Was sich kurz danach abspielt, bezeichnet der schon genannte Kommandant der Akademischen Legion und Freiheitskämpfer Kaiser als eine Tat, »die alle Schranken der Sittlichkeit übersteigt und nur durch das bis zum Wahnsinn gesteigerte Rachegefühl entschuldigt werden kann«.

Die Menge stürmt johlend und unter Drohrufen über die Treppen und durch die Gänge, sie will des verhaßten Kriegsministers Latour habhaft werden, dem sie die Schuld an den vorangegangenen Blutbädern zuschreibt. Der General hat sich – in letzter Minute gewarnt – auf den Dachboden geflüchtet und Zivilkleider angezogen. Dort finden ihn der ebenfalls herbeigeeilte Vizepräsident Smolka und die freiheitlichen Abgeordneten Borrosch und Fischhof. Latour erklärt sich auf ihr Drängen zur Niederlegung seines Amtes bereit. Als Smolka daraufhin der anstürmenden Menge diesen Entschluß bekannt gibt, erhält er von einigen besonnenen Männern die Zusage, man werde Latour in Begleitung der Abgeordneten ungehindert passieren lassen. Im Vertrauen auf die ehrenwörtlich gegebene Zusage verläßt der General daraufhin, zusammen mit den drei Männern, sein Versteck. Doch sobald alle Vier auf der Straße anlangen, werden die drei Begleiter Latours zur Seite gedrängt. Noch kann Fischhof einen Hammerschlag abwehren, da treffen ein zweiter und dritter fürchterlicher Hieb den Schädel des achtundsechzigjährigen Grafen. Er stürzt zu Boden. Doch nun wird der bereits leblose Körper noch von Säbelhieben getroffen und von Bajonettstichen durchbohrt. »Ich sterbe unschuldig!«, waren die letzten Worte Latours gewesen, worauf Hohngelächter geantwortet hatte. Die Menge stürzt sich noch einmal über den Leichnam, reißt ihm die Kleider vom Leib und hängt den nackten Körper an die nächste Laterne.

Die kommenden 48 Stunden stehen dann ganz im Zeichen eines sehr harten Kampfes um das kaiserliche Zeughaus. Zwar hat der Reichstag das Gebäude zum »nationalen Eigentum« erklärt, doch kümmert das die von ihren bisherigen Erfolgen berauschte Menge nur wenig. Auch der Kommandant des Zeughauses, der Artilleriehauptmann Kastell, ignoriert den Befehl, das Feuer einzustellen. Im Gegensatz zu den Grenadieren des Bataillons Richter, kann er sich auf die ihm unterstehenden »Wiener Edelknaben« des Regiments »Hoch- und Deutschmeister« durchaus verlassen. Dank deren Haltung wird jeder Angriff gegen das Gebäude mit Verlusten für die von draußen herandrängende Menge, Legion und Nationalgarde zurückgeschlagen. Um weiteres Blutvergießen zu vermeiden, entschließt sich der Kommandant der Akademischen Legion Kaiser, als Parlamentär vorzugehen. Doch wird er – und dies geschieht unleugbar gegen das Kriegsrecht – trotz Trommlern und weißer Parlamentärsflaggen – mit Kartätschenfeuer empfangen. Wie durch ein Wunder bleibt er selbst unverletzt. An seiner Seite fallen jedoch eine ganze Reihe Akademiker und Garden. In heller Empörung bringen die »Belagerer« nunmehr ein Geschütz in Stellung, das zuletzt das große Tor aufsplittert. Auch fängt ein Teil des Gebäudes Feuer. Erst jetzt glückt es dem Reichstagsabgeordneten Kudlich, durch einen unterirdischen Gang in das Zeughaus zu gelangen. Er verhandelt mit dem Kommandanten und eröffnet ihm, daß das Zeughaus nunmehr Nationaleigentum des »Reichstages« wäre. Außerdem sichert er der Besatzung freien Abzug zu. Nachdem sich der auf dem Glacis haltende Militärkommandant von Wien, Graf Auersperg, abwartend verhält, erklärt sich Kastell zur Räumung bereit. Geleitet von Nationalgarden und Legionären erreicht die Besatzung des Zeughauses dann ungehindert das rettende Glacis. Die Menge dringt unterdessen in das Zeughaus ein und bemächtigt sich der dort aufgestapelten Waffen. Dabei gehen sehr wertvolle Rüstungen und alte Waffen aus früherer Zeit für immer verloren. Die Volkswehr aber bemächtigt sich der 30 000 Gewehre, womit sie die so blutig erkaufte Souveränität zu verteidigen gedenkt.

Während der Ereignisse des 6. und 7. Oktober verbringen die gesetzlichen Körperschaften – an ihrer Spitze der Ministerrat –, dann ein in der Aula neu ausgerufener »Verteidigungsausschuß« und das Kommando der Nationalgarde die Zeit in ununterbrochenen Sitzungen. Das Militär steht unter dem Befehl des Feldmarschalleutnants Graf Auersperg weiter auf dem Glacis und versammelt sich um das Palais Schwarzenberg und die Heumarktkaserne. Auf »legalem Boden« verbleibt auch das Studentenkomitee. Es reicht beim Reichstag einen Beschluß ein, dessen Inhalt dem Kaiser in Schönbrunn als Petition vorgelegt werden soll. Sein Inhalt: Zurücknahme des kaiserlichen Manifestes vom 3. Oktober, Entfernung aller nicht verantwortlichen Kabinetts- und Familienräte (man erkennt vor allem hier die gegen den Einfluß der Erzherzogin Sophie gerichtete Forderung!), Entlassung sämtlicher amtierender Minister, Berufung einer freiheitlichen Regierung und Unterstellung des Militärs, auch Radetzkys (!), unter die Zivilhoheit. Da ihm nichts anderes übrigbleibt, schließt sich der Reichstag dieser Forderung an, und beauftragt zuletzt den Minister Hornbostel, an der Spitze einer Abordnung hinaus nach Schönbrunn zu fahren. Dort soll dem Monarchen die mit der Studentenschaft abgestimmte Petition vorgelegt werden. Hornbostel und seine Deputierten werden auch vom Monarchen empfangen. Ja, Kaiser Ferdinand läßt ein Schreiben an den Reichstag ausfertigen, in welchem er sein Einverständnis zur Bildung eines volksnahen Ministeriums zusagt. Er läßt darüber hinaus verlautbaren, er hoffe, »daß die Bevölkerung von Wien zur Wiederherstellung eines geordneten und gesetzlichen Zustandes kräftigst mitwirken werde!«.

Der Hof flieht nach Olmütz

Noch während sich die von Hornbostel geführte Abordnung mit der »hoffnungsvollen Botschaft« nach Wien zurückbegibt, rollen an der großen Freitreppe des Schönbrunner Schlosses mehrere, von sechs Pferden gezogene Reiseequipagen vor. In unauffälliger Kleidung, gefolgt von den nächsten Familienmitgliedern, darunter der Erzherzogin Sophie, deren Gatten und deren Söhnen, besteigen Kaiser Ferdinand und Kaiserin Marianna die Wagen. Unterdessen verladen einige Lakaien die allernotwendigsten Gepäckstücke auf eines der letzten Gefährte. Neben dem Wagen des erzherzoglichen Paares halten Gardereiter drei gesattelte Pferde. Erzherzog Franz Joseph tritt hinzu, und während seine beiden größeren Brüder in dem Wagen der Eltern Platz nehmen, schwingt er sich in den Sattel. Dann pariert er sein Pferd und lenkt es neben die Equipage des Kaiserpaares. Sein Gesichtsausdruck ist auffallend ernst. Es sind erst Stunden vergangen, da er es gewesen ist, der den Eltern die Nachricht von der Ermordung des Grafen Latour überbracht hat.
Jetzt wird beschlossen, sich nunmehr endgültig Windischgraetz anzuvertrauen! Das Kaiserpaar, die Eltern Franz Josephs und die Mitglieder des engsten Gefolges warten auf ein Zeichen, das die Wagenkolonne in Bewegung setzen soll. Da ertönt draußen, im Schloßvorhof, ein kurzes Kommando. Dort steht eine starke Eskorte, von allen drei Waffengattungen der Armee. Ihr Kommandant, General Parrot, sprengt an den Wagen des Kaiserpaares heran, meldet und wendet sein Pferd. Gleich darauf ertönt lauter Hufschlag. Dieser und das Rollen der Räder verklingen allmählich, und nur das helle Band der aus Hietzing herausführenden Straße bleibt im Zwielicht des Herbstmorgens zurück. Solange sie noch nicht die niederösterreichische Landschaft erreicht haben, reitet der junge Franz Joseph schweigend an der Seite des kaiserlichen Wagens. Dann pariert er sein Pferd von neuem, hält an und wartet, bis die Equipage seiner Eltern heran ist. Ein kurzes Zeichen, die Vorreiter parieren ebenfalls ihre Pferde, und dann steigen Erzherzog Max und Erzherzog Karl Ludwig aus dem Wagen. Man führt die beiden gesattelten Pferde herbei, Max und Karl Ludwig sitzen auf, und nun begleiten alle drei Söhne das Gefährt ihrer Eltern zu Pferd. Eine kleine, unbedeutende Episode an sich – und doch voller symbolhafter Bedeutung!

Wenzel Messenhauser – ein ehemaliger Oberleutnant kommandiert die Wiener Revolution.

Seit dem 7. Oktober bestimmt ein sogenannter »Zentralausschuß aller demokratischen Vereine« in Wien das politische Geschehen des Tages. Wer von den Ministern, Abgeordneten oder verängstigten Bürgern noch nicht vor der Flucht des Hofes abgereist ist, macht sich jetzt aus dem Staub. Das neue Hoflager wird im bischöflichen Palais zu Olmütz eingerichtet. Olmütz und Ofen-Pest bilden von nun ab die Schwerpunkte der großen gegenseitigen Auseinandersetzungen. Wien schaltet sich dabei eigentlich selbst aus. Die kaiserliche Armee befehligt der böhmische Feudalherr und Feldmarschalleutnant Fürst Windischgraetz. Die Ungarn werden politisch von Kossuth und militärisch von Görgei, Moga und Klapka geführt. An der Spitze des aus dem Südosten anrückenden Entsatzheeres steht der Kroate Jellačić, während in Wien der Pole Bem der eigentliche militärische Befehlshaber ist.
An der Spitze der Garde steht, nach einigem Hin und Her in den verschiedenen »Ausschüssen«, der sogenannten »Reichstagspermanenz«, ein ehemaliger Oberleutnant des »Hoch- und Deutschmeisterregiments«, der auch als Schriftsteller bekannt gewordene Wenzel Messenhauser, ein aus Prossnitz stammender Mährer.
Als Sohn eines Regimentstambours hat Messenhauser eine erfolgversprechende Soldatenlaufbahn hinter sich. Knabenerziehungsanstalt des Regiments, Gemeiner, Unteroffizier, dann außertourlich ganz plötzlich Fähnrich, wird der strebsame und wegen seines ernsthaften Charakters von den Vorgesetzten geschätzte junge Mann als Leutnant nach Lemberg versetzt, erhält dann eine Kommandierung nach Wien und kehrt als Oberleutnant wieder nach Galizien zurück. In Lemberg kommt er mit aus Rußland geflüchteten polnischen Freiheitskämpfern zusammen. Dort ist es auch, wo er mit Sympathisanten der Märzrevolution verkehrt und sich von deren Ideen beeinflussen läßt. Neben seiner beruflichen Tätigkeit verfaßt er auch schriftstellerische Arbeiten. Als ihn dann ein wohlwollender, sehr hoher Vorgesetzter nach Wien zurückversetzen läßt, um ihn vor Verstrickungen zu bewahren, die mit seinem Offiziersberuf unvereinbar sind, erkennt Messenhauser, daß seine politischen Anschauungen nicht mehr mit den Verpflichtungen des von ihm geleisteten Eides in Einklang zu bringen sind. Er beantragt seine Verabschiedung. Von nun ab beschäftigt er sich fast ausschließlich mit seinen schriftstellerischen Neigungen. Der Inhalt seiner Schriften weckt das Interesse radikaler Kreise in Wien, die in ihm dann den geeigneten Mann für die Stellung eines Kommandanten der Nationalgarde sehen. Persönlich unantastbar, ehrlich und von Idealen erfüllt, wird Messenhauser nicht in der Lage sein, Zügellosigkeiten und Übergriffen energisch genug entgegenzutreten. Auch wird er sich nie ganz von den Auffassungen seines bisherigen Offiziersberufes loszulösen vermögen.

Die »Verteidiger« Wiens: Nationalgarde, polnische Legion und Mobilgarde

Vom Zeitpunkt an, da ein offener Kampf mit den sich außerhalb der Stadt versammelnden kaiserlichen Truppen eine Frage von Tagen zu sein scheint, fällt dem Kommando der Nationalgarde die Aufgabe zu, Wien in einen verteidigungsfähigen Zustand zu versetzen. Die Kräfte, die hierfür zur Verfügung stehen, werden von den zwei Regimentern Infanterie der Nationalgarde, einem Grenadierbataillon, Kavallerie und etwas Artillerie mit 72 Geschützen gestellt. Der Artillerie fehlt es an der notwendigen Munitionierung, die aus 400 Reitern bestehende Kavallerie gilt als unzuverlässig. In den Straßen erscheint auch eine polnische Legion. Sie trägt phantastische Uniformen und ist mit den Pferden der ungarischen Leibgarde beritten. Zur Verstärkung dieser »Bürger«-Garnison wird mit der Neuaufstellung einer weiteren Truppe, der

»Mobilgarde« begonnen. Man errichtet sie nicht zuletzt, um die Masse der Erwerbslosen, aber auch um das zahlreich herumlungernde Volk von der Straße wegzubringen. Als Anreiz für Meldungen wird ein Sold von 25 Kreuzern bei 24stündigem Dienst, von 12 Kreuzern bei 12stündiger Dienstleistung ausgesetzt. Schon am 14. Oktober verfügt das Oberkommando über zwei geschlossene Bataillone, ein drittes befindet sich in Aufstellung. Über den moralischen und taktischen Wert der Truppe gehen die Meinungen sehr auseinander. Es finden sich nämlich neben den bereits genannten Elementen eine ganze Reihe desertierter Soldaten und verlorener Existenzen unter den Neuangeworbenen, deren Anwesenheit zu Disziplinlosigkeit und Ausschreitungen führen wird. Schließlich zeigt sich, daß die Mobilgarde innerhalb der Verteidigungskräfte das Übergewicht erhält. Ihre radikalen Elemente geben von nun den Ton an. Dort, wo versucht wird, in der Umgebung Wiens Freiwillige aufzubieten, stoßen die »Werber« auf Ablehnung. Von slawischer Seite erfolgt überhaupt keine Unterstützung. Nur der Deutsche Bund schickt vier Abgeordnete des Frankfurter Parlaments, Robert Blum, Julius Fröbel, Moritz Hartmann und Trampusch, um Wien »Dank und Anerkennung für die mutige und entschlossene Haltung in seinem, für das deutsche Vaterland entschlossenen Kampf« auszusprechen. Nach ihrer Ankunft in Wien am 17. Oktober halten sich die Mitglieder der Delegation, mit Ausnahme Blums, vor einem allzu radikal wirkendem Auftreten zurück. Blum und Fröbel werden zwar zu Ehrenmitgliedern des Studentenausschusses ernannt, doch planen alle vier bereits die Abreise aus Wien für den 20. Oktober. Die Ereignisse verhindern indes diese Absicht, sodaß besonders Blum und Fröbel zu Mitakteuren der Wiener Tragödie werden. Zwei gemäßigte Abgeordnete, die Frankfurt an den Hof nach Olmütz delegiert, erhalten von Fürst Windischgraetz den lakonischen Hinweis: »Österreich bedarf der Paulskirche nicht!« und müssen unverrichteter Dinge zurückkehren.

Als unleugbar am stärksten profilierte Gestalt unter den militärischen Führern Wiens tritt der aus Polen gekommene Generalleutnant Josef Bem hervor. In Tarnów, also auf österreichischem Boden geboren, hat sich Bem 1809 und 1812 in französischen Diensten bewährt. Später diente er in der polnischen Armee. Beim Ausbruch des ungarischen Aufstandes hatte er Kossuth seine Dienste angeboten. Er war aber auf dem Wege nach Pest in Wien von Messenhauser, der ihn wohl von Lemberg her kannte, und anderen galizischen Abgeordneten überredet worden, sich der Verteidigung der österreichischen Hauptstadt anzunehmen. Bem gilt als ausgesprochener Tatmensch. Er ist sehr tapfer, ein erfahrener militärischer Führer, und fasziniert vor allem durch sein persönliches Auftreten. Trotz der von ihm oft angewandten Härte, ja Grausamkeit, übt er einen begeisternden Einfluß auf seine Untergebenen aus, dem nicht zuletzt der ungarische Dichter Petöfi erliegen wird.

Generalleutnant Josef Bem und Feldmarschall Fürst Windischgraetz: Ein Pole und ein Böhme kämpfen um Wien

Schon am 8. Oktober, am Tage, an welchem er von den Vorgängen in Wien Kunde erhält, setzt Fürst Windischgraetz alle verfügbaren Truppen in Richtung auf Wien in Marsch. Er zieht Verstärkungen aus Mähren und aus Galizien heran und rechnet mit Jellačić, der ebenfalls im Anmarsch auf die österreichische Hauptstadt ist. Selbst von Radetzky hat Windischgraetz die Zusage über Verstärkungen erhalten, sobald es die Lage in Italien erlaube. Die Offiziere der unter Windischgraetz anrückenden Truppen lassen die Buchstaben »WIR« (Windischgraetz-Jellačić-Radetzky«) in die Säbelklingen eingravieren, was einem Gelöbnis gleichkommt, die Waffe im Sinne des dem Kaiser geleisteten Treueides zu gebrauchen.

Am 21. Oktober steigt Windischgraetz in Stammersdorf bereits aus dem Sattel. Seine Vorausabteilungen setzen am 23. Oktober bei Nußdorf über die Donau, während der inzwischen außertourlich zum Feldmarschall beförderte General mit seinem Stab sein Quartier im Hetzendorfer Schloß aufschlägt. Erstes Ziel ist die vollständige Einschließung der Hauptstadt. Im Zusammenwirken mit den Streitkräften Jellačić' und der außerhalb der Stadt postierten Garnison des Grafen Auersperg verfügt Windischgraetz über drei Armeekorps, eine Reservedivision und eine selbständige Brigade. So stehen 59 Bataillone, 67 Schwadronen und über 200 Geschütze bereit, um Wien, wenn es sein muß, mit militärischer Gewalt »wieder zum Gehorsam zu zwingen«.

In der Stadt wird unterdessen eine Proklamation Messenhausers angebracht, in welcher dieser davon spricht, er betrachte neben der Aufrechterhaltung von Frieden und Ordnung und Sicherung des Eigentums, die Achtung des Gesetzes und der Verfassung, wie »die unerschütterliche Verteidigung des konstitutionellen Thrones unter dem Banner volkstümlicher Freiheit« als die Richtlinien seines Handelns. Es zeigen sich Widersprüche, die der Historiker einen »roten Faden« nennt, »der die Bewegung des Jahres 1848 durchzieht«, »eine Fiktion von der Revolution auf gemäßigtem Wege«. Messenhauser schickt Delegationen zu Jellačić und Auersperg und ersucht beide, von Feindseligkeiten absehen zu wollen. Innerhalb der Stadt läßt er im Belvedere- und Schwarzenbergpark ein Truppenlager für 15 000 Mann einrichten. Auch an Windischgraetz richtet er ein Schreiben, in welchem er an die Klugheit und Menschlichkeit des Fürsten appelliert. Er erhält jedoch keine Antwort. Die größte Enttäuschung bereiten den revolutionären Kreisen der Donaustadt die Magyaren. Der ungarische Kommandierende befolgt nur zögernd und erst am 21. Oktober einen Befehl Kossuths und überschreitet mit seinen Vorhuten die österreichische Grenze. Doch zieht er sie dann wieder ohne Gefechtsberührung mit den Kaiserlichen zurück.

Nunmehr endgültig zum Widerstand entschlossen, eröffnen die Wiener Garden die Feindseligkeiten mit einem von Bem an der Nußdorfer Linie angeführten Ausfall, in dessen Verlauf es übrigens zu Befehlsverweigerungen der Mobil- und Nationalgarden kommt. Bem muß zurück und wird jetzt von Windischgraetz' Truppen im Norden der Stadt und in der Pratergegend so hart bedrängt, daß er trotz sehr tapferer Gegenwehr zuletzt auch die Brigittenau aufgeben muß. Es ist der Zeitpunkt, an dem auch Messenhauser sich gezwungen sieht, über Wien den Belagerungszustand zu verhängen. Eine Abordnung von Gemeinderäten versucht, bis Hetzendorf, ins Hauptquartier des Feldmarschalls, zu gelangen. Der antwortet ihnen kurz und bündig, er fordere die Auslieferung Bems, des ungarischen Delegationsführers Pulszky, eines Dr. Schütte, der durch seine Ansprachen in der Aula viel zum Verhalten der Studentenschaft beigetragen habe, und vor allem der Mörder Latours. Im übrigen wären seine anderen Forderungen ja bekannt.

Windischgraetz stürmt die Hauptstadt

Sobald die Delegation in die Stadt zurückkehrt, lassen sich auch im Gemeinderat Stimmen vernehmen, die die Annahme der gestellten Bedingungen fordern. Denen tritt nun Messenhäusers Feldadjutant Fenner von Fenneberg mit größter Schärfe entgegen. Er vermutet nämlich nicht ganz zu unrecht, daß jetzt ein Entsatz durch ungarische Truppen tatsächlich zu erwarten sei, da General Moga einen neuerlichen Befehl erhalten habe, auf österreichisches Gebiet vorzudringen. Das würde Windischgraetz zwingen, mit dem Gros seiner Truppen Moga entgegen zu treten, während er selbst im Rücken durch einen Ausfall der Wiener bedroht würde. Windischgraetz erkennt rechtzeitig diese Gefahr, und um ihr vorzubeugen, beschließt er für den 28. Oktober einen umfassenden Angriff auf Wien.

Dort haben jetzt Fenner und Bem praktisch die Führung an sich gerissen. Messenhauser vermag sich nicht durchzusetzen und gerät immer offensichtlicher unter den Einfluß seiner radikalen Mitkommandanten. Als dann in den Vormittagsstunden des 28. Oktober erst eine allgemeine Beschießung durch schwere Geschütze und anschließend der Infanterieangriff der Kaiserlichen einsetzt, entwickeln sich an den taktischen Brennpunkten sehr hartnäckige und von beiden Seiten mit großer Tapferkeit und Zähigkeit geführte Kämpfe.

Am erbittertsten wird in den Gassen der Leopoldstadt, besonders hartnäckig längs der »Jägerzeile« (heute Praterstraße) und um die »Sternbarrikade« (heute Praterstern) gekämpft. In diesem Abschnitt führt Bem persönlich den Befehl, bis er ganz plötzlich seinen Posten verläßt. Später erst wurde bekannt, daß er die Lage für seine Partei als unhaltbar angesehen hatte, zu Messenhauser geeilt war und diesem seine Stelle zur Verfügung gestellt hatte. Kurz darauf war er verschwunden und, wie sich dann später herausstellt, auf geheimen Wegen nach Ungarn entkommen.

Die Erfolge seiner Soldaten ermöglichen es nun Fürst Windischgraetz, den frei gewordenen Teil seiner Verbände den langsam anrückenden Ungarn entgegenzustellen und den Wienern noch einmal einen 12stündigen Waffenstillstand anzubieten. Messenhauser sieht sich veranlaßt, die Lage in einer Proklamation an die Wiener bekannt zu geben, mit der Aufforderung, die Kompanien der Volkswehr mögen nunmehr entscheiden, ob weitergekämpft werden solle oder nicht!

Solch demokratisches Vorgehen bezeichnen die harten Kämpfer innerhalb der militärischen Führung der Stadt schlechthin als Verrat. Unter der Bevölkerung verbreitet sich die Einsicht, daß ein weiterer Widerstand aussichtlos sei. Gesteigert wird die Bestürzung, sobald auch bekannt wird, daß die zu Windischgraetz entsandte Delegation gar nicht zurückgekehrt sei. Schon befürchtet man, sie wäre zurückgehalten oder festgesetzt worden, doch schließlich lassen sich die Herren der Delegation dann in einem Heurigenlokal der Vorstadt auffinden! Dort hatten sie in aller Seelenruhe getafelt. Zur Rede gestellt, erklären sie, sie hätten die Antwort des Feldmarschalls in einem Schriftstück an den Gemeinderat weitergeleitet und warteten nunmehr ab, wie man diese dort aufgenommen habe. Sie hätten nämlich den Auftrag, die Antwort des Gemeinderates bis zum Abend dem Fürsten zu überbringen. Es bedarf einiger Mühe, um die Herren Abgesandten zur Weiterfahrt in die Stadt und zur Abgabe eines persönlichen Rapports vor dem Gemeinderat zu bewegen.

Sobald er von der Zusage einer Waffenruhe erfährt, beruft Messenhauser eine Versammlung der Vertrauensmänner aller Kampfeinheiten ein. Auch hier sollen die Anwesenden entscheiden, ob sie weiterkämpfen oder eine ehrenvolle Kapitulation, »unbeschadet der feierlichen Verwahrung unserer heiligen, unveräußerlichen Rechte«, eingehen wollen. Schon will ein großer Teil der Versammelten diesem, von ihrem Oberkommandanten vorgeschlagenen Antrag zustimmen, da ertönt plötzlich der Ruf: »Die Ungarn kommen!«

Das Ende der Revolution – Standrecht für Messenhauser

Zum Verhängnis für die Wiener Revolutionäre sind es aber die Kaiserlichen, die sich als Sieger den Basteien nähern. Die Ungarn hatten am 30. Oktober die österreichischen Linien angegriffen, waren dann aber nach einigen, stellenweise von ihnen mit Elan vorgetragenen Angriffen überall zurückgeworfen worden. Unstimmigkeiten zwischen ihrem Kommandierenden Moga, dem in der Truppenführung ebenfalls erfahrenen Obersten Görgei und Kossuth, der persönlich zu den Truppen geeilt war, hatten dazu geführt, daß die ganze Aktion von seiten der Ungarn nicht mit der erforderlichen Entschlossenheit durchgeführt worden war. Als jetzt Messenhauser auf seinem Beobachtungsstand oberhalb der Turmuhr des Stephansdomes die Überzeugung gewinnt, daß die von Schwechat anmarschierenden Bataillone Truppen seines Gegners Windischgraetz sind, befiehlt er den Abbau des Beobachtungsstandes und verläßt den Turm:

»Es ist alles aus, jeder mag hingehen, wo er will, morgen erfolgt die Übergabe. Jede weitere Beobachtung ist nutzlos!«, ruft er den Umstehenden zu.

Gegen sechs Uhr abends versammelt er alle Vertrauensmänner der Volkswehr im Vorraum des Sitzungssaales des Reichstages. Noch einmal kommt es zwischen ihm und den Sprechern der radikalen Opposition zu einem erregten Wortwechsel. Bis Messenhauser zuletzt in klarer, unmißverständlicher Eindringlichkeit die Lage erläutert und das Ende der Kampfhandlungen fordert, der dieses Mal die Versammlung endgültig zustimmt.

Spät nachts empfängt Fürst Windischgraetz im Hetzendorfer Schloß eine letzte Abordnung aus Wien. Man bittet ihn, die besonnene Bevölkerung der Stadt vor der Pöbelherrschaft in Schutz zu nehmen. Windischgraetz sagt den Einmarsch seiner Truppen für den nächsten Tag zu, betont aber gleichzeitig: »Die Reihe ist an der Stadt, die ihr auferlegten Bedingungen zu erfüllen.« Noch in der gleichen Nacht geht an das kaiserliche Hoflager in Olmütz ein Telegramm ab, das besagt: »Wien hat sich unbedingt unterworfen. Die kaiserlichen Truppen besetzen heute die Stadt!«

Erst später wird sich herausstellen, daß Fenner von Fenneberg auf einem, von Messenhauser in Blanko unterschriebenen Bogen eine Order zur Fortsetzung des Widerstandes an die Volkswehr herausgegeben hatte. Fenner erreicht damit, daß eine Versammlung in der Aula ihn anstelle Messenhausers zum Oberkommandanten wählt. Als man Messenhauser dann die Mitteilung über das Vorgefallene überbringt, weigert er sich, ohne Zustimmung derjenigen, die ihn zum Oberkommandanten gewählt hatten, abzutreten. Es beginnt während dieser Stunden der Entscheidung über das Schicksal Wiens, ein Hin und Her um die Abberufung Messenhausers. Zunächst wird er gezwungen, doch zurückzutreten; dann stellen sich die ihm verbundenen Kameraden vor ihn und setzen zuletzt sein Verbleiben durch. Mit der Einschränkung, »bis das begonnene Friedenswerk vollendet sei!«.

Durch Fenners Mißbrauch der Unterschrift Messenhausers hindert die Mobilgarde die Nationalgarde daran, die Kaiserlichen am Burgtor einzulassen, erst am Nachmittag erkämpfen sich die kaiserlichen Truppen den Zugang zur Inneren Stadt. Es wird höchste Zeit, denn die Burg und die Hofbibliothek stehen bereits in Flammen! Kaum, daß sie sich in den Gassen zeigen, werden die Soldaten von vielen Einwohnern unter Jubelrufen begrüßt. Die Soldaten fühlen sich auch durchaus als Sieger, ihre Kommandanten greifen hart durch: Hausdurchsuchungen, Verhaftungen und einzelne Plünderungen lösen den bisherigen Terror der Straße durch ein nicht minder brutales Auftreten ab. Wie immer bei solchen Anlässen, treiben Spitzeltum und Angeberei üble Blüten. Blum wird gefaßt und am 9. November erschossen. Auch Fröbel soll gehängt werden, doch wird er begnadigt. Fenner und einige Gleichgesinnte entkommen. Messenhauser stellt sich selbst. Er kommt vor ein Kriegsgericht. Ein von Kaiser Ferdinand an Windischgraetz gerichtetes Schreiben, in welchem der Monarch dem Fürsten die Begnadigung Messenhausers anheimstellt, gelangt nicht mehr nach Wien. Zum Tod durch Erschießen verurteilt, gibt der ehemalige Deutschmeisteroffizier dem vor ihm aufmarschierten Erschießungskommando selbst laut und weithin hörbar im Stadtgraben den Befehl: »Feuer!«

Nach dem Kampf – Rückkehr zur Reaktion?

Es wirkt vielleicht wie eine Huldigung an den Genius der Stadt Wien, daß weder politische Wirren noch die damit verbundenen Zerstörungen die Gestaltungskraft seiner schöpferischen Kräfte zu unterbinden vermochten. Beeindruckender Beweis hierfür ist die Vollendung der Altlerchenfelder Kirche, eines Bauwerkes, dessen Architektur und besonders die innere Ausgestaltung deutlich den Durchbruch zur jungen Romantik verkündet. Die kunstgeschichtliche Bedeutung dieses noch während der Revolutionswochen weitergeführten Baues, ist dem Zusammenwirken des jungen Schweizer Architekten Joh. Georg Müller, dem, den Nachlaß des früh Verstorbenen weiterführenden Van der Nüll und besonders der Meisterhand Josephs von Führich zu verdanken. Führich schuf später auch die berühmten Fresken des Chorraumes. Der von Phantasie erfüllte und durch seine symbolische Ausdrucksform vollendet wirkende Kirchenbau wird vom Historiker der Stadt Wien, Richard Kralik, als »Gipfel monumentaler Kunst, den Wien dem Revolutionsjahr 1848 verdanke«, der Nachwelt vorgestellt. Natürlich haben die Ereignisse jener Monate und Wochen auch andere Geistesschaffende, in erster Linie Dichter und Schriftsteller, beschäftigt. Unter ihnen treten Grillparzer, Hamerling, Hartmann, Auerbach, Fröbel und, durch seine ausführlichen Beobachtungen, Friedrich Hebbel hervor. Er läßt dabei deutlich die Ablehnung jeglichen Überradikalismus erkennen. Doch spart er auch nicht an Vorhaltungen gegenüber den gemäßigten Liberalen, denen er vorwirft, den Zeitpunkt verpaßt zu haben, der eine Rückkehr der Reaktion unmöglich gemacht hätte.

Kündet diese ihre Wiederkehr tatsächlich an? Noch sind kaum zwei Wochen seit der Kapitulation der Stadt verstrichen, da grüßt so mancher Wiener, der gestern ein schwarz-rot-goldenes Band über der Weste getragen hatte, bereits wieder ehrerbietig die schwarz-gelbe Fahne an der Hauptwache. So berichtet Hebbel vom 9. November:

»Wien hat wieder sein altes, gemütliches Aussehen. Auf dem Trottoir drängen sich elegante Spaziergänger, in den Straßen rollen die Karossen, die Läden glänzen in gewohnter Pracht. An den Fenstern, hinter welchen die Ciceros unseres Reichstages, die Kommandierenden der Akademischen Legion, ein Dutzend Magyaren und einige unserer letzten Staatspiloten, der Unsterblichkeit gewiß, zu prangen pflegten, paradieren jetzt Windischgraetz, Jellačić und Radetzky!«

Daß die Wiener lieber den Klängen des Radetzkymarsches zuhören, als daß sie die revolutionäre Melodie Henri Littofs entzückt, versteht sich aus der augenblicklich vorherrschenden Atmosphäre. Man »geht in sich« und zeigt mit einem Mal für den neu ins Leben gerufenen »Katholikenverein« Interesse. Auch liest man die von Sebastian Brunner gegründete »Wiener Kirchenzeitigung«. Die von Brunner eingeleitete Bewegung wird für lange Zeit den alten Einfluß der Kirche in Österreich neu aufleben lassen und die seit Josef II. herrschende Vormachtstellung des Staates und seiner Beamtenschaft abzubauen versuchen. So erfolgt auch im Revolutionsjahr die erste Großkundgebung des »Deutschen Katholikentages«.

Mit dem Abzug der letzten Schuttwolken und dem Verglimmen des letzten Brandes in der völlig zerstörten Jägerzeile zwischen dem Donaukanal und dem Prater, lichtet sich auch der Himmel wieder langsam über Wien. Trotzdem bleiben über der Stadt noch immer dunkle Schatten erkennbar, Schatten, die nicht allein den herannahenden Winter ankündigen, sondern die für lange Zeit den Ausbruch und die Fortdauer eines über der so nahen ungarischen Landschaft wütenden, schweren Gewitters begleiten. Und Wien? – Wie sagt doch Nestroy in seinem »Lady und Schneider« über die Stimmung der Wiener nach der Revolution?

»Wir habn exerziert und uns genug strapaziert.
Und jetzt können wir sagn, wir habn auch was probiert.«

Kaiser Ferdinand I. in Olmütz – erweckt sein Rücktritt neue Hoffnung?

Seit dem 22. November hat Österreich eine neue Regierung. Ministerpräsident ist der Schwager des Fürsten Windischgraetz, der k.k. Feldmarschalleutnant Fürst Felix Schwarzenberg. In seiner Jugend Kavallerieoffizier, trat er später in diplomatische Dienste.

Schwarzenberg gilt als überzeugter Verfechter eines, alle Nationalitäten des Habsburgerreiches umfassenden Einheitsstaates. Auch ist er als unerbittlicher Gegner revolutionärer Ideen bekannt.

Ehe jedoch der von ihm propagierte Einheitsstaat seine Verwirklichung findet, bedarf es einer Festigung des Thrones. Der Tag bricht an, an welchem anstelle des kranken Kaisers ein gesunder, durch die vorangegangenen Verwicklungen nicht belasteter Herrscher das Zepter ergreifen soll. Das seit bald zwei Jahrzehnten verfolgte Ziel der Erzherzogin Sophie steht vor seiner Verwirklichung: In Olmütz tritt nun die Frage des Thronwechsels endgültig in den Vordergrund. Vor allem besteht jetzt auch Schwarzenberg darauf, ja, er macht sogar die Übernahme der Regierung davon abhängig. So muß die Großjährigkeitserklärung Franz Josephs erst als Staatsakt in Kraft treten, und dann muß die Rechtslage zur ungarischen Verfassung geklärt werden, auf die Kaiser Ferdinand in Preßburg den Eid geleistet hat. Unerläßlich erscheint dem kaiserlichen Hof die Gegenwart der drei Paladine Windischgraetz, Jellačić und Radetzky während des feierlichen Staatsaktes der Thronübergabe. Der Fürst und der Banus werden auch zugegen sein, Radetzky aber, der Mann, »welchem die Monarchie ewig verpflichtet bleiben wird«, kann zu dem in Aussicht genommenen Zeitpunkt, der Lage in Oberitalien wegen, sein Hauptquartier nicht verlassen. So erhält er ein persönliches Handschreiben seines zurücktretenden Obersten Kriegsherrn Ferdinand, in welchem ihm der »wiederholte und tiefe Dank« für die Erhaltung der Monarchie ausgesprochen wird.

Inzwischen ist auch der Reichstag aus Wien nach Kremsier, einer kleinen mährischen Landstadt, übersiedelt. Von den Gesetzen, die er zu beraten gehabt hatte, war lediglich die Neuordnung der bäuerlichen Lasten auf die Anträge Kudlichs in Kraft gesetzt worden. Kudlich hatte sich übrigens während des Oktoberaufstandes in Wien exponiert, er war »in contumaciam« zum Tode verurteilt worden und nach Deutschland geflüchtet. (Er verlegte seinen Wohnsitz später in die Schweiz und ging zuletzt in die Vereinigten Staaten, wo er erst 1917 als Arzt starb.) Nachdem sich die Verfassung vom 25. April 1848 als undurchführbar erwiesen hat, beschäftigt sich der Reichstag zur Zeit mit der Vorbereitung eines neuen Verfassungsentwurfes. Auf die Entscheidungen der beiden Zentren der Staatsmacht, der militärischen des Fürsten Windischgraetz und der politischen seines Schwagers Schwarzenberg, bleibt er zunächst ohne Einfluß. Windischgraetz und Schwarzenberg sind es dann, die das Datum für den Thronwechsel auf den 2. Dezember 1848 festlegen. Franz Joseph, auf dessen jugendliche Schultern die Last dieser schicksalsschweren Krone gelegt werden soll, sieht diesem Tag mit einer sich steigernden inneren Erregung entgegen, die so gar nicht seinem Charakter entspricht. Der Achtzehnjährige findet oft stundenlang keinen Schlaf. Sein sonst immer gesunder Appetit setzt aus, er sieht blaß aus und magert sogar ab. Es ist aber nicht allein das unmittelbar Bevorstehende, das ihn beschäftigt. Er empfindet auch eine gewisse Beklommenheit darüber, daß er eigentlich in die Erbfolgerechte seines Vaters eintritt. Er spürt aber auch eine innere Unruhe der Mutter, die Sorge vor der ungeheuren Verantwortung, die ihren »Buben« erwartet: »Ich bringe dem lieben Gott meine Mutterangst zum Opfer«, schreibt sie an eine Bekannte, »denn einem Sohn im neunzehnten Jahre die schwere Last eines großen Reiches auf die zarten Schultern legen zu sehen, ist keine geringe Bangigkeit für ein Mutterherz.« (Erzherzogin Sophie an Walpurga Schmidl, Olmütz, 8. Jänner 1849. In: ›Alois Brandl‹, Erzherzogin Sophie von Österreich und ihre tirolische Dichterin Walpurga Schmidl, S. 77.)

Zar Nikolaus I. entsendet den General Baron Lieven nach Olmütz und sichert Sophie seine persönliche Unterstützung sowie den Beistand des »mächtigen unerschütterlichen russischen Reiches« zu. Was sowohl Schwarzenberg als auch Windischgraetz veranlaßt, in Franz Joseph zu dringen, sich von nun ab mehr in der Öffentlichkeit sehen zu lassen. In diesem Zusammenhang erhält das Treuebekenntnis eines eben durch Olmütz marschierenden Bataillons des ungarischen Regiments »Fürst Michael« und dessen betonte Huldigung vor Franz Joseph eine auffallende Bedeutung.

Noch in den letzten Tagen vor dem großen Ereignis droht eine unerwartet auftretende Magenverstimmung »Franzis«, das bereits festgelegte Programm in Frage zu stellen. Doch die Beschwerden geben sich wieder. Nicht einmal die engsten Familienmitglieder, mit Ausnahme der unmittelbar Beteiligten, ahnen etwas von dem Bevorstehenden.

An der Abendtafel des 1. Dezember werden die anwesenden Mitglieder der kaiserlichen Familie davon unterrichtet, daß sie das Kaiserpaar für den nächsten Tag bereits sehr früh, um 8 Uhr, in seinen Räumen erwarte. Kleidervorschrift: Gala! – Auf die allgemeine Überraschung, die die Mitteilung auslöst, antwortet Erzherzogin Sophie mit Ausflüchten. Sie wisse selber nicht, erklärt sie, »aus welchem Anlaß« Kaiser und Kaiserin alle Anwesenden zu sehen wünschten, hat aber selbst Mühe, die eigene Spannung zu verbergen.

Erzherzogin Sophie – eine Mutter am Ziel ihrer Wünsche

Der 2. Dezember ist ein klarer, eher kalter Wintertag. »An diesem Ehrentag ihres Sohnes, der nun genau achtzehn Jahre und dreieinhalb Monate alt ist«, schildert sein Biograph Cesare Conte Corti, »will Erzherzogin Sophie strahlend schön erscheinen. Sie legt deshalb ein weißes Moiré-Kleid mit langen Ärmeln an, im Haar rosa, mit funkelnden Diamanten festgehaltene Blüten, um den Hals legt sich schmeichelnd das Halsband aus Türkisen und Diamanten, das der Gatte ihr an jenem Tag geschenkt hat, da ihr lieber Franzi geboren wurde. An der Brust prangt ein Blumenstrauß aus Türkisen und Diamanten, und um alles schlingt sich eine prächtige indische Schärpe, dunkelrot und goldverbrämt.«

Auch »Maxi« und »Karli« müssen ihre Uniformen anlegen. Nur dem kleinen »Bubi« bleibt das Mitkommen untersagt. Was beinahe Tränen kostet.

Von den Gassen ist deutlich der Trommelschlag anrückender Bataillone vernehmbar. Ihr Marschtritt kündigt den Aufmarsch der gesamten Garnison an. Im Residenzsaal des bischöflichen Palais selbst herrscht gedämpftes Stimmengewirr. Wie anbefohlen, sind alle in Olmütz anwesenden Mitglieder des kaiserlichen Hofes und sämtliche Minister der neuen Regierung versammelt. Auch Fürst Schwarzenberg ist zugegen. Er trägt die Uniform eines Feldmarschalleutnants, an seinem lichtblauen, langen Waffenrock glitzert das Kreuz des Maria-Theresia-Orden.

Mit einem Male hebt alles die Köpfe. Fürst Windischgraetz und der Banus Jellačić betreten den Saal. Windischgraetz' Gesichtsausdruck wirkt überaus ernst, während der Kroate lächelnd um sich blickt und nach seinem Eintritt zusammen mit Windischgraetz auf Schwarzenberg zugeht.

Das Auftauchen der beiden »Paladine« vergrößert die allgemeine Spannung, die sich erst recht steigert, sobald man Erzherzogin Sophie in großer Robe eintreten sieht. Auch Erzherzog Franz Karl trägt Paradeuniform. Besondere Aufmerksamkeit ernten natürlich die drei Söhne des Paares, an ihrer Spitze Franz Joseph; doch auch Maxi zieht die Blicke auf sich, schon deshalb, weil er die Versammelten mit der gewohnten fröhlichen Neugierde mustert. Kaum, daß Erzherzogin Sophie den Feldmarschall und den Banus erblickt, geht sie auf beide mit ausgebreiteten Armen zu und sagt so laut, daß auch der Letzte im Saal jedes ihrer Worte verstehen muß: »Ich danke Ihnen für alles, was sie getan haben!«

Kaiser Franz Joseph I. – Beginn eines neuen Zeitalters?

Beide Männer finden nicht Zeit, eine Entgegnung zu äußern. Schon wird die Türe zu den vom Kaiserpaar bewohnten Räumen geöffnet. Als erster erscheint Ferdinands neuer Generaladjutant, Fürst Joseph Lobkowitz, auf der Schwelle. Im kurzen Abstand folgen ihm Kaiser Ferdinand und seine Gemahlin Maria Anna, von Graf und Gräfin Fürstenberg zu beiden Seiten begleitet.

Kein Laut, außer dem leisen Geräusch der Tritte auf dem kostbaren Teppich, ist zu hören, während die »Allerhöchsten Herrschaften« auf das niedere Podium zuschreiten, auf dem sich sonst der bischöfliche Thronsessel erhebt. Sobald dann Kaiser und Kaiserin ihre Plätze eingenommen haben, wenden sie sich der Versammlung zu. Ferdinand wirkt heute ungewöhnlich gefaßt; selbst um die Mundwinkel unterbleibt das übliche, nervöse Zucken. Maria Anna vermeidet sichtlich, den Blicken der Anwesenden zu begegnen. Diese tapfere, trotz der Sorgen und seelischen Belastungen der letzten Monate noch immer ungebrochen wirkende Frau, bestätigt auch jetzt noch durch ihre Haltung, daß der bevorstehende Staatsakt nicht zuletzt eine Kundgebung ihres eigenen Willens ist.

Die eigentliche Abdankungszeremonie wird durch den Legationsrat von Hübner eingeleitet. Er überreicht Kaiser Ferdinand ein Schriftstück, der es entgegennimmt und mit leiser, leicht zitternder Stimme vom Blatt abzulesen beginnt, wobei er sich einige Male unterbricht.

»Wichtige Gründe haben UNS zu dem unwiderruflichen Entschluß gebracht, die Kaiserkrone niederzulegen, und zwar zu Gunsten UNSERES geliebten Neffen, des durchlauchtigsten Erzherzogs FRANZ JOSEPH. Höchstwelchen WIR für großjährig erklärt haben, nachdem UNSER geliebter Bruder, der durchlauchtigste Herr Erzherzog Franz Karl, Höchdessen Vater, erklärt haben, auf das Ihnen, nach dem bestehenden Haus- und Staatsgesetzen zustehende Recht der Thronfolge zu Gunsten Höchstihres vorgenannten Sohnes unwiderruflich zu verzichten!« ...

Zahlreiche Augenpaare richten sich auf den jungen Franz Joseph. Der steht, die Lippen fest aufeinander gepreßt, sehr bleich, aber hochaufgerichtet, neben seiner Mutter. Er spürt die Blicke und empfindet, wie die Blässe auf seinen Wangen einer jäh aufkommenden Röte weicht. Jetzt Haltung zu bewahren, bedeutet alles! Obwohl er vor innerer Erregung kaum eines der Worte vernimmt, die Ministerpräsident Fürst Schwarzenberg jetzt an die Versammelten richtet. Es ist der Wortlaut des Staatsaktes, mit welchem Kaiser Ferdinand dem Thron entsagt und Franz Josephs Vater auf alle Nachfolgerechte feierlich verzichtet. Dann wird noch das Abschiedsmanifest des Kaisers der Versammlung zur Kenntnis gebracht. Ferdinand mahnt zur Versöhnung und vermeidet jedes harte Urteil. Worte des Dankes gelten vor allem der Armee und ihren erfolgreichen Führern. Zuletzt empfiehlt der scheidende Kaiser seinen Nachfolger dem Allmächtigen. Er drückt auch den Wunsch aus, »KAISER Franz Joseph, der Erste, möge das in ihn gesetzte Vertrauen der Völker zu deren Heil, zum Ruhme des Hauses Habsburg und zur eigenen Ehre erfüllen«.

Was sich jetzt abspielt, hat Kaiser Ferdinand selber in seinem »Tagebuch meiner und meiner lieben Frau Reise von Olmütz nach Prag« festgehalten:

»Die Funktion endete damit, daß der neue Kaiser vor seinem alten Kaiser und Herrn, nämlich vor mir, kniend um den Segen bath, welchen ich auch unter Auflegung der Hände auf seinen Kopf und Bezeichnung mit dem Heiligen Kreutz gab, ich ihn dann umarmte und er mir die Hand küßte. Und auch meine liebe Frau umarmte und küßte unseren neuen Herrn, dann entfernten wir uns in unsere Zimmer. Bald darauf hörte ich und meine liebe Frau in der Kapelle der erzbischöflichen Residenz die Heilige Messe ... Nachher packten ich und meine liebe Frau unsere Effekten zusammen ...«

Seine innere Erregung nur mühsam verbergend, ist Franz Joseph an das Podium geeilt und vor dem Kaiserpaar in die Knie gesunken. Ferdinand beugt sich tief über ihn: »Gott segne dich«, sagte er sehr leise, »bleib nur brav, Gott wird dich schützen!« Wie der junge KAISER sich dann wieder aufrichtet, fällt sein Blick zuerst auf seine Mutter. Da eilt er auf sie zu, umarmt sie und schämt sich der Tränen nicht, die er einfach nicht mehr zurückzuhalten vermag.

Der Kaiser und »seine« Soldaten – ein treues Bündnis

Die Abdankungszeremonie ist vorüber, der Hof hat sich vor dem erzbischöflichen Thronsaal versammelt. Als die Türen geöffnet werden, drängt alles in den Saal. Franz Joseph muß an diesem Tage zum ersten Mal hundert Hände schütteln. Er selbst sucht vor allem ein bestimmtes Gesicht, sobald er es entdeckt hat, geht er spontan auf den Fürsten Windischgraetz zu: »Ihnen verdanken wir alles, was noch ist und existiert!«, ruft Franz Joseph Windischgraetz zu und umarmt ihn. Auch der Banus erhält einen kräftigen Händedruck. Noch wird keine Stunde vergehen, da wird der neue Kaiser sein allererstes Handschreiben an die Adresse des Feldmarschalls Graf Radetzky richten. Auch ihm wird er danken und ihn um seinen Rat und tatkräftige Hilfe bitten. Es folgt dann die Vorstellung der von Schwarzenberg angeführten Mitglieder der neuen Regierung, denen Franz Joseph I. den während seiner späteren Regierungszeit immer wieder gebrauchten Wahlspruch: »Viribus Unitis – Mit vereinten Kräften!« zuruft. Auch wird Graf Grünne zum Generaladjutanten und Chef der Zentralkanzlei des Allerhöchsten Armeeoberkommandos ernannt.

Den unvergeßlichsten Eindruck nach der Zeremonie in der erzbischöflichen Residenz hinterläßt an diesem Tage bei Franz Joseph die Begegnung mit »seinen« Soldaten! – Er hat die Uniform seines 3. Dragonerregiments angelegt, steigt zu Pferd und reitet an der Spitze eines glänzenden Gefolges zum Platz hinaus, auf dem die Olmützer Garnison Paradeaufstellung genommen hat.

Sobald er dort, der Suite vorausreitend, eintrifft, ertönt das

dreimalige Signal: »Habt acht!«, die Fronten erstarren, der Generalmarsch setzt ein und geht in die Volkshymne über. An den Kolben der schweren Gewehre dröhnt der Paradegriff von tausend Fäusten. Mit gezogenem Säbel sprengt der kommandierende General auf seinen jugendlichen Obersten Kriegsherrn zu, sein grüner Federbusch flattert mit jedem Aufschlag der Hufe, er pariert den Rappen, salutiert und senkt dreimal den Säbel mit der Spitze zur Erde.
Franz Joseph dankt, ein Schenkeldruck – und nun reitet er die Fronten entlang. Jeder der im Glied verharrenden Männer gewinnt den Eindruck, die Blicke des jungen Kaisers hefteten sich gerade auf ihn, ein Eindruck, der sich auf die gesamte versammelte Mannschaft überträgt. Und Franz Joseph spürt plötzlich, wie ihm aus der Masse der Treffen eine jäh aufkommende Begeisterung entgegenschlägt. Wie er dann, nach der Abmeldung des Generals, sein Pferd zurückwendet, überwältigt ihn ganz plötzlich ein neues, bisher unbekanntes Gefühl. Die Spannung, die innere Unsicherheit, das Grübeln der letzten Wochen lösen sich mit einem Male von ihm. Das FUNDAMENT, auf das er sich vor den sich vor ihm auftürmenden Hindernissen der nahen Zukunft stützen wird, ist die ARMEE, deren Kaiser und Oberster Kriegsherr er von dieser Stunde an ist. Und wie, als wolle er aus dieser Erkenntnis die Folgerung ziehen, murmelt er, während er aus dem Sattel steigt, und nur von seinem Generaladjutanten Grünne vernommen, die drei Worte:
»Adieu, meine Jugend!«

Reform des Vielvölkerstaates oder Auflösung des Reiches?

Seit dem 2. Dezember blicken Millionen nach Olmütz. Wie werden Kaiser Franz Joseph und die neuen Männer der Regierung an die Lösung der Probleme herangehen? Wie ist die noch immer drohende Gefahr der Auflösung des Reiches aufzuhalten? Ungarn im offenen Widerstand, die Lombardei und Venetien nur durch einen unsicheren Waffenstillstand zwischen Radetzky und Karl Albert niedergehalten. Wien unter der Diktatur des eigenwilligen Fürsten Windischgraetz!
Nach Lage der Dinge stehen nur zwei Alternativen zur Wahl: Zentralismus oder Föderalismus! Es sind die Deutschen in Böhmen und Mähren, die unter einem föderalistischen System ein Überhandnehmen des tschechischen Einflusses befürchten, und auch die Deutschen der Steiermark und Kärntens sehen ähnliche Gefahren von Seiten der Slowenen heraufdämmern. Von den Nichtdeutschen sind es wieder die Ukrainer (Ruthenen) Galiziens, die bei einer föderalistischen Verfassung eine polnische Hegemonie an die Wand malen. In Tirol besteht angesichts des nationalen Übergewichtes der deutschen Bevölkerung eine akute Gefährdung durch die welschtiroler Italiener noch nicht. In der Mehrzahl der ländlichen Bereiche gilt die bäuerliche Bevölkerung als konservativ. Was auch für Kroatien, Krain und das Küstenland mit Dalmatien gilt. Doch beginnen sich schon in Kremsier jene Gegensätze während der Verfassungsberatungen abzuzeichnen, die von nun ab mehr und mehr die politische Landschaft vergiften und schließlich zum Untergang des Habsburger Reiches führen werden.
Zunächst einigt man sich in Kremsier über die Zusammensetzung des künftigen Reichstages und die dem Monarchen und der Regierung zustehenden Rechte. Fast sieht es so aus, als würde, – nach dem Inkrafttreten der Verfassung –, Österreich ein konstitutioneller und föderalistisch geführter Kaiserstaat mit einer weitgehenden Selbstverwaltung seiner Länder werden. Nur dem Mitspracherecht der Arbeiterschaft werden wieder einmal keinerlei Konzessionen eingeräumt.
Ministerpräsidnet Schwarzenberg beantragt im Jänner 1849 die Auflösung des Kremsier Reichstages! Wie sich später herausstellt, geht der Fürst nach einer längst beschlossenen Taktik vor. Er will und wird dem Reich eine vom Grafen Franz Stadion unterdessen erarbeitete Verfassung aufoktroyieren, die er aber in Wirklichkeit niemals in Kraft treten lassen will. Es kommt so am 4. März zur Verkündung der sogenannten »Märzverfassung«, der drei Tage danach die offizielle Auflösung des Reichstages durch das Militär folgt. Stadion vertritt in seinem Entwurf den Gedanken eines liberalen Einheitsstaates, dem alle Länder Österreichs, einschließlich Ungarns, angehören sollen. Wieder tritt an die Stelle der geplanten Volkssouveränität die entscheidende Autorität des Kaisers. Nur die Zusammensetzung der beiden im neuen Reichstag vertretenen Kammern hat Ähnlichkeit mit seinem Kremsierer Vorbild. Ein Oberhaus wird von den Vertretern der Länder gebildet, für das Unterhaus gilt das aktive Wahlrecht. Das aber auch wieder nur unter bestimmten Bedingungen (Zahlung einer Steuer usw.) ausgeübt werden kann, und damit dem Kleinbürgertum, den Kleinbauern und der Arbeiterschaft das Mitspracherecht an einer künftigen Gesetzgebung abspricht. Die Gleichheit aller vor dem Gesetz und der Wegfall des Untertanenverhältnisses werden weiterhin gewährleistet. Den unumschränkten Oberbefehl über Heer und Flotte führt der Kaiser. Er kann den Krieg erklären und Frieden schließen.
Gewiß läßt das von Schwarzenberg bekanntgegebene Verfassungsgesetz verschiedene Abweichungen von den bis 1848 bestehenden Normen erkennen. Seine Anfälligkeit liegt jedoch im Übergehen der so unterschiedlichen nationalen Struktur des Vielvölkerstaates. Ein österreichischer Reichsgedanke auf der einen, ein bürgerlicher Liberalismus auf der anderen Seite, die ohne Lösung der nationalen Probleme den Staat stützen sollen! Mangelt doch beiden die erforderliche Aussage, um die auseinanderstrebenden Kräfte an sich heranzuziehen. Den ersten Beweis hierfür liefern die Magyaren. Die zentralistisch wirkende, von Schwarzenberg/Stadion verkündete Verfassung entfacht einen Sturm der Entrüstung in Ungarn. Am 14. April 1849 erklärt die nach Debreczin ausgewichene ungarische Regierung, auf Antrag Kossuths, das Haus Habsburg für abgesetzt und Ungarn als selbständigen, unabhängigen Staat!

Ungarn 1848/49 – Wieder drohen die Magyaren mit dem Abfall

Sobald die Nachricht von der Thronbesteigung des jungen Kaisers Ofen-Pest erreicht hatte, war dort zunächst über den »Knaben« gelacht worden. Denn, ohne die Heilige Stephanskrone und ohne den Eid auf die ungarische Verfassung gäbe es keinen »König von Ungarn«.
So sieht man alle durch die Dynastie verkündeten Ansprüche auf ihre Rechte in Ungarn als Anmaßung an, für die man außerdem die engsten Ratgeber des Kaisers, Schwarzenberg, Windischgraetz und Jellačić, verantwortlich macht. Den er-

sten Rang nimmt Fürst Schwarzenberg ein. Er hütet sich, in Franz Joseph den Eindruck zu erwecken, als würde dieser von seinem Ministerpräsidenten als nicht ausgereifter junger Mann angesehen. Was er selbst durchzusetzen versucht, legt er Franz Joseph immer in der Form eines wohlgemeinten Ratschlages vor, dessen Begründung dann den jungen Kaiser überzeugt und seine Zustimmung findet. Im übrigen war die Wahl Schwarzenbergs auf den Rat Metternichs erfolgt, der aus London und später aus Brüssel seit geraumer Zeit wieder bis Olmütz seine Fäden spinnt. »Geschäftsträger« seiner »Ratschläge« ist der Legationsrat Alexander von Hübner, von dem behauptet wird, er wäre ein unehelicher Sohn des einstigen Staatskanzlers. So fließen in die von Schwarzenberg vorgetragenen Argumente ab und zu wieder »Richtlinien« des »politisch Toten« aus England ein.

Weit undiplomatischer verhält sich hingegen Fürst Windischgraetz. Sein Anspruch, jede von der Regierung (wie auch vom Kaiser) geplante Maßnahme möge zunächst ihm zur Begutachtung vorgelegt werden, fordert schon bald den Unwillen Franz Josephs heraus. Es wird sich zeigen, daß er sich durch das Verhalten des Fürsten bevormundet fühlt, ja es als einen Versuch ansieht, über seinen wie der Regierung »Köpfe weg über den Staat gebieten« zu wollen.

Erzherzogin Sophie lauscht, – bildlich gesprochen –, noch immer recht häufig hinter den Türen der Ministerkonferenz. Auch daß ihr »Franzi« bei Audienzen oder beim Empfang von Deputationen ab und zu noch verlegen und in seinen Antworten unsicher wirkt, veranlaßt sie, »privatim« sein Selbstbewußtsein zu stärken. Da ist zum Beispiel das Problem Wien. Es geht um die Frage der Rückkehr des Kaisers in die Reichshauptstadt. Trotz aller Freudenkundgebungen über den Monarchenwechsel und »Adressen« seiner »getreuen« Wiener, weiß Franz Joseph nur zu genau, daß »der Geist dort um nichts besser geworden ist«, wie Erzherzog Ludwig an die Mutter des Kaisers schreibt, und »daß die Anhänglichkeit an die Dynastie nicht mehr existiere«. Und: »Es würde lange Zeit dauern, bis die Gesinnung der durch und durch verdorbenen Bewohner der Hauptstadt wieder besser würde.« Auch in den übrigen Kronländern machen sich Anzeichen eines weiterbrodelnden Hasses bemerkbar. So sind es besonders aus Wien entkommene Aufständische, die durch gezielte Weiterverbreitung von Verleumdungen, Verdrehungen und üblen Gerüchten Erbitterung hervorrufen. Auch Radetzky meldet, daß er jeden Tag die Aufkündung des Waffenstillstandes mit Piemont-Sardinien erwarte. Seinen Beobachtungen sind die geheimen Aufrüstungen der Armee Rè Carlo Albertos nicht entgangen. Wie dann aber auch eine Botschaft des »Reichsverwesers« Erzherzog Johann aus Frankfurt eintrifft, in welcher er dem kaiserlichen Neffen dringend nahelegt, das Angebot der Deutschen Kaiserkrone anzunehmen, zehrt gerade diese Aufforderung an den Kräften des jungen Mannes. Was dann, wenn Berlin vom Inhalt dieses Schreibens Kenntnis erhält?

Denn, daß die Zusicherung des Reichsverwesers, Österreich müsse in Deutschland mit Preußen Hand in Hand gehen, nach dem Tode König Friedrich Wilhelms IV. angesichts der Hegemoniebestrebungen Preußens keinen dauernden Bestand haben würde, zeichnet sich schon jetzt in den Reden der hohenzollernfreundlichen Abgeordneten in Frankfurt recht deutlich ab. So ist Franz Joseph beinahe Nacht für Nacht zum Grübeln verurteilt, er findet kaum Schlaf, ja eines Morgens findet ihn sein Bruder Max ohnmächtig in seinem Bett. »Es ist einfach zu viel für den jungen Menschen«, erklären die Ärzte. So wirkt es fast rührend, wenn ihm seine Mutter eine Musiktruhe zur Ablenkung schenkt, mit Liedern der von Franz Joseph so sehr geliebten Betty Lind.

Weitaus nachhaltiger auf die Wiederherstellung seiner Kräfte wirken sich jedoch die Nachrichten aus Ungarn aus. Seit dem 16. Dezember sind es die Kanonen, die Ofen-Pest daran erinnern, daß man dort über den »Knaben« zu früh gelacht hatte.

Kampf um Ungarn – Der Abschied des Fürsten Windischgraetz

Im Zusammenwirken mit den aus dem mährischen und galizischen Raum herangeführten Truppen und den Verbänden Jellačić werfen die Kaiserlichen die Honvéd auf Ödenburg, Preßburg und Raab zurück. Nur Komorn hält sich. Die Spitzen Windischgraetz' und Jellačić' nähern sich bereits Ofen-Pest. Was Kossuth, seine Regierungsmitglieder und den ungarischen Reichstag veranlaßt, die ungarische Hauptstadt Hals über Kopf zu verlassen. Auch die Stephanskrone und die Banknotenpresse werden mitgenommen. Neuer Regierungssitz ist die Landstadt Debreczin. Am 5. Januar ziehen Windischgraetz und Jellačić in Ofen-Pest ein. Trotz seiner von Siegerstolz geprägten Rapporte unterläuft Windischgraetz in der Folge ein unverzeihlicher Fehler. Er bleibt stehen und wähnt den Gegner bereits für vernichtet. Das Gros des geschlagenen ungarischen Heeres weicht aus, versammelt sich im Osten und Süden und zieht alle verfügbaren Reserven und Aufgebote an sich heran. Allein in Siebenbürgen bringt Bem seine Streitkräfte nach und nach auf 19000 Mann und belagert Hermannstadt. Er unterliegt zunächst, doch erscheint der dort befehligende österreichische General Puchner mit seinen 6000 Mann zu schwach, um Bem auf die Dauer erfolgreichen Widerstand leisten zu können. Bereits im Februar wendet sich dann das Blatt. Bem fällt Puchner an und schlägt ihn bei Piski. Damit wird die Heimat der Siebenbürger Sachsen offen dem Zugriff der wenig disziplinierten Truppen Bems ausgesetzt. In ihrer Notlage rufen die Siebenbürger einen russischen General zur Hilfe. Es ist General Engelhard, er erklärt sich zum Eingreifen bereit, unter der Voraussetzung, daß er eine Genehmigung des Zaren erhält. Ganz plötzlich ist man jetzt in Wien auf das unangenehmste überrascht, als auch Windischgraetz völlig unerwartet von einer erforderlich gewordenen russischen Hilfeleistung spricht und zugleich auch von der Niederlage Puchners in Siebenbürgen erfährt. Franz Joseph zeigt sich über den von Windischgraetz eingebrachten Antrag äußerst »befremdet« und lehnt eine Heranziehung russischer Truppen ab. Zu spät, denn Engelhard überschreitet bereits die Grenze und »räumt in Siebenbürgen« auf. Auch besetzt er Hermannstadt. Trotzdem erhärtet sich der Widerstand der Magyaren zusehends. Sie erhalten Verstärkungen, auch aus Polen, und lassen bei den Kämpfen eine verbesserte Kampfausbildung erkennen. Ihr neuer Oberbefehlshaber ist wieder ein Pole, Dembinski! Zunächst muß er aber bei Erlau durch die Truppen des österreichischen Generals Schlick kräftige Schläge einstecken. Auch sein Landsmann Bem wird von Puchner noch einmal bei Mediasch geschlagen. Was die Regierung in Debreczin jetzt veranlaßt, die Führung der gesam-

ten Hónved in die Hand eines bewährten Patrioten und Soldaten zu legen, nämlich in die Hände Artur von Görgeis.
Görgei ist 1818 in Toporcz in der Zips geboren. Als Klassenerster in der Tullner Pionierschule wechselt er zur Infanterie, kommt 1837 als Unterleutnant zur ungarischen Leibgarde nach Wien und hospitiert gleichzeitig an der dortigen Universität. Anschließend zu Palatinathusaren versetzt, wird er Regimentsadjutant. Als die, noch von König Ferdinand sanktionierte, Hónved aufgestellt wird, tritt Görgei als Hauptmann in ein Hónvedbataillon ein. Man beauftragt ihn aber schon bald mit der Einrichtung einer Munitionsfabrik.
»Berüchtigt« wird er durch die Hinrichtung des Grafen Eugen Zichy, über die bereits berichtet wurde. Görgei erweist sich bald als der fähigste Kopf unter den ungarischen Truppenführern.
Im März greift Bem mit 12 000 Mann Hermannstadt zum zweitenmal an. Dort muß nach einem äußerst hartnäckigen Widerstand die nur 2000 Mann zählende russische Besatzung die brennende Stadt räumen. Nach dem Eindringen der Sieger werden haarsträubende Greueltaten verübt. Unterdessen ordnet Windischgraetz einen allgemeinen Vormarsch an, der für die von ihm geführten Truppen mit einem für ihn deprimierenden Fiasko endet. Es mehren sich die Stimmen, welche die Führungsfähigkeiten Windischgraetz' in Frage stellen und die dazu führen, daß Franz Joseph den »Mann, dem er und die Dynastie alles verdankt«, des Kommandos enthebt. Ein Entschluß, der dem jungen Monarchen begreiflicherweise ungemein schwer fällt. Er kommt aber, nach seinen eigenen Aufzeichnungen, zur Einsicht, daß »der alte Schlendrian so nicht mehr weitergehe«, auch müßten »alle schädlichen Elemente augenblicklich abberufen« werden. Er trägt sich auch ernsthaft mit dem Gedanken, selbst »zu den Truppen hinunterzugehen und der Wirtschaft ein Ende« zu bereiten. Mit vom entscheidenden Einfluß für die Abberufung Windischgraetz' ist aber auch die andauernde Kritik, welche der Militärgouverneur von Wien, Feldzeugmeister Ludwig von Welden, an den Maßnahmen des Feldmarschalls übt. Dieser ehrgeizige, seine Fähigkeiten maßlos überschätzende Mann, versteht es zuletzt, sich in den Augen des Kaisers derart ins Licht zu setzen, daß er den Feldmarschall durch Welden ablösen läßt. Der Eindruck dieses »Führungswechsels« wirkt auf Windischgraetz niederschmetternd. In einem, von deutlicher Erbitterung gekennzeichneten Schreiben stellt er dem Monarchen alle ihm verliehenen Würden und Orden zur Verfügung. Daß er von nun ab »im Schatten anderer steht«, erklärt sich auch aus den Erfolgen, die Radetzky wenige Wochen vorher in Italien errungen hat. Dort war am 12. März der von Karl Albert während des vorangegangenen Sommers geschlossene Waffenstillstand von diesem aufgekündigt worden. Eine Woche später war Radetzky bereits mit seiner Armee auf piemontesischem Boden gestanden, er hatte den Gegner bei Mortara geworfen und den König dann bei Novara am 23. März entscheidend geschlagen.
Noch auf dem Schlachtfeld entsagt Karl Albert zugunsten seines Sohnes Viktor Emanuel II. dem Thron. Dieser schließt einen Waffenstillstand mit Radetzky, dem im August der Friede von Mailand folgt.
Gegenüber solchen Erfolgen muß Windischgraetz nunmehr resignieren. Einen nicht minder schwerwiegenden Einfluß auf die Entscheidung des Kaisers übt allerdings auch der Beschluß des Debrecziner Reichstages aus, mit welchem das Haus Habsburg-Lothringen für abgesetzt erklärt und Ungarn als selbständige Republik ausgerufen wird. Auch war Pest am 23. April von den Kaiserlichen geräumt worden. Die Truppen Görgeis hatten das linke Donauufer besetzt und mit der Belagerung der Festung Ofen begonnen, die von dem tapferen österreichischen General Hentzi verteidigt wird. Die in Welden gesetzten Erwartungen gehen jedoch keineswegs in Erfüllung. Sehr zur bitteren Genugtuung des Fürsten Windischgraetz. Jedenfalls gelingt es dem neuen Oberbefehlshaber nicht, »mit den letzten noch in Ungarn stehenden Kräften, eine Wendung« herbeizuführen. Die militärische Lage verschlechtert sich sogar zusehends; denn nun gelingt es Bem, seinen Gegner Puchner ganz aus Siebenbürgen zu vertreiben und ihn mit seinen Truppen zum Übertritt in die Walachei zu zwingen.

Zar Nikolaus I. und General Haynau retten Ungarn für Österreich

In dieser Zwangslage erinnert sich Franz Joseph der wiederholten Hilfsangebote des Zaren. Umsomehr, als Welden jetzt auch berichtet, bei einem weiteren Vordringen der Magyaren würden auch die deutschen Provinzen Österreichs gefährdet. Es »stünde nicht mehr«, so meldet er, »in seiner Macht, die Umstände lenken« zu können! Was auch zutrifft! Denn nach einer furchtbaren Beschießung, andauernden Minensprengungen und immer neu vorgeführten Stürmen, erobert die Hónved die Stadt und die Festung Ofen. Der Verteidiger Hentzi fällt, der Rest der Besatzung gerät in Gefangenschaft. Welden muß das, was ihm noch an Truppen verbleibt, in Eilmärschen auf Preßburg zurückführen. Auf die nun erfolgende dringende Bitte Franz Josephs hin, kommt es im Landhaus von Lazieńka bei Warschau zur Zusammenkunft zwischen Nikolaus I. und »seinem jungen Freund und monarchischen Bruder«. Die »brüderliche« Hilfe bleibt auch nicht aus. Ein russisches Heer unter Paskewitsch rückt über die Karpathenpässe, aus der Moldau und der Walachei in Ungarn ein. Kossuth, der unterdessen seinen Wiedereinzug in Ofen-Pest gehalten hat, sieht sein Vaterland mit einem Male von allen Seiten umschlossen. Als jetzt auch Jellačić mit neu aufgebotenen kroatisch-serbischen Truppen in Süd-Ungarn vordringt, muß Kossuth erkennen, daß mit ebenso pathetischen, wie leidenschaftlichen Appellen zur allgemeinen Volksbewaffnung auch das Eingeständnis des drohenden Unterganges verbunden ist. Zumal sich auch in der Führung des Gegners, bei den gehaßten Österreichern, so manches verändert. Welden ist abberufen worden, an seine Stelle ist der aus dem italienischen Feldzug wegen seiner Strenge und Rücksichtslosigkeit gefürchtete Feldzeugmeister Julius Freiherr von Haynau getreten. Er ist ein unehelicher Sohn des Kurfürsten Wilhelm I. von Hessen-Kassel und der Apothekerstochter Rebekka Ritter. Mit ihm trifft noch eine Reihe bewährter Führer, darunter Benedek, von der Armee Radetzkys, in Ungarn ein. Franz Joseph begibt sich gleichfalls, zusammen mit seinem Bruder Max, an die Front. Die Gegenwart ihres jugendlichen Monarchen, die Siege der Kaiserlichen bei Pered an der Waag und an der Raab, stärken die Kampfmoral der österreichischen Truppen aufs neue. Der russische General Lüders vertreibt die Magyaren vom Törzburger Paß, er siegt bei Kresten und erobert Kronstadt. Im Südwesten wird der ungarische General Perczel von Jellačić zurückgedrängt, er schießt Neusatz in Brand und geht über die Theiss. Der einzige feindliche Befehlshaber, der noch Erfolge erzielt, ist der Pole Bem. Er belagert Arad und zwingt die Besatzung nach zäher Verteidigung zur Übergabe. Bald darauf, durch das Vordringen Jellačić' bedroht, muß er Arad räumen. Er fällt Jellačić an und treibt diesen wieder über die Theiss zurück. Er gelangt sogar bis Peterwardein, kann aber nicht, da er Siebenbürgen entblößt hat, die Besetzung dieses Gebietes durch die Russen verhindern. Wieder hat Franz Joseph sich ganz vorne gezeigt. Während eines schweren Gefechtes im Schußbereich der Festung Komorn ist er, kaum daß er den Kampflärm vernommen hat, »in scharfer Gangart« ins Feuer geritten und den vorgehenden Truppen gefolgt. Erst später wird bekannt, daß ein Geschoß in unmittelbarer Nähe des Kaisers explodiert ist. Hätte nicht der Adjutant des Kriegsministers Franz Josephs Pferd zur Seite gerissen, wäre der Kaiser verwundet worden. Franz Joseph habe den Offizier nur verwundert gefragt, wozu er das täte!

Das Ende der ungarischen Revolution – Österreich nimmt Rache

Es bedarf jetzt ernstester Vorstellungen Schwarzenbergs und dessen Hinweis auf äußerst dringlich gewordene Entscheidungen, die Franz Joseph zur Rückkehr bestimmen. Das Ziel ist dieses Mal nicht mehr Olmütz, sondern Schönbrunn. Die militärische Lage gestattet es auch, daß sich der junge Kaiser wieder vordringlich den Regierungsgeschäften widmet. Denn Haynau rückt in Ofen ein. Die »Hyäne von Brescia« verhängt dort drakonische Strafen. Unter anderem untersagt er bei Todesstrafe die Verbreitung von Kossuth-Banknoten. Dessen Name jetzt mit einem Mal von vielen Magyaren nur unter Verwünschungen genannt wird. Fährt er doch fort, aus einem gesicherten Standort seine Landsleute zum äußersten Widerstand aufzurufen. Unterdessen zeichnet sich der Zusammenbruch bereits ab. Österreicher und Russen erstürmen Hermannstadt. Görgei, der den Russen entgegenzieht, sieht sich bei Waitzen unvermutet einer erdrückenden Übermacht gegenüber und entkommt der Vernichtung nur mit einem kühnen Marsch durch die Karpathen. Trotzdem entgeht er seinem Schicksal nicht. Er erleidet wenig später bei Debreczin eine schwere Niederlage. Auch Bem, der nach Siebenbürgen auszuweichen versucht, wird bei Schäßburg vom russischen General Skariatin aufgehalten und geschlagen. Unter den nach der Schlacht fliehenden Magyaren wird auch der »Major« Petöfi zum letzten Mal gesehen. Er bleibt seit jenem Rückzug verschwunden. Bem wird dann im August noch einmal von Lüders gestellt und erleidet eine letzte Niederlage. Sein Korps löst sich nach dem Kampf vollständig auf. Auch Görgei zieht sich jetzt vor der russischen Übermacht zurück und bezieht bei Villagos ein Lager. Bems Landsmann Dembinski wird zur gleichen Zeit von Haynau vor Temesvar ebenfalls entscheidend geschlagen. Die österreichische Besatzung der Festung wird nach bald fünfmonatiger Belagerung endlich befreit. Blutige Verluste, Hunger und die Cholera haben unter den Soldaten und der Bevölkerung verheerende Lücken gerissen. Nun wird auch Kossuth vom ungarischen Kriegsrat seiner Ämter enthoben. Man beruft Görgei an dessen Stelle. Unter dem Eindruck seiner Verpflichtung gegenüber seinem Volk entschließt sich Görgei zu Waffenstillstandsverhandlungen, die zur berühmten Kapitulation von Villagos führen. Es ergeben sich 30000 Mann mit 120 Kanonen dem russischen General Rüdiger. Bem, Dembinski und Kossuth fliehen in die Türkei. Görgei wird auf Intervention des russischen Oberbefehlshabers und des Zaren von Franz Joseph begnadigt. Nach einer Internierung in Klagenfurt kehrt er wieder nach Ungarn zurück und stirbt erst 1916 in Visegrád. General Klapka, der sich bis zuletzt in Komorn gehalten hat, übergibt auch diese Festung.

Mai 1849, der Kaiser ist wieder in Wien – Endgültiger Sieg der Reaktion

Mit dem Auszug der ungarischen Besatzung findet der große ungarische Aufstand der Jahre 1848 bis 1849 sein tragisches Ende. An die Stelle der Husaren und Hónveds tritt der Henker. Haynau greift mit schreckenerregender Strenge durch. Wo sie gefaßt werden, werden die Führer der Aufständischen gehenkt oder erschossen. Wen die Standgerichte am Leben lassen, verfällt der Verbannung, oder er wird als »Gemeiner« oder als Fuhrmann der Armee einverleibt. Die Listen der geflüchteten Anführer werden an aufgerichtete Galgen geheftet. Das erschütterndste Schicksal aber erleiden dreizehn ehemalige kaiserliche Generale. Sie, die auf das Manifest »König« Ferdinands hin dem »König von Ungarn« den Treueid geleistet hatten, sich aber nach der Errichtung der Hónved und dem gegen den »Kaiser« einsetzenden Kampf nicht von der ungarischen Fahne losgesagt hatten, werden in Arad erschossen oder gehängt! Es folgen noch weitere Hinrichtungen von höheren Staatsbeamten und politisch hervorgetretenen Persönlichkeiten, darunter der ehemalige Ministerpräsident Graf Ludwig Batthyány, der sich trotz seiner persönlichen Gegnerschaft zu Kossuth in den Dienst des bedrohten ungarischen Vaterlandes gestellt hatte!

Die Bluturteile von Arad verletzen das Nationalbewußtsein der Magyaren so sehr, daß es Jahrzehnte dauern wird, bis sie sich bereit finden werden, einer Versöhnung mit Österreich zuzustimmen. Die von Haynau eingesetzten Kriegsgerichte sprechen über 281 von 475 gefangen genommenen ungarischen Offizieren das Todesurteil aus; es werden in der Folge aber nicht alle vollzogen, sondern 386 Offiziere erhalten eine ein- bis zweijährige Kerkerstrafe. Für das Magyarentum bleiben die Blutzeugen von Arad die unvergeßliche, nie zu widerlegende Anklage gegen den jungen Kaiser. Wie später von den Geschichtsforschern festgestellt wird, belasten die Vorgänge nach der Niederwerfung des Aufstandes aber auch den Fürsten Schwarzenberg. So wird ihm der Satz zugeschrieben, daß er, als man ihm Milde empfahl, gesagt haben soll: »Ja, ja, das ist schon gut, aber vorher werden wir ein bißchen hängen!« »Nicht Ungarn«, sagt einer der kritischsten Biographen des Kaisers, »sondern die ganze öffentliche Meinung Europas, vom Rachewerk der österreichischen Armee erschüttert, schrieb dem jungen Kaiser, der dieses Rachewerk hatte geschehen lassen, eine Härte des Herzens zu, deren Franz Joseph doch nicht beschuldigt werden kann, wenn man sein ganzes späteres Leben überblickt.«

Von der Absicht Schwarzenbergs, die Märzverfassung von 1848 niemals in Kraft treten zu lassen, ist bereits gesprochen worden. Daß Schwarzenberg bei dem jugendlichen Franz Joseph volle Zustimmung findet, erklärt sich aus dessen Erziehung und seiner politischen Schulung durch Metternich. Innerlich ist dem jungen Monarchen jede, die kaiserliche Souveränität einschränkende Konstitution zuwider. Damit belastet den Kaiser vom Beginn seiner Regierung an eine schwerwiegende historische Schuld. Sie besteht in dem grundsätzlichen Irrtum, über die Völker des Kaisertums im 19. Jahrhundert noch immer nach den Methoden des vorangegangenen 18. Jahrhunderts herrschen zu können.

Franz Joseph residiert seit dem Mai 1849 wieder in Wien und Schönbrunn. Mit der Entwaffnung Ungarns ist das Prestige der Dynastie neu erstarkt. Auch Venedig hatte sich nach der ungarischen Kapitulation ergeben, Piemont-Sardinien muß nach Abschluß des Mailänder Friedensvertrages 75 Millionen Lire bezahlen, die habsburgischen Fürsten der Sekundo- und Terzogeniturstaaten in Italien kehren in ihre Länder zurück, und der mächtigste Herrscher Europas, der Zar, hat seinen Arm, in offenkundiger Zuneigung zu dem jüngeren Bruder, um Franz Josephs Schultern gelegt. Warum also soll Franz Joseph den Zeitpunkt nicht für gekommen erachten, in dem er dem ganzen Gaukelspiel konstitutioneller Anmaßungen den Kehraus macht! Windischgraetz und Metternich zollen ihm aus dem Hintergrund Beifall. So löst der junge Kaiser mit einem »Handschreiben« am 31. Dezember 1851 die Märzverfassung auf. Im einzelnen hat ein kaiserlicher Erlaß bereits am 20. August die dann im »Silvesterpatent« veröffentlichten Bestimmungen festgelegt. Nachdem der alte Reichstag aufgelöst ist, besteht keine Institution mehr, die den Willen der Wähler vertritt. Ein neuer Reichsrat wird jetzt damit beauftragt, Gesetzesentwürfe zu begutachten. Seine Mitglieder ernennt der Kaiser. Die Einzelheiten des Erlasses sind von langer Hand vom ehemaligen Hofkammerpräsidenten und Berater der kaiserlichen Familie in Olmütz, Karl Freiherrn von Kübeck, in Zusammenarbeit mit einer Kommission festgelegt worden.

Zu den wichtigsten Bestimmungen zählen die Abschaffung der Ministerverantwortlichkeit gegenüber dem Parlament, also dem Volk, und ihre Umwandlung in eine persönliche Verantwortung gegenüber dem Souverän. Eine Einrichtung, die übrigens von Metternich seit langem in seinen Briefen »angeregt« worden war. Als nächstes fällt auch die Pressefreiheit wieder unter die Kontrolle des Rotstifts. Zusammen mit der bereits durchgeführten Auflösung des Reichstages verlieren manche Länder einen Teil ihrer traditionellen Eigenrechte.

Abgeschafft werden außerdem die Schwurgerichte, wie überhaupt die Öffentlichkeit des Gerichtsverfahrens. Sogar die freiwillig gewählten Gemeindevertretungen werden aufgelöst. An ihre Stelle treten Beamte. Die einschneidendsten Veränderungen betreffen aber das immer noch unter der Militärverwaltung stehende Ungarn. Es gibt nur noch eine ungarische Provinz, die in fünf Kronländer, nämlich Siebenbürgen, Kroatien, Slawonien, die Wojwodina sowie Bászka und Banat aufgegliedert wird. Dieser Erlaß löst im ganzen Land eine neue Erbitterung aus. Auch die »treugebliebenen« Magyaren, die sich während der Revolution weiter zur habsburgischen Königsidee bekannt hatten, zeigen sich bitter enttäuscht.

Vergeblich unterzeichnen vierundzwanzig Mitglieder des magyarischen Hochadels ein Memorandum an den König, in welchem sie darlegen, daß der Friede im Lande durch derartige Maßnahmen niemals hergestellt werden würde. Zumal bekannt ist, wie Kossuth und seine geflüchteten Emigranten vor allem in England und in den Vereinigten Staaten als Freiheitshelden gefeiert werden. Der Antrag der Magyaren wird abgewiesen. Eine gewisse Entlastung der noch immer im Lande herrschenden Spannung bringt dann die Abberufung Haynaus. Sie stellt aber kein Zugeständnis an ungarische Wünsche dar, sondern erfolgt auf Grund von Auseinandersetzungen zwischen dem Ministerrat und dem eigenwilligen General. An die Stelle Haynaus tritt der als tatkräftiger General und als ritterlicher Charakter bekannte Vetter des Kaisers, Erzherzog Albrecht. Zur Aufrechterhaltung der Ruhe und Ordnung innerhalb aller der Krone unterstehenden Länder war 1849 bereits das k. k. Gendarmeriekorps gegründet worden.

Zwei Bestimmungen der ehemaligen Märzverfassung werden nicht angetastet: Die Gleichheit jedes Individuums vor dem Gesetz und die Befreiung der Bauern von den ihnen früher auferlegten Lasten. In Verfolgung des zu Silvester 1851 erlassenen Patents werden im darauffolgenden Jahr auch alle politischen Vereine aufgelöst.

Die Rückkehr des Fürsten Metternich

Am 24. September 1851 war auch der geflüchtete Staatskanzler Fürst Metternich wieder nach Österreich zurückgekehrt. Seine Heimreise hatte, – nach dem Historiker Srbik –, »der Fahrt eines Königs« geglichen. Von allen Mitgliedern des kaiserlichen Hauses, besonders vom alten Erzherzog Ludwig, dem einstigen Vorsitzenden des Staatsrates, aber auch von Erzherzogin Sophie auf das herzlichste begrüßt, fühlt er sich ganz als geistiger Sieger. Schon am 8. Oktober besucht ihn Franz Joseph. Die Unterredung währt an die zwei Stunden. »Alle wichtigen Fragen werden besprochen«, sagt der Biograph Franz Josephs, und der Kaiser läßt durchblikken, daß er nunmehr seinen alten Lehrer und einstigen ersten Diener des Staates wieder über so manches, wenn nicht alles, um Rat fragen wird!

Er wird es! Denn wenige Monate nach dem Erlaß des Silvesterpatents, am 5. April 1852, stirbt Fürst Felix Schwarzenberg an Herzschlag. Sein Nachfolger wird der seit der Erkrankung des Grafen Stadion das Ministerium des Innern führende Dr. Alexander Bach.

Daß »dies auch sein Gutes mit sich bringe«, wie Franz Joseph selbst schreibt, stellt von neuem die innere Bereitschaft dieses Zweiundzwanzigjährigen unter Beweis, ganz in der Bewältigung der Aufgaben aufzugehen, die auf ihn zukommen, und zu diesen zählt nicht zuletzt die Deutsche Frage. Noch von Schwarzenberg war sie zum wichtigsten Problem neben Ungarn und Italien erhoben worden. Das Kernproblem seines Verhältnisses zu Deutschland liegt für Österreich im staatsrechtlichen System. Die deutsche Nationalversammlung war am 18. Mai 1848 in der Frankfurter Paulskirche zusammengetreten, an ihr hatte eine große Anzahl deutschsprachiger Deputierter Österreichs teilgenommen. Eine der ersten Aufgaben dieser Versammlung war die Wahl eines deutschen Reichsverwesers gewesen, die dann, wie bereits geschildert, auf den Bruder Kaiser Franz I. gefallen war.

Die Wiener Barrikaden waren für die kaiserlichen Truppen in den engen Gassen der Hauptstadt ein wirkliches militärisches Problem. Auch wenn es auf zeitgenössischen Darstellungen manchmal recht »gemütlich-weanerisch« aussah.

Proclamation.

Zur Beruhigung der am 15. Mai 1848 in Unserer Residenzstadt Wien entstandenen Aufregung und zur Verhütung gewaltsamer Ruhestörungen, wurde von Unserem Minister=Rathe die Zurücknahme des für Unsere Nationalgarde am 13. Mai 1848 erlassenen Tagsbefehles in Betreff der Vorgänge des politischen Central=Comités beschlossen, und ebenso wurde bereits den von der Nationalgarde gestellten zwei Bitten die Gewährung zugesagt, daß nämlich die Stadtthore und die Burgwache gemeinschaftlich von dem Militär und der Nationalgarde nach allen ihren Abtheilungen besetzt werden sollen, und daß das Militär nur in jenen Fällen des erforderlichen Beistandes herbeizurufen sei, wo die Nationalgarde selbst es ansucht.

Diesen Beschlüssen fügen Wir noch, um alle übrigen Anlässe zu Mißvergnügen und Aufregung zu beseitigen, nach dem Einrathen Unseres Minister=Rathes die weitere Bestimmung bei, daß die Verfassung vom 25. April 1848 vorläufig der Berathung des Reichstages unterzogen werden soll, und die Anordnungen des Wahlgesetzes, welche Bedenken hervorgerufen haben, in einer neuerlichen Prüfung zu erwägen seien.

Damit die Feststellung der Verfassung durch die constituirende Reichsversammlung auf die zuverlässigste Weise bewirkt werde, haben Wir beschlossen, für den ersten Reichstag nur Eine Kammer wählen zu lassen, wornach also für die Wahlen gar kein Census bestehen und jeder Zweifel einer unvollkommenen Volksvertretung entfallen wird.

Wir hegen hiernach die Zuversicht, daß alle Classen der Staatsbürger mit Ruhe und Vertrauen der baldigen Eröffnung des Reichstages entgegen sehen werden.

Wien am 16. Mai 1848.

Ferdinand.

L. S.

Pillersdorff,	Sommaruga,	Krauß,	Latour,	Doblhoff,	Baumgartner,
Minister des Inneren und provisorischer Präsident.	Minister der Justiz und des Unterrichtes.	Finanzminister.	Kriegsminister.	Minister des Handels.	Minister der öffentlichen Arbeiten.

Das Reich braucht dringend eine entschlossene und starke Führung. So, wie diese beiden Dokumente aus Wien es zeigen, kann es nicht mehr weitergehen: An einem Tag beschwichtigende Proklamationen der Regierung, am nächsten Tag wieder brutale Militäreinsätze.

Der Ministerrath erkennt die außerordentlichen Verhältnisse, welche es zu einem Gebote der Nothwendigkeit gemacht haben, daß sich ein Ausschuß von Bürgern, Nationalgarden und Studenten gebildet hat, um für die Ordnung und Sicherheit der Stadt und die Rechte des Volkes zu wachen und ertheilt den Beschlüssen, welche dieser Ausschuß am 26. d. M. gefaßt hat, in Folgenden seine Genehmigung:

1. Die Wachen an den Stadtthoren werden von der National= und Bürgergarde und der akademischen Legion allein bezogen, die übrigen Wachen aber von der National= und Bürgergarde und der akademischen Legion mit dem Militär gemeinschaftlich, die Wache im Kriegsgebäude wird als ein militärischer Posten vom Militär allein versehen.
2. Nur das zum Dienste nothwendige Militär bleibt hier, alles übrige wird so bald als möglich abziehen.
3. Graf Hoyos bleibt unter Vorbehalt eines gesetzlichen Vorganges als Bürgschaft für das zugesicherte, und für die Errungenschaften des 15. und 16. Mai unter Aufsicht des Bürger=Ausschusses.
4. Diejenigen, welche die Schuld an den Ereignissen des 26. Mai tragen, werden vor ein öffentliches Gericht gestellt.
5. Das Ministerium stellt an Seine Majestät das dringende Ansuchen, daß Seine Majestät in kürzester Zeit nach Wien zurückkehren, oder falls Allerhöchst dessen Gesundheit dieß verhindern sollte, einen kaiserlichen Prinzen als Stellvertreter ernenne.

Das Ministerium muß zugleich an den neugebildeten Ausschuß die Einladung stellen, demselben die Bürgschaften bekannt zu machen, welche Seine Majestät für Ihre persönliche Sicherheit und für die Sicherheit der kaiserlichen Familie gegeben werden können.

Dasselbe stellt ferner das gesammte Staatseigenthum so wie jenes des allerhöchsten Hofes, alle öffentlichen Anstalten, Sammlungen, Institute und Körperschaften in der Residenz unter den Schutz der Bevölkerung von Wien und des neugebildeten Ausschusses, und erklärt denselben unabhängig von jeder anderen Behörde. Es muß demselben aber zugleich die volle Verantwortung für öffentliche Ruhe und Ordnung, so wie für die Sicherheit der Personen und des Eigenthums übertragen werden.

Dasselbe muß endlich erklären, daß es die Staatsverrichtungen, welche ihm noch interimistisch anvertraut sind, nur so lange fortsetzen könne, bis sie entweder von Sr. Majestät zurückgenommen sind, oder das Ministerium der Mittel beraubt ist, mit voller Sicherheit seine Beschlüsse zu fassen und unter seiner Verantwortlichkeit auszuführen.

Wien den 27. Mai 1848.

Im Namen des Ministerrathes,

Pillersdorff.

Im italienischen Österreich (Venetien und Lombardei) gärt es auch nach den Siegen Radetzkys bei Vicenza (Bild oben), Custozza und Goito (Bild unten) weiter. Für einen künftigen österreichischen Kaiser wird Italien immer ein Problem sein.

London
England
Nord See
Don Carlos
L. Philipp
Metternich
Canal
Niederlande
Brüssel
Amsterdam
Belgien
Trier
Mainz
Rhein Strom
Freudiger Empfang des E. H. Johan Reichsverweser
Sachsen
Böhmen
Das Volk
Baiern
München
Würtemberg
Schweiz
Republik Frankreich
Lola Montez
Sieg der Radikalen über die Weißblauen
Ober-Österreich
Tirol
Jellačich
Kamarilla
Salzburg
Alpen
Wir bleiben die Alten
Wir haben uns etwas verschlafen
Steiermark
Wir bitten um Vermehrung der P.P. Ligourianer und Fortdauer der Censur
Wir spinen ein feines Garn
Verona
Italien
Treviso
Lombardie
Vorwärts Radetzky
Venedig
Triest
Adriatisches Meer
Sardinien
Kirchenstaat

Ich übergebe mich dem Schutze meiner getreuen Berliner
Das Militär
Preuß. Pohlen
Russische Censur
Rußland
Galizien
Für Freiheit
Nie ohne dieses
Preußen
Schlesien
Für die braven Wiener Studenten
Für Freiheit und Vaterland
Oh Ungarn
Aufwiegler
Nach Sibirien
Noch einmal erhebt sich der weisse Adler
Censur
Magyaren
E.H. Johann. Für Freiheit u. Recht.
WIEN
Für König, Freiheit und Vaterland
Unter Ungarn
Ungarn
Unsern Brüdern zu Hilfe
Siebenbürgen mit Ungarn für Recht und Freiheit
Sachsen
Szekler
Wallachen
Moldau
Croatien
Türkisches Reich
Bosnien
Niederlage der slavisch Insurgent. bei Carlowitz
Petz mit dem Fuchsschwanz
Gross Sultan
Wollen Eure Hoheit nicht dem Slavenbunde
Illustrirte politische Karte von Österreich und den angränzenden Ländern.
Comp. v. C. Lanzadelli.
(Eigenthum.)

Österreichische Batterien beschießen das aufständische Venedig.

General Arthur Görgey, Befehlshaber der revoltierenden Honvéd-Armee.

Josef Freiherr von Jellačić, kaisertreuer »Banus« von Kroatien.

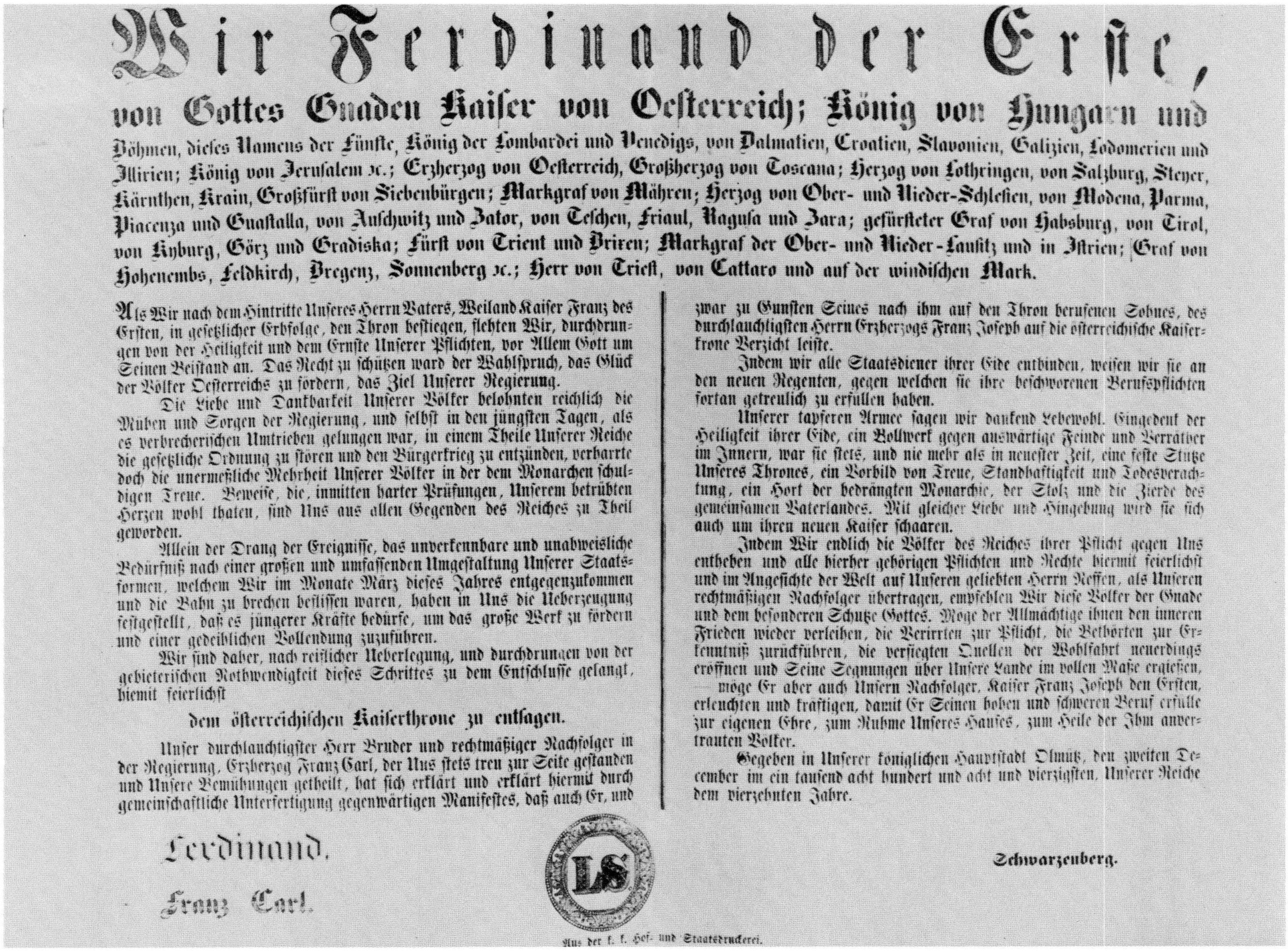

Wir Ferdinand der Erste,

von Gottes Gnaden Kaiser von Oesterreich; König von Hungarn und Böhmen, dieses Namens der Fünfte, König der Lombardei und Venedigs, von Dalmatien, Croatien, Slavonien, Galizien, Lodomerien und Illirien; König von Jerusalem ꝛc.; Erzherzog von Oesterreich, Großherzog von Toscana; Herzog von Lothringen, von Salzburg, Steyer, Kärnthen, Krain, Großfürst von Siebenbürgen; Markgraf von Mähren; Herzog von Ober- und Nieder-Schlesien, von Modena, Parma, Piacenza und Guastalla, von Auschwitz und Zator, von Teschen, Friaul, Ragusa und Zara; gefürsteter Graf von Habsburg, von Tirol, von Kyburg, Görz und Gradiska; Fürst von Trient und Brixen; Markgraf der Ober- und Nieder-Lausitz und in Istrien; Graf von Hohenembs, Feldkirch, Bregenz, Sonnenberg ꝛc.; Herr von Triest, von Cattaro und auf der windischen Mark.

Als Wir nach dem Hintritte Unseres Herrn Vaters, Weiland Kaiser Franz des Ersten, in gesetzlicher Erbfolge, den Thron bestiegen, flehten Wir, durchdrungen von der Heiligkeit und dem Ernste Unserer Pflichten, vor Allem Gott um Seinen Beistand an. Das Recht zu schützen ward der Wahlspruch, das Glück der Völker Oesterreichs zu fördern, das Ziel Unserer Regierung.

Die Liebe und Dankbarkeit Unserer Völker belohnten reichlich die Mühen und Sorgen der Regierung, und selbst in den jüngsten Tagen, als es verbrecherischen Umtrieben gelungen war, in einem Theile Unserer Reiche die gesetzliche Ordnung zu stören und den Bürgerkrieg zu entzünden, verharrte doch die unermeßliche Mehrheit Unserer Völker in der dem Monarchen schuldigen Treue. Beweise, die, inmitten harter Prüfungen, Unserem betrübten Herzen wohl thaten, sind Uns aus allen Gegenden des Reiches zu Theil geworden.

Allein der Drang der Ereignisse, das unverkennbare und unabweisliche Bedürfniß nach einer großen und umfassenden Umgestaltung Unserer Staatsformen, welchem Wir im Monate März dieses Jahres entgegenzukommen und die Bahn zu brechen beflissen waren, haben in Uns die Ueberzeugung festgestellt, daß es jüngerer Kräfte bedürfe, um das große Werk zu fördern und einer gedeihlichen Vollendung zuzuführen.

Wir sind daher, nach reiflicher Ueberlegung, und durchdrungen von der gebieterischen Nothwendigkeit dieses Schrittes zu dem Entschlusse gelangt, hiemit feierlichst

dem österreichischen Kaiserthrone zu entsagen.

Unser durchlauchtigster Herr Bruder und rechtmäßiger Nachfolger in der Regierung, Erzherzog Franz Carl, der Uns stets treu zur Seite gestanden und Unsere Bemühungen getheilt, hat sich erklärt und erklärt hiermit durch gemeinschaftliche Unterfertigung gegenwärtigen Manifestes, daß auch Er, und zwar zu Gunsten Seines nach ihm auf den Thron berufenen Sohnes, des durchlauchtigsten Herrn Erzherzogs Franz Joseph auf die österreichische Kaiserkrone Verzicht leiste.

Indem wir alle Staatsdiener ihrer Eide entbinden, weisen wir sie an den neuen Regenten, gegen welchen sie ihre beschworenen Berufspflichten fortan getreulich zu erfullen haben.

Unserer tapferen Armee sagen wir dankend Lebewohl. Eingedenk der Heiligkeit ihrer Eide, ein Bollwerk gegen auswärtige Feinde und Verräther im Innern, war sie stets, und nie mehr als in neuester Zeit, eine feste Stütze Unseres Thrones, ein Vorbild von Treue, Standhaftigkeit und Todesverachtung, ein Hort der bedrängten Monarchie, der Stolz und die Zierde des gemeinsamen Vaterlandes. Mit gleicher Liebe und Hingebung wird sie sich auch um ihren neuen Kaiser schaaren.

Indem Wir endlich die Völker des Reiches ihrer Pflicht gegen Uns entheben und alle hierher gehörigen Pflichten und Rechte hiermit feierlichst und im Angesichte der Welt auf Unseren geliebten Herrn Neffen, als Unseren rechtmäßigen Nachfolger übertragen, empfehlen Wir diese Völker der Gnade und dem besonderen Schutze Gottes. Möge der Allmächtige ihnen den inneren Frieden wieder verleihen, die Verirrten zur Pflicht, die Bethörten zur Erkenntniß zurückführen, die versiegten Quellen der Wohlfahrt neuerdings eröffnen und Seine Segnungen über Unsere Lande im vollen Maße ergießen, — möge Er aber auch Unsern Nachfolger, Kaiser Franz Joseph den Ersten, erleuchten und kräftigen, damit Er Seinen hohen und schweren Beruf erfülle zur eigenen Ehre, zum Ruhme Unseres Hauses, zum Heile der Ihm anvertrauten Völker.

Gegeben in Unserer königlichen Hauptstadt Olmütz, den zweiten December im ein tausend acht hundert und acht und vierzigsten, Unserer Reiche dem vierzehnten Jahre.

Ferdinand.

Franz Carl.

L.S.

Schwarzenberg.

Aus der k. k. Hof- und Staatsdruckerei.

Kaiser Ferdinand »der Gütige« dankt zugunsten seines Neffen Franz Joseph ab. Von Olmütz, wohin der Hof geflohen war, wird er später nach Prag reisen, wo er 1875 stirbt.

Regierung und kaiserliche Familie waren sich einig: Franz Karl war in diesen schwierigen Zeiten kein geeigneter Nachfolger; man bringt ihn zum Verzicht.

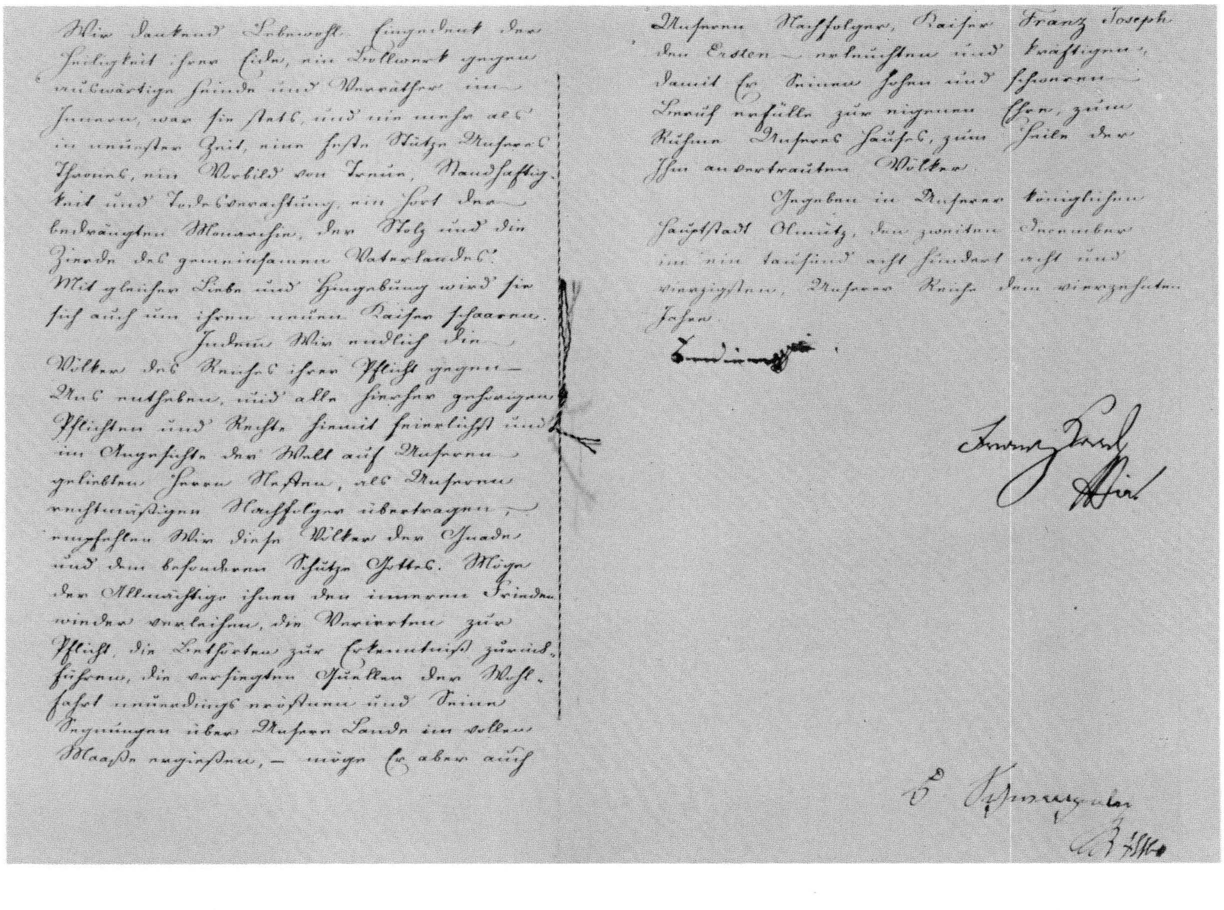

Wir dankend Lebewohl. Eingedenk der Heiligkeit ihrer Eide, ein Bollwerk gegen auswärtige Feinde und Verräther im Innern, war sie stets, und nie mehr als in neuester Zeit, eine feste Stütze Unseres Thrones, ein Vorbild von Treue, Standhaftigkeit und Todesverachtung, ein Hort der bedrängten Monarchie, der Stolz und die Zierde des gemeinsamen Vaterlandes. Mit gleicher Liebe und Hingebung wird sie sich auch um ihren neuen Kaiser schaaren.

Indem Wir endlich die Völker des Reiches ihrer Pflicht gegen Uns entheben, und alle hierher gehörigen Pflichten und Rechte hiermit feierlichst und im Angesichte der Welt auf Unseren geliebten Herrn Neffen, als Unseren rechtmäßigen Nachfolger übertragen, empfehlen Wir diese Völker der Gnade und dem besonderen Schutze Gottes. Möge der Allmächtige ihnen den inneren Frieden wieder verleihen, die Verirrten zur Pflicht, die Bethörten zur Erkenntniß zurückführen, die versiegten Quellen der Wohlfahrt neuerdings eröffnen und Seine Segnungen über Unsere Lande im vollen Maaße ergießen, — möge Er aber auch Unseren Nachfolger, Kaiser Franz Joseph den Ersten, erleuchten und kräftigen, damit Er Seinen hohen und schweren Beruf erfülle zur eigenen Ehre, zum Ruhme Unseres Hauses, zum Heile der Ihm anvertrauten Völker.

Gegeben in Unserer königlichen Hauptstadt Olmütz, den zweiten December im ein tausend acht hundert acht und vierzigsten, Unserer Reiche dem vierzehnten Jahre.

Ferdinand

Franz Karl

Schwarzenberg

»Gott segne Dich, bleib nur brav!« Ferdinand gibt seinem Nachfolger den Segen (Bild oben).
Der 18jährige Kaiser Franz Joseph I. (links).
Der junge Kaiser vor seinem ersten Kabinett unter Fürst Schwarzenberg (unten).

Im Jahr seiner Thronbesteigung, 1848, regierten neben Franz Joseph noch in Europa: (Obere Reihe von links): Wilhelm I., König von Württemberg; Maximilian II., König von Bayern; Friedrich Wilhelm IV., König von Preußen; Georg, König von Hannover; Johann, König von Sachsen; (Zweite Reihe von links): Friedrich, Mitregent von Baden; Victoria I., Königin von England; Franz Joseph I., Kaiser von Österreich; Papst Pius IX; Isabella II., Königin von Spanien; Dom Pedro V., König von Portugal.

(Dritte Reihe von links): Wilhelm III., König der Niederlande; Napoleon II., Kaiser der Franzosen; Sultan Abdul-medjid; Otto I., König von Griechenland; (Vierte Reihe von links): Friedrich VII., König von Dänemark; Oscar I., König von Schweden; Leopold I., König von Belgien; Ferdinand II., König von Neapel und Sizilien und Victor Emanuel II., König von Sardinien.

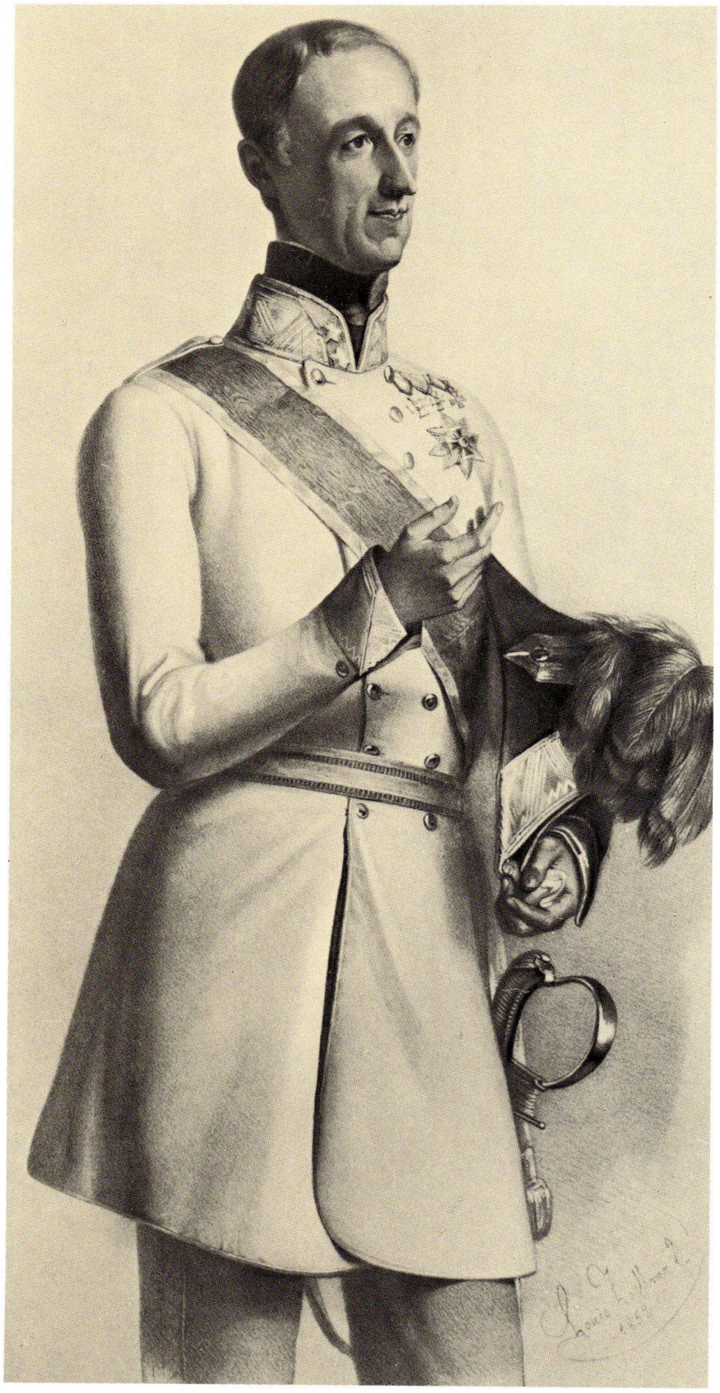

Fürst Felix Schwarzenberg, Kavallerist, Diplomat und erster Ministerpräsident Franz Josephs.

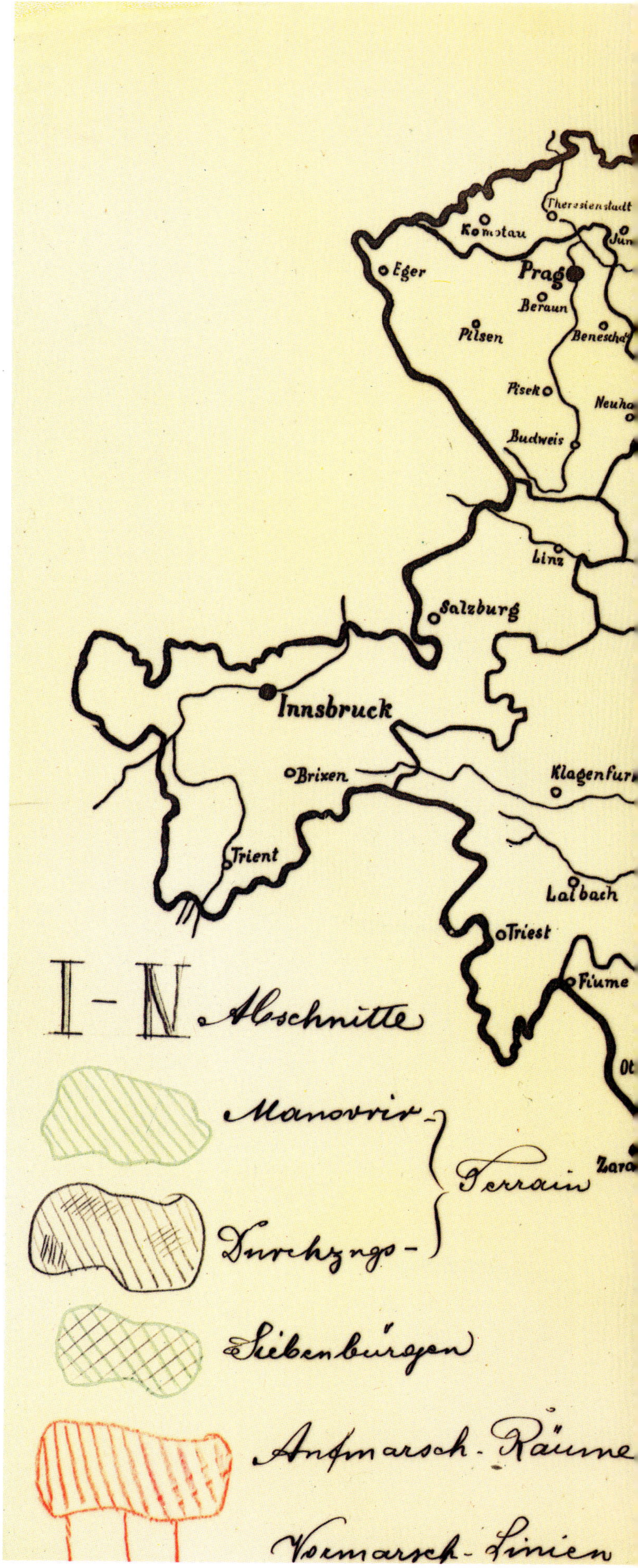

Ein interessantes Dokument: Entwurf zum Aufmarschplan gegen Ungarn.

Skizze I
Zur allgemeinen strategischen Übersicht.
Nord-Armee
Haupt-Armee
Süd-Armee
Josefst.
Königgrätz
Hohenmauth
Schönberg
Troppau
Olmütz
Teschen
Krakau
Wadowka
Tarnow
Rzeszów
Neu Sandec
Jaroslau
Przemyśl
Grodeto
Sambor
Lemberg
Zloczów
Tarnopol
Brzežany
Stryj
Czortków
Stanislau
Kolomea
Czernowitz
Iglau
Kremsier
Brünn
Znaim
Trencsén
Eperjes
Ungvár
Kassa
Munkács
Losoncz
Marmarossziget
St Pölten
Wien
Pozsony
Esztergom
Eger
Szatmár Nemeti
Sopron
Győr
Komárom
Budapest
Debreczen
Besztercze
Szombathely
Szolnok
Nagy Várad
Kolozsvár
Kecskemét
Békéscsaba
Maros Vasarhely
Marburg
Nagy Kanizsa
Kaposvár
Szeged
Arad
Gyulafehérvár
Székelyudvarhely
Pécs
Szabadka
Temesvár
Nagyszeben
Brassó
Szászváros
Agram
Belovár
Zombor
Esseg
Ujvidék
Karánsebes
Carlstadt
Peterwardein
Banjaluka
Dolnja Tuzla
Sarajevo
Mostar
Spalato
Ia
Ib
II
III
IV
Korpsgrenzen. Reichsgrenze
Sitze der Korps= Sitze der Ergänzungsbezirks Kommanden
1:300.000

Die Schlacht von Novarra (April 1849) zwingt Karl Albert zum Rücktritt.

Frantisek Palaćky, der böhmische Landeshistoriograph, wurde zum politischen Anführer der Slawen. 1848 leitete er in Prag den Slawenkongreß und rückte 1861 in den Reichsrat ein.

Zar Nikolaus von Rußland – der »brüderliche« Helfer in Ungarn.

Sándor Petöfi – Freiheitsapostel von Ungarn.

Lajos Kossuth – seine Ideen führten letztlich mit zum Untergang des Habsburgerreiches.

Julius Haynau, »die Hyäne von Brescia«, (Bild oben) bringt Ungarn zur Raison (Bild unten).

Österreich – eine Weltmacht verliert die Vorherrschaft

Die kleindeutsche Lösung in Frankfurt – Österreichs politischer Selbstmord

In Frankfurt waren jedoch die Vertreter Preußens und ein Teil der übrigen norddeutschen Staaten entschlossen, Österreich auszuschalten. Deutscher Kaiser sollte der König von Preußen werden. Was man als die »kleindeutsche« Lösung bezeichnete.

Dagegen erhoben nicht allein die Vertreter Österreichs Einspruch, sondern auch die Mehrzahl der süddeutschen Abgeordneten stimmte für ein deutsches Reich unter Einbeziehung Österreichs mit der Absicht, dem Kaiser von Österreich erneut die Krone des deutschen Reiches zu übertragen. Hier ergab sich jedoch eine grundsätzliche Frage, die man in Frankfurt zur Bedingung erhob: Ein Land, welches dem Reich zugehörte, aber gleichzeitig Hoheitsrechte über nichtdeutsche Gebiete ausübte, sollte mit diesen nur durch eine Personal-Union in der Gestalt des Herrschers verbunden bleiben. Was bedeutet hätte, daß das staatsrechtliche Band zwischen den zum Teil deutschsprachigen Ländern Österreichs (Böhmen, Mähren u.a.) und den anderssprachigen Ländern wie Ungarn, Galizien, Kroatien, Dalmatien und Lombardo-Venetien zerrissen worden wäre. Man hätte somit Österreich, – nach den Frankfurter Vorstellungen –, zu einem Staatenbund umwandeln müssen, der nur mehr durch die Person des Monarchen zusammengehalten wurde, seine westliche Hälfte würde dem deutschen Staatenbund angehören.

Die Lösung wäre praktisch einem Selbstmord Österreichs gleichgekommen. Weshalb Schwarzenberg auch diesen Vorschlag abgelehnt hatte. Er verlangt die Einbeziehung Gesamtösterreichs in einen künftigen deutschen Großstaat. Die Antwort auf diese Forderung ist die Gründung einer »deutschen Union«, eines Fürstenbundes durch Preußen und einige Kleinstaaten. Auch bietet Frankfurt jetzt dem König von Preußen die deutsche Kaiserkrone an, die Friedrich Wilhelm IV. am 3. 4. 1849 mit den Worten, »er werde sich nicht an das Halsband der Revolution ketten lassen«, zurückweist. Wenngleich er auch ein Schreiben an Franz Joseph richtet, in dem er diesen für ein unlösbares Bündnis zwischen einem deutschen Bundesstaat unter preußischer Führung und einem deutschen Fürstenrat gewinnen will, dessen »Pferdefuß« den Ausschluß der deutschen Erbländer Österreichs bedeuten würde. Mit der beabsichtigen Wahl des Preußenkönigs zum deutschen Kaiser erübrigt sich auch die Gegenwart des habsburgischen Reichsverwesers. Er und alle österreichischen Abgeordneten verlassen Frankfurt. Jetzt sind es die »besseren Diplomaten«, die die Spannungen beseitigen: Sophie, die Kaiserinmutter, ihre Schwester Elisabeth von Preußen und die »Sächsin Amalie« treten in Aktion. Ihrem fraulichen »Zusammenspiel« gelingt es, ungeachtet der deutlichen Zurückhaltung der Minister, eine Verständigung zwischen Franz Joseph und dessen Onkel »Dicki« in die Wege zu leiten, die allerdings Gegensätze nicht ausräumt. Ursache hierfür ist ein Streit des Kurfürsten von Hessen mit dem Landtag. Die Volksvertretung verweigert seinem Fürsten die Steuern. Vom Kurfürsten zu Hilfe gerufen, verfügt der deutsche Bundestag den Einsatz von Truppen, um die Aufrührer zum Nachgeben zu zwingen. Das will Preußen verhindern. Es setzt Truppen ein, auch Österreich tut das gleiche im Sinne seiner Bundesverpflichtungen. Die ersten Schüsse fallen bereits, da fährt Nikolaus I., der Zar, dazwischen. Er stellt sich eindeutig an die Seite Franz Josephs und zwingt Preußen damit zum Nachgeben. Berlin sieht sich einer Phalanx von Österreichern, Russen und süddeutschen Gegnern gegenüber. »Niemals mehr wird Österreich Gelegenheit haben, aus einer ähnlich günstigen Position, durch offenen Kampf Preußens Hegemonieabsichten endgültig zu vernichten.« Es ist der Friedenswille Schwarzenbergs wie der seines jungen Monarchen, die zwar eine Demütigung Preußens, aber nicht dessen Niederlage für wünschenwert halten. Nach einem Regierungswechsel in Berlin kommt es dann 1850 zum Vertrag von Olmütz. Darin verzichtet Preußen ausdrücklich auf das Weiterbestehen der »deutschen Union« und erklärt sich zur Wiederherstellung des alten Deutschen Bundes bereit. Diese »Schmach« wird man in Berlin nicht vergessen. Von nun ab tritt in Frankfurt ein Bundestagsabgeordneter in den Vordergrund, dessen rücksichtsloses Vorgehen nur dem einen Ziel gilt, die Führung des Bundestages durch Österreich zu unterwühlen, Otto von Bismarck. Er gibt ganz offen zu, er werde »Österreichs Skalp nach Hause bringen!« und es solange »reizen«, bis es einer offenen Auseinandersetzung nicht mehr ausweichen könne. Für ihn, den preußischen Junker, ist der »deutsche Patriotismus« nur »räudiges Hermelin«. Sein Haß gegen Österreich geht so weit, daß er entgegen jedem diplomatischen Brauch eines Tages sogar den österreichischen Vertreter persönlich angreift, was zu einer Duellforderung führt. Um einen »guten Krieg gegen Österreich führen« zu können, tritt er sogar für ein Bündnis mit Frankreich ein. Sein persönlicher Stolz wird es niemals verwinden, daß Österreich sich geweigert hatte, Preußen die militärische Führung in Deutschland zu überlassen. Wie man aber auch in Wien niemals vergißt, daß es Preußen versucht hatte, Österreichs Schwäche während der Revolutionsjahre auszunützen, um ihm die Führung in Deutschland zu entreißen.

Ein junger Kaiser rettet sein Reich – Reorganisation in Politik und Wirtschaft

Man muß sich vor Augen halten, wie sehr alle diese Ereignisse die Gedanken, aber auch die Stimmung eines jungen Menschen belasten. So manchen Tag sitzt er bereits um 6 Uhr morgens am Schreibtisch, oder er arbeitet von 9 Uhr morgens bis 4 Uhr nachmittags »in Einem durch«. Kaum daß er sich die nötige Zeit für das Essen gönnt. Welcher Minister unserer Zeit würde es nicht als Zumutung zurückweisen, fände er, – und nicht der hierfür zuständige Referent –, auf seinem

Alfred Fürst zu Windischgraetz, neben Radetzky und Jellačić die dritte Stütze des Hauses Habsburg (Seite links).

Schreibtisch Anträge über die Gewährung der Pension einer Hofratswitwe, die Entscheidung über die Wohnungsmiete eines bekannten Generals, eine Weisung über die Unterbringung eines von Brasilien dem Kaiserhof geschenkten Negers, eine Pferdeangelegenheit des Rittmeisters Fedrigoni, ja sogar eine kaiserliche Entscheidung über die Pensionsansprüche eines Postbeamten aus Ofen-Pest. Für Franz Joseph zählen derartige »Erledigungen« zwischen Audienzen, Ministerbesprechungen, Empfängen ausländischer Diplomaten, Armeerapporten, Besichtigungen und Staatskonferenzen zur alltäglichen »Evidenz« seines Schreibtischpensums. Wobei sich als dickste »Faszikel« die Berichte und Anträge »seiner« Minister auf dem Schreibtisch türmen, an deren Spitze ja seit Schwarzenbergs Tod Dr. Alexander Bach steht. Dieser vormalige Verkünder der »Barrikadenschrift« der Märztage ist als Baumeister der Reorganisation Österreichs nach den Umsturzjahren anzusprechen. Schon als Justizminister war er als Wortführer der Reaktion aufgetreten und nach dem Tode Stadions Innenminister geworden. Als solcher wurde er mit der Durchführung der von Kudlich betriebenen Bauerngesetze und der Umorganisation des niederen Verwaltungsapparates beauftragt. Welches Ausmaß allein die Ablösung der bäuerlichen Lastenpflicht gegenüber den Gutsherren annahm, belegen am eindruckvollsten die Zahlen. So mußten 2626000 Bauern »entlastet« und 54000 Grundherren »entschädigt« werden. Daß dies ohne wesentliche Erschütterungen der Ernährungslage des Staates geschehen konnte, ist Dr. Bachs ureigenstes Verdienst. Auch auf dem Gebiet der Rechtspflege erfolgen einschneidende Veränderungen. Bachs Justizminister Julius Ritter von Schmerling beseitigt alle grundherrlichen und städtischen Gerichte mit Ausnahme jener des kaiserlichen Hauses, es werden als 1. Instanz Bezirksgerichte geschaffen, denen als 2. Instanz Kreis-, Landes- und Oberlandesgerichte übergeordnet werden. Höchste Gerichtsbehörde wird von nun ab der »Oberste Gerichts- und Kassationshof« in Wien.

Die bedeutendsten Veränderungen während der ersten Regierungsjahre Franz Josephs erfolgen jedoch im Bereich der Wirtschaftspolitik. Ihr Vertreter ist der weitblickende und erfahrene Rheinländer, der zunächst als Handels-, später auch als Finanzminister tätige Karl Ludwig von Bruck. Seine Ziele: Beseitigung der Zollschranken innerhalb des Kaisertums und Aufbau eines umfassenden europäischen Zollbereiches. Durch Einverleibung Ungarns als Provinz werden die zwischen dem Stephansreich und Österreich bestehenden Zollschranken aufgehoben. Es gibt von nun ab innerhalb des Staates nur ein einheitliches Zollsystem. Gegenüber dem Ausland werden die viel zu hohen Schutzzölle abgebaut. Auf die Einwände der Industrie hin stellt Bruck fest, daß diese bereits in der Lage wäre, ohne Schutzzölle zu bestehen. Der Minister behält dabei bereits das Endziel im Auge, durch Herabsetzung der Tarife Österreichs Beitritt in den deutschen Zollverein anzubahnen. Die Folge dieser Maßnahmen sind heftige Auseinandersetzungen mit den österreichischen Industriellen. Diese malen das Gespenst einer westdeutschen Konkurrenz an die Wand. Dabei erhalten sie Schützenhilfe von preußischer Seite, denn auch hier macht Berlin seine Vorherrschaftsbestrebungen geltend. Österreichs Beitritt in den deutschen Zollverein läßt man fallen, was hingegen gelingt, ist die Gründung des Deutsch-österreichischen Postvereins. Auch schafft Bruck ein Organ, das in der Zeit der autoritären Regierungspraxis als einziges seine warnende wie mahnende Stimme zu erheben vermag: Er gründet die Handels- und Gewerbekammern. Von ihrem Urteil und ihrer Begutachtung wird die Durchführung neuer Wirtschaftsgesetze abhängig gemacht.

Kennzeichnend für eine neue Kulturpolitik ist die Annäherung zwischen Kirche und Staat. Dank der Romantik war ihr eine Verinnerlichung im Sinne des Apostels von Wien, Clemens Maria Hofbauer, vorangegangen, zu dessen Schülern auch der einstige Religionslehrer des Kaisers und spätere Kardinal Othmar Rauscher zählt.

Als Kultus- und Unterrichtsminister tritt der Graf Leo Thun hervor. Ihm gelingt es im Zeitraum von 11 Jahren, eine völlige Erneuerung des gesamten Unterrichtswesens durchzuführen. Katholik aus tiefer Überzeugung, verfolgt er die durch die Annäherung zwischen Kirche und Staat gegebene Richtung, erweist sich aber vor allem als unerschrockener Verfechter der »Freiheit der Wissenschaft« gegenüber den eigenen Klerikalen. So läßt er sich bei der Berufung von Gelehrten weder durch deren Konfession wie deren Abstammung, schon gar nicht von der von ihnen vertretenen Meinung beeinflussen. Thuns Hauptverdienst besteht darin, daß er die Lehr- und Lernfreiheit zum Grundsatz erhebt. Er führt neue Lehrmittel ein, gründet die »Zeitschrift für die österreichischen Gymnasien« und sichert die Kollegiengelder an den Universitäten. Unter seiner Aufsicht wird das »Institut für österreichische Geschichtsforschung« zu einer Anstalt von hoher sachlicher Autorität, er reorganisiert die Akademie der Bildenden Künste und die orientalische Akademie, erteilt neue Richtlinien für die »Zentralanstalt für Meteorologie« und ruft eine »Zentralkommision für die Erhaltung und Erforschung älterer Baudenkmäler« ins Leben. Thuns Verdienst liegt – neben dem Einfluß des Kardinals Rauscher – in der Festigung des Vertrauens von Millionen Österreichern in den vom jungen Kaiser geführten Staat.

Wie auch Dr. Bach die Beamtenschaft wieder an den Thron heranführt. Am deutlichsten zeigt sich aber der von ihm neu zementierte Zentralismus in der inneren Verwaltung. Anstelle der ehrwürdigen »Gubernien« werden Statthaltereien eingeführt. Ihnen unterstehen Kreis- und Bezirksämter als den Gemeinden übergeordnete Dienstaufsicht.

Ungarn wird ebenfalls zentralisiert. Nach der Niederwerfung des Aufstandes schickt man vielfach deutschsprachige, aber auch tschechische Beamte in das Land. Die der Volksmund sehr bald als »Bach-Husaren« bezeichnet. Obwohl sie beim Volk höchst unbeliebt sind, verdankt gerade ihnen Ungarn eine unleugbare, verbesserte soziale wie wirtschaftliche Veränderung seiner bisherigen Struktur.

Der Fels, auf den sich Franz Joseph nach wie vor am sichersten zu stützen vermag, bleibt aber das Heer. Franz Josephs »Neuabsolutismus«, war keine »Reaktion«, wie ein durchaus nicht »schwarz-gelb« eingefärbter Historiker feststellt, »im gewöhnlichen Sinne des Wortes, kein Zurückleiten auf die Zustände von 1848, sondern der Versuch, mit neuen Mitteln und auf neuen Wegen das alte Ziel, ein starkes, autoritär geführtes Österreich zu schaffen!«

Franz Joseph ist nicht nur Pflichtmensch, der in den ihm gestellten Aufgaben aufzugehen versucht, er ist auch ein junger Mann! Sein ansprechendes Äußeres, seine elegante Erscheinung und sein galantes Auftreten tragen das Ihrige dazu bei, um das besondere Interesse der Damenwelt auf sich zu ziehen.

Kaiser, Kavalier und Bräutigam

Betrachtet man den Ballkalender des Faschings, aber auch die Liste der übrigen Saisonfeste, so stellt man fest, daß die haute société die Revolution längst vergessen hat. Ball bei der bildschönen Fürstin Lori Schwarzenberg, Maskenball in der Oper, Hof- und Kammerbälle bei der Kaiserinmutter Sophie, zu denen Johann Strauß mit seinem Orchester aufspielt – man holt nach, was man zwischen dem März 1848 und dem darauffolgenden Jahr versäumt hat und sonnt sich im Bewußtsein, in dieser Stadt wie im ganzen Staat wieder den Ton angeben zu können. Franz Joseph gibt sich dann auch immer trotz aller protokollarischer Einschränkungen ungezwungen und ganz als jugendlicher Kavalier. Da kann es auch passieren, daß er auffallend oft die graziöse Prinzessin Melanie Metternich auffordert, und das Paar dann derart vom Rhythmus und vom Charme des Augenblicks erfaßt wird, daß beide auf dem Parkett ausgleiten und es Franz Joseph im allerletzten Augenblick noch glückt, seine Partnerin hochzureißen. Zu den bevorzugten Partnerinnen des Kaisers zählt auch die attraktive Gräfin Julischka Hunyady. Der Hoftratsch weiß dann auch von einer erregen Begegnung zwischen dem Monarchen und einer besonders reizvollen Hofdame seiner Mutter zu berichten. Im Fasching des Jahres 1851 hatte er auf einem Ball beim Grafen Kinsky die Komtesse Elisabeth Ugarte kennengelernt, und am selben Abend gleich neunmal Walzer und zweimal den Kotillon mit ihr getanzt. Nicht nur das! Er war die längste Zeit nicht von ihrer Seite gewichen, hatte sie zum Buffet geführt und war dann, – quel horreur –, mit ihr hinter einem Palmengarten verschwunden.
Hinter den Saalpalmen habe sich eine Tapetentür und hinter dieser eine kleine Kammer befunden . . . Es gehörte zu den Pflichten ihrer Hofdamen, über jedes »Ballereignis« der Kaiserinmutter minutiösen Bericht zu erstatten. Was dieses Mal unterbleibt. Kurzum, Erzherzogin Sophie muß feststellen, daß ihre hübsche Hofdame acht Jahre älter als ihr Sohn ist, und daß sie die blanken Augen des Kaisers wie ein Spiegel in ihrem Herzen verfolgen. Die rassige Ugarte liebt ihn. Sophie überlegt: Ob Kaiser oder nicht, in solcherlei Dingen hat »Franzi« noch keinerlei Erfahrung. Wie leicht verliebt sich ein junger Mann in eine ältere, gut aussehende Frau. Sophie versucht, die Affaire, die gottseidank noch keine ist, auf großzügige Weise zu lösen. Ugarte erhält eine besonders wertvolle Brillantenagraffe und den Hinweis, daß ihr verwitweter Vater in Brünn gewiß der Pflege seiner Tochter bedürfe. Ugarte, die sich zu Unrecht gemaßregelt glaubt, eilt zum Kaiser, um ihn um ein Stelldichein zu bitten.
Sie vergißt dabei, daß die Erzherzogin noch immer Regie führt. »Der Kaiser wäre zur Jagd«, wird ihr bedeutet, »und kehre erst in vierzehn Tagen zurück!«
War der etwas intensive Flirt mit einer ihrer Hofdamen eben nichts anderes als eine kaum bemerkenswerte Affaire, so lassen »Franzis« Begegnungen mit einer Cousine und Enkelin Kaiser Leopold II. weitaus ernstere Folgen befürchten. Elisabeth, Tochter des verstorbenen Palatins von Ungarn, Erzherzog Joseph, einem Großonkel von Franz Joseph, ist seit zwei Jahren Witwe. Ihr Gatte war Erzherzog Ferdinand d'Este.
Franz Joseph fühlte sich sofort zu ihr hingezogen. Einmal, während man sich verabschiedete, hatte er Elisabeth auffallend lange in die Augen geblickt. Und ihr dreimal die Hand geküßt. Was genügte, um den Nachrichtendienst der Kaiserinmutter sofort in Bewegung zu setzen. Sie erfuhr es auch früh genug. Noch mehr! Schon wurde ihr berichtet, daß man Seiner Majestät an der Seite der ungarischen Cousine bei gemeinsamen Morgenritten im Prater begegnen können, und – daß die kaiserliche Hof-Equipage sogar vor dem Palais d'Este vorgefahren wäre.

Eine Intrige der Kaiserinmutter

Ihr Entschluß steht fest. Die Tochter der einst hochangesehenen Marie Dorothea, geborenen Herzogin von Württemberg, muß aus dem Gesichtskreis »Franzis« verschwinden. Sie läßt Elisabeth unauffällig beobachten. Doch das Ergebnis bleibt wenig zufriedenstellend. Es ereignet sich nichts, was man der jungen Frau als nachteilig anhängen könnte.
Umso lebhafter sind bei Hofe gewisse Zungen am Werk. Man spricht dort bereits ganz offen von einer bevorstehenden Verlobung. Auch fügt man hinzu, wie sehr die allgemein beliebte, so reizvolle Elisabeth beim Volk Anklang finden würde.
Derartige Voraussagen zwingen Sophie erst recht zum Handeln. Für die Kaiserinmutter erscheint jetzt der direkte Weg als der beste. Sie sagt sich eines Tages überraschend im Palais d'Este zum Besuch an. Erzherzogin Elisabeth empfängt die Mutter Franz Josephs zwar sehr höflich, aber auch kühl. Was im einzelnen zwischen beiden Frauen gesprochen wurde, haben manche Autoren in mehr oder minder phantasievoller Ausführlichkeit geschildert. Feststeht, daß Erzherzogin Sophie versucht hat, Elisabeth davon zu überzeugen, daß ihr Sohn sich eine künftige Braut aus dem Ausland holen werde. Die Kaisermutter legt ihrer Gesprächspartnerin nahe, die Witwenschaft so bald wie möglich zu beenden und nach einem neuen Ehegatten Ausschau zu halten. Elisabeth muß den Eindruck gewinnen, als übermittle Sophie hier Wünsche des Kaisers, der sich übrigens zum Zeitpunkt dieser Unterredung gar nicht in Wien, sondern auf Reisen durch seine Kronländer befindet. Wie er dann zurückkehrt, führt sein erster Weg in das Palais d'Este. Zu seiner höchsten Überraschung wird ihm dort eröffnet, Ihre Kaiserliche Hoheit Elisabeth habe Wien verlassen und sich auf Reisen begeben.
Franz Joseph erfährt erst nachträglich vom Besuch seiner Mutter bei Erzherzogin Elisabeth. Daß hier ein Zusammenhang zwischen diesem und der plötzlichen Abreise Elisabeths, ohne einem einzigen Wort des Abschieds für ihn, besteht, wird ihm sogleich klar. Sein nächster Weg führt daher auch in den Salon seiner Mutter.
Ehe er eine Frage an diese zu richten vermag, überfällt ihn Erzherzogin Sophie mit einer Neuigkeit. Die schöne Elisabeth, so erzählt sie, habe sich in Triest mit ihrem Vetter Ferdinand Karl verlobt. Auch zu ihrer Überraschung, wäre dies ganz plötzlich erfolgt. Franz Joseph ist zunächst sprachlos. Er kann und will es nicht glauben und erst recht nicht begreifen. Er äußerst sich auch in diesem Sinne.
Worauf ihm die Mutter zu verstehen gibt, daß man es einer jungen Witwe nicht verargen dürfe, wenn sie rasch zugriffe,

sobald sich ihr die Möglichkeit böte, ihre besten Jahre nicht einer andauernden Trauer opfern zu müssen. Franz Joseph werde das noch verstehen lernen, denn schöne Frauen . . Gerade Männer in den besten Jahren besäßen da alle Chancen. Ferdinand Karl, der neue Auserwählte Elisabeths, ist dreiunddreißig Jahre. Der junge Kaiser wendet sich schweigend ab. Worüber er nachdenkt, kann selbst seine Mutter nicht feststellen. Er, der KAISER, ist das Oberhaupt der Familie. Ohne seine Einwilligung kann kein Mitglied des Hauses eine Ehe eingehen.
Er wird seine Einwilligung geben! – Ja, sogar Glückwünsche übermitteln lassen. Allmählich weicht das Gefühl einer schwer verletzten Liebe aufkommender Verachtung. Die Intrige Sophies hat ihren Zweck voll erreicht!

Das erste Attentat auf den jungen Kaiser

Während der ersten Februarhälfte 1853 erfolgt das erste Attentat auf den jungen Kaiser. Eine Arbeitspause einlegend, geht er in Begleitung seines Adjutanten Maximilian Karl von O'Donell, eines Offiziers irischer Herkunft, auf der Bastei in der Nähe des Kärntner Tores spazieren. Während er dem Exerzieren einer Truppe zuschaut und sich dabei über die Wallbrüstung beugt, wird er von rückwärts von einem schmächtigen, unscheinbar aussehenden Mann angefallen. Es ist der ungarische Schneidergeselle Libényi, ein Kossuthanhänger. Mit einem erst vor kurzem auf dem Tandlermarkt gekauften zweischneidigen Messer stößt er nach dem Nacken des Kaisers. In diesem Augenblick geht gerade eine Frau vorüber. Sie sieht, wie sich der Mann auf den hohen Offizier stürzt, erschrickt und stößt einen gellenden Schrei aus. Der Kaiser dreht den Kopf überrascht zur Seite, und diese Bewegung rettet ihm das Leben. Denn das Messer trifft auf den Uniformpelz, es durchstößt diesen, zerschneidet auch noch die Halsbinde, der Stoß verliert jedoch dadurch an Wucht, sodaß die Spitze nur kurz in den Nacken eindringt. Ehe der Attentäter ein zweites Mal zustoßen kann, reißt ihn O'Donnell zurück und wirft ihn zu Boden. Es entspinnt sich ein kurzer Zweikampf zwischen beiden Männern, doch schon eilen einige Passanten herbei und überwältigen Libényi. Franz Joseph blutet stark, behält aber Fassung und ruft einem der Bürger, die sich auf Libényi gestürzt haben, zu: »Schlagen Sie ihn doch nicht!« Erst jetzt läßt er sich von O'Donell stützen. Dieser geleitet ihn zunächst in das nahe gelegene Palais des Erzherzogs Albrecht, von wo man auch seine Mutter verständigt. Die sofort herbeigerufenen Ärzte stellen fest, daß es sich zum Glück um keine ernsthafte Verletzung handelt. Die allerdings unzweifelhaft tödlich gewesen wäre, wenn der erste Stoß mit voller Wucht getroffen hätte. Die Befürchtung, das Augenlicht des Kaisers könne gefährdet sein, stellt sich auch nach einigen Tagen als unbegründet heraus.
Das Attentat trägt sichtlich zur Popularität des jungen Kaisers bei. Daß diese gerade in Wien nicht allzu groß ist, erklärt sich aus den Ereignissen des Jahres 1848. Schon hat man sich vielfach wieder daran gewöhnt, politische Meinungen für sich zu behalten. Die Wiener fühlen aber auch, daß ihnen der Kaiser das Revolutionsjahr nachträgt und gar nicht das Bedürfnis fühlt, sich bei ihnen beliebt zu machen. Er sieht weiterhin in der Armee den Garanten des Thrones und identifiziert sich mit ihr. Seit dem Tag, an welchem das Militär mit eiserner Hand die Hauptstadt zum »Gehorsam zurückgeführt« hat, besteht auch bei weiten Teilen der Bevölkerung nicht mehr das frühere vertrauensvolle Verhältnis zu den Soldaten. Das bietet vor allem den Feinden des Kaiserhauses eine willkommene Gelegenheit, gegen die Monarchie zu schüren, wobei sie vor allem unter der noch immer in ihren Rechten zurückgesetzten Arbeiterschaft, aber auch in anderen Bevölkerungskreisen ein offenes Ohr finden.
»Bei Hof« mehren sich unterdessen die Stimmen, in denen zum Ausdruck kommt, Franz Joseph möge endlich eine Familie gründen. Er ist beinahe fünf Jahre Kaiser und immer noch Junggeselle. Auch Erzherzogin Sophie sieht nunmehr den Zeitpunkt für gekommen, der es ihr ermöglichen soll, ihrem »Franzi« die Braut zuzuführen, die ihrer Persönlichkeit wie ihrer Herkunft nach, geeignet erscheint, Franz glücklich zu machen und zugleich den Thron zu repräsentieren. Nachdem es mit Berlin nichts geworden ist, und Franz Joseph auch für verschiedene, mit Diskretion vorgebrachte Angebote anderer Fürstenhöfe kein Interesse zeigt, beschäftigt sie der Gedanke, es auch dieses Mal wieder mit einer – bayrischen Prinzessin zu versuchen. Sie lädt ihre Schwester Ludovika (Luise) mit ihren beiden Töchtern Helene und Elisabeth nach Ischl ein. Dort wird, wie üblich, am 18. August Franzis Geburtstag gefeiert.

Die entscheidende Begegnung mit Sissi

Der Gatte Ludovikas ist der wegen seiner Eigenart und seinen originellen Umgangsformen bekannte Herzog Max in Bayern. Seine Töchter zeigen sich, ihrem Auftreten nach, einander wenig ähnlich. Während die neunzehnjährige Helene (Nené), eine schlanke, hohe Erscheinung, durch ihr bereits gesetztes, zurückhaltendes Auftreten Respekt einflößt, ist ihre erst sechzehnjährige Schwester Elisabeth (Sissi) sehr lebhaft und natürlich. Helenes Auftreten läßt erkennen, daß sie ahnt, welchem Zweck die Einladung nach Ischl dienen soll. Sobald Sophie jedoch feststellt, daß sich Franz Josephs Aufmerksamkeiten bereits in ein offensichtliches Engagement für die sechzehnjährige Sissi steigern, läßt sie kurzerhand den Gedanken an eine Verlobung ihres Sohnes mit Helene fallen und entscheidet sich für Elisabeth. Die Verliebtheit Franz Josephs in die »süße Ausgelassenheit Sissis« wird während eines Balles am Vorabend des Geburtstages allgemein offenbar. Helene, im weißen Seidenkleid, mit Efeu über der Stirne, verblaßt geradezu neben der jüngeren Schwester, die in einem duftigen, hellrosa Kleidchen mit einem Diamantenpfeil im dunklen Haar Franz Joseph aus strahlenden Augen unentwegt anlacht.

»Wie sollte man diesen Mann nicht lieben können!«

Tags darauf findet die Geburtstagsfeier statt. Mit einem Familiendiner in der Kaiservilla, dem Platzkonzert einer Husarenkapelle und einer Wagenfahrt nach Sankt Wolfgang. Franz Joseph, dessen Mutter und die beiden Prinzessinnen sitzen im ersten Wagen. Franz Joseph, der Helene zugedachte Bräutigam, hat nur Augen für Sissi, die erst jetzt den Ernst dessen, was sich anbahnt, zu begreifen beginnt. Und plötzlich darüber erschrickt. Eine geheime Angst überfällt sie. So jung und unbedeutend wie sie sich fühlt, erscheint es ihr unbegreiflich,

was sie in Franz Josephs Gesichtsausdruck nur allzudeutlich zu erkennen beginnt.
Wenige Stunden später erhält sie völlige Klarheit! Franz Joseph hat nach der Rückkehr aus Sankt Wolfgang seine Mutter um deren Zustimmung gebeten, um Sissis Hand anhalten zu dürfen. »Dieses entzückendsten Geschöpfes, das lebt!«, worauf Erzherzogin Sophie sich an den Schreibtisch setzt und ihrer Schwester einige Zeilen schreibt. Diese ruft daraufhin Sissi zu sich. Voller innerlicher Spannung richtet sie an ihre sechzehnjährige Tochter die Frage: »Franz Joseph läßt Dich bitten, seine Frau zu werden. Könntest Du ihn lieben?«
Herzogin Ludovika sieht zwei große dunkle Augen auf sich gerichtet, in denen sich weit mehr Erschrecken als Erstaunen spiegelt. Doch plötzlich verklärt sich der Blick, ja eine strahlende Offenheit spricht aus ihnen:
»Ja, wie sollte man den Mann nicht lieben können!«

Sissi, die junge Kaiserin

Das entscheidende Wort ist gefallen. Schon am kommenden Tag wird die Verlobung bekanntgegeben. Wieder wird eine bayrische Prinzessin den Thron der Habsburger als Kaiserin von Österreich besteigen. Aus vollkommen freier Wahl, wie es sich der junge Monarch ausdrücklich von Elisabeths Mutter erbeten hatte. Er hatte »um Gottes willen keinen Zwang« gefordert. Aber auch gegenüber seiner Mutter hinzugefügt: »Sie weiß es ja nicht. Sie kann es gar nicht wissen, wie meine Lage so schwer ist, daß es bei Gott keine Freude ist, sie zu teilen.«
Kennzeichnend für seine Auffassungen von Brautzeit und Ehe ist ein vollständiger Verzicht auf jedes Tanzvergnügen vom Tage seine Verlobung an. Von nun ab nimmt er bei ähnlichen Veranstaltungen nur mehr als Repräsentant seines Hauses teil. Gegenüber der Gesellschaft, einschließlich des Hochadels, legt er sich eine gewisse Zurückhaltung auf. Er findet Zeit, mehrere Male die Braut auf dem väterlichen Landsitz am Starnberger See zu besuchen. Die dort herrschende Atmosphäre eines mit der Landschaft und deren Menschen eng verbundenen Familienlebens beeindruckt ihn. In solcher Umgebung fühlt er sich von aller bei Hof erforderlichen Distanz befreit.
Der vertrauliche Umgang seiner Braut mit der oberbayrischen Bevölkerung ähnelt durchaus der Art, wie er selbst mit den Jägern, Wildhütern und den Bauern des Salzkammergutes während seiner Pirschgänge zu verkehren pflegt. Dazu kommt Sissis Passion für Pferde und das Reiten. Noch sind die Zeiten weit entfernt, in denen sich der tragische Unterschied der Charaktere offenbaren wird. Während der Brautzeit bestimmen das Auftreten eines wirklich Verliebten und die von einfügsamer Zärtlichkeit getragene Erwartung eines jungen Mädchens die Harmonie eines von den Fesseln ihrer Stellung für viel zu kurze Zeit befreiten jungen Menschenpaares.
Am 12. April 1854 findet dann die Hochzeit statt. Sissis Reise auf dem neuen Donaudampfer »Franz Joseph« bis Nußdorf vor Wien verläuft buchstäblich zwischen einem Spalier ihr von den Ufern zujubelnder Menschen. Ihre Schönheit begeistert vor allem das Volk. Aber es sind nicht allein ihr Auftreten und ihre Erscheinung, die für viele versöhnend wirken. Eine aus Anlaß der Vermählung erlassene Generalamnestie für eine große Anzahl in Kerkerhaft befindlicher Magyaren gibt diesen die Freiheit wieder. Ein weiterer Gnadenakt folgt für alle diejenigen, die 1849 wegen politischer Verbrechen verurteilt worden waren. Beides erhebt die junge Kaiserin in den Augen Tausender zur Fürsprecherin der Verfolgten und aus der Heimat Geflüchteten. Mit dem Tag, als sie am Arm des Kaisers aus dem Kirchenportal tritt, erobert sie auch ihrem Gatten einen Großteil an verlorener Popularität zurück!

Zar Nikolaus I. – Österreich verliert einen Verbündeten

Während man in Wien und in Possenhofen Hochzeitsvorbereitungen trifft, ballen sich am europäischen Horizont wieder einmal drohende Gewitterwolken zusammen. Rußland fordert die Schirmherrschaft über alle unter der Herrschaft des Halbmonds lebenden Christen. Hinter dieser Forderung verbirgt sich deutlich die Absicht Sankt Petersburgs, die Osmanen aus den Donaufürstentümern der Moldau und der Walachei wie aus deren Besitzungen im Kaukasusbereich zu vertreiben. Mit der Zuspitzung der diplomatischen Auseinandersetzungen wird Österreich in eine außerordentlich schwierige Lage gedrängt. Einerseits ist das Kaiserhaus dem Zaren Nikolaus für dessen »waffenbrüderliche Hilfeleistung« während des Ungarnfeldzuges von 1848/49 verpflichtet, andererseits würde ein Festsetzung Rußlands auf der Balkanhalbinsel Österreichs Interessen zuwiderlaufen. Mit der Hohen Pforte in Konstantinopel bestehen seit dem Ende der Türkenkriege normale Beziehungen. Erst 1853 haben die Türken auf einen Wiener Protest hin eine Strafexpedition in Montenegro abgebrochen, die nach einem Einfall der Montenegriner auf türkisches Hoheitsgebiet erfolgt war. Man ist in Wien durchaus daran interessiert, den »kranken Mann am Bosporus« am Leben zu erhalten. Dieser kann nämlich auf die Hilfe Frankreichs und Englands rechnen, die in der Bedrohung der Türkei durch Rußland jetzt eine Gefahr für den Frieden Europas erblicken. Durch seine geopolitische Lage sieht sich Österreich im Schnittpunkt der sich kreuzenden Interessen. Die Freundschaft des Zaren aufs Spiel zu setzen, würde dem Entzug eines der Pfeiler gleichkommen, auf dem das dynastische System seit 1849 neu errichtet wurde. Der Absicht des Zaren, sich mit der Türkei militärisch auseinanderzusetzen, war ein mehrfacher Austausch von Sonderbotschaften zwischen Franz Joseph und Nikolaus I. vorausgegangen. Der Habsburger hatte sehr ernsthafte Bedenken gegen die von Petersburg betriebene Politik geltend gemacht. Wie dann die Meldung vom überraschenden Einmarsch russischer Truppen in die Moldau am 3. Juli 1853 in Wien eintrifft, führt diese Nachricht zu einer deutlichen Verstimmung Franz Josephs. Der Monarch ist darüber verärgert, daß die russische Aktion ohne vorherige Verständigung mit dem so oft als »jüngerer Bruder« apostrophierten österreichischen Kaiser erfolgt ist. Der Kaiser betrachtet das Vorgehen des Zaren als offenen Affront gegenüber seiner von ihm persönlich bestimmten Außenpolitik. Der russiche Einmarsch in die Donaufürstentümer hat eine Flottendemonstration englisch-französischer Seestreitkräfte in der Ägäis zur Folge. Auf eine dringende, an den Zaren gerichtete Botschaft Franz Josephs, versichert dieser, er werde die Donau nicht überschreiten, solange seine Truppen nicht von den Türken angegriffen würden. Am 21. September 1853 kommt es zu einer Zusammenkunft der beiden Monarchen in Olmütz. Im Laufe der Verhandlungen wiederholt Nikolaus I. seine Zusicherungen, denen er hinzufügt, er wolle die Türkei keineswegs zurstückeln und den Krieg nur auf kleinasiatisches Gebiet beschränken. Der Zar begibt sich im Anschluß an die Olmützer Zusammenkunft nach Warschau und trifft dort den Preußenkönig Friedrich Wilhelm IV. Dieser versichert dem Zaren Preußens »freundschaftliche« Neutralität. Am 1. Oktober 1853 erklärt die Türkei Rußland den Krieg. Ihre Truppen überschreiten die Donau und besiegen die Russen bei Olteniza. Kurz danach kommt es im Schwarzen Meer zur Seeschlacht bei Sinope, in deren Verlauf die russische Flotte ein türkisches Geschwader vernichtet. Anfang Dezember treten die Westmächte gemeinsam mit Preußen und Österreich in Wien zu einer Konferenz zusammen. Rußland wird aufgefordert, sich zu einer Friedenskonferenz in einer neutralen Stadt einzufinden, vorher jedoch die Donaufürstentümer zu räumen. Auf der Gegenseite soll sich der Sultan verpflichten, allen Christen innerhalb seines Reiches Schutz zu gewähren. Hier ist es dann zum ersten Mal, daß der Zar von seinem, wie einen Sohn »geliebten« Franz Joseph eine Schreiben erhält, in dessen Inhalt eine veränderte Haltung des jungen Monarchen zu Tage tritt. So fordert der Habsburger von Nikolaus I. eine Erklärung, daß er keinerlei territoriale Veränderungen »in dem politischen Verhältnis der Türkei« vornehmen werde, da dies sonst die neutrale Haltung Österreichs in Frage stellen würde. Der Zar zeigt sich über diesen ungewohnten Ton überaus betroffen. In seinem Antwortschreiben kommt dann deutlich der Hinweis auf das Verhältnis des älteren zum jüngeren Souverän zum Ausdruck, den die in Ungarn geleistete Hilfe zu seiner ermahnenden Tonart berechtigt:

»Solltest Du wirklich die Sache der Türken zu der Deinen machen? Apostolischer Kaiser, erlaubt Dir das Dein Gewissen? Wenn dem so wäre, gut, dann wird Rußland allein unter dem Heiligen Kreuz seinen heiligen Bestimmungen folgen. Solltest Du Deine Kräfte gegen mich dem Halbmond anschließen, so erkläre ich, daß dies ein vatermörderischer Krieg wäre!«

Der Krimkrieg – Österreichs bewaffnete Neutralität

Es kommt zwar zu keinem vatermörderischen Krieg zwischen den beiden Kaiserreichen, aber die von Franz Joseph genehmigte Politik verfolgt durchaus selbstmörderische Zielsetzungen: Man will es nämlich mit keinem verderben. Diese Phase des Krimkrieges offenbart die unglückselige Politik des jungen Kaisers: Er beschließt zu tun, was immer der größte staatsmännische Fehler ist – er wollte zu gleicher Zeit mit beiden Kriegsgegnern in Freundschaft bleiben. Unterdessen gibt der Zar selbst den Anlaß zur Kriegserklärung Englands und Frankreichs an Rußland: Er weigert sich, die Donaufürstentümer räumen zu lassen. Mit Beginn der Feindseligkeiten muß nun Österreich seine bewaffnete Neutralität demonstrieren. Zunächst dringen russische Heere in der Dobrudscha bis Silistria vor. Kurz darauf landen französische und englische Truppen bei Varna. Das aus 60000 Mann bestehende Landungskorps verliert durch eine Choleraepidemie allein 15000 Mann. In der Ostsee wird Kronstadt durch ein britisch-französisches Geschwader beschossen. Dann, im Herbst 1853, beginnen die russischen Truppen nun doch die Donaufürstentümer zu räumen. Die in Siebenbürgen stehenden österreichischen Truppen setzen sich in Marsch, um die zwischen den abziehenden Russen und den nachrückenden Türken freigewordenen Räume zu besetzen. Der russische Botschafter, der 1854 Wien verläßt, kennzeichnet die russische Erbitterung über das Verhalten Franz Josephs mit dem Satz: »Mich dauert der junge Kaiser. Denn seine Politik hat uns so tief verletzt, daß er darauf zählen kann, keine ruhige Stunde mehr zu haben, solange er lebt!« Auch sieht sich Franz Joseph nunmehr einem erhöhten Druck von Seiten der Westmächte ausgesetzt. Grund hierfür sind die furchtbaren Verluste, die Briten wie Franzosen auf der Krim erleiden.

Man erfährt zudem in Wien, daß der Zar sich anschickt, seine Streitmacht in zwei getrennte Armeen zu teilen, von denen die eine auf der Krim bleibt, während die andere in Polen und Südrußland gegen Österreich aufmarschieren soll. Doch alle Versuche des österreichischen Außenministers, Graf Buol, sich nun auch der deutschen Hilfe zu versichern, scheitern am Einfluß des preußischen Gesandten in Frankfurt, Otto von Bismark. Der will jetzt die »Schmach von Olmütz von 1850« zurückzahlen. Kaiser Franz Joseph erteilt den Befehl zur Mobilmachung der gesamten Armee. Diese militärische Demonstration bringt die Wirtschaftslage des Staates beinahe aus dem Gleichgewicht. Allein das Disagio der österreichischen Währung steigert sich von 108 auf 134! Die Kosten der Aufrüstung im Dienste der bewaffneten Neutralität mit ihrer Besetzung im Bereich der Donaumündung belaufen sich zuletzt auf 600 Millionen Gulden. Am 2. Dezember 1854 tritt Österreich dann endgültig dem Bündnis der beiden Westmächte bei. Während die Kämpfe auf der Krim fortdauern, und die Westmächte schließlich Sebastopol erstürmen, bleiben die österreichischen Korps in ihrem Aufmarschraum »Gewehr bei Fuß« stehen. Die Russen besetzen unterdessen in Kleinasien das wichtige Kars. Jetzt ist es Graf Buol, der Ende 1855 die Bedingungen eines Friedensvertrages formuliert, zu dessen Annahme sich Rußland im Friedensschluß von Paris 1856 bereit erklärt. Das Zarenreich muß einen Teil Bessarabiens abtreten, die Donaufürstentümer und Serbien werden unter den Schutz der Westmächte gestellt. Rußlands Übergewicht in Europa wird zunächst gebrochen. Österreich aber hat sich mit seiner »bewaffneten Neutralität« nur Nachteile ausgehandelt. Als Nikolaus I. noch kurz vor seinem Tod von der Unterzeichnung des Bündnisabkommens zwischen Wien und den Westmächten erfährt, läßt er augenblicklich die Büste und ein Bildnis Franz Josephs aus seinem Arbeitszimmer entfernen. Er schenkt beides einem Kammerdiener. Und beim Empfang des österreichischen Botschafters, des Grafen Esterházy, hatte er an diesen die Frage gerichtet, ob er wisse, wer die beiden dümmsten Könige von Polen gewesen wären? – Auf das »Nein« des Botschafters hatte er daraufhin geantwortet: »Der erste war König Johann Sobieski, der zweite bin ich! Denn beide haben das Haus Habsburg gerettet!«

VIVA VERDI – der Weg nach Solferino

»Viva Verdi!« – So steht es in großen Lettern an den Mauern der Städte in der Lombardei und Venetien. Die österreichischen Beamten, Offiziere und Soldaten, die vorbeigehen, halten es für den Ausdruck begeisterter Verdi-Fans, wie wir heute sagen würden. Viel zu spät entziffert dann ein Teil der

»Austriacanti« – der österreichisch Gesinnten, den eigentlichen Sinn dieser Inschrift. »Viva« heißt »es lebe«, V bedeutet Vittorio, E ist gleich dem Emanuele, das R ein Rè, D wird dem kleinen d mit Apostroph gleichgesetzt und das I heißt Italia: Viva Vittorio Emanuele, Rè d'Italia! Es lebe Viktor Emanuel, König von Italien! Wieder sind aller Augen auf den Sohn Carlo Albertos in Turin gerichtet. Dort leitet seit dem Rücktritt Massimo d' Azeglios Graf Camillo Cavour die Regierungsgeschäfte. Er sieht seine Lebensaufgabe darin, ganz Italien unter der Krone Savoyens zu einigen. Daß dies solange nicht eine Realität werden kann, solange ein Radetzky mit seiner Armee auf der Westseite des Ticino steht, ist ihm klar. Darum sieht er sich beizeiten nach mächtigen Verbündeten um. Durch die Entsendung eines Expeditionskorps auf die Krim hat er sich England und Frankreich zu Freunden gemacht. Er rechnet vor allem mit Frankreich, denn Kaiser Napoleon III. hat sich vor Jahren zu den Zielen der »Carbonari« bekannt. Der Gedanke des Risorgimento findet in den österreichischen Provinzen von Tag zu Tag neue Anhänger. Radetzky hat 1849 den Einigungsgedanken zwar unterdrückt, aber niemals auslöschen können. Nach 72 Dienstjahren tritt der greise Feldmarschall 1857 ab, sein Nachfolger als Generalgouverneur der Lombardei und Venetiens wird Erzherzog Max, ein Bruder des Kaisers. Dieser versucht mit allen Mitteln, durch Gerechtigkeit, Nachsicht und eine gewisse Aufgeschlossenheit gegenüber dem nationalen Empfinden der Italiener, dem österreichischen Regime wieder Freunde zu schaffen. Doch bleiben seine Bemühungen ziemlich aussichtslos. Er wie der Kaiser erkennen ganz klar, daß Österreich in diesem Gebiete niemals mehr feste Wurzeln schlagen kann. Man spürt deutlich den aus Piemont entfachten, revolutionären Wind, und in Turin beschäftigt sich Camillo Cavour unterdessen mit der Vorlage der Gegenrechnung für die Frankreich im Krimkrieg geleistete Hilfe. Dort hat man erleichtert aufgeatmet, als der alte Todfeind Radetzky zehn Monate nach seiner Pensionierung gestorben ist. Doch zunächst zu Napoleon: Man läßt ihn, wenn auch nicht auf einen Wink Turins hin, am 14. Jänner 1858 durch ein schweres Bombenattentat während der Fahrt zur Oper in Paris daran erinnern, daß es hohe Zeit wäre, für Italien etwas zu tun. Cavour und Napoleon schließen am 16. Dezember 1858 den Geheimvertrag von Plombières. Das Ziel heißt: Befreiung Italiens von jeder österreichischen Besetzung. Für seine Unterstützung im Ringen um dieses Ziel erhält Frankreich als Gegengabe Nizza und das Stammland seiner Könige, Savoyen! Eine bittere Zusage, die noch heute von vielen Italienern, nicht zuletzt im Hinblick auf die Südtiroler Frage, als Beispiel eines politisch jederzeit zu motivierenden Verzichts zugunsten nationaler Ziele bezeichnet wird. Zur Vertiefung der beiderzeitigen Beziehungen trägt außerdem die Heirat von Napoleons Vetter Jérôme Napoleon mit Viktor Emanuels Tochter Clotilda bei.

Frankreichs Bündnis mit Italien – Berlin zeigt Wien die kalte Schulter

Das sich anbahnende Unheil findet in Wien unverständlicherweise kein einheitliches Echo. Ja noch mehr, was sich nun abspielt, offenbart ein deutliches Versagen der österreichischen Außenpolitik in der Einschätzung der von den anderen europäischen Großmächten verfolgten Absichten. Obwohl Frankreich rüstet, will das Außenministerium unter Graf Buol an eine militärische Unterstützung Piemonts durch Frankreich nicht glauben. Wer hingegen warnt, das sind die Militärs. Grünne, der Generalstabschef Heß und auch der alte Fürst Windischgraetz fürchten eine Isolierung Österreichs. Heß dringt, ebenso wie der neue Befehlshaber Gyulai in Mailand, auf Aufrüstung. Dieser widersetzt sich vor allem der Finanzminister von Bruck. Der Staatshaushalt verträgt keine neuerliche Belastung. Er, wie auch Buol lassen sich vom Drängen der Militärs auch dann nicht überzeugen, als Napoleon beim Neujahrsempfang in Paris an den österreichischen Botschafter Freiherrn von Hübner die bedeutungsvollen Worte richtet: »Ich bedauere, daß unsere Beziehungen zu Ihrer Regierung nicht mehr so gut sind wie früher!«
Franz Joseph wiederum wiegt sich im Glauben auf eine Hilfe Preußens und des Deutschen Bundes, wenn er sagt: »Ich baue fest auf Preußens gutes Handeln im Augenblick der äußersten Gefahr.« Dagegen steht die These Otto von Bismarcks, der bekennt: »Mein Gedanke war, immerhin zu rüsten, aber Österreich gleichzeitig ein Ultimatum zu stellen, entweder unsere Bedingungen anzunehmen oder unseren Angriff zu gewärtigen.« Nur General von Moltke widerspricht klar. Für ihn erscheint ein Zusammengehen Preußens mit Österreich im Falle eines Waffenganges mit Frankreich als Selbstverständlichkeit. Wie auch die allgemeine Stimmung in Süddeutschland gegen Piemont und Frankreich gerichtet ist. Was Buol auch hier zu der falschen Voraussage ermuntert, man werde Preußen zuletzt doch durch Geduld an die Seite Österreichs bringen. Unter dem Eindruck dieser Prophezeiung entsendet Franz Joseph seinen Vetter Erzherzog Albrecht nach Berlin. Prinz Wilhelm, der anstelle des schwer erkrankten Friedrich Wilhelm IV. die Regentschaft führt, erweist sich zwar ungemein liebenswürdig und aufmerksam, er weicht jedoch jeder Entscheidung aus. Aus Sankt Petersburg ist erst recht keine Unterstützung zu erwarten. Zar und Regierung rechnen dort ganz offen mit einer »Lektion«, die man Österreich erteilen wird, um sich für Österreichs Verhalten während des Krimkrieges zu revanchieren. Ein zuletzt dann doch von Petersburg angeregter Vorschlag, durch eine Konferenz die Streitigkeiten zwischen Wien und Turin zu schlichten, kommt auf den Widerstand Österreichs hin nicht zustande. In Turin hat unterdessen die Hetze gegen den Habsburgerstaat ihren Höhepunkt erreicht. Das italienische Heer ist auf Kriegsstärke gebracht, und außerdem sind längs der Grenze mehrere Freiwilligenkorps versammelt. Der Aufmarsch französischer Truppen westlich der Cottischen und Gragischen Alpen deutet auf deren Bereitstellung zum Einmarsch in Piemont hin. Angesichts dieser Ereignisse beruft Franz Joseph am 19. April einen Ministerrat ein. Buol will noch immer nicht an ein französisches Eingreifen glauben. Heß warnt noch einmal dringend. Ohne Mobilmachung von 600000 Mann könne man kein Ultimatum an Piemont richten, solange dieser Staat durch Frankreich Rückendeckung finde. Trotzdem dringt Buols Hinweis, Österreich habe es im Augenblick nur mit Piemont zu tun, da Frankreich die Absicht nachzugeben erkennen lasse, durch. Er beruft sich dabei auf eine Äußerung Napoleons, in dem dieser das Wort »Das Kaiserreich ist der Friede!« ausgesprochen hatte. Auf jeden Fall müsse man gegenüber Piemont handeln, ehe sich »Frankreich definitiv ausgesprochen habe.« – Am Abend des gleichen Ta-

ges geht an Turin das verhängnisvolle Ultimatum ab, in welchem die Wiener Regierung von Piemont die Rückführung aller seiner Streitkräfte auf Friedensfuß und die Auflösung der Freischärlerverbände innerhalb von drei Tagen fordert!

Italien 1859 – Österreich kämpft ohne Verbündete

Cavour weist dieses Ansinnen mit einer für Österreich unbefriedigenden Antwort zurück. Noch einmal findet in Wien unter dem Vorsitz Franz Josephs eine Ministerkonferenz statt. Und wieder widersetzen sich die Militärs der Auffassung, die Aussichten eines Krieges wären für das Vaterland günstig. Franz Joseph erteilt an den Feldzeugmeister Gyulai den telegrafischen Befehl: »Sie haben die Offensive gegen Sardinien und die mit ihm verbündeten Franzosen zu ergreifen!« Trotzdem erfolgt erst Wochen später der Befehl zur allgemeinen Mobilisierung.

Aber auch zwischen Turin und Paris jagen sich die Depeschen. Eine der Voraussetzungen des Vertrages von Plombières ist erfüllt. Österreich hat durch eine Angriffshandlung gegen Piemont das Eintreten Frankreichs in den Krieg provoziert. Einen Krieg, den Österreich allein, ohne Verbündete führen muß, mit einer Armee, die vorläufig nur zum Teil in den Kampf einzutreten vermag.

Da bricht im Großherzogtum Toskana ein Militäraufstand aus. Die großherzogliche Familie muß fliehen und trifft einige Tage später mit allen Anzeichen größter Niedergeschlagenheit in Wien ein. Ein kaiserlicher Befehl enthebt außerdem Erzherzog Max seines Postens als Generalgouverneur. Er wird mit dem Oberkommando über die Flotte betraut. Gyulai aber, sein Nachfolger, läßt gleich zu Beginn der Feindseligkeiten jede Fähigkeit zur Führung einer großangelegten Operation vermissen. Er verfügt im Augenblick nur über 6 Korps und führt mit seiner Spitze einen ersten Vorstoß über den Po bei Cornale durch. Doch zwingt ihn der Hochwasser führende Fluß bereits vierundzwanzig Stunden später zur Zurücknahme seiner Truppen, was sich sehr bald als Fehler erweist. Denn, nachdem die Brücke ohnehin wiederhergestellt wird, böte sich die Möglichkeit, aus dem Brückenkopf weiter zu operieren und eine Vereinigung der Franco-Sarden zu verhindern. Die Franzosen sind unterdessen mit einem Teil ihrer Truppen unter dem persönlichen Kommando Napoleons III. in Genua gelandet. Sie marschieren auf Alessandria zu. Dort hat auch König Viktor Emanuel das Gros seiner Truppen versammelt. Ein anderes französisches Korps nimmt seinen Weg über den Mont Cenis. Statt nun die Gelegenheit wahrzunehmen, die Piemontesen vor dem Eintreffen der Franzosen anzugreifen und zu schlagen, unternimmt Gyulai keinen Vorstoß. Durch sein Zögern läßt sich Gyulai vom Gegner das Gesetz des Handelns aus der Hand reißen. Schon greifen die Franzosen die Österreicher bei Montebello an und liefern ihnen ein verlustreiches Gefecht. Die Franco-Sarden überschreiten den Po und dringen gegen Norden vor. In einem Flankenmarsch erreichen sie Vercelli und Novara und bedrohen Gyulais rechten Flügel. Am 2. Juni entschließt er sich zum Rückzug über den Ticino, stellt sich jedoch noch am 4. Juni bei Magenta dem Gegner. Am Morgen der Schlacht stehen 48000 Franco-Sarden 61000 Österreichern gegenüber. Nach anfänglichen Erfolgen der französischen Garde im Zentrum der österreichischen Aufstellung, kommt das Ringen zum Stehen. Ein unter der Führung des Herzogs Wilhelm von Württemberg vorgetragener Angriff der Österreicher sprengt die französische Mitte und bringt auch deren linken Flügel zum Weichen. Es ist der Zeitpunkt, an welchem der österreichische Husarenoberst Edelsheim mit seinen Reitern die berühmte Attacke durchführt, in deren Verlauf die Franzosen bis Ponte Vecchio di Magenta zurückflüchten müssen. Zuletzt müssen die Franzosen bis zum Rideau von Carpenzago und San Damiano zurück. Da verändert das plötzliche Auftauchen starker französischer Kräfte vor dem rechten österreichischen Flügel die Lage. Es ist General Mac Mahon, der jetzt mit seinem Korps die Flanke der Österreicher zu umgehen droht. Von der Übermacht überflügelt, müssen die dort stehenden Österreicher weichen. Auf diese Meldung hin befiehlt Gyulai den allgemeinen Rückzug. Eine Maßnahme, die sowohl bei seiner Umgebung wie unter der Truppe auf kein Verständnis trifft. Befinden sich doch zwei österreichische Korps erst im Anmarsch.

Nach der Schlacht wird General Mac Mahon von Kaiser Napoleon III. zum Marschall und »Herzog von Magenta« erhoben.

Franz Joseph I. – ein Oberbefehlshaber ohne Illusionen

Am 8. Juni ziehen König Viktor Emanuel und Napoleon III. an der Spitze ihrer Reiterregimenter in das befreite Mailand ein. Kaiser Franz Joseph ist über die Vorgänge in Italien außer sich. Sein Entschluß steht fest: Er reist zur Armee und nimmt Feldmarschall Heß als neuen Generalstabschef mit. Doch vorerst wird er politisch aktiv. Soeben hat er in Frankfurt die Mobilmachung deutscher Bundesstreitkräfte durchsetzen wollen, als ihn Buol wieder einmal in den Arm fällt und ihm auseinandersetzt, man müsse vorerst eine Stellungnahme Preußens abwarten. Er bespricht die Lage mit dem alten Metternich. Das Ergebnis ist der Rücktritt Buols und die Ernennung des Grafen Johann Bernhard von Rechberg-Rothlöwen zum neuen Außenminister. Finanzminister von Bruck wird angewiesen, durch »unendliche Anspannung der Kredite« die Mittel für die Fortführung des Krieges heranzuschaffen. Was den Finanzminister zu einem Hinweis über die ungeheueren Gefahren veranlaßt, die eine solche Anforderung in sich birgt. Gerade »jetzt, wo das Bankhaus Arnstein und Erkeles mit 14 Millionen Passiva in Konkurs gegangen und der Zustand der Wiener Finanzwelt« »einfach jämmerlich sei!« (Nach einem Bericht d. Schweizer Gesandten Steiger). Am 11. Juni 1859 stirbt Metternich, der einstige »Kutscher Europas«. Doch läßt der Gang der Ereignisse dem Monarchen keine Zeit zu langer Trauer. Er weilt am Todestage des Fürsten bereits seit 14 Tagen im Hauptquartier der italienischen Front. Als erste Maßnahme veranlaßt er Gyulai zum Rücktritt. Der Kaiser übernimmt selbst den Oberbefehl, angesichts der Lage gibt er sich keinerlei Illusionen hin. Mit Verbündeten ist nicht zu rechnen.

Franz Josephs vordringlichste Sorge gehört im Augenblick der Armee. Die viel zu spät, nämlich erst im Juni angeordnete und angelaufene allgemeine Mobilmachung hat nach und nach die für die Weiterführung des Feldzuges erforderliche Verstärkung auf 189000 Mann gebracht.

Ungarn 1849: Honvéd-Husaren plündern einen Bauernhof im eigenen Land.

Die kaiserlichen Truppen belagern das ungarische Komorn. Das Elend der Bevölkerung war unvorstellbar (Bild unten).

Erherzogin Sophie; man nannte sie den »einzigen Mann« am Hofe.

Nach dem ersten Attentat auf Franz Joseph: Auf seinen Retter, den irischen Adjutanten O'Donnel (rechts) gestützt, verläßt der Kaiser (Mitte) die Kärntner Bastei (Bild oben).

Prinzessin Elisabeth, »Sissi«, in Bayern vor ihrem Vaterhaus, Schloß Possenhofen.

Franz Joseph 1854: Kaiser und Bräutigam.

»Sissi« – eine kaiserliche Braut erobert die Herzen aller.

Glanzvoller Einzug der Braut in Wien (unten).

Krimkrieg 1853/54: Die ersten Aufnahmen der Kriegsfotografie. Lager des 5. britischen Dragoner-Regiments (oben). 13-Zoll Mörserbatterie vor Sewastopol (unten).

Das »Tal des Todes« (Bild oben).

Sewastopol nach der Beschießung (Mitte).

Die drei Oberkommandierenden: Lord Raglan, Omar Pascha und Marschall Palissier (Bild unten).

Die vereinigte Flotte vor Balaklava (unten rechts).

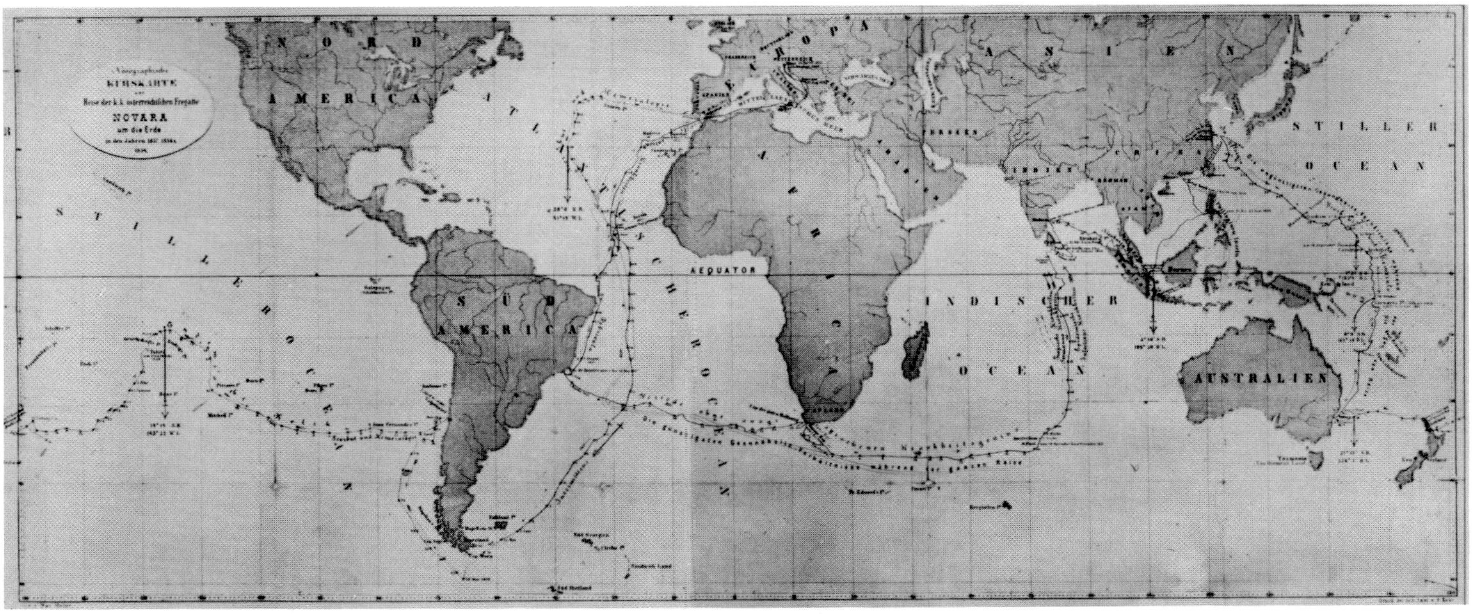

Von 1857 bis 1859 umsegelte die Fregatte »Novara« als erstes Schiff der K.K. Flotte die Welt. Der Auftrag an die Besatzung: Neue Handelshäfen für das Reich zu erkunden und umfangreiche wissenschaftliche Forschungen.

Eines der ersten Fotos der K.K. Kriegsflotte 1849 in Venedig. Korvette »Adria« (rechts).

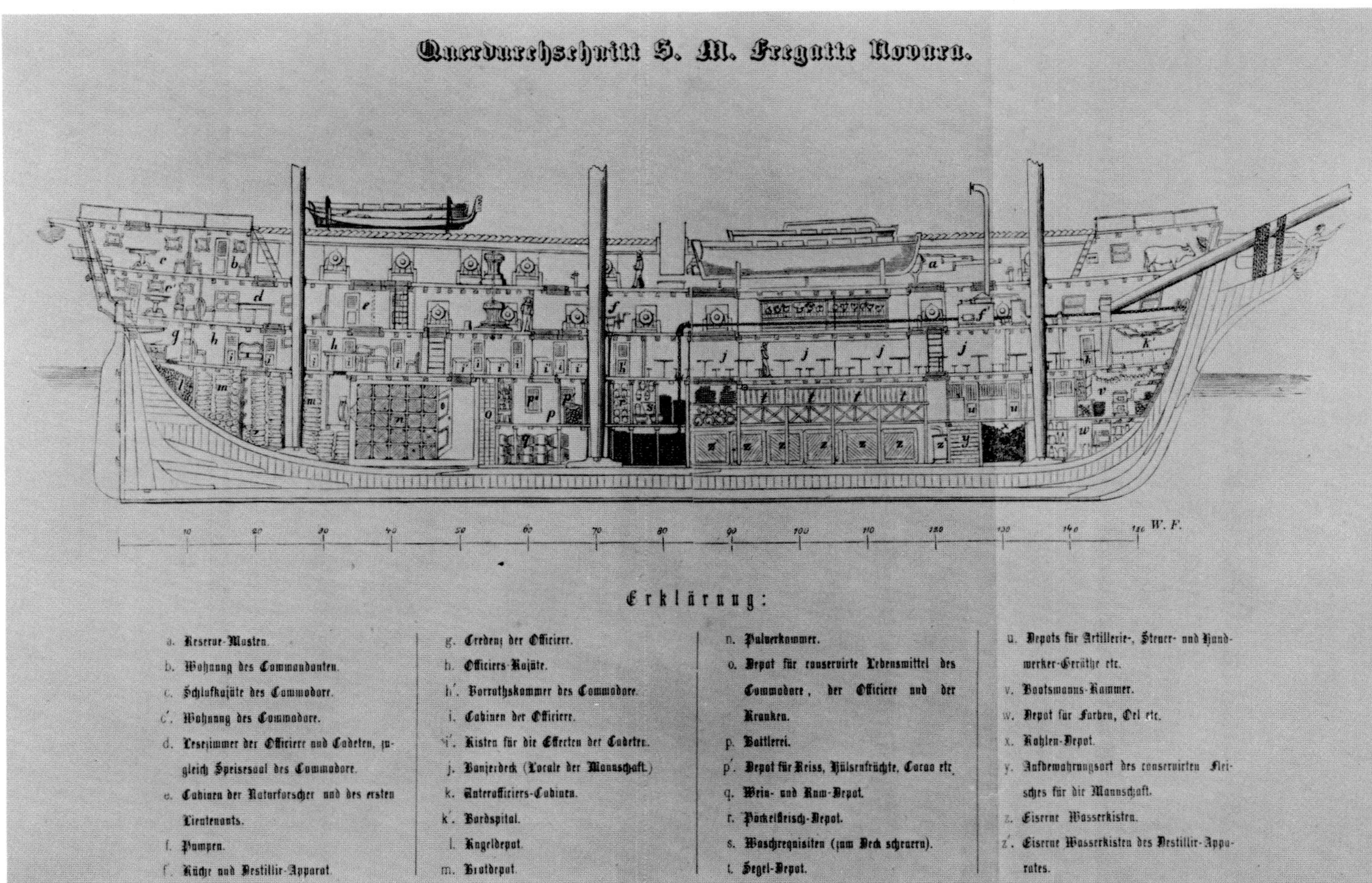

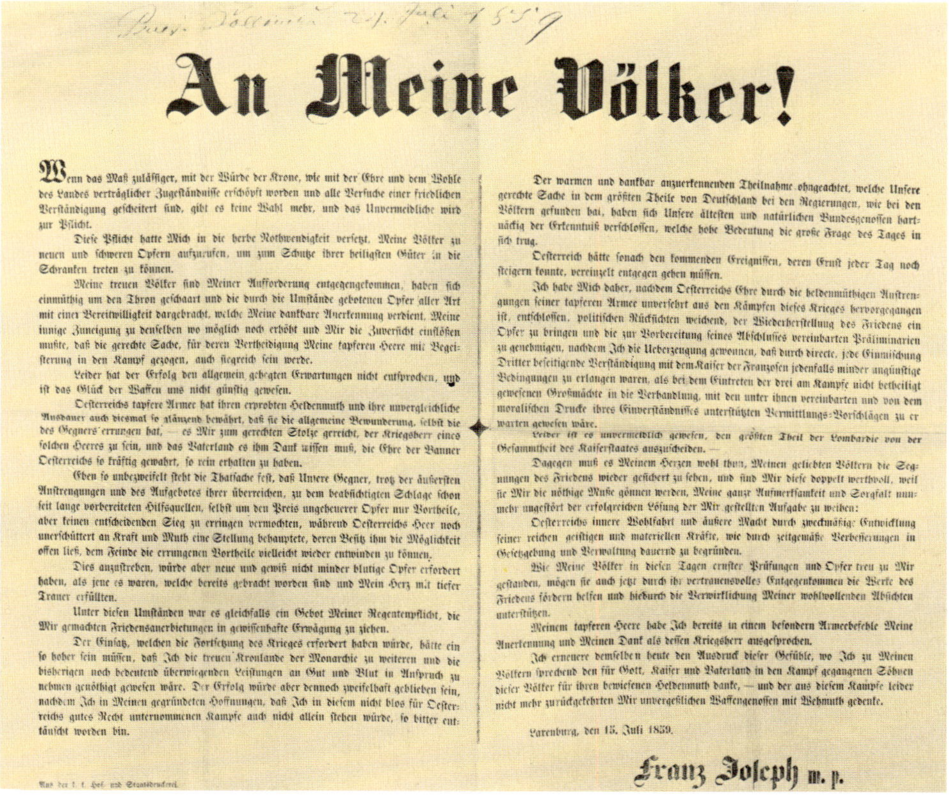

An Meine Völker!

Wenn das Maß zulässiger, mit der Würde der Krone, wie mit der Ehre und dem Wohle des Landes verträglicher Zugeständnisse erschöpft worden und alle Versuche einer friedlichen Verständigung gescheitert sind, gibt es keine Wahl mehr, und das Unvermeidliche wird zur Pflicht.

Diese Pflicht hatte Mich in die herbe Nothwendigkeit versetzt, Meine Völker zu neuen und schweren Opfern aufzurufen, um zum Schutze ihrer heiligsten Güter in die Schranken treten zu können.

Meine treuen Völker sind Meiner Aufforderung entgegengekommen, haben sich einmüthig um den Thron geschaart und die durch die Umstände gebotenen Opfer aller Art mit einer Bereitwilligkeit dargebracht, welche Meine dankbare Anerkennung verdient. Meine innige Zuneigung zu denselben wo möglich noch erhöht und Mir die Zuversicht einflößen mußte, daß die gerechte Sache, für deren Vertheidigung Meine tapferen Heere mit Begeisterung in den Kampf gezogen, auch siegreich sein werde.

Leider hat der Erfolg den allgemein gehegten Erwartungen nicht entsprochen, und ist das Glück der Waffen uns nicht günstig gewesen.

Oesterreichs tapfere Armee hat ihren erprobten Heldenmuth und ihre unvergleichliche Ausdauer auch diesmal so glänzend bewährt, daß sie die allgemeine Bewunderung, selbst die des Gegners errungen hat, — es Mir zum gerechten Stolze gereicht, der Kriegsherr eines solchen Heeres zu sein, und das Vaterland es ihm Dank wissen muß, die Ehre der Banner Oesterreichs so kräftig gewahrt, so rein erhalten zu haben.

Eben so unbezweifelt steht die Thatsache fest, daß Unsere Gegner, trotz der äußersten Anstrengungen und des Aufgebotes ihrer überreichen, zu dem beabsichtigten Schlage schon seit lange vorbereiteten Hilfsquellen, selbst um den Preis ungeheuerer Opfer nur Vortheile, aber keinen entscheidenden Sieg zu erringen vermochten, während Oesterreichs Heer noch unerschüttert an Kraft und Muth eine Stellung behauptete, deren Besitz ihm die Möglichkeit offen ließ, dem Feinde die errungenen Vortheile vielleicht wieder entwinden zu können.

Dies anzustreben, würde aber neue und gewiß nicht minder blutige Opfer erfordert haben, als jene es waren, welche bereits gebracht worden sind und Mein Herz mit tiefer Trauer erfüllten.

Unter diesen Umständen war es gleichfalls ein Gebot Meiner Regentenpflicht, die Mir gemachten Friedensanerbietungen in gewissenhafte Erwägung zu ziehen.

Der Einsatz, welchen die Fortsetzung des Krieges erfordert haben würde, hätte ein so hoher sein müssen, daß Ich die treuen Kronlande der Monarchie zu weiteren und die bisherigen noch bedeutend überwiegenden Leistungen an Gut und Blut in Anspruch zu nehmen genöthigt gewesen wäre. Der Erfolg würde aber dennoch zweifelhaft geblieben sein, nachdem Ich in Meinen gegründeten Hoffnungen, daß Ich in diesem nicht blos für Oesterreichs gutes Recht unternommenen Kampfe auch nicht allein stehen würde, so bitter enttäuscht worden bin.

Der warmen und dankbar anzuerkennenden Theilnahme ohngeachtet, welche Unsere gerechte Sache in dem größten Theile von Deutschland bei den Regierungen, wie bei den Völkern gefunden hat, haben sich Unsere ältesten und natürlichen Bundesgenossen hartnäckig der Erkenntniß verschlossen, welche hohe Bedeutung die große Frage des Tages in sich trug.

Oesterreich hätte sonach den kommenden Ereignissen, deren Ernst jeder Tag noch steigern konnte, vereinzelt entgegen gehen müssen.

Ich habe Mich daher, nachdem Oesterreichs Ehre durch die heldenmüthigen Anstrengungen seiner tapferen Armee unversehrt aus den Kämpfen dieses Krieges hervorgegangen ist, entschlossen, politischen Rücksichten weichend, der Wiederherstellung des Friedens ein Opfer zu bringen und die zur Vorbereitung seines Abschlusses vereinbarten Präliminarien zu genehmigen, nachdem Ich die Ueberzeugung gewonnen, daß durch directe, jede Einmischung Dritter beseitigende Verständigung mit dem Kaiser der Franzosen jedenfalls minder ungünstige Bedingungen zu erlangen waren, als bei dem Eintreten der drei am Kampfe nicht betheiligt gewesenen Großmächte in die Verhandlung, mit den unter ihnen vereinbarten und von dem moralischen Drucke ihres Einverständnisses unterstützten Vermittlungs-Vorschlägen zu erwarten gewesen wäre.

Leider ist es unvermeidlich gewesen, den größten Theil der Lombardie von der Gesammtheit des Kaiserstaates auszuscheiden. —

Dagegen muß es Meinem Herzen wohl thun, Meinen geliebten Völkern die Segnungen des Friedens wieder gesichert zu sehen, und sind Mir diese doppelt werthvoll, weil sie Mir die nöthige Muße gönnen werden, Meine ganze Aufmerksamkeit und Sorgfalt nunmehr ungestört der erfolgreichen Lösung der Mir gestellten Aufgabe zu weihen:

Oesterreichs innere Wohlfahrt und äußere Macht durch zweckmäßige Entwicklung seiner reichen geistigen und materiellen Kräfte, wie durch zeitgemäße Verbesserungen in Gesetzgebung und Verwaltung dauernd zu begründen.

Wie Meine Völker in diesen Tagen ernster Prüfungen und Opfer treu zu Mir gestanden, mögen sie auch jetzt durch ihr vertrauensvolles Entgegenkommen die Werke des Friedens fördern helfen und hiedurch die Verwirklichung Meiner wohlwollenden Absichten unterstützen.

Meinem tapferen Heere habe Ich bereits in einem besondern Armeebefehle Meine Anerkennung und Meinen Dank als dessen Kriegsherr ausgesprochen.

Ich erneuere demselben heute den Ausdruck dieser Gefühle, wo Ich zu Meinen Völkern sprechend den für Gott, Kaiser und Vaterland in den Kampf gegangenen Söhnen dieser Völker für ihren bewiesenen Heldenmuth danke, — und der aus diesem Kampfe leider nicht mehr zurückgekehrten Mir unvergeßlichen Waffengenossen mit Wehmuth gedenke.

Laxenburg, den 15. Juli 1859.

Franz Joseph m. p.

Aus der k. k. Hof- und Staatsdruckerei.

Mit diesem Manifest erklärte der Kaiser seinen Völkern den Abbruch der Schlacht (oben).

Franz Joseph in der Schlacht v. Solferino 1859 (links).

Als die Munition ausging, erschlugen die Österreicher ihre französischen Gegner sogar mit Felsbrocken (links unten).

Zeuge des Blutbades: Henri Dunant, der Begründer des Roten Kreuzes (linke Seite unten rechts).

Unterarzt Wenzel STRNAD, einer der ersten K.K.-Militärärzte (unten links).

Tiroler Jäger behaupten das Stilfserjoch gegen Garibaldi (unten rechts).

Giuseppe Garibaldi, Führer der italienischen Freischaren.

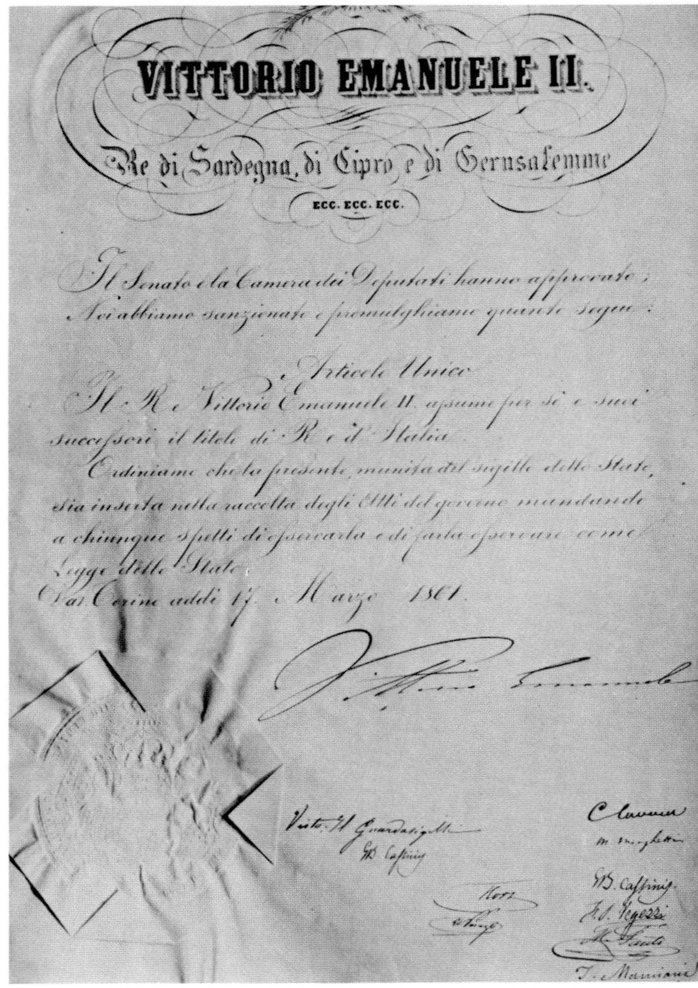

VITTORIO EMANUELE II.

Re di Sardegna, di Cipro e di Gerusalemme

ECC. ECC. ECC.

Il Senato e la Camera dei Deputati hanno approvato;
Noi abbiamo sanzionato e promulghiamo quanto segue:

Articolo Unico

Il Re Vittorio Emanuele II assume per sè e suoi successori il titolo di Re d'Italia.

Ordiniamo che la presente, munita del sigillo dello Stato, sia inserta nella raccolta degli Atti del governo mandando a chiunque spetti di osservarla e di farla osservare come Legge dello Stato.

Dat. Torino addì 17 Marzo 1861.

Vittorio Emanuele

Visto Il Guardasigilli G. B. Cassinis

C. Cavour
M. Minghetti
G. B. Cassinis

Viktor Emanuel II. nimmt den Titel »Re d'Italia« an (1861).

Eine historische Begegnung: Napoleon III. und Franz Joseph I. 1859 in Villafranca (unten).

Die glanzvolle Jahrhundertfeier der Stiftung des Maria-Theresien-Ordens in Wien 1859.

Des Kaisers Lieblingsbild seiner »Sissi« (unten).

Ein seltenes Bild: Im roten Frack bei der Parforcejagd (unten).

Napoleon III., Österreichs Gegner in Italien.

Camillo Graf Cavour, die treibende Kraft des Risorgimento.

K.K. Ulanen-Oberst Pulz bei seiner berühmten Attacke bei Custozza 1866 (rechte Seite).

König Viktor Emanuel II., der Einiger Italiens.

VIVA VERDI – Der Ruf des Risorgimento.

Der unglückliche Kaiser von Mexiko: Maximilian.

Kaiserin Charlotte, die europäischen Höfe verweigern ihr die Hilfe.

Admiral Wilhelm von Tegetthoff, Held der K.K. Flotte.

Die Mexikanische Tragödie beginnt: Gutierrez und seine Delegation tragen Maximilian am 3. 10. 1863 die Kaiserkrone von Mexiko an.

1864 siegt die österreichische Flotte bei Helgoland unter Tegetthoff gegen die Dänen (links).

Die K.K. Batterie »Oldenburg« im dänischen Feldzug von 1864 bei Fridericia (oben).
Salzburger, Oberösterreicher und Steirer am 6. 2. 1864 bei Oeversee (unten).

Die Erstürmung des Königshügels, eine der Hauptstellungen der Dänen.

Brände werden in Wien oft zur Katastrophe: 1863 brennt das Treumanntheater am Franz-Joseph-Quai.

»Mein Kaiserlicher Herr«

Die Franco-Sarden verfügen zum Zeitpunkt der österreichischen Mobilmachung über 193 000 Mann. So kommt es am 22. und 23. Juni zum Aufmarsch beider Gegner auf dem welligen Hügelgelände südwestlich des Gardasees zwischen dem Chiese und Mincio, dem Schlachtfeld von Solferino.
Die Übernahme des Oberbefehls durch den Kaiser wirkt sich auf die Truppe anfeuernd aus. Besonders beliebt ist bei den Truppen der Kommandant des VIII. Korps, Feldmarschallleutnant von Benedek. Gerade auf diesem bewährten Haudegen und »Helden von Mortara und Novara« beruhen die Hoffnungen von Offizieren und Mannschaften. Sobald auch bekannt wird, daß Heß den Führungsstab leitet, schöpft die Truppe allgemein neue Zuversicht. Der zweiundsiebzigjährige General befiehlt zunächst, mit Zustimmung des Kaisers, den Rückzug zum Mincio. Kaum haben die Truppen den Fluß erreicht, wird wieder das Gegenteil befohlen. Denn Heß muß feststellen, daß sich das östliche Minciooufer schlecht für eine Verteidigung eignet. Die Hin- und Rückmärsche ermüden die Truppen. Vor allem bringen sie die Soldaten um die dringend benötigten Rasttage. Der Gegner wartet unterdessen den Anmarsch des Korps Jérôme Napoleons aus Mittelitalien nicht ab, sondern bereitet mit seinen vorhandenen Kräften den Großangriff vor. Und tatsächlich fallen in den frühen Morgenstunden des Vierundzwanzigsten vor Medole die ersten Schüsse. Noch ist man im österreichischen Hauptquartier darüber unschlüssig, ob der sich steigernde Gefechtslärm den Beginn einer feindlichen Offensive ankündigt, da bringen die Meldungen von der einsetzenden Heftigkeit der Kämpfe Gewißheit. Wie andererseits auch die alliierten Generale feststellen, daß ihre Spitzen auf offensivbereite Österreicher stoßen. Der nunmehr zwischen dem Gardasee, dem Chiese und Mincio aufflammende Kampf konzentriert sich vor allem um drei Punkte: Am linken Flügel der Österreicher um das Gehöft La Nueva unweit Ceresara, im Zentrum um die Marktflecken Solferino und Cavriana und am rechten Flügel, beim Korps Benedek, um die Höhen von San Martino. Angriffsziel der französischen Garde ist in erster Linie die österreichische Schlüsselstellung um Solferino, die sich über Hänge mit Weinbau- und Maulbeerkulturen zum alten Kastell hinaufzieht. Aber auch der von einer Mauer umschlossene Friedhof, vor allem aber der berühmte Zypressenhügel werden das Ziel immer wieder vorgeführter Anstürme der französischen Garde, zu deren Vorbereitung die französische Artillerie pausenlos Breschen schießt. Trotzdem räumen die dort postierten Siebenbürger und nordungarischen Grenadiere das in Trümmer gehende Gebäude nicht. Am erbittersten aber wird um den Zypressenhügel gekämpft.
Volle zehn Stunden stürmen die Franzosen die Anhöhen hinan, und zehn Stunden lang müssen sie immer wieder zurück. Auf dem Gelände rings um das Kastell türmen sich die Leichen der Gefallenen, wimmern Verwundete, die drückende Schwüle des Sommertages ist angefüllt von Blutgeruch und dem Qualm der Geschosse, doch nicht einmal ein plötzlich hereinbrechendes Unwetter gebietet dem gegenseitigen Morden Einhalt. Als schließlich den Grenadieren des österreichischen Regiments 31 die Munition knapp zu werden beginnt, greifen sie zur blanken Waffe, um zuletzt noch auf die zurückflutenden Garden Napoleons Steine zu schleudern. Endlich glückt den Bataillonen der französischen Generale Forey und Bazaine (man wird sich des letzteren noch in Mexiko und in Metz 1870 erinnern) ein Flankenstoß, der die Umzingelung des Kastells einleiten soll. Gerade noch rechtzeitig setzt sich ein Teil der Besatzung durch Sprünge von der 4 Meter hohen Mauer ab, andere gelangen durch einen verborgen gebliebenen Gang ins Freie. Beim Kampf um das Kastell, den Zypressenhügel und im Straßenkampf in Solferino büßt das dort fechtende Korps des österreichischen Generals Graf Stadion 4400 Mann ein.

Das Blutbad von Solferino

Auch am linken Flügel der Österreicher wird 12 Stunden lang gekämpft. Erneut wiederholen sich allerorts Szenen größter Tapferkeit auf beiden Seiten. Ähnlich wie im Zentrum, wirkt sich besonders das Feuer der neuen »gezogenen« französischen Geschütze verheerend gegenüber den mit glatten Lauf veralteten Kanonen und Haubitzen der Österreicher aus. Erst als das dort angreifende II. französische Korps zur Umgehung der Österreicher ansetzt, nimmt der Kommandierende, Graf Schaffgotsch, den linken Flügel der Kampflinie zurück. Die Verluste seines Korps belaufen sich auf 4350 Mann.
Als Sieger behauptet sich hingegen das VIII. österreichische Korps unter Benedek am äußersten rechten Flügel. Er führt seine Bataillone persönlich ins Feuer. Sein Auftrag, die piemontesischen Kräfte zu binden, wird uneingeschränkt erreicht. In wiederholten Stürmen schlagen sich seine Bataillone mit ihren Gegnern mit wechselndem Erfolg um San Martino. Als dann, gegen 4 Uhr nachmittags, der Befehl zum Loslösen vom Feinde eintrifft, befiehlt Benedek einen letzten Angriff. Noch einmal werfen seine Kaiserjäger, Oberösterreicher, Salzburger, Kärntner, Steirer, Magyaren und Böhmen die feindlichen Divisionen Cucchiari und Mollard von den Höhen herab, erst als Sieger wenden sie sich zum Rückzug und erreichen unverfolgt Pozzolengo.
Kaiser Franz Joseph war um 8 Uhr morgens in den Sattel gestiegen. Eine Stunde später hatte er Volta erreicht. Von einer Anhöhe aus bei Madonna del Piave wird der Monarch Augenzeuge des Ringens im Zentrum und auf beiden Flügeln. So ist es nicht zuletzt er, der die verhängnisvolle Zersplitterung seiner Truppen durch die erbitterten Einzelkämpfe um Solferino und im Süden erkennt. Obwohl dem Rang nach Oberbefehlshaber, aber nicht führender Feldherr, empfindet er wie kein anderer die ungeheuere Verantwortung, mit der ihn das grauenvolle Geschehen vor seinen Blicken belastet. Unerschrocken, wie er ist, setzt er sich durch Vorreiten in die Feuerlinie verschiedene Male der unmittelbaren Gefahr aus.

Nicht die heranpfeifenden Geschosse erschrecken ihn, sondern der Anblick der Verstümmelten, der jammernden und schreienden Verwundeten und der vielen, vielen Gefallenen. Es bedarf nicht erst der einlaufenden Meldungen der Truppenkommandanten über die bedrohliche Zunahme der Ausfälle, um in dem Monarchen den Entschluß reifen zu lassen, den Befehl zum Abbruch der Schlacht zu geben.
Aber auch die Erkenntnis, daß sich die taktische Ausbildung seiner Truppen gegenüber jener der Franzosen unterlegen erweist, und ein schwindendes Vertrauen in die Leitung der Operationen tragen dazu bei, daß Franz Joseph endgültig den Befehl zum allgemeinen Rückzug erteilt. Noch einmal begibt er sich zu der in der Nähe haltenden Kavalleriedivison Mensdorff. Die Reiter haben durch Stunden und Stunden im feindlichen Geschützfeuer ausgehalten. Unter den Augen des Kaisers brechen wiederum die Husaren Edelsheims vor. »Einen Augenblick lang«, schreibt Napoleon kurze Zeit darauf an den König der Belgier, »habe ich mich verloren geglaubt, und nur das rechtzeitige Erscheinen von zwei Reservebrigaden gab den Ausschlag zu meinen Gunsten.« Und der französische Marschall Forey, der Erstürmer Solferions, gibt zu: »Noch so eine Schlacht und wir kehren ohne Armee heim!«

Henri Dunant und das Rote Kreuz

Und noch einer bleibt, erschüttert von den Eindrücken, die sich ihm bieten, auf dem Schlachtfeld zurück. Ein ziviler Tourist, der Augenzeuge der Schlacht geworden ist. Der Schweizer Henri Dunant.
Er ist Augenzeuge, wie die von gräßlichen Wunden aufgerissenen Körper Schwerverwundeter auf den Bahren zu den wenigen Hilfsplätzen herangeschleppt werden, wie es in der Mehrzahl nur arme Bauern und deren Frauen sind, die zwischen Toten und Schwerverwundeten auf dem Schlachtfeld Samariterdienste zu leisten versuchen, während nirgends eine erkennbare medizinische Einrichtung den Tausenden blutender und stöhnender Verstümmelter Hilfe gewährt. Denn die wenigen Sanitätsdienste der drei Armeen reichen bei weitem nicht aus, auch nur einen Teil der Not einzudämmen. Verstört leistet Dunant selbst erste Hilfe und irrt voller Verzweiflung über das Versagen der »Mächtigen« auf der Walstatt umher. Der Eindruck, daß kaum jemand sich dieser Franzosen, Italiener und ein Dutzend Sprachen sprechender Österreicher annimmt, verläßt ihn nicht mehr. Soweit er es vermag, versucht er unter der Landbevölkerung einen Sanitätsdienst zu organisieren. Als er Tage später Italien verläßt, verfolgen ihn die Bilder der Opfer von Solferino weiter. Er schreibt seine »Erinnerungen an Solferino«, eine aufrüttelnde Schrift, in welcher er zur Gründung einer nationalen Hilfsorganisation in jedem Land aufruft, die sich die Verwundetenpflege zur Aufgabe machen soll. Dieser Aufruf findet allgemeinen Widerhall. Im Jahr 1863 wird in Genf das »Internationale Rote Kreuz« ins Leben gerufen werden. Sein Kennzeichen ist, in Anerkennung der Schweiz, das Schweizer Kreuz in roter Farbe. Sechzehn Staaten schließen sich der »Genfer Konvention« an, die sich die Pflege aller Verwundeten, ohne Unterschied ihrer nationalen Zugehörigkeit, zur verbindlichen Pflicht macht. Hunderttausende, ja Millionen verwundeter Soldaten verdanken Henri Dunant seit jenem 24. Juni 1859 ihr Leben.

In einem Erinnerungsaufsatz über Henri Dunants Einsatz wird von italienischer Seite Solferino als eine der blutigsten Schlachten des 19. Jahrhunderts bezeichnet. Man vergleicht sie mit den Tagen von Borodino, Leipzig und Waterloo. Die Toten- und Verwundetenziffern dieses Tages bestätigen diese Feststellung. So werden an Toten und Verwundeten bei allen drei Armeen 3 Feldmarschalleutnants, 9 weitere Generale, 1566 Offiziere (bei den Österreichern 630, bei den Verbündeten 936), an Unteroffizieren und Mannschaften 40000 gezählt. Zwei Monate nach Beendigung der Kämpfe ist noch einmal die gleiche Anzahl in den Lazaretten an Krankheiten sowie an Erschöpfung und durch Unglücksfälle gestorben.

ITALIA UNITA – der Verlierer heißt Österreich

Am 11. Juli treffen Franz Joseph und Napoleon III. in Villafranca zusammen. Der Waffenstillstand, der dort vereinbart wird und auch eine Art Vorfrieden bedeutet, bestimmt, daß Österreich die Lombardei an Frankreich bis zum Mincio abtritt. Im Großherzogtum Toskana und in Modena soll eine Volksabstimmung über die Zugehörigkeit dieser Länder entscheiden. Viktor Emanuel und sein Schwiegersohn Jérôme, erst recht Cavour, zeigen sich über das Ergebnis der Absprache außer sich. Wo bleibt Venetien? – Weshalb werden die übrigen italienischsprachigen Territorien Österreichs nicht befreit, so fragen sie entrüstet. Cavour will persönlich Napoleon sprechen, wird jedoch gar nicht vorgelassen. Der Kaiser der Franzosen übergibt die Lombardei dem geplanten neuen Königreich Italien und das genügt! Napoleon hat seine Gründe, wenn er ausruft: »Ich kann in der Lage nicht bleiben, ich muß aus ihr heraus!« Denn bestimmte Kreise am Petersburger Hof sehen die »Lektion«, die Österreich erfahren hat, als hinreichend an, und dann ist es vor allem die Haltung Preußens, die zu Besorgnis Anlaß gibt. Denn nunmehr beginnt auch Berlin wieder mit seiner Politik im Sinne Österreichs einzuwirken. Allerdings immer unter dem Hinweis, daß Preußen bereit wäre, Österreich die Streitkräfte des Deutschen Bundes zur Verfügung zu stellen, wenn ihm, also Preußen, deren Führung überlassen würde. So werden Verhandlungen eröffnet, die schließlich zum Frieden von Zürich führen. In der Zwischenzeit haben sich Toskana, Modena, Bologna und Parma für den Anschluß an Sardinien erklärt. Im Zuge des Friedens von Zürich erklärt sich die Bevölkerung von Nizza und Savoyen für Frankreich. In Sizilien erfolgt 1860 die Landung der »Mille« unter Führung Garibaldis. Dieser setzt damit einen weiteren Stein für das Gebäude einer ITALIA UNITA, eines geeinten Italiens, das unter dem Hause Savoyen ein Königreich bilden soll. Österreich wiederum hat noch immer seinen Fuß auf italienischem Boden und behält die »Perle der Adria«, Venedig, dazu Peschiera, Verona, Mantua und Padua als Faustpfänder in seinen Händen.
Der Eindruck von den Ereignissen in Italien wirkt auf die Heimat erschütternd. Vor allem gibt man der militärischen Führung die Schuld an der nationalen Demütigung, wobei man die Person des Kaisers nicht ausschließt. Die Volksmeinung geht besonders mit den adeligen Generalen ins Gericht. Viele von ihnen, gewiß als redliche Anhänger des Kaiserhau-

ses bekannt, haben militärische Führungsposten erhalten, ohne die dazu erforderliche Qualifikation nachgewiesen zu haben. Ihre Zugehörigkeit zur hohen Aristokratie habe genügt, so sagt man sich, um ihnen den goldbestickten Kragen zu sichern. Die Fehlbesetzungen in der militärischen Führung werden in erster Linie dem Generaladjutanten Graf Grünne angelastet. Besonders was die Berufung Gyulais betrifft. Aber auch der alte Heß hat in gewissem Sinne enttäuscht. Man hält ihm jedoch zugute, daß er die Armeeleitung zu einem Zeitpunkt übernehmen mußte, der es ihm nicht mehr möglich gemacht hatte, die Voraussetzungen für eine Änderung der Lage zu schaffen. Allgemein macht man der Heeresleitung die mangelnde Versorgung der Truppen zum Vorwurf. Ein Urteil, welches im Jahr 1860 seine Rechtfertigung findet. Es kommen ungeheuerliche Betrügereien an den Tag. Der Chef des Intendanzwesens wird verhaftet. Man weist ihm die Annahme von Bestechungsgeldern durch Heereslieferanten nach. Ehe es zu seiner Verurteilung kommt, macht er selbst im Gefängnis seinem Leben ein Ende. Und selbst der Kaiser erfährt, wie die im Volke aufgekommene Erbitterung auch vor seiner Person nicht Halt macht. Ein Unbekannter droht ihm und seiner Mutter mit Mord, sofern er sich nicht bereit erklärt, eine größere Geldsumme in einem Waldstück hinterlegen zu lassen. Beobachtet und überführt, wird der Erpresser – ein Hoflakai – am 2. August 1859 verhaftet.

Baron Bruck – eine Finanzaffäre erschüttert den Staat

Zwei Monate nach Solferino tritt Innenminister Dr. Bach zurück. Unter dem Eindruck der allgemeinen Stimmung im Lande wächst auch in Franz Joseph die Erkenntnis, daß gewisse Veränderungen in der Regierungsform unausweichlich werden. Wenn er auch selbst keineswegs seinen Widerwillen gegenüber »konstitutionellen Gelüsten« verbirgt. Die von Bach rigoros vertretene absolutistische Form hat keine Chancen mehr. Weder in den österreichischen Ländern und erst recht nicht in Ungarn. Erzherzog Albrecht, der in Budapest residiert, meldet, wie sehr die magyarische Opposition Morgenluft wittere, fühle sie sich doch angesichts der Ereignisse in Italien äußerst ermutigt. Den schwersten Schlag unter den Folgeerscheinungen der erlittenen innen- wie außenpolitischen Demütigungen erfährt der Monarch durch eine Krise im Finanzministerium und um die Person seines Ministers, Baron Bruck. Dieser hat die auf 500 Millionen Gulden festgelegte Nationalanleihe ohne Wissen der Regierung insgeheim auf 600 Millionen erhöht.

Er habe sich sonst nicht mehr zu helfen gewußt, betont er und begründet damit die uferlose Verschuldung des Staates. Noch fürchterlicher wirkt sich einige Monate später ein Skandal aus, der sich um die Persönlichkeit des als ungemein gewissenhaft geltenden Mannes abspielt. Feinde des »Elberfelder Buchbindersohnes« sehen sich durch die Reformpläne des weitblickenden Wirtschaftsexperten geschädigt. Man schürt gegen ihn und versucht, ihn mit den Unterschlagungen der Militärintendanz in Verbindung zu bringen. Bruck wird während der Verhandlungen als Zeuge vernommen. Nirgends stellt man einen Zusammenhang mit jenen Dunkelgeschäften und seinem Ressort fest. Trotzdem erscheint ihm ein solches Geschehen für das Ansehen eines Ministers untragbar. Er bittet den Kaiser um seinen Rücktritt. Was Franz Joseph natürlich ablehnt. Ist er doch von der Unbestechlichkeit gerade dieses Ministers fest überzeugt. Schon einige Tage später liegen die Gegner Brucks dem Kaiser wieder in den Ohren. Man könne es, so argumentieren sie, mit dem Ansehen eines amtierenden Finanzministers nicht vereinbaren, wenn er, auch nur unter dem Schatten eines Verdachtes, sein Amt weiterführen würde. Um diesen Intrigen ein Ende zu bereiten, vielleicht aber auch, weil er den vorgebrachten Hinweis nicht ganz von der Hand weisen kann, richtet er an Bruck ein persönliches Schreiben und legt ihm nahe, sein Amt einem provisorisch beauftragten Stellvertreter zu übergeben. Bruck, der nach der vorangegangenen Audienz beim Kaiser mit dem Gefühl seiner vollen Rehabilitierung zurückgekehrt ist, war ins Burgtheater gegangen und hatte anschließend noch fröhlich mit seiner Familie zu Abend gegessen. Bevor er zu Bett geht, sichtet er noch rasch in seinem Arbeitszimmer die eingegangene Privatpost und findet das Schreiben des Kaisers. Der Inhalt erregt ihn derart, daß er die Nerven verliert und sich mit einem Rasiermesser die Kehle durchschneidet. Wie ihn die Nachricht vom Selbstmord seines Finanzministers erreicht, vermag Franz Joseph seine Selbstvorwürfe nicht zu verbergen. Niemals hatte er daran gedacht, Bruck zu entlassen. Er sollte lediglich als Finanzminister zurücktreten, um einige Tage später vom Kaiser zum Vizepräsidenten des Reichstages ernannt zu werden.

So verliert Österreich den Mann, der es möglicherweise geschafft hätte, dem Kaiserreich eines Tages wieder eine führende Position im Wirtschaftskörper Europas zu sichern.

Das System muß brechen! – So lautet auch die Forderung des vermögenden Bürgertums. Denn von ihm hängt nun mehr oder minder die Möglichkeit einer Rückkehr zur Stabilität, vornehmlich einer wirtschaftlichen, ab. Wenn es bezahlen soll, will es auch mitreden. Dieses Begehren findet dann auch im Zusammentritt eines neuen Reichsrates seinen Ausdruck. Der neue Innenminister Graf Goluchowski, in Galizien geboren, wird mit der Ausarbeitung eines neuen Verfassungsentwurfes beauftragt. So besagt es das kaiserliche »Oktoberdiplom« des Jahres 1860. Doch auch dieser Entwurf faßt das Übel nicht an den Wurzeln. Der Reichsrat erhält zwar das Recht, Steuern zu bewilligen und Gesetze zu beraten, wesentlichere Befugnisse bleiben ihm aber versagt.

Julius Ritter von Schmerling – ein Deutsch-Liberaler

Es hilft kein Sträuben. Franz Joseph muß einsehen, wie sehr dieser, die Gesetze tragende Konservativismus bereits brüchig geworden ist. Goluchowski reicht sein Rücktrittsgesuch ein. Der Mann, der nunmehr an seine Stelle tritt, wird zu einer der umkämpftesten Gestalten der österreichischen Politik werden, ein Mann, den der unversöhnliche Haß der Ultraklerikalen wie auch der nichtdeutschen Nationen zum Inbegriff des, die »Herrschaft der Deutschen verkörpernden Liberalen« stempeln wird. Es ist Julius Ritter von Schmerling, ehemaliger Justizminister und jetzt vom Kaiser zum Ministerpräsidenten ernannt. Die besonders von seiten kirchlicher Kreise gegen Schmerling erhobenen Vorwürfe erfolgen aus der Sicht des 1855 zwischen Österreich und dem Vatikan geschlossenen Konkordats, das der Kirche innerhalb des Kaiserreiches einschneidende Vorrechte sichert. So werden der Kirche die Religions- und Studienfonds überlassen, sie kann Güter erwerben und Kongregationen nach Belieben gründen, das Kirchenvermögen wird allein von ihr verwaltet, Belastungen dürfen nur nach päpstlicher Zustimmung erfolgen, und der Verkehr zwischen Oberen und Unterstellten bleibt unkontrollierbar und hat direkt zu erfolgen. Am schwerwiegendsten wirkt sich jedoch die Bestimmung aus, nach der der Religionsunterricht der Kontrolle der Bischöfe und der Leitung durch die Kirche untersteht. Die Kirche kann Einspruch gegen Lehrfächer erheben, die nach ihrer Auffassung den Glaubensgrundsätzen widersprechen. Auch wird die Geistlichkeit dem Strafrecht der Bischöfe unterstellt. Die meisten Gymnasien erhalten eine geistliche Leitung. Die evangelischen Schulen in Ungarn verlieren das Öffentlichkeitsrecht.

1861 - Österreich erhält eine Verfassung

Den Erwartungen seiner Freunde nachkommend, setzt Schmerling einen Beginn! Dies vollzieht sich in der Ausarbeitung der Februarverfassung von 1861. Gegenüber allen bisherigen Vorgängerinnen, jene des Achtundvierzigerjahres ausgenommen, stellt sie einen wesentlichen Fortschritt dar. Zum erstenmal kommen jetzt die Stimmen einer erweiterten Wählerschicht zur Geltung. Noch ist es nicht das Ideale, aber eine Institution, in welcher sich nicht mehr der Untertan, sondern der Bürger zu Wort meldet. Im Gegensatz zu Goluchowski sieht Schmerling eine ganze Reihe erweiterter Befugnisse des Reichsrates vor. Die Rechte der Länderlandtage schraubt er allerdings wieder zurück. Der Reichsrat besteht künftig aus einem Herren- und einem Abgeordnetenhaus (Parlament), also zwei Kammern. Mitglieder des Herrenhauses sind, wie bisher, alle großjährigen Erzherzöge, die Fürstbischöfe und die großjährigen Häupter der angesehensten Adelsgeschlechter. Auch kann der Monarch auf Antrag der Regierung weitere Mitglieder in das Herrenhaus berufen. Dem Parlament gehören 343 Abgeordnete an. Von ihnen kommen 203 aus den österreichischen Landtagen und 20 aus den Provinzialkörperschaften Venetiens. Die Landtage Ungarns, Kroatiens und Siebenbürgens stellen 120 Vertreter. Die von den Landtagen bestimmten Abgeordneten ergänzen sich aus dem Großgrundbesitz, den Handelskammern und der Bewohnerschaft von Stadt und Land. Die Wirtschaftskörperschaften und der Großgrundbesitz sind demnach immer noch tonangebend. So verhält sich die Zahl der Stimmen in einigen Kronländern so, daß ein einziger Abgeordneter zwar nur 5 Großgrundbesitzer und 15–30 Handelskammerräte vertritt, dazu aber auch für 11 000 Städter und 49 000 Landbewohner zuständig ist.

Zur Wahl zugelassen wird, wer den Nachweis einer Einkommensteuer von 20 Gulden erbringt. Das Inkrafttreten eines Gesetzes bedarf der Zustimmung beider Häuser und der Unterschrift des Monarchen.

Zufrieden mit der Februarverfassung sind vor allem die Deutschen im Habsburger Reich. Ihr Einfluß auf Erhaltung des Gesamtstaates erscheint durch die straff geführte Zentralmacht gesichert. Abgelehnt wird die Februarverfassung von allen Nordslawen, mit Ausnahme der Ukrainer. Die Tschechen fordern ein Sonderstatut für die Länder der böhmischen Krone. Ungarn verweigert die Entsendung von Abgeordneten. Zwar treten die Mitglieder einer gemäßigten Richtung, unter ihnen Franz Deak, Graf Julius Andrassy, der, erst vor kurzem von Franz Joseph amnestiert, in das Vaterland zurückgekehrt ist, und der Freiherr Josef Eötvös für eine Versöhnung mit dem Kaiserhaus ein, doch setzen sich die radikalen Vertreter des ungarischen Landtages durch. Der ungarische Landtag erkennt keinen Beschluß des Reichsrates als bindend an. Das hat seine Auflösung zur Folge. Die Verfassung wird als verwirkt erklärt und ein General, der Sieger von San Martino, Ludwig von Benedek, selbst ungarischer Herkunft und Protestant, als Statthalter eingesetzt.

Nachdem auch Venetien keine Abgeordneten sendet, erhält der Reichsrat die Bezeichnung »engerer Reichsrat«. Von seinen Mitgliedern bekennen sich 130 Abgeordnete zum Programm der Regierung. So hat Österreich zwar eine noch eingeengte, aber doch eine Verfassung! Sie krankt aber bereits in ihrer Geburtsstunde an den leidenschaftlichen Gegensätzen der von ihren Gesetzen erfaßten Nationen!

Sissis »Revolte« bei Hof

Bis in das hohe Alter lebt in Franz Joseph die Erinnerung an die ersten Jahre nach seiner Vermählung mit Elisabeth als die glücklichste Zeit seines Lebens fort. Das Bild der »Märchenbraut« wirkt fort, als dürfe es in seinem Inneren niemals erlöschen. Wie auch jenes, das ihm unvergeßlich bleibt, wie er, als er zum ersten Mal die Schwelle des Schlafzimmers überschritt, und in das von der dunklen Lockenpracht umrahmte Antlitz blickte, in dem sich Verlegenheit, eine leise Scham und doch auch Erwartung zeigten. Er wiederum war für sie, seit Ischl, »d e r Mann!«, der tapfere Offizier von einem gewinnenden Wesen und glänzendem Aussehen. Daß er eine Kaiserkrone trug, erfüllte ihre Phantasie nur undeutlich. Vorstellungen von der Würde und Bürde, die sie erwarteten, schob sie mit einem dunklen Gefühl von Unbehagen beiseite. Als ein durchaus aufgeschlossenes Wesen, lehnte sie nichts entschiedener ab, als eine Einengung der sie umgebenden Atmosphäre. So hatte auch der in ihrem Elternhaus vorherrschende Stil niemals die Voraussetzungen geschaffen, die man von der künftigen Gemahlin des neben dem russischen Zaren mächtigsten Herrschers Europas erwartete. Nunmehr fühlt sie von dem Tage, an welchem sie an der Seite Franz Josephs in dessen Pflichtenkreis eintritt, ihrem persönlichen Bereich Grenzen gesetzt, über deren Einhaltung vor allem ihre Schwiegermutter, Erzherzogin Sophie, wacht. Manches spricht dafür, daß sich diese doch nicht so ganz mit der Wahl ihres Ältesten abgefunden hat. Nicht zu Unrecht sorgt sich Sophie, Sissi könnte, ihrer großen Jugend wegen, noch nicht die Reife an den Tag legen, die ihre Stellung nun einmal erfordert. Was sie veranlaßt, die »Erziehung Sissis zur Kaiserin« in die Hand zu nehmen. Sophie findet allerdings nicht oft Gelegenheit dazu, denn Franz Joseph und seine junge Frau halten sich, soweit es die gerade durch die Krimkrise angespannten Regierungsgeschäfte ermöglichen, dem Hofstaat vom Leibe. Sie bevorzugen Laxenburg und in der warmen Jahreszeit Ischl als Aufenthalt und leben ganz ihrer jungen Liebe. Trotzdem hat Franz Josph viel zu wenig Zeit für seine »reizende Sissi«! Er nimmt sie zur ersten Fahrt auf der neu erbauten Semmeringbahn mit, fährt mit ihr nach Brünn, Prag und Teschen und ermöglicht damit ein Beisammensein auch unter dem Druck seiner Regentenpflichten. Besonders glücklich ist er, wenn er beobachtet, wie die Erscheinung seiner Frau auf die Bevölkerung wirkt. Jedenfalls ist sie bei jedem öffentlichen Auftritt des Kaiserpaares der »Magnet«, der alle Blicke auf sich zieht. Und dessen Liebreiz dann doch wieder die Tante und Schwiegermutter beeindruckt. »Das junge Paar war schön, begeisternd und rührend . . . die Haltung der Kaiserin entzückend, fromm, in sich gekehrt, fast demütig . . .«, berichtet sie über Sissis Auftreten während einer Fronleichnamsprozession (C. Corti). Feststellungen, die in ihr den Vorsatz verstärken, diese Nichte erst recht zum Vorbild des Hofes zu machen. Dessen Image gerade sie während all der Jahre geprägt hat. Das nahm seinen Anfang mit der Änderung der Lakaienlivreen und endete mit der Ausstattung der Hofwagen in der Wagenremise. Da gibt es ein Verzeichnis über die Räume, in denen das Frühstück und die »Jause« eingenommen zu werden haben, das Tagesmenu untersteht ebenso ihrer Kontrolle wie der pünktliche Kirchenbesuch oder der unverrückbare Termin des Familiendiners mit Erscheinenspflicht für alle in Wien befindlichen Verwandten. Ist sie dann während eines Aufenthaltes des Kaiserpaares in Ischl abwesend, »geht alles zur Verzweiflung«! Erzherzog Franz Karl, der Vater Franz Josephs, räsoniert während des Frühstücks, das »Mädchen für alles«, der k. k. Hofkonzipist Franz Zehorn, »läuft ganz toll herum«, der Kammerherr Graf Esterházy und die Hofdame Gräfin Königsegg ringen die Hände, weil – »die Kaiserin und der erste Kammerdiener Legrenzi »›Lenza« machen, was sie wollen« (nach C. Corti). So berichtet Erzherzog Ludwig Viktor seiner Mutter. Das Eheglück des Kaiserpaares findet dann eine erste Verinnerlichung durch die Geburt des Töchterchens Sophie am 5. März 1855. Rührende, durchaus »bürgerliche Szenen« spielen sich nach der Geburt ab. Der Herrscher über 50 Millionen »Untertanen« sitzt am Kindsbett der Mutter, hält im »Glücksgefühl eines neugebackenen Vaters« die Hand seiner Frau und verwehrt ihr beinahe erschrocken das Aufrichten, weil sie in aufwallender Zärtlichkeit auch seine Rechte küssen will. Schöner als vorher, zeigt sie sich nach ihrer Erholung von der Niederkunft und steigt, zum Schrecken ihrer Schwiegermutter, nach wenigen Wochen wieder in den Sattel. Zu einem ersten, nur als kleine Auseinandersetzung zu kennzeichnenden Zwist, kommt es aber erst nach der Geburt eines zweiten Töchterchens, Gisela, am 18. Juli 1856. Die stundenlangen Ausritte mit der dadurch verursachten Abwesenheit der jungen Mutter von den Aufenthaltsräumen der Kinder stoßen bei Erzherzogin Sophie auf Kritik. Sissi wiederum empfindet derartige Vorhaltungen als Einmischung in ihre Mutterrechte. Weshalb sie sich auch darüber bei Franz Joseph beklagt. Dieser versucht auszugleichen. Was viel Takt und Verständnis für beide Standpunkte erfordert. So sehr er sich der geliebten Frau verpflichtet fühlt, so muß er doch den von seiner Mutter vorgebrachten Einwänden eine gewisse Berechtigung zubilligen. Zumal die junge Kaiserin auch darauf besteht, die beiden Kinder während der Reisen des Kaiserpaares nach Ungarn mitzunehmen, was allein schon der allgemeinen Stimmung in dem seit 1848 der Monarchie als Provinz eingegliederten Ungarn wegen, bei Sophie zu Besorgnissen Anlaß gibt. So werden alle kaiserlichen Räte und königlichen Kammerherren zur Teilnahme an den bevorstehenden Empfängen und Feierlichkeiten befohlen! Es gelingt immerhin dann doch, eine magyarischen Gepflogenheiten angemessene Pracht zu entfalten. Franz Joseph zieht in der goldverschnürten, roten Paradeuniform eines ungarischen Generals in Budapest ein, während Elisabeth in einer von acht herrlichen Schimmeln gezogenen Prachtkarosse durch die Straßen gefahren wird. Sie trägt dabei ein ungarisches Nationalkostüm und erobert dadurch die Herzen der ohnehin leicht entflammbaren Magyaren im Sturm.

Die Königin von Ungarn – Majestät himmlischer Schönheit

»Die Königin«, so schreibt die bedeutendste Budapester Tageszeitung, »die in sich zwei Majestäten vereinigt, und zwar die irdische des Thrones wie die himmlische der Schönheit, betritt zum erstenmal den Boden des geliebten Vaterlandes.« Vierzehn Tage nach dem glanzvollen und prächtigen Einzug in Budapest fällt ein dunkler Schatten auf den festlichen Glanz dieser Kaiserfahrt. Die kleine Sophie erkrankt ganz plötzlich und stirbt am 28. Mai 1857 in Budapest. Die Reise wird abgebrochen und die acht Monate alte Gisela sofort nach Wien zurückgebracht. So sehr Sissi auch Fassung zu wahren versucht, so vermag sie doch kaum ihr Schuldgefühl zu verbergen, als sie bei ihrer Rückkehr der Erzherzogin Sophie gegenübertritt. Hatte sich diese doch ausdrücklich gegen eine Mitnahme der Kinder auf die Ungarnreise ausgesprochen. Die Kaiserin empfindet es darum überaus dankbar, daß sich ihre Schwiegermutter taktvoll zurückhält und ihre Warnungen vor der Abreise mit keiner Silbe erwähnt. Dies umso mehr, als sie Zeuge wird, wie die junge Mutter am Sarg ihres Kindes fassungslos weint und nur mit größter Mühe aus der Gruft fortgebracht werden kann. Endlich dann, am 21. August 1858, verdrängt die Geburt des Kronprinzen Rudolph die Schatten, die das Bewußtsein der Mutter seit dem Tod ihres ersten Kindes verdüstert hatten. Die Entbindung selbst gestaltet sich schwierig, Elisabeth erleidet große Schmerzen, doch gleicht das Gefühl, ihrem »Franzi« und damit dem Thron einen Erben geschenkt zu haben, alle widerfahrene Unbill aus. Die Kaiserin erholt sich dieses Mal nicht so rasch, was sie wiederum nicht abhält, sobald sich die Möglichkeit dazu bietet, »in ihr herrliches schwarzes Samtreitkleid mit Spitzenjabot zu schlüpfen und auf ihren geliebten Pferden herumzugaloppieren, nun nach dem Kinde schöner, entzückender als je!« (C. Corti).

Erzherzogin und Kaiserin – zwei Frauen kämpfen um des Kaisers Gunst

Daß diese Extravaganzen bei verschiedenen Persönlichkeiten am Hof Stirnrunzeln verursachen, erscheint nicht verwunderlich. Auch Erzherzogin Sophie glaubt ihre Meinung von einer Verletzung nun einmal bestehender Mutterpflichten von neuem bestätigt. Franz hält Sissi eben an einem viel zu langen Zügel. Schon wird geflüstert, er stünde gänzlich unter ihrem Pantoffel. Ganz augenscheinlich will er sich und seine Frau trotz aller Rücksichtnahme auf die traditionellen Formen nur bedingt »spanischen Etiketteeinschränkungen« unterziehen. Doch schließen die Verpflichtungen eines Herrscherpaares ein ständiges Zusammensein von »Königskindern« mit deren Eltern eben aus. Man übergibt sie Erziehern und richtet ihnen eine eigene Hofhaltung ein. Die Tatsache, daß sich Erzherzogin Sophie hier einschaltet, um nach dem Rechten zu sehen, wird ihr gewiß zu unrecht als »Herrschsucht« angelastet. Denn den Beweggründen, die sie leiten, liegt eine beste Absicht zugrunde. Die Folgen dieser »Einmischung« führen jedoch zu immer wiederkehrenden Verstimmungen zwischen den beiden Frauen. Sissi zeigt sich gereizt, sie ist eifersüchtig und behauptet, ihre Schwiegermutter wäre in ihren Ältesten, den Kaiser Franz Joseph, vernarrt. Womit sie nicht ganz unrecht hat. Ist doch der »Bub« von einst längst für seine Mutter das Symbol eines durch hervorragende Charaktereigenschaften gereiften Monarchen. Weil nun Franz Joseph einige Male seine Mutter in Schutz nimmt, erbittert das Sissi, doch sie läßt sich ihre Verstimmung nicht anmerken, sondern schluckt den angestauten Ärger hinunter. Was allmählich zu einer Art Härte führt, die ihr Herz wie ein Panzer umschließt. Es ist aber nicht zu vermeiden, daß die gereizte Stimmung zwischen Schwiegertochter und Schwiegermutter auf das Verhältnis zwischen den beiden Ehegatten abfärbt. Franz Joseph findet einfach nicht die Kraft, der »Mama« ein für alle Male entschieden die Grenzen zu zeigen, die auch einer Schwiegermutter der Kaiserin gesetzt sind. Er selbst leidet dabei unter dem Eindruck, wenn er feststellen muß, wie Sissi sich müht, ihre natürliche Umgangsweise der Atmosphäre des Hoflebens anzupassen. Viel lieber würde auch er sich von ihrer angeborenen Ungezwungenheit anstecken lassen. Was Sophie natürlich nicht entgeht und diese wiederum kränkt. Das Bedauerliche an diesen Spannungen ist aber die Auswirkung auf die Umgebung. Es bilden sich Parteien am Hof, was zur Folge hat, daß auch Intrigen nicht ausbleiben. Unter anderem bietet die Heirat von Sissis Bruder Prinz Ludwig mit der Schauspielerin Henriette Mendel Stoff genug, um hinter vorgehaltenen Händen zu lispeln. Noch dazu, nachdem die Wittelsbacherin Elisabeth ganz offen die Partei ihres Bruders ergreift und jeden Vorbehalt gegenüber dieser Verbindung zurückweist. Zunächst sind es aber die außenpolitischen Sorgen, welche entgegen allem Gerede am Hof doch wieder ein inniges Verhältnis zwischen Kaiser und Kaiserin herstellen. Als sich Franz Joseph angesichts des unglücklichen Verlaufes des Neunundfünfzigerfeldzuges entschließt, zur Armee abzureisen, hat er die größte Mühe, Sissi davon abzubringen, ihn ins Hauptquartier zu begleiten. Es gibt einen »herzzerreißenden« Abschied, Elisabeth vermag die Tränen nicht zurückzuhalten, während sich ihr Gatte von seiner Umgebung verabschiedet. Auch läßt sie es sich nicht nehmen, ihn wenigstens bis Mürzzuschlag zu begleiten. Der zwischen dem Kaiser und Sissi folgende Briefwechsel beweist weiterhin das ungestörte, gute Verhältnis zwischen beiden Ehepartnern. Voller Angst und Besorgnis bittet sie mit rührenden Worten den Generaladjutanten Grünne, er möge dafür Sorge tragen, daß sich ihr Gatte nicht allzuoft Gefahren aussetze. Der Kaiser wiederum dankt ihr mit bewegten Worten dafür, daß sie es ist, die allen Leuten Mut zuspricht, womit sie ihm »ungeheuer« helfen würde.

»Du bist wirklich bewundersungswürdig und mutig in dieser schweren Zeit und bist mir dadurch ein unendlicher Trost . . .« Und im Zusammenhang mit dem Entschluß, weiter »unter seinen braven Truppen« zu bleiben: »Gräme Dich deswegen nicht, mein Engel, denn es geht mir gut und ich bin bei der Armee gut aufgehoben . . .« Und dann richtet er noch eine weitere Bitte an Sissi: ». . . stärke auch die anderen, zeige ein heiteres Gesicht, gehe in Anstalten, vielleicht auch wieder in den Hilfsverein, damit die Leute bei gutem Geiste erhalten bleiben und den Mut nicht sinken lassen . . . Ich bin Dir sehr dankbar, daß Du so wenig erzählst, denn bei dem jetzt herrschenden Tratsche ist es das beste, was man tun kann« (Corti).

»Umstimmigkeiten« zwischen Kaiser und Kaiserin – die große Krise beginnt

Es sind jedoch gerade diese Sorgen um ihren Gatten, die nicht zuletzt an Elisabeths Nerven und an ihrer Gesundheit zehren. Wie Franz Joseph nach dem Waffenstillstand von Villafranca nach Wien zurückkehrt, sucht er vergeblich im Kreise der Seinen den erhofften Trost und Ausgleich, derer er gerade jetzt, angesichts seiner persönlichen Niedergeschlagenheit über den unglücklichen Ausgang des Krieges, besonders bedarf. Er stellt bei Sissi eine ihm bisher unbekannte nervöse Unruhe fest. Auch macht sich eine oft nur verhaltene Spannung bemerkbar, Symptome, die die Mutter des Kaisers auf die unausgeglichene Lebensweise der Schwiegertochter zurückführt. Zu Franz Josephs großem Kummer haben sich außerdem die Beziehungen zwischen den beiden Frauen während seiner Abwesenheit zu einer ständigen Gereiztheit gesteigert. Immer wieder wird das Thema »Kindererziehung« zum Gegenstand gegenseitiger Verstimmungen. So sieht sich Franz Joseph gezwungen, bei der übrigen Belastung durch außen- wie innenpolitische Krisen, zusätzlich aufkommende Streitigkeiten im eigenen Hause auszugleichen. Dazu ereignen sich innerhalb der nahen Verwandtschaft Schicksalsschläge, die die bestehende gedrückte Stimmung noch weiter beeinträchtigen. Im November 1858 war die junge Gattin von Franz Josephs Bruder Karl Ludwig, Margarethe von Sachsen, ganz plötzlich gestorben. Und Anfang August des Unglücksjahres 1859 wird das Unmögliche einer Wiedergenesung des guten Onkels »Dicki« in Berlin, Friedrich Wilhelms IV., Gewißheit. Eine Tatsache, die sich sehr bald auch auf die Entwicklung der persönlichen Beziehungen zum Hause Hohenzollern auswirken wird. Ein wenig Licht in die Niedergeschlagenheit innerhalb der kaiserlichen Familie bringen dann manche Beweise der Anhänglichkeit von Seiten des »Mannes auf der Straße«. Sie gelten besonders der »schönen Kaiserin«. Als Sissi während der Karwoche im Stephansdom erscheint, umdrängen sie die Kirchenbesucher derart, daß man sie in die Sakristei bringen muß, um vom Gottesdienst ablenkenden Ovationen zu entgehen. Während der darauffolgenden Tage darf sie nur mehr hinter einem Chorfenster die Zeremonien verfolgen. Ob es dabei allein die Hinwendung zu Gott ist, die ihre Gedanken in solchen Augenblicken beschäftigt? – Ihr Blick trifft während des Vorüberziehens der Osterprozession auf Gestalten, die in ihrer zur Schau getragenen Andacht kaum etwas von der Rolle verraten, die sie in Elisabeths Augen spielen. Hat doch das Verhältnis zwischen ihr und »Franzi« zum ersten Mal eine wirkliche Abkühlung erhalten. Genau ein Jahr nach der Katastrophe von Solferino ist es zu einer ersten, grundsätzlichen Auseinandersetzung zwischen ihr und dem Kaiser gekommen. Über die Gründe der Unstimmigkeiten schweigen sich die Eingeweihten aus. Daß sie aber einen offenen Bruch einzuleiten schienen, ahnt noch niemand. Doch muß jedermann, der der Kaiserin begegnet, Veränderungen in ihrem Wesen feststellen. Ihre bislang eher verhalten wirkende Nervosität führt jetzt öfters zu unbeherrschten Ausbrüchen. Sie reagiert ungewohnt scharf, besonders auf Einwände ihrer Obersthofmeisterin Esterházy, und nennt Hinweise der Schwiegermama ungeniert »Nadelstiche«! Auch ihr Aussehen hat sich verändert. Sie ist oft sehr blaß, und dann leidet sie jetzt an häufigen Hustenanfällen. Auch klagt sie über plötzlich auftretende Fieberschauer, ein Zustand, der ihren Leibarzt Dr. Skoda veranlaßt, zu einem Abschalten von allen Verpflichtungen des Hoflebens zu raten. Er ist es dann auch, der eine länger andauernde Reise nach der Insel Madeira in Vorschlag bringt.

Sissi, die »Reiserin«

Es ist die erste der vielen Auslandsfahrten, die Elisabeth später den wenig schmeichelhaften Beinamen einer »Reiserin« statt der Kaiserin einbringen werden. Sissi tritt diese Reise auch tatsächlich an. Nicht einmal zu Weihnachten darf sie zu den Kindern und zu ihrem Gatten zurückkehren. Franz Joseph begleitet sie bis Bamberg. Dort trennt er sich von ihr, um dem König von Württemberg einen Besuch abzustatten. Am Heiligen Abend dann steht er allein neben den Kindern und der »Mama« unter dem Christbaum. Nur die Mutter sieht, wie er heimlich einige Tränen unterdrückt, als man ihm das Geschenk seiner Frau, eine Zimmereinrichtung für ein Jagdhaus, vorführt. Dieses traurige Weihnachtsfest kündigt überdies noch andere Sorgen und Belastungen an. Im neapolitanischen Königreich beider Sizilien von Sissis Schwester, ist nach Garibaldis Landung eine allgemeine Volkserhebung ausgebrochen. Die Garibaldiner sind auf dem Festland gelandet und haben die königlichen Truppen bis Gaëta zurückgedrängt. Auf die Hilferufe »Rè Bombas« kann Franz Joseph nicht reagieren, denn die Lage des Kaiserreiches erlaubt keine neuen kriegerischen Auseinandersetzungen. Selbst Viktor Emanuel von Piemont-Sardinien zeigt sich mit dem Volkshelden Garibaldi wenig einverstanden. Man irrt nicht, wenn diesem die Gründung einer italienischen Republik vor Augen schwebt. Deshalb telegrafiert er auch dem König von Neapel den niemals umstrittenen Satz: »Tun Sie Ihr Möglichstes, um Garibaldi zu schlagen, und dann lassen Sie ihn hängen, denn solange er lebt, wird es keine Ruhe in Italien geben!« Dennoch ist das Schicksal Franz II. von Neapel entschieden. Auch Gaëta muß kapitulieren, worauf ganz Süditalien dem neuen Königreich Italien einverleibt wird. Im Innern Österreichs spielen sich die Auseinandersetzungen um die Aussetzung des Oktoberdiploms und um das von Schmerling vorbereitete Februarpatent ab. Wenigstens die Nachrichten aus Madeira klingen wieder ermutigend. Sissis Hustenanfälle bleiben aus, ja aus ihren Briefen kann Franz Joseph sogar entnehmen, daß sie zurückkehren möchte, weil sie sich auf Madeira langweile. Darum gestatten ihr auch die Ärzte die Heimkehr. Franz Joseph fährt ihr auf einer Jacht entgegen und die Queen Viktoria schickt ihr sogar die eigene Königsjacht, die sie bis Triest bringt. In Miramare verbringt das Kaiserpaar dann die ersten Tage des Wiedersehens gemeinsam mit dem Erzherzoglichen Ehepaar Ferdinand Max und Charlotte von Belgien. Leider währt die Freude dieses Wiedersehens aber nicht lange. Ganz plötzlich treten bei einem der ersten Empfänge in der Wiener Hofburg bei der Kaiserin neue Ermüdungserscheinungen auf. Und auch der Husten stellt sich wieder ein. Jetzt bemächtigt sich Franz Josephs eine echte und ernsthafte Besorgnis. Seine nächste Umgebung muß beobachten, wie er mit unendlicher Selbstbeherrschung seinen tief sitzenden Kummer zu verbergen versucht. Verschlimmert sich doch Sissis Zustand von Tag zu Tag. Sie verweigert oftmals die Einnahme von Speisen und nimmt nur unregelmäßig an Mahlzeiten teil. Dabei klagt sie über zunehmende Schmerzen auf der Brust und leidet auch wiederholt an Schwächeanfällen. Eines Tages eröffnet der Leibarzt Dr. Skoda dem Kaiser, er hielte den Klimawechsel zwischen Madeira und Wien für eine der Ursachen von Sissis neuerlicher Erkrankung. Zum ersten Mal fällt während dieser Unterredung das Wort von der Gefahr einer »galoppierenden Schwindsucht«. Auf diesen Hinweis hin, wird der langjährige Hausarzt von Sissis Familie in Possenhofen, Dr. Fischer, nach Wien geholt. Der Bayer stellt nach einer eingehenden Untersuchung dann fest, daß er den Zustand der Kaiserin nicht für so bedenklich halte. Beide Ärzte einigen sich jedoch für einen länger währenden Aufenthalt der Patientin auf der Insel Korfù. Das bedeutet einen erneuten Abschied für Sissi von den Kindern und ihrem Gatten. Und jetzt ist es zum ersten Mal, daß sie ein Gefühl übermannt, in dem sich eine Veränderung ihrer Einstellung zur Erzherzogin Sophie erkennen läßt. Sie sieht ein, daß sie es niemandem anderen als der Schwiegermutter verdankt, wenn sie die Kinder ohne Sorge am Hofe zurücklassen kann. Wie Sophie sie während des Abschiedes mit einem Ausdruck echten Kummers und ernster Sorge umarmt, schluchzt Sissi plötzlich auf, schlingt die Arme um Sophie und bittet sie unter Tränen um Verzeihung für ihr oftmals gezeigtes ungebührliches Verhalten. Von den Kindern trennt sie sich mit allen Anzeichen eines echt empfundenen Schmerzes. Franz Joseph begleitet sie auch dieses Mal bis Triest. »Gott gebe«, notiert der nach dem inzwischen erfolgten Rücktritt des Grafen Grünne als Generaladjutant berufene Graf Crenneville in sein Tagebuch, »daß diese Reise die Kaiserin rette. Sie weiß von den angegriffenen Lungenflügeln und den Tuberkeln.« (C. Corti).

Rückkehr nach Schönbrunn

Es währt auch nicht lange, da lauten die Nachrichten aus Korfù wieder günstig. Die Kaiserin erhole sich sichtlich, der Husten habe fast völlig nachgelassen und auch von Schlaflosigkeit könne kaum noch gesprochen werden. Nur mit der Eßlust stünde es noch immer nicht zum besten. Dann erheben sich mit einem Mal Stimmen, in denen Zweifel über die Ursache der langen Abwesenheit der Kaiserin von Wien zum Ausdruck kommen. Man will in der Krankheit allein nicht die Gründe erkennen. Vor allem ist es die Obersthofmeisterin Gräfin Sophie Esterházy, die diese Meinung zum Ausdruck bringt. Sobald Franz Joseph von diesen Gerüchten erfährt, schickt er seinen ehemaligen Generaladjutanten und nunmehrigen Hofstallmeister Graf Grünne nach Korfù. Grünne hat Auftrag, Sissi zu einer baldigen Rückkehr nach Wien zu überreden. Unerwarteterweise führt die Unterredung zwischen der Kaiserin und dem General zu einer heftigen Auseinandersetzung. Sissi nimmt sich kein Blatt vor den Mund. Sie gebraucht bei Erwähnung des Namens ihrer Obersthofmeisterin Esterházy den Ausdruck »unausstehlich« und findet überraschenderweise plötzlich erneut harte Worte über

Erzherzogin Sophie, der sie vorwirft, diese »dirigiere« die Erziehung ihrer Kinder. Was wohl mit einem Wiederauftreten einer nervösen Gereiztheit zu erklären ist. Die, wie sie sich selbst ausdrückt, im Klatsch bei Hofe ihre Ursache habe, den sie ganz einfach nicht mehr ertrüge, zumal er ihre Person und andere in die Redereien mit einbezöge.
Grünnes Mission mißglückt. Mehr Erfolg zeitigt dann der Besuch ihrer Schwester Helene, nunmehriger Fürstin von Thurn und Taxis. Ihr gelingt es, Sissis Stimmung über Wien zu verbessern. Auf diese Nachricht hin und nach der Rückkehr seiner Schwägerin, entschließt sich Franz Joseph selbst zu einer Reise auf die Insel. Seine Gegenwart wirkt sich auch auf den Zustand Sissis wohltuend aus. Beide Gatten stellen augenscheinlich das alte Einvernehmen wieder her. Doch Franz Joseph will dieses Mal die Gesundheit Sissis nicht erneut durch einen zu jähen Klimawechsel gefährden. Elisabeth soll die nächste Zeit in Venedig verbringen, um dann später, im Frühjahr, nach Wien zurückzukehren. Auch die Kinder sollen nach Venedig zu ihrer Mutter gebracht werden. Ende November trifft das Kaiserpaar in der Lagunenstadt ein. Das Traumziel aller Hochzeitsreisenden versagt auch dem seit sieben Jahren verheirateten Kaiserpaar nicht die Reize seiner einmaligen Atmosphäre. Denn, so stellt der Gesandte Österreichs am Pariser Hof, Hübner, anläßlich eines Besuches in Venedig fest, »Franz Joseph liebe Elisabeth wie am ersten Tage ihrer Ehe«. Eine Feststellung, in der sich nicht zuletzt die Hoffnung widerspiegelt, Franz Joseph möge in Bälde auch die Rückkehr in ein glückliches Familienleben beschieden sein. Umso größer ist die Enttäuschung, als der Kaiser während des Frühjahres 1862 erfährt, bei seiner Frau hätten sich neue Leiden eingestellt. Sie, so wird ihm berichtet, leide an geschwollenen Füßen und fürchte das Auftreten einer Wassersucht. Aus diesem Grunde sei sie entschlossen, sich zur Behandlung durch ihren alten Hausarzt nach Possenhofen zu begeben. Vorher wolle sie sich aber noch einer Kur in Bad Kissingen unterziehen. Franz Joseph reist daraufhin sofort nach Possenhofen und versucht, Sissi zur Rückkehr nach Wien zu bestimmen. Es ist zunächst vergebens, Sissi beharrt auf ihrem Entschluß, und ihre neue Obersthofmeisterin Gräfin Königsegg bemerkt dazu, die Kaiserin würde sich ihrer österreichischen Umgebung immer mehr entfremden. Daß es Franz Joseph dann mit einem Mal doch glückt, Sissi zur Reise nach Wien zu bewegen, zeigt den Erfolg seiner Beharrlichkeit, aber auch seines auf Sissi noch immer wirkenden Charmes. Schönbrunn empfängt sie auch mit einem groß angelegten Festakt. Mehr als 20000 Menschen huldigen der »Wiedergekehrten« in Schönbrunn. Und auch Franz Joseph erweist sich wieder einmal als vollendeter Kavalier. Er, der ihr jeden Wunsch aus ihren Zügen abzulesen versucht, schenkt ihr eine Reihe neuer, prachtvoller Reitpferde.

Sissis endgültiger Sieg über Sophie

Es bleibt nicht aus, daß die Reisen mit ihren damit verbundenen langen Aufenthalten in fernen Ländern innerhalb mancher Bevölkerungskreise auf Kritik stoßen. Da ist es besonders die »PRESSE« des Herausgebers August Zang, die sich durch eher unfreundliche Kommentare hervortut. Sehr zu Unrecht nimmt Franz Joseph an, daß diese Bemerkungen auf Äußerungen seines Bruders Ferdinand Max zurückzuführen wären, dessen Freundschaft mit Zang bekannt sei. Hatte doch Zang dem Erzherzog in Fragen des stets vernachlässigten Flottenprogramms einige Male in Aufsätzen Schützenhilfe geleistet. Es kommt zu einer recht stürmischen Unterredung zwischen den Brüdern, während der Erzherzog Max jeden Zusammenhang mit den Angriffen gegen seine Schwägerin und seinen Beziehungen zu Zang in Abrede stellt. Man geht zwar wieder versöhnt auseinander, doch bleibt bei beiden Brüdern ein Stachel zurück, der sich nicht zuletzt bald im Zusammenhang mit der Vorbereitung des »mexikanischen Abenteuers« von Max auswirken wird. »Bei Hofe« stellt man unterdessen fest, daß die Kaiserin nach ihrer Rückkehr weit bestimmter und unnachgiebiger auftritt als früher. Sie ist jetzt fünfundzwanzig Jahre alt geworden und versteht es nunmehr, ihre Persönlichkeit mit dem gewünschten Rahmen zu umgeben. Auch setzt sie von nun ab die eigenen Entscheidungen in den Fragen der Kindererziehung durch. Erzherzogin Sophie hält sich sichtlich zurück und verbringt viele Stunden des Tages zurückgezogen in ihren Appartements. In den Räumen der Kaiserin machen sich inzwischen unerwartete Gäste breit. Ihre großen Hunde dürfen sich von nun ab dort ungeniert ausstrecken und dienen ihr sogar im Schlafzimmer als Leibwächter. Ihre Herrin fasziniert indes wiederum durch ihre Schönheit. Wenn sie bei Hoffesten und bei den repräsentativen Faschingsbällen in weißem Kleid und mit Kamelien, Diamanten und Saphiren im dunklen Haar erscheint, kann selbst die Erzherzogin Sophie nur ausrufen: »Einfach superb!« (C. Corti) Wenn dann Franz Joseph, angesichts dieser Erscheinung jedesmal weich wird, sobald Sissi ihm mit einem ihrer oft recht ausgefallenen Wünsche zusetzt, kommentiert man das bei Hofe mit dem Satz: »Sie weint ihm eben wieder einmal ein bissel was vor!« Er schweigt auch, wie er feststellt, daß seine Frau jetzt manchesmal merkwürdige Gewohnheiten beim Essen bekundet. So nimmt sie beim »Nachtmahl« kaum etwas zu sich, bestellt sich aber stattdessen ein Glas Bier! Womit sie anscheinend ihre Anhänglichkeit an das bayrische Nationalgetränk bekundet. Auch macht sich bei ihr eine seltsame Neigung für eine recht ungewöhnliche Auslegung ihrer Repräsentationspflichten bemerkbar. So interessiert sie sich plötzlich für die Einrichtung von Irrenanstalten. Bei Besuchen solcher Häuser läßt sie sich sehr eingehend vom Schicksal der dort Untergebrachten unterrichten. Nach wie vor bietet ihr, neben den Aufgaben, die ihr aus der Erziehung ihrer Kinder erwachsen, die Beschäftigung mit ihren Pferden den liebsten Ausgleich, dem auch Franz Joseph voll beipflichtet. Wie ihm überhaupt die wiedergewonnene Gegenwart Sissis neue und belebende Impulse vermittelt. Eine Quelle innerer Stärke, derer er während der bevorstehenden schicksalsschweren Jahre in besonderem Maße bedürfen wird!

Fürst Otto von Bismarck, ein preußischer Junker gegen Österreich

Seit dem 9. Oktober 1862 bestimmt in Berlin ein neuer Ministerpräsident und Außenminister die preußische Politik – Otto von Bismarck! Seine feindselige Einstellung gegenüber Österreich ist bekannt.
»Herrn von Bismarck gegenüber ist die größte Vorsicht geboten«, mit diesem Satz erteilt Minister Graf Rechberg dem österreichischen Botschafter in Berlin eine neue Anweisung,

»was ich aber nicht begreifen kann, ist die unglaubliche Verblendung dieses Staatsmannes, seinem leidenschaftlichen Haß gegen Österreich so nachzugeben.« (C. Corti).
Dieser Haß manifestiert sich zunächst in einer erfolgreichen Beeinflussung des neuen Königs Wilhelm gegen alle österreichischen Absichten, die alte Vorherrschaft Habsburgs in Deutschland von neuem zu festigen. Der Verlust seiner Vormachtstellung in Italien – seit 1861 ist Italien ein, bis auf den Kirchenstaat und Venetien, geeintes Königreich –, zwingt Wien geradezu, einer ähnlichen Entwicklung in Deutschland entgegenzuwirken. Voraussetzung hierfür ist eine Änderung der bisherigen Bundesverfassung. Nach Ansicht Franz Josephs müßten »Verfassungsmäßige Vertretungen der Länder« (den Begriff »Volksvertretung« lehnt er ab!) das traditionelle Anrecht der habsburgischen Krone auf den deutschen Kaiserthron neu bestätigen. Begreiflicherweise tritt Bismarck in Berlin gerade solchen Plänen entschieden entgegen. Ein harter Realpolitiker, der er ist, erkennt er unschwer, daß ein selbst nach dem inneren Ausgleich mit seinen Völkern ringendes Österreich niemals mehr die kraftvolle Führung des deutschen Bundes bewerkstelligen würde. Und diesen Führungsanspruch erhebt Bismarck seit Jahren für Preußen. Um dies zu erreichen, schiebt er rücksichtslos jeden ideologischen Einwand beiseite. Was seinen Plänen nützt, wird in Angriff genommen. Ob er dabei im Sinne Rußlands und seines Zaren die Polenflüchtlinge übel behandelt oder Beziehungen zu den ungarischen Widersachern Habsburgs anknüpft, ob er in Italien schüren läßt, ja sogar tschechischen Wühlern Unterstützung gewährt, sein Ziel bleibt die Schwächung Österreichs in seinem Einfluß auf die deutschen Geschicke. Selbst ein entschiedener Gegner liberaler Strömungen, spricht er sich im Gegensatz dazu für eine liberale Ländervertretung in Frankfurt aus, weil er genau weiß, wie sehr er dadurch den österreichischen Auffassungen von der Autorität einer Kaiserwürde widerspricht.
Auf österreichischer Seite ist es gerade der »deutsche« Minister Schmerling, der die von Bismarck eingefädelte Unterminierung des österreichischen Einflusses in Deutschland erkennt. Er und Graf Rechberg sind es, die Franz Joseph den Zusammentritt eines deutschen Fürstentages in Frankfurt am Main vorschlagen. Überraschend wirkt dabei, daß niemand anderer, als der 1848 in Wien zum Tode verurteilte und von Franz Joseph begnadigte »Demokrat« Julius Fröbel einen Plan entwirft, nach dem eine ständige Delegiertenversammlung nach Frankfurt einberufen werden soll. Neben ihr schlägt er die Zusammenkunft einer periodisch tagenden Fürstenversammlung vor, die als eine Art Oberhaus gedacht ist. Entscheidende Gewalt stünde aber zuletzt nur einem sogenannten Direktorium zu.
Franz Joseph erklärt sich mit diesen Vorschlägen einverstanden. Er verlangt jedoch als Voraussetzung für ihre Verwirklichung die Zustimmung Preußens. Noch während dann Verhandlungen zu diesem Thema weiterlaufen, erfolgt eine Reise des Preußenkönigs Wilhelm zum Kuraufenthalt nach Gastein. Franz Joseph nimmt diese Gelegenheit wahr, um den Gast für den neuen Deutschlandplan zu gewinnen. Er ist jedoch recht verstimmt, als ihm in Gastein Graf Bismarck in der Begleitung seines Monarchen entgegentritt. Franz Joseph versucht, seinen Gesprächspartner davon zu überzeugen, daß nur eine energische Führung des Deutschen Bundes neue Revolutionserscheinungen zu steuern vermöge. Um eine solche Institution aktionsfähig zu erhalten, sei jedoch die aktive Mitwirkung Preußens unerläßlich. Deshalb rechne er mit der Teilnahme Wilhelms an der beabsichtigten Fürstenkonferenz.

Der Frankfurter Fürstentag, Konferenz ohne Ergebnis

Bismarck bezeichnet diesen Ratschlag des Kaisers als Anschlag gegen Preußen und warnt seinen König, sich überrumpeln und sein Land zum bescheidenen Dienstmann Österreichs im Deutschen Bund herabwürdigen zu lassen. So weicht Wilhelm beim nächsten Gespräch mit Franz Joseph aus und erklärt, man müsse derartige Pläne einer vorbereitenden Konferenz der deutschen Minister überlassen. Zuletzt muß Franz Joseph dem Vorschlag, die Stellungnahme Preußens in einem schriftlichen Entscheid abzuwarten, zustimmen. Er reist ab und erhält wenige Tage danach in Wien die endgültige Absage. Trotzdem verfügt der österreichische Kaiser, daß die Einladungen zur Fürstentagung an alle in Frage kommenden Fürstenhöfe ausgesandt werden. Die Frankfurter Versammlung findet dann Mitte August 1863 statt. Die Anreise Franz Josephs zu der Mainmetropole gleicht einem Triumphzug. Doch aller Jubel täuscht nicht über die Tatsache hinweg, daß dieser »letzte Versuch«, Deutschland zu einigen, ohne die Teilnahme Preußens jeder Basis entbehrt.
So verläuft der Fürstentag zu Frankfurt mit Konferenzen, Banketten und Bällen. Mittelpunkt der Versammlung ist das im 2. Weltkrieg leider zerstörte, herrliche Palais der Fürsten Thurn und Taxis. Unter den Festen schießt das von der Stadt Frankfurt der Versammlung gegebene Diner am 17. August 1863 mit seinen 25 Spezialgerichten und den dazu abgestimmten Weinen den Vogel ab. Den glänzendsten Ball gibt der Bankier von Bethmann. Immer aber wird die Stimmung der Konferenzteilnehmer von einer sich steigernden Verlegenheit gekennzeichnet. Franz Joseph führt die Verhandlungen persönlich mit viel Geschick und diplomatischem Takt, er gibt sich jedoch keiner Täuschung hin. Er erreicht zwar, daß der Vorschlag Fröbels nach einem fünfköpfigen Fürstendirektorium angenommen wird, und stimmt der Klausel zu, die ihr Inkrafttreten von der Zustimmung Preußens abhängig macht. Doch kommt ein endgültiger Entschluß, wonach Österreich und Preußen sich im Vorsitz der Fürstenversammlung ablösen sollen, nicht mehr zustande. Das einzige, was er erreicht, ist ein Beschluß, die Reform der Bundesversammlung einzuleiten. Die jedoch auch erst unter der Mitarbeit Preußens und der nicht erschienenen Mitglieder eingeleitet weden soll. Womit praktisch dieser so großartig angelegten Fürstenversammlung der Boden entzogen wird. So bleibt ihr Ergebnis gleich Null!

Dänemark 1864 – Preußens politische Falle für Österreich

Unter dem Eindruck der Auseinandersetzungen um die Vormachtstellung im Deutschen Bund geht ein Ereignis beinahe unter, dessen Auswirkungen eines Tages in allen deutschen Ländern die überlieferte Struktur aus den Angeln heben wird. Im gleichen Jahr 1863, in dessen Verlauf der so glänzend aufgezogene deutsche Fürstentag ein klangloses Ende nimmt,

gründet Ferdinand Lassalle den allgemeinen deutschen Arbeiterverein. Das Echo, welches diese Gründung nach sich zieht, verhallt jedoch im Lärm plötzlicher Kriegsvorbereitungen. Dynastische Interessen, mehr noch die Einschränkung deutscher Volkstumsrechte, sind die Ursache. Auf »ewig ungedeelt« stehen die Länder Schleswig-Holstein und Lauenburg unter dänischer Oberhoheit. Holstein allerdings ist auch Mitglied des Deutschen Bundes. In Dänemark ist das bisherige Herrschergeschlecht ausgestorben. Der neue König, ein Prinz von Glücksburg, nunmehr Christian IX., gibt seinen Ländern eine neue Verfassung. Er bezieht auch die drei im hohen Norden des deutschen Raumes gelegenen Länder darin ein. Die neue dänische »Reichsverfassung« beeinträchtigt jedoch nicht allein die Rechte der dort lebenden deutschsprachigen Bevölkerung, sondern verleibt auch Schleswig Dänemark uneingeschränkt ein und macht darüberhinaus Herrscherrechte seines neuen Königs auch auf Holstein geltend.
Fürs erste erhebt der Herzog von Augustenburg gegen die Thronrechte Christians IX. Einspruch. Vor allem aber entfacht das dänische Vorgehen in ganz Deutschland einen Sturm der Entrüstung. Preußen, das bereits 1848 versucht hatte, sich beider Herzogtümer zu bemächtigen, erkennt seine Chance. Deshalb fordert Bismarck von Frankfurt die Entsendung von Bundestruppen in die bedrängten Provinzen. Worauf sich der Deutsche Bund für die Besetzung Holsteins und Lauenburgs durch sächsische und hannoverische Kontingente entschließt. Man ruft Prinz Friedrich von Augustenburg zum Herzog aus und entsendet auch Bundesbeauftragte als Verwaltungsbeamte.
Unterdessen verfolgt Bismarck konsequent seine Pläne, um im Sinne Preußens zum Ziel zu gelangen. Und findet dabei durch Österreich eine durchaus willkommene Unterstützung. Darf doch der Habsburgerstaat als Präsidialmacht des Deutschen Bundes in einer alle Deutschen bewegenden Frage nicht zurückstehen. Franz Joseph entscheidet sich für ein gemeinsames Vorgehen mit Preußen. Er spricht sich sogar für eine sofortige Besetzung Schleswigs aus, nachdem sich in Holstein bereits Bundestruppen befänden. Daß er dabei selbst ins Schlepptau der preußischen Politik gerät, erkennen weder er noch sein Außenminister Rechberg. Dieser und Bismarck vereinbaren nunmehr die Einzelheiten des beabsichtigten Vorgehens, unterlassen es aber auf den Wunsch Bismarcks hin, Beschlüsse über den künftigen Status der beiden Herzogtümer nach deren Inbesitznahme zu vereinbaren. Gemeinsam mit Preußen mobilisiert Österreich sein VI. Korps in einer Stärke von 23000 Mann unter dem Kommando des Feldmarschalleutnants Freiherrn von Gablenz. Während diese Truppen gegen Norden in Marsch gesetzt werden, richten Preußen und Österreich ein Ultimatum an Kopenhagen, in welchem die Zurücknahme der neuen Verfassung für Schleswig innerhalb von 48 Stunden gefordert wird. Dänemark, das mit einer Unterstützung durch England gerechnet hatte, sieht sich allein gelassen, lehnt aber trotzdem das Ultimatum ab. Daraufhin eröffnen Preußen und Österreich die Feindseligkeiten. Den Oberbefehl über die 37000 Mann starke preußische Armee führt der populäre Feldmarschall Graf Wrangel. Ihm und dem Prinzen Friedrich Karl sind auch die österreichischen Truppen unterstellt. Den Angreifern stehen rund 40000 Dänen gegenüber. Diese stützen sich vor allem auf die gut ausgebaute Befestigungslinie des Danewerks, ein Bollwerk, welches in einer Länge von 75 km unter Ausnützung der Flußläufe der Schlei, der Treene und Eider das Land von der Südgrenze Schleswigs bis zur Nordsee durchzieht. Die Hauptstadt Kopenhagen wird gemeinsam mit den umgebenden Inseln durch eine zweite mächtige Befestigungsanlage, die Düppeler Schanzen, gesichert.

Der dänische Feldzug

Als erste übersetzen preußische Bataillone von Kiel aus die Eider und überschreiten die Schlei.
Den Österreichern wird die stark verschanzte Danewerkstellung als Angriffsziel zugewiesen. Nach einigen kleineren Gefechten erfolgt der Sturm auf die Hauptbastion des Danewerkes, den sogenannten Königsberg (auch Königshügel) nahe der Bahnstation Klosterberg bei Schleswig. Hier befehligt König Christian persönlich das Gros seiner Kerntruppen. Nach einem erbitterten Ringen erstürmen die österreichischen Bataillone (Slowaken, Magyaren, Polen, Ukrainer, Tschechen) den Königshügel. Auf ihrem weiteren Vormarsch gegen Flensburg stoßen die Regimenter Generals Gablenz am 6. Februar bei dem Dorf Oeversee erneut auf dänische Kräfte. Es geht um den Besitz des Sankelmarker Waldes und der kahlen Höhen ostwärts der auf Flensburg zu führenden Chaussee. Erst der Einsatz der »schwarz-gelben« Brigade der Oberösterreicher und Steirer bringt den Erfolg. Die Verluste sind auf beiden Seiten überaus hoch. Nach der Einnahme von Flensburg setzt das österreichische Korps seinen Vormarsch gegen Jütland fort. Am 8. März kommt es zu einem letzten Gefecht bei Veille. Die Österreicher rücken am 29. April in der Festung Fridericia ein und erbeuten dort 206 Geschütze. Die preußischen Truppen haben unterdessen in einem überaus kühnen Unternehmen die Düppeler Schanzen erstürmt und die Insel Alsen besetzt. Auch zur See kommt es zwischen einer vom österreichischen Kommodore Wilhelm von Tegetthoff geführten Eskadre und dänischen Kriegsschiffen unter Linienschiffskapitän Suenson zu einem Seegefecht auf der Höhe von Helgoland. Tegetthoff war einem für den Einsatz in der Nordsee vorgesehenen österreichischen Geschwader von Lissabon aus vorausgeeilt. Sobald die in Cuxhaven versammelten Schiffe dann die Meldung erreicht, daß die drei dänischen Schiffe »Niels Juel«, »Iyland« und »Heimdahl« bei Helgoland kreuzen, erteilt Tegetthoff am 4. Mai 1864 den Befehl, Dampf zu machen. Als die Dänen in Sicht kommen, erreicht die österreichischen Schiffe sein bekannter Befehl: »Unsere Armeen haben Siege erfochten, tun wir das gleiche!« Die zahlenmäßige Überlegenheit der dänischen Schiffsartillerie verfehlt nicht ihre Wirkung. Das dicht hinter dem Pulvermagazin der »Schwarzenberg« befindliche Segeldepot wird in Brand geschossen. Das Schiff kann bei einem Übergreifen des Feuers jeden Augenblick in die Luft fliegen. Doch Tegetthoff bewahrt bereits hier seine später sprichwörtlich gewordene Kaltblütigkeit. Alles, was er dem besorgten 1. Offizier erwidert, lautet: »Also löschen!« – Wie dann etwas später eine weitere Granate den Fockmast zersplittert, manövriert Tegetthoff die »Schwarzenberg« vor den Wind, befiehlt jedoch der »Radetzky« sofort in die Feuerlinie zurückzukehren, als diese versucht, sich zwischen die Dänen und das eigene, brennende Flaggschiff zu setzen.

Überraschenderweise dreht die dänische Eskadre kurz darauf ab. Ihre Schiffe hatten auch so schwere Schäden davongetragen, daß Suenson eine Weiterführung des Gefechtes für aussichtslos hält.

Waffenstillstand im Norden, militärischer Sieg – politische Niederlage

Mit dem Abschluß des Waffenstillstandes rollt bereits ein neuer Zankapfel auf den Tisch der Sieger: Was soll mit den beiden Ländern Schleswig und Holstein geschehen? Zunächst einigt man sich, daß Österreich Holstein, Preußen Schleswig verwaltet. Daraufhin fordert die Bevölkerung beider Länder die Einsetzung des Prinzen von Augustenburg zum legalen Herzog des Landes. Auch die Fürsten des Deutschen Bundes erklären sich für diese Lösung. Österreich verhält sich abwartend, während Bismarck entschlossen ist, den Anschluß beider Länder und Lauenburgs an Preußen zu erreichen. Während einer zu Schönbrunn stattfindenden Zusammenkunft zwischen Kaiser Franz Joseph und König Wilhelm fordert Rechberg für eine Zustimmung Österreichs zu Bismarcks Plänen eine Entschädigung, die Bismarck jedoch ausschlägt. Er geht bewußt jeder augenblicklichen Verständigung mit Österreich aus dem Wege. Dieser außenpolitische Leerlauf hat den Rücktritt des österreichischen Außenministers Rechberg zur Folge. Aber auch die Stellung des Ministers Schmerling ist erschüttert. Noch während eine Lösung der schleswig-holsteinischen Frage in Schwebe ist, hat sich in der Innenpolitik des Habsburgerstaates eine überraschende Wendung ereignet. Aus Budapest kommen mit einem Male freundlicher abgestimmte Töne. Die Einsicht, daß die Lage nach der Einsetzung eines Generals als Statthalter unhaltbar geworden ist und die Einrichtung einer Hofkanzlei für Kroatien den endgültigen Verlust diese Landes für Ungarn besiegeln würde, hat drei ungarische Politiker, Franz Deak, Graf Georg Apponyi und den aus der Emigration heimgekehrten und begnadigten Grafen Julius Andrássy veranlaßt, eine gewisse Annäherung an Wien einzuleiten. So stimmen sie dem Grundsatz des gemeinsamen Heeres und der Außenpolitik zu. Schmerling glaubt den deutschen Einfluß in der Gesamtmonarchie gefährdet und erklärt seinen Rücktritt. Seine Aufgaben übernimmt der klerikale Föderalist Graf Richard Belcredi. Seine auf eine Wiederannäherung ausgerichtete Politik führt dann mit zum Erlaß des »Sistierungspatents« von 1865, mit dessen Bestimmungen der »engere« Reichsrat und die Februarverfassung (!) außer Kraft gesetzt werden.
Der neue Außenminister Graf Alexander Mensdorff-Pouilly, besitzt keineswegs die Fähigkeiten, deren er als Gesprächspartner eines Bismarcks bedarf. Dieser plant zunächst noch »auf Zeit.« Er schlägt einen Teilungsvertrag vor, der dann auch in Gastein zustande kommt. Die bisherigen Verwaltungen in Holstein und Schleswig bleiben noch bestehen, doch wird das kleine Herzogtum Lauenburg gegen eine Entschädigung von zweieinhalb Millionen dänischer Reichstaler von Österreich an Preußen abgetreten. Mit diesem Abkommen glaubt Bismarck die Voraussetzungen geschaffen zu haben, mit denen er Österreich nach und nach in die Enge zu treiben beabsichtigt. Er ist sich dabei des Wohlwollens Rußlands gewiß, das Österreichs Haltung während des Krimkrieges keineswegs zu vergessen beabsichtigt, und auch in England denkt niemand daran, sich zur Zeit in innerdeutsche Angelegenheiten zu mischen. So bleibt die Haltung Frankreichs abzutasten. Während einer Zusammenkunft in Biarritz mit Napoleon III. erreicht Bismarck dann zwar die Zusicherung, daß sich Frankreich im Falle einer kriegerischen Auseinandersetzung Preußens mit Österreich neutral verhalten würde, doch stellt der Franzose seinerseits Forderungen auf eine Abtretung linksrheinischer Gebiete, die der preußische Staatsmann niemals anzuerkennen gedenkt. Mit Italien hat es Bismarck am leichtesten. Dort fordert man noch immer die Rückkehr Venetiens zum Mutterland und macht sich Mazzinis Parole von der »Erlösung« der Gebiete bis zum Brenner zu eigen. Wie dann Österreich einen Vorschlag Bismarcks ablehnt, Preußen ganz Schleswig-Holstein gegen Zahlung einer sehr hohen Geldsumme zu überlassen, und auch ein Angebot Italiens von Österreich verworfen wird, dem Hause Savoyen Venetien für den Preis von tausend Millionen Lire zu »verkaufen«, erscheint Bismarck der Zeitpunkt für gekommen, von dem Herzog Ernst von Coburg während des Frankfurter Fürstentages prophezeit hatte: »Ich fürchte sehr, die deutschen Fürsten sehen sich nicht wieder in Freundschaft versammelt, sondern nur mehr mit dem Degen in der Hand!«

Die mexikanische Tragödie

Zu den Sorgen Franz Josephs über die Zuspitzung der innerdeutschen Lage hatte sich seit 1862 eine neue Belastung gesellt. Seinem jüngeren Bruder, Erzherzog Ferdinand Max, war die mexikanische Kaiserkrone angeboten worden.
In diesem, von andauernden Machtkämpfen heimgesuchten Staat hatte sich 1861 Benito Juarez des Präsidentenstuhles bemächtigt. Als eine der ersten Maßnahmen war von ihm die völlige Religionsfreiheit proklamiert worden, er hatte die Mönchsklöster aufgelöst und das Kirchenvermögen als Nationaleigentum erklärt. Auch wurden Teile des Großgrundbesitzes beschlagnahmt. Der Diktator verdarb es sich aber auch mit dem Ausland, er hatte die Einstellung aller Zinszahlungen an England, Spanien und Frankreich für zwei Jahre verfügt. Auch die Vereinigten Staaten waren einbezogen. Mexiko schuldete diesen Staaten einen runden Betrag von vierhundert Millionen Franken, zusätzlich der anfallenden Zinsen von weiteren vierundzwanzig Millionen. Es handelte sich um Entschädigungen für Werte und Güter, die Staatsbürgern dieser Länder in Mexiko gehört hatten und die von Juarez einkassiert worden waren. Auch erhob das Schweizer Bankhaus Jecker eine Forderung von 75 Millionen Peseten für einen Kredit von $3^1/_2$ Millionen Franken, den es dem Vorgänger des Präsidenten, General Miramon, gewährt hatte.
Um ihren Forderungen Nachdruck zu verleihen, schlossen England, Spanien und Frankreich am 31. Oktober 1861 in London einen Vertrag, mit welchem sie sich über eine militärische Aktion gegen Mexiko einigten. Die Vereinigten Staaten beteiligten sich wegen des Bürgerkrieges nicht. Treibende Kraft war vor allem Frankreich gewesen. Napoleon III. hatte seit Jahren mit Unbehagen das Vordringen des nordamerikanischen Einflusses auf Mittel- und Südamerika verfolgt. Er sah eine Gefährdung des europäischen, besonders jedoch des französischen Handels mit den lateinamerikanischen Staaten. Die Bergwerke Mexikos mit ihren Silber-, Gold-, Kupfer- und Erzvorkommen boten hierfür einen besonderen Anreiz.

Es waren aber auch mexikanische Emigranten, die Napoleon III. mit dem Vorschlag überraschten, man möge dem Bruder Kaiser Franz Josephs, Erzherzog Ferdinand Max, die mexikanische Krone anbieten, dessen hohe Intelligenz und Aufgeschlossenheit für alle Bereiche des Handels und der Wirtschaft hätten seine Eignung bewiesen. So habe er die Fregatte »NOVARA« zu einer dreijährigen Forschungsexpedition in ferne Länder entsandt, mit dem Auftrag, Handelsbeziehungen für Österreich anzuknüpfen. Durch einen längeren Aufenthalt in Brasilien hätte er außerdem zahlreiche Eindrücke über die lateinamerikanischen Probleme gesammelt.

Vor allem aber hatte er sich durch seine kluge, in vielem liberal wirkende Politik, obwohl selbst konservativ, als Gouverneur der Lombardei und von Venetien nach deren Unterwerfung durch Radetzky hervorgetan, wie auch die Einflüsterungen der schönen französischen Kaiserin Eugenie Napoleons Absichten beeinflußt hatten.

Kaiser Franz Joseph gab zu verstehen, er hege keine Bedenken gegen eine Erhebung seines Bruders auf den mexikanischen Thron. Was bei einigen Eingeweihten den Eindruck hervorrief, Franz Joseph sähe in einem, in der Ferne liegenden Betätigungsfeld seines Bruders eine nicht unwillkommene Lösung. Daß oftmalige Meinungsverschiedenheiten zwischen beiden Brüdern bestanden, war bekannt. Dem nüchternen, in den Vorstellungen einer autoritären Staatsführung erzogenen Franz Joseph stand ein liberaler, leicht zu begeisternder Vollblutösterreicher gegenüber. In Schloß Miramare, der erzherzoglichen Residenz, übermittelte Außenminister Rechberg die inzwischen aus Paris herangetragenen Vorschläge. Sein Allerhöchster Herr, so Rechberg, würde gegen eine Annahme der mexikanischen Kaiserkrone zunächst keine Bedenken erheben. Er behalte sich jedoch zwei Bedingungen vor: eine allgemeine Volksbefragung in Mexiko müsse den Nachweis erbringen, daß die Mehrzahl der Bevölkerung einer Monarchie zustimme, und eine Seemacht, wenn möglich England, müsse sich verpflichten, durch Einsatz ihrer Machtmittel den mexikanischen Thron zu sichern.

Zunächst zeigt sich Ferdinand Max überrascht. Er sieht aber, daß der Antrag für ihn gewissermaßen den Weg in die Freiheit bedeute, eine Freiheit nämlich für eigene Entscheidungen. Was Ferdinand Max und seine ehrgeizige Gemahlin Charlotte, eine Tochter Königs Leopold von Belgien, aber vor allem fasziniert, ist der Gedanke, den Thron eines kulturgeschichtlich interessanten und in eine herrliche Tropenflora gebetteten Reiches zu besteigen.

Der Ruf aus Mexiko – Napoleons Verrat

Der Besuch des Grafen Rechberg war am 4. Oktober 1861 erfolgt. Drei Wochen darauf, am 31. Oktober 1861, wurde der Londoner Vertrag unterzeichnet. In dem Abkommen hatten sich alle drei Mächte ausdrücklich verpflichtet, nur die mexikanischen Häfen zu blockieren, um die Regierung Juarez zur Zahlung der Zinsen zu zwingen. Außerdem war eine Kontrolle der Hafenzölle durch die Alliierten beschlossen worden. Auf gar keinen Fall sollte einer der Verbündeten sich mexikanischen Territoriums bemächtigen. Napoleon III. hatte jedoch seinem Vizeadmiral Julien de la Gravière eine geheime, völlig anders lautende Instruktion mitgegeben. Dem Admiral wurde die Unterstützung eventuell in Aktion tretender Gegner des Juarezregimes ausdrücklich zur Auflage gemacht. Alles dies vollzog sich zu einem Zeitpunkt, in dessen Ablauf der Exilpolitiker Gutierrez bereits in einen Briefwechsel mit Erzherzog Ferdinand Max getreten war. Während die verbündeten Flotten mit Kurs auf die mexikanische Ostküste ausliefen, gab Don José Maria Gutierrez de Estrada in der Empfangshalle von Schloß Miramare seine Visitenkarte ab. Wenige Minuten später stellte er sich Erzherzog Ferdinand Max persönlich als offizieller Sprecher der konservativen Partei Mexikos vor. Gutierrez wurde auf das freundlichste aufgenommen. Er blieb fast drei Wochen.

So konnte Gutierrez am Weihnachtsabend des Jahres 1861 Ferdinand Max das Versprechen abnehmen, er werde dem »Rufe« des mexikanischen Volkes dann Folge leisten, wenn es ihm tatsächlich die Krone anböte und eine der Schutzmächte bereit sein würde, eine Garantieerklärung für die Sicherheit des mexikanischen Thrones abzugeben.

Zunächst landen die Spanier in Veracruz 6000 Mann und besetzen die Stadt und die Festung. Ende Januar 1862 folgen ihnen dann französische und britische Kontingente. Während die Briten auf ihren Schiffen verbleiben, gehen die Franzosen an Land. Juarez antwortet mit einem Dekret, die jede Auflehnung gegen seine Regierung mit der Todesstrafe bedroht. Er schließt darin die Unterstützung der Invasionstruppen, wie jeden Versuch zur Änderung der Regierungsform ein. Dennoch läßt er die Möglichkeit von Verhandlungen offen.

Etwas später verhandelt man sogar in Soledad über den Zusammentritt einer Friedenskonferenz in Orizaba. Im März 1862 landet Frankreich neue Truppenkontingente. Mit ihnen betritt General Almonte aus der Verbannung wieder mexikanischen Boden. Kaum im Land, beginnt er für die Errichtung einer Monarchie unter Maximilian von Habsburg Propaganda zu machen. Juarez fordert seine sofortige Auslieferung.

Nunmehr setzt Frankreich alles auf eine Karte. Während die anderen Verbündeten die mexikanischen Häfen wieder verlassen, wird Almonte unter dem Schutz französischer Bajonette zum Diktator ausgerufen. Die Truppen des Generals Lorencez rücken vor und werden in Kämpfe mit den Mexikanern des Generals Zaragoza verwickelt. Am 5. Mai 1862 erfolgt der erste Angriff auf das stark befestigte Puebla, der mit einem Mißerfolg für die Franzosen endet. Unterdessen ist ein neues französisches Geschwader auf der Reede von Veracruz eingetroffen. Befehlshaber ist der bereits im Feldzug von 1859 bewährte General Forey. Auch er marschiert zunächst auf Puebla, umzingelt es und beginnt am 24. März mit einer regelrechten Belagerung. Der mexikanische General Ortega muß am 18. Mai kapitulieren. Zehn Tage vorher ist nämlich ein Hilfskorps von einem anderen französichen General, Bazaine, bis zur Vernichtung geschlagen worden. Nunmehr treten die Franzosen den Vormarsch auf die Hauptstadt Mexiko an. Dort ziehen sie am 10. Juni 1862 ein. Juarez weicht nach Norden aus und setzt sich in San Luis de Potosi fest.

General Bazaine in Mexiko – Volksabstimmung unter Bajonetten

Forey beruft in Mexiko-Stadt eine Notablenversammlung ein. Diese setzt eine Volksbefragung aus, deren Votum für eine endgültige Annahme der Kaiserkrone gelten soll. Diese »Volksbefragung« findet dann auch tatsächlich statt. Bloß, daß ihre Durchführung wenig mit einer tatsächlichen »Befragung« zu tun hat! Um sie durchzusetzen, wird General Bazaine beauftragt; sein Vorgehen garantiert ein positives Ergebnis. Das spielt sich so ab: Betreten Franzosen eine mexikanische Ortschaft, so erklärt sich der Bürgermeister wie die ganze Gemeinde angesichts der einrückenden Soldaten für die Annahme der in den Stimmzetteln angesprochenen Zustimmung zur Kaiserwahl. Ziehen die Franzosen dann wieder weiter und erscheinen bald danach die Anhäger Juarez, werden die »Ja«-Stimmen sogleich widerrufen. Bazaine läßt trotzdem die von seinen Soldaten gesammelten Stimmzettel gelten und berichtet über ihre Zahl nach Paris. Von dort schickt man sie wieder nach Rom, wo Gutierrez sie sammelt und sie mit dem Hinweis auf die ansteigenden Ziffern dem Erzherzoglichen Paar in Miramare zur Kenntnis bringt.

Trotz dieser Nachrichten will Ferdinand Max ganz sicher gehen, zumal England inzwischen die Übernahme irgendwelcher Garantien abgelehnt hat. So muß er sich einer verstärkten Unterstützung durch Frankreich versichern. Er reist mit seiner Gattin zunächst nach Brüssel und läßt sich dort von seinem Schwiegervater beraten. Dann geht es weiter nach Paris. Das französische Kaiserpaar empfängt Ferdinand Max und dessen Gattin, als begrüße es in ihnen bereits die Träger der mexikanischen Krone. In tagelangen Verhandlungen lernt Ferdinand Max dann die andere Seite der französischen Vorstellungen kennen: Man knüpft an die Zusage militärischer wie vor allem finanzieller Unterstützungen des künftigen Kaisertums äußerst harte Bedingungen. Besonders, als der Erzherzog erst jetzt von der bereits erfolgten Verpfändung der wertvollen Bergwerke in Nordmexiko durch eine unterdessen in der mexikanischen Hauptstadt etablierte »Regentschaft« erfährt, geraten die Verhandlungen auf Eis. Auch stellt sich heraus, daß das Schweizer Bankhaus Jecker auf Betreiben höchster französischer Stellen in das »Guthaben« Frankreichs miteinbezogen worden ist. Guthaben, die der künftige Staat in Millionenhöhe abzutragen habe, wobei praktisch der überwiegende Teil des mexikanischen Staatsbesitzes an Frankreich verpfändet bleiben müsse. Selbst die militärische Unterstützung soll herabgesetzt werden. Man rechnet dem Thronprätendenten vor, daß eine Stärke von 25 000 Mann genüge, zumal ein vom österreichischen Kaiser und dem Belgierkönig bewilligtes Freiwilligenkorps von Angehörigen dieser Staaten den eigentlichen Kern der künftigen mexikanischen Wehrmacht darstellen würde. Erst die Androhung, er werde die bereits erfolgte Zusage zur Annahme der Kaiserkrone rückgängig machen, ermöglicht es Ferdinand Max, endlich einen Vertrag zu erhalten, in welchem Napoleon ausdrücklich dem kaiserlichen Mexiko seine volle Unterstützung zusichert.

Nach Österreich zurückgekehrt, beginnt der Erzherzog zum erstenmal die negativen Folgen seines Entschlusses zu ahnen. Denn jetzt eröffnet ihm Franz Joseph, er werde weder mit einer Unterstützung durch die österreichischen Seestreitkräfte noch mit einer Sicherheitsgarantie durch die Monarchie rechnen können. Am härtesten trifft Ferdinand Max jedoch die Ablehnung seiner Mutter. Sie hat sich von allem Anfang an gegen das Unternehmen ausgesprochen, gerade weil dabei Napoleon III. im Spiel sei. Am 17. März wird von Franz Joseph ein Familienrat einberufen, der einstimmig den Verzicht des jüngeren Bruders auf die Nachfolge des Kaisers und aller zustehenden Rechte fordert. Entrüstet lehnt Ferdinand Max dieses Ansinnen ab. Als Antwort teilt ihm der Kaiser mit, daß er die erforderliche Zustimmung verweigern würde.

Max ist außer sich, ja er erwägt nun doch, auf die mexikanische Krone zu verzichten, erst als ihm der mexikanische Exilpolitiker Don Hidalgo y Esznaurizar ein dringendes Schreiben Napoleons III. überbringt, fügt er sich wieder. Doch auch Franz Joseph lenkt ein. Es kommt ein Abkommen zustande, mit welchem sich Franz Joseph verpflichtet, er werde, falls sein Bruder der mexikanischen Krone verlustig gehen sollte, die Verzichtserklärung des Erzherzogs wieder außer Kraft setzen. Doch besteht er weiter auf der Verzichtserklärung. Franz Joseph reist mit großem Gefolge am 8. April nach Miramare. Dort schließen sich beide Brüder dann für Stunden in der Schloßbibliothek ein. Die draußen Anwesenden vernehmen, wie beide Männer in einen leidenschaftlich geführten, von lauten Zornesausbrüchen begleiteten Streit miteinander geraten. Erst als Ferdinand Max einen vom Kaiser mitgebrachten Brief seiner Mutter in Händen hält, wird es stiller. »C'est le chagrin – es ist der Gram . . . de ma vie – meines Lebens . . .«, schreibt sie, ein Satz, der den Jüngeren aufs tiefste erschüttert. Er geht plötzlich auf seinen Bruder zu und umarmt ihn. Später dann unterschreibt er in Gegenwart der jüngeren Brüder Karl Ludwig und Ludwig Viktor, sowie hoher Würdenträger des Reiches die Verzichtsurkunde. Sein Bruder verläßt mit seinem Gefolge noch am gleichen Mittag Miramare.

Erzherzog Ferdinand Max: Kaiser Maximilian von Mexiko

Am nächsten Tag, dem 10. April, wird eine mexikanische Delegation unter Führung von Gutierrez von dem erzherzoglichen Paar empfangen. In feierlicher Weise wird ihm die Krone Mexikos angetragen, worauf sich Ferdinand Max zu deren Annahme für sich, seine Gattin und eventuelle Nachkommen bereit erklärt. Schon am 14. April folgt die Abreise auf der »Novara«.

Am 12. Juni 1864 zieht das mexikanische Kaiserpaar mit einem triumphalen Empfange in der Hauptstadt Mexiko ein. Schon bald muß Maximilian diesen Thron mit Waffengewalt verteidigen. Zur Unterstüzung der Franzosen und eines neu errichteten kaiserlichen mexikanischen Heeres landen die Freiwilligen des österreichischen und belgischen Korps seit den letzten Dezembertagen des Jahres 1864 in Veracruz.

1865 und 1866 muß Juarez zeitweilig hart bis an die Grenze seines Vaterlandes fliehen, doch der kleine Indianer ist zäh. Außerdem genießt er die Unterstützung der Vereinigten Staaten, die sich nach dem Ende des Sezessionskrieges eindeutig gegen Maximilian und das mexikanische Kaisertum erklären. Vor allem ist es aber Bazaine, der Maximilians Stellung unterminiert. Der General intrigiert gegen den Kaiser, sobald er zur Überzeugung gelangt, daß dieser nicht festen Fuß fassen kann. Den Höhepunkt der Perfidie begeht Napoleon mit der Kündigung des zwischen ihm und Maximilian abgeschlossenen Vertrages. Sie erfolgt auf nordamerikanischen Druck, das mit seinem Eingreifen droht und auch Österreich vor die Alternative stellt, das mexikanische Abenteuer seines Erzherzogs abzublasen oder mit militärischen und wirtschaftlichen Repressalien zu rechnen. So gibt Napoleon III. im April 1866 den Befehl zur Einschiffung aller französischer Truppen. Den Vorschlag Bazaines, mit dem französischen

Hilfskorps Mexiko zu verlassen, lehnt Maximilian ab. Er beruft sich auf seinen, dem mexikanischen Volk geleisteten Eid, der ihn verpflichte, weiterhin die Rechte des Thrones zu wahren. Aber er entläßt die Reste der »ausgeschlackten« belgischen und österreichischen Freiwilligentruppe und stellt auch seinen engsten Mitarbeitern anheim, in ihr Vaterland zurückzukehren. Von nun ab vermag er sich nur mehr auf wenige zurückbleibende Freiwillige, an der Spitze die Obersten Graf Khevenhueller und Kodolitsch und einige mexikanische Generale verlassen. Maximilians Gemahlin, Charlotte, erkrankt; sie reist auf den ausdrücklichen Rat ihres Mannes mit nach Europa zurück. Sie ist es, die die berühmten Reisen an die europäischen Fürstenhöfe, vor allem nach Paris, Brüssel, London und Rom antritt, um Hilfe für ihren Mann zu erbitten. Die ihr überall abgelehnt wird. Wien aber, das zum mindesten die moralische Verpflichtung hätte, Hilfe zu leisten, versagt sich. Nicht, um einer höchst unerwünschten Belastung auszuweichen, sondern weil es sich durch den ausgebrochenen Bruderkrieg zwischen Preußen und Österreich außerstande sieht!

1866 – ein deutscher Bruderkrieg

Das Signal zum Deutschen Bruderkrieg wird im holsteinischen Altona gegeben; dort verlangt eine Massenversammlung die Erhebung des Herzogs Friedrich von Augustenburg zum Landesfürsten. Weil nun die unter österreichischer Aufsicht stehenden Behörden dagegen nicht einschreiten, kommt es zwischen Berlin und Wien zu heftigen Auseinandersetzungen. Noch während sich das abspielt, ist ein italienischer General an der Spree eingetroffen, um ein Militärbündnis auszuhandeln. Im April 1866 einigt man sich über einen Vertag, in dem sich Italien verpflichtet, an der Seite Preußens in einen Krieg einzutreten, falls es innerhalb von drei Monaten zu kriegerischen Auseinandersetzungen mit Österreich kommt. Bismarck sagt Italien für diesen Fall die Abtretung Venetiens zu. Der Zweck ist klar. Man will Österreich damit zwingen, zu Lande einen Zweifrontenkrieg zu führen und seine Flotte in der Adria zurückzuhalten. Daß Bismarck mit diesem Abkommen einen schwerwiegenden Verstoß gegen die Bestimmungen der deutschen Bundesakte begeht, beunruhigt ihn nicht weiter. Beim preußischen Kronrat vom 28. Februar läßt sogar der König erkennen, man dürfe gegebenenfalls vor einem Krieg nicht zurückschrecken. Einer Feststellung, der Kronprinz Friedrich mit Entschiedenheit widerspricht.
Bismarck läßt Verbindungen zu magyarischen Emigranten anknüpfen und die Gründung einer ungarischen Legion vorbereiten. Bei einem ähnlichen Versuch mit den Südslawen hat er jedoch kein Glück. Wie auch sein Angebot an die Tschechen, er werde für die Wiederherstellung der Rechte der Wenzelskrone Sorge tragen, auf Ablehnung stößt.
Keine Gegenliebe bei seinen Bemühungen, Österreich zu isolieren, findet er bei der Mehrzahl der deutschen Staaten. Sachsen schaltet ohnehin als enger Verbündeter Österreichs aus. Auch in Bayern, Kurhessen und in Hannover stößt er auf keinerlei Sympathien. Kaiser Franz Joseph will die Fehler von 1859 nicht wiederholen. Angesichts der preußischen Heeresreorganisation, die man für Aufrüstung hält, entschließt er sich am 7. März, Vorbereitungen für eine mögliche Mobilmachung in Angriff zu nehmen. Als man erfährt, daß auch Italien seine Streitkräfte auf Kriegsstärke bringt, befiehlt Franz Joseph auch die Mobilmachung für die Südarmee in Verona. Was Berlin wieder zum Anlaß nimmt, seinerseits allgemein zu mobilisieren, worauf Kaiser Franz Joseph mit der allgemeinen Mobilmachung antwortet. Dann geht es Schlag auf Schlag. Am 1. Juni wendet sich Wien an die deutsche Bundesversammlung. Es fordert eine Entscheidung über die schleswig-holsteinische Frage. Die Stände Holsteins werden nach Itzehoe eingerufen. Österreich verlangt Klarheit über deren endgültige Forderungen. Darauf erklärt Bismarck das Abkommen von Gastein für gegenstandslos, es widerspräche dem Inhalt dieses Vertrages, daß Österreich die Schlichtung der Schwierigkeiten der beiden Herzogtümer dem Bund übertragen habe. Immer noch versucht der eine Staat dem anderen die Schuld an einem möglichen Ausbruch von Feindseligkeiten in die Schuhe zu schieben.
Bismarck stellt am 6. Juni an Österreich ein Ultimatum und läßt zwei Tage später preußische Truppen in Holstein einmarschieren. Daraufhin holt Österreich das Korps Gablenz im Bahntransport nach Böhmen zurück. Auch Bayern unterzeichnet am 14. Juni in Olmütz mit Österreich ein Abkommen, wonach die bayrische Armee zwar einsatzbereit, jedoch nicht der österreichischen Befehlshoheit unterstellt werden soll. Die deutsche Bundesversammlung beschließt mit gleichem Datum die Einleitung gemeinsamer Operationen zwischen den Armeen Österreichs und des Deutschen Bundes. Worauf Bismarck den Deutschen Bund für aufgelöst erklärt und mit Datum des 14. Juni Preußens Austritt vollzieht. Gleichzeitig schlägt er die Gründung einer neuen Bundesversammlung vor, in welcher die Vorrangstellung Österreichs ausgeschaltet werden soll. Um sich nicht eindeutig als Angreifer zu deklarieren, wählt Bismarck jedoch nicht den üblichen diplomatischen Weg, Österreich den Krieg zu erklären, sondern er läßt Parlamentäre an die Grenze in Marsch setzen, die den österreichischen Grenzern am 21., 22. und 23. Juni 1866 eine schriftliche Erklärung zur Weiterleitung übergeben, die besagt, Preußen müsse sich angesichts des Vorgehens Österreichs in Frankfurt als im Kriegszustand mit diesem betrachten.

Napoleon III. – Paris erpreßt seine Neutralität

Doch erst in der Nacht zum 15. Juni war es dem »eisernen Kanzler« gelungen, seinem König den Entschluß zur Kriegserklärung an Kaiser Franz Joseph abzuringen. Gleichzeitig erfolgen Ultimaten Preußens an Hannover, Sachsen und Hessen-Kassel. Auf die Ablehnung der an diese Staaten gerichteten Forderungen, marschieren preußische Truppen dort ein. Noch ein anderer Gegner Österreichs hat sich kurz vor Beginn der Feindseligkeiten gemeldet. Er tritt zwar offiziell nicht als Feind auf, er betätigt sich jedoch eindeutig als Erpresser: Napoleon III. Noch am 3. Juni hat er den österreichischen Botschafter zu sich bitten lassen und diesem zu verstehen gegeben, daß man nur dann mit der Neutralität Frankreichs rechnen könne, wenn man sich dieses Verhalten etwas kosten lassen würde. Der Preis heißt Venetien, das Napoleon Italien überlassen will. Er macht dabei deutlich, Preußen habe ihm, für den Fall, daß Frankreich Bismarcks Politik unterstürzen würde, die Rheinprovinzen angeboten, was sich später als Lüge herausstellt. Doch schon diese Behauptung genügt, um Franz Joseph unter Druck zu setzen. Er willigt in ein Abkommen ein, in dem er sich am 12. Juni zur Abtretung Venetiens,

auch im Falle eines Sieges über Preußen, verpflichtet. Frankreich erklärt sich hingegen bereit, einen Teil der österreichischen Staatsschulden als Gegenleistung zu übernehmen.
Zum Befehlshaber der im Norden gegen Preußen eingesetzten 1. österreichischen Armee hat Franz Joseph den beliebten General, Feldzeugmeister Ludwig Ritter von Benedek, berufen. In Italien kommandiert der Vetter des Kaisers, Erzherzog Albrecht. Benedek hatte mehrmals nachdrüklich die Übernahme des ihm übertragenen Kommandos abgelehnt.
Sobald sich dann die Nachricht von der Übernahme des Kommandos durch Benedek in der Armee verbreitet, geht durch die Reihen der Truppen ein Aufatmen: »Vater Benedek führt uns!«, sagen die Soldaten, und es klingt wie eine Voraussetzung für den Sieg. Benedek, – das ist die eine Voraussetzung, die andere jedoch sind die richtigen Waffen! Während die preußische Armee über ein modernes Gewehr System Dreyse, einen Hinterlader, auch Zündnadelgewehr genannt, verfügt, schießen die Österreicher noch immer mit Vorderladern nach dem System Lorenz. Man hatte bereits 1851 in Österreich Versuche mit dem preußischen Gewehr unternommen, doch war eine Einführung durch eine Kommission abgelehnt worden. Später hatte Kaiser Franz Joseph den Auftrag zur Beschaffung einer gleichwertigen Waffe erteilt, es waren aber nur 1840, mit einem Hinterladerschloß versehene, umgearbeitete Vorderlader, angeliefert worden. Der Grund für die ausgebliebene Beschaffung für die ganze Armee war – wie immer – im Mangel an finanziellen Mitteln zu suchen. Wie überhaupt – in der Verfolgung einer alten österreichischen Tradition – die Ausrüstung und Ausstattung der Armee von 1866 die gleichen Mängel wie in allen früheren Feldzügen aufweist. Die ihre Ursache eben in der trostlosen Ebbe der Staasfinanzen haben – aber auch der traditionellen Obstruktion durch die Abgeordneten des Reichsrates zu danken sind. So tritt der österreichische Soldat in einer dem Gegner unterlegenen. Bewaffnung zum Kampf an, einem Gegner, der dreimal schießt, bis der Österreicher zum zweitenmal lädt.
Der Kaiser plant zu diesem Zeitpunkt, sich selbst in das k.k. Hauptquartier zu begeben. Doch raten sowohl Grünne wie Feldmarschall Hess dringend ab. So bleibt Franz Joseph in Wien. Er verabschiedet seine Frau und die Kinder zur Erholung nach Ischl und weicht damit auch Meinungsverschiedenheiten mit Sissi aus, die seit längerer Zeit als engagierte Fürsprecherin der Ungarn auftritt. Franz Joseph erkennt Einflüsse ihrer Hofdame, Ida von Ferenczy. Das Auftreten der Magyaren, ihre chevalereske Art und persönlicher Charme wirken auf die Kaiserin. Besonders, wenn von einer Annäherung an Wien gesprochen wird.
Am 20. Juni erfolgt auch die offizielle Kriegserklärung Italiens. Während der Kaiser die militärische Lage in Venetien und an den Grenzen Tirols sichergestellt weiß, konzentriert sich seine Aufmerksamkeit in erster Linie auf die Vorgänge im Norden. Dort haben die sächsischen und Truppen des I. Korps Clam-Gallas an der Iser-Linie Halt gemacht und Stellungen im Raum um Münchengrätz bezogen. Benedek rückt weiter in Böhmen vor und läßt zur Absicherung seiner Ostflanke gegen Schlesien schwächere Kräfte zurück. So verstreicht der 25. Juni, ohne daß sich Nennenswertes ereignet. Am gleichen Tage erreicht Wien eine Nachricht, die nicht allein die Hauptstadt, sondern ganz Österreich und Ungarn in helle Begeisterung versetzt! Erzherzog Albrechts österreichische Südarmee hat in einer glänzend angelegten Operation die Armee König Viktor Emanuels am 24. Juni 1866 bei Custoza geschlagen und eine zweite aus der Romagna anrükkende Armee des Generals Cialdini zur Umkehr gezwungen. Bei glühender Hitze haben Regimenter aus allen Nationalitäten der Monarchie durch ihre Stürme auf den Monte Croce, den Monte Torre und um die Höhen von Custoza den Sieg entschieden. Auch in Welschtirol und an der westlichen Südgrenze Tirols führt der österreichische General Kuhn in geschickt geführten Aktionen einen siegreichen Kleinkrieg gegen die Garibaldiner. Tiroler Schützen, Kaiserjäger, Oberösterreicher, Salzburger und Tschechen zeichnen sich dabei aus. Bei Bezecca, am Tonalepaß und auf dem Stilfserjoch bleiben die Österreicher Sieger, im Kampf um Bezecca wird die Sänfte des flüchtenden Garibaldi erbeutet, die heute zu den Sehenswürdigkeiten des Kaiserjägermuseums auf dem Berg Isel bei Innsbruck zählt.

General von Moltke: Getrennt marschieren, vereint schlagen

Nach dem genialen Feldzugsplan des preußischen Generalstabschefs von Moltke – »getrennt marschieren, vereint schlagen!« – dringen die 1. preußische und die Elbarmee über Reichenberg und den Paß von Schluckenau in Böhmen ein. Während die 2. die Armee von Liebau und Glatz aus heranzieht. Alle Armeen sollen sich dann im Raum um Jitschin vereinigen. Benedek seinerseits führt seine Hauptarmee weiter ins Böhmische. Sein Ziel ist Josefstadt. Nunmehr in Bewegung, rückt die k.k. Hauptarmee sogar in bemerkenswerten Marschleistungen vor. Was für den Geist ihrer Mannschaften spricht, die zum Teil über unzureichendes Schuhwerk verfügen und trotz sommerlicher Hitze im Mantel marschieren. Auch ist bei zahlreichen Einheiten die vorgeschriebene Soll-Stärke keineswegs erreicht. Am 26. Juni kommt es zwischen dem I. preußischen Korps, der Elbarmee und den vereinigten Austro-Sachsen bei Sichrow und Hühnerwasser östlich von Böhmisch-Leipa zu einem ersten Treffen. Das Zündnadelgewehr entscheidet zum ersten Mal zugunsten der Preußen. Im Gefecht bei Podol erzwingt die Elbarmee am 27. Juni den Übergang über die Iser. Ein weiterer preußischer Sieg erfolgt am 28. Juni über die zahlenmäßig unterlegenen Verbündeten bei Münchengrätz. Noch einmal wendet sich das Blatt, als die Armee des preußischen Kronprinzen bei Trautenau auf das X. österreichische Korps des Feldmarschalleutnants von Gablenz, dem alten Verbündeten der Preußen im Dänenfeldzug, stößt. Trotz viermal so großer Verluste als beim Gegner erstürmen die Kaiserlichen mit ihrer veralteten »Stoßtaktik« (in Sturmkolonnen mit gefälltem Bajonett) am 27. Juni den »Kapellenberg« und werfen die Truppen des preußischen Generals von Bonin nach Osten zurück. Dieser Kampf und ein bei Oswięcim errungener Erfolg sind die einzigen von den Österreichern während des Feldzuges errungenen Siege. Denn schon schlagen die Truppen des Kronprinzen erneut das kaiserliche Korps Ramming bei Nachod. In diesem Gefecht dezimiert das Schnellfeuer der Zündnadelgewehre ein Drittel der angreifenden österreichischen Brigaden.
Durch Verluste aufgrund der Unterlegenheit ihrer Feuerwaffen büßt die Hauptarmee Benedeks bisher 984 Offiziere und

32 000 Mann ein. Ihre alte Überlegenheit stellt allerdings noch immer die österreichische Artillerie unter Beweis. Und auch die Kavallerie hat in mehreren Gefechten einen, den preußischen Reitern gleichwertigen Kampfgeist bewiesen. Benedek stoppt nunmehr jeden weiteren Vormarsch und versammelt seine Hauptkraft ostwärts von Josefstadt.
In Wien rufen die so rasch aufeinanderfolgenden Hiobsbotschaften helle Bestürzung hervor. Zumal auch vom deutschen Kriegsschauplatz entmutigende Nachrichten eintreffen. Bei Langensalza haben 19 000 Hannoveraner kapituliert, König und Kronprinz befinden sich in Richtung Österreich auf der Flucht. Eine ganz besonders erschreckende Nachricht bringt aber ein Telegramm Benedeks an den Kaiser: »Débacle des ersten und des sächsischen Armeekorps nötigt mich, den Rückzug in Richtung auf Königgrätz anzutreten!« Der Kaiser beruft eine Konferenz mit dem Kriegsminister, dem Generaladjutanten und dem Minister des Äußeren, Mensdorff, ein. Ihr Beschluß lautet: Umgehende Entfernung der Verantwortlichen des Armeeoberkommandos von ihren Posten und Ersatz derselben durch neue Köpfe! Eine Maßnahme, die endgültig Verwirrung auslöst und besonders die planvolle Weiterführung der Operationen in den Stunden der Krise in Frage stellt. Man beordert den Generalstabschef Henikstein und den Kommandierenden des I. Korps Clam-Gallas unverzüglich nach Wien. Als neuer Stabschef wird der Generalmajor Baumgarten zu Benedek geschickt. Und Benedek selbst? Man umgeht eine augenblickliche Absetzung des Generals mit echt österreichischer Taktik: »Lieber Feldzeugmeister Ritter von Benedek!«, schreibt Franz Joseph an den General in einem persönlich gehaltenen Brief, den Oberstleutnant Beck ins Hauptquartier mitnehmen soll, »Im Falle Sie durch Verwundung oder Krankheit gezwungen würden, das Armeekommando zu übergeben, so ernenne ich den . . . zu Ihrem Nachfolger im Kommando der Hauptarmee.« In die nur mit Punkten versehene Stelle soll Benedek den Namen des von ihm für geeignet beurteilten Nachfolgers einfügen.
Am Tage, da Beck bei ihm eintrifft, ist ein Drittel seiner Armee nicht mehr einsatzfähig. Was Beck bestätigen muß, denn allein auf der Fahrt ins Hauptquartier hat er niederdrückende Eindrücke vom augenscheinlichen Versagen der Versorgungstruppen und einem Chaos einander behindernder Marschkolonnen feststellen müssen. Während nun Benedek das Handschreiben des Kaisers durch seine Unterschrift bestätigt, bemerkt er müde: »Ich kann nicht mehr dafür bürgen, daß keine Katastrophe eintritt.« Gleich danach diktiert er das schwerwiegende, in die Geschichte eingegangene Telegramm an Franz Joseph: »Bitte Euer Majestät dringend, um jeden Preis Frieden zu schließen. Katastrophe für Armee unvermeidlich!«

Königgrätz: die Katastrophe beginnt

Und die Antwort Franz Josephs:
»Einen Frieden zu schließen unmöglich. Ich befehle – wenn unausweichlich – Rückzug in größter Ordnung anzutreten. Hat eine Schlacht stattgefunden?«
Nein, eine Schlacht hat nicht stattgefunden!
Immerhin war es gelungen, die Heeresteile von der oberen Elbe bis in den Raum um Königgrätz zurückzuführen, ohne daß drei preußische Armeen dies hatten verhindern können.
Am Tag zuvor, dem 1. Juli, hat im preußischen Hauptquartier unter dem Vorsitz König Wilhelms ein Kriegsrat stattgefunden. Dieser beschließt für den 3. Juli den allgemeinen Angriff auf die österreichische Hauptarmee. Dazu Moltke: »Die feindliche Armee gegen die Elbe zu werfen, sie von befestigten Übergängen abzuschneiden und, wenn möglich, ganz zu vernichten!«
In der Nacht zum 3. Juli haben andauernde Regengüsse das Gelände zu beiden Seiten des Bistritzbaches völlig durchweicht. Nur mit Mühe können sich die Angriffsspitzen der preußischen Bataillone vorwärts bewegen. Die ersten Zusammenstöße erfolgen zu beiden Seiten der von Jitschin über Sadowa auf Lipa und Königgrätz zu führenden »Kaiserstraße«. Bei den Sachsen am linken Flügel entbrennt erst in den Mittagsstunden ein sich allmählich steigernder Kampf. Dort wird um Ober- und Nieder-Prim zwischen den Preußen der Generale von Herwarth und von Canstein und den Sachsen und Österreichern unter Kronprinz Albert und General von Gablenz mit wechselnden Erfolgen gerungen. Die preußische Infanterie vor dem Zentrum der Österreicher geht gegen den Swiepwald vor und setzt sich dort fest.
Im Ringen um den Swiepwald nähert sich die Schlacht während der Mittagszeit anscheinend bereits ihrem Höhepunkt. Die Hartnäckigkeit der österreichischen Abwehr, der Elan ihrer Gegenangriffe und vor allem die verheerende Wirkung ihrer Artillerie versetzen die Angriffstruppen der 1. Armee des Prinzen Friedrich Karl zeitweise in eine Krise. Vor allem sind es die Bataillone der Divisionen von Horn und von Fransecky, die sich im Swiepwald, vor und bei Maslověd und Cistowes beinahe verbluten und sie schließlich zum Rückzug zwingen. Die Preußen gehen nur schrittweise, hinter jedem Baum feuernd, zurück und benützen jeden Holzstock, jede Bodenerhebung als Deckung, während sie laden. Der zugleich einsetzende Nahkampf wird mit unerhörter Erbitterung geführt. Nur das Bajonett oder der Kolben entscheiden. Schon hat es den Anschein, als würden die Österreicher an dieser Stelle die preußischen Linien durchstoßen, zumal Teile ihres rechten Flügels in den Kampf eingreifen und so den Druck der Österreicher verstärken, da erreicht sie der Befehl zum sofortigen Rückzug! 121 Offiziere und 2044 Mann bleiben gefallen oder verwundet auf der blutig umkämpften Walstatt zurück.
Was war geschehen? – Ein beim österreichischen Hauptquartier eingelaufenes Telegramm aus Josefstadt meldet, daß ein, – in Wirklichkeit sind es drei –, preußisches Korps vom Nordosten her in Anmarsch sei. Was eine unmittelbare Gefährdung des rechten Flügels der österreichischen Schlachtfront bedeutet. Unter dem Eindruck dieser Meldung hatte Benedek die sofortige Zurücknahme der von Mollinary vorgeführten Brigaden und deren nach Osten gerichtete Schwenkung befohlen. Ein gewagtes Manöver, das nunmehr unter starken Verlusten vor sich geht.
Es wäre nicht zu spät gewesen, wenn . . . ja wenn es unterdessen preußischen Vorhuten nicht geglückt wäre, fast unbemerkt und durch gedecktes Gelände getarnt, bis dicht vor die Ostseite von Chlum vorzudringen. Vor der sie mit einem Mal auftauchen und die schwache Besatzung zersprengen.
Rasch in den Westteil von Chlum geworfene österreichische Reserven leisten Widerstand und dringen sogar noch einmal bis zum Ostrand des Ortes vor. Nach und nach müssen sie aber das Dorf wieder räumen.

Generalfeldmarschall Helmuth von Moltke

Fürst Otto von Bismarck

Kronprinz Friedrich Wilhelm von Preußen

Verwundete Österreicher und Sachsen beim gemeinsamen Gottesdienst in Leipzig (links).

Die Eisenbahn spielte 1866 eine strategische Rolle. Improvisierte Lazarettzüge waren bald ein gewohntes Bild.

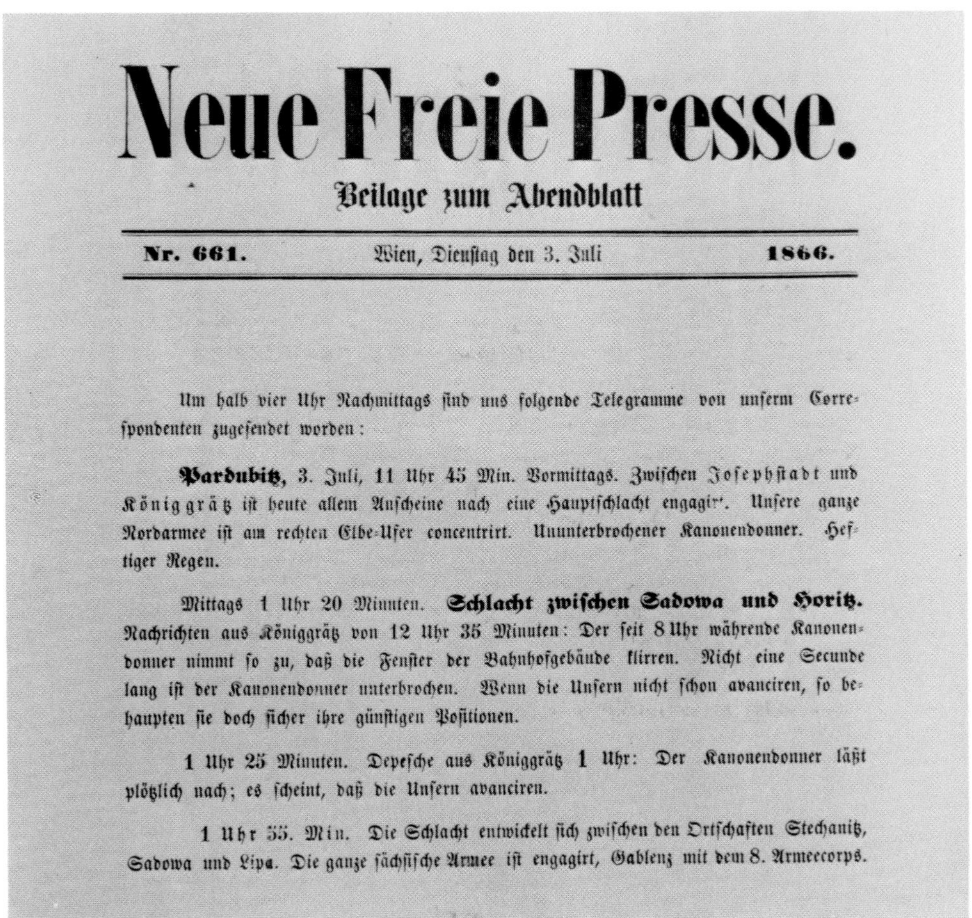

Neue Freie Presse.

Beilage zum Abendblatt

Nr. 661. Wien, Dienstag den 3. Juli **1866.**

Um halb vier Uhr Nachmittags sind uns folgende Telegramme von unserm Correspondenten zugesendet worden:

Pardubitz, 3. Juli, 11 Uhr 45 Min. Vormittags. Zwischen Josephstadt und Königgrätz ist heute allem Anscheine nach eine Hauptschlacht engagirt. Unsere ganze Nordarmee ist am rechten Elbe-Ufer concentrirt. Ununterbrochener Kanonendonner. Heftiger Regen.

Mittags 1 Uhr 20 Minuten. **Schlacht zwischen Sadowa und Horitz.** Nachrichten aus Königgrätz von 12 Uhr 35 Minuten: Der seit 8 Uhr währende Kanonendonner nimmt so zu, daß die Fenster der Bahnhofgebäude klirren. Nicht eine Secunde lang ist der Kanonendonner unterbrochen. Wenn die Unsern nicht schon avanciren, so behaupten sie doch sicher ihre günstigen Positionen.

1 Uhr 25 Minuten. Depesche aus Königgrätz 1 Uhr: Der Kanonendonner läßt plötzlich nach; es scheint, daß die Unsern avanciren.

1 Uhr 55. Min. Die Schlacht entwickelt sich zwischen den Ortschaften Stechanitz, Sadowa und Lipa. Die ganze sächsische Armee ist engagirt, Gablenz mit dem 8. Armeecorps.

Am 3. Juli klangen die Nachrichten aus Königgrätz noch optimistisch (links Mitte).

Die Kirche und der Friedhof von Chlum; hier entschied sich die Schlacht.

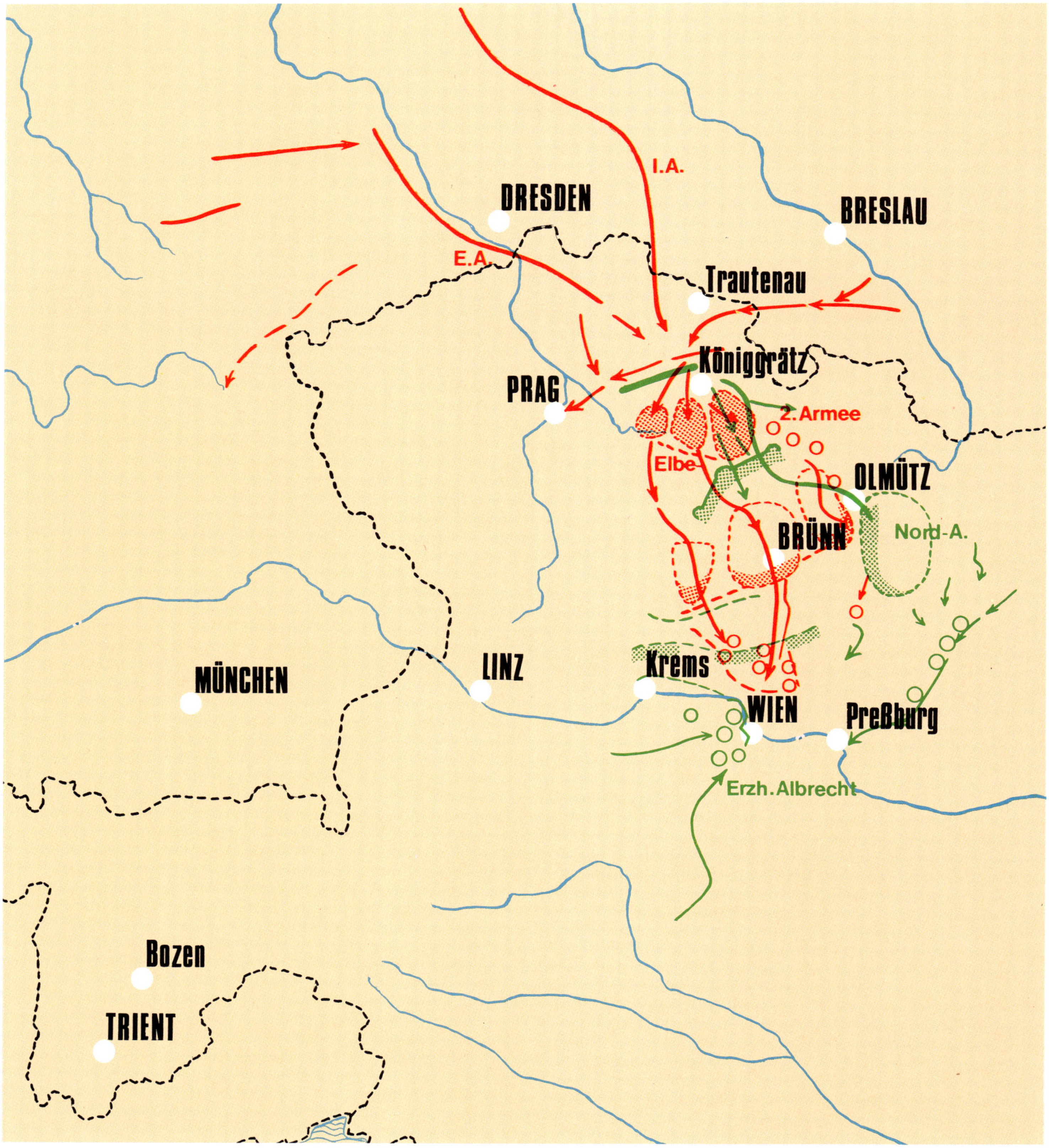

Die drei preußischen Armeen vereinigten sich vor Königgrätz. Der österreichische Rückzug ging in Richtung auf Olmütz und Brünn.

Das befestigte Königgrätz; hier tobte die blutigste Schlacht des 19. Jahrhunderts.

Auf den Wiener Bahnhöfen trafen immer mehr Verwundetentransporte ein.

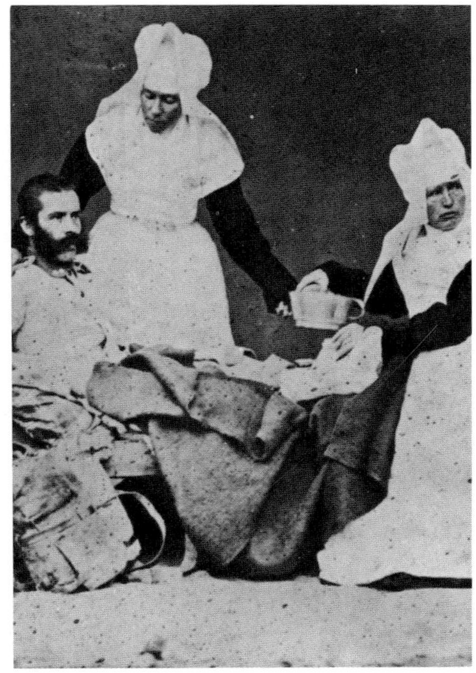

Ordensschwestern pflegten Freund und Feind.

Preußische Besatzungstruppen in Mähren. Diese einzigartigen historischen Fotografien aus dem Jahre 1866 (!) zeigen eine erstaunliche Bildqualität (Bilder Mitte).

Die Hauptstadt des Reiches ist in Gefahr. Im Norden und Osten wird in aller Eile geschanzt (Bild unten).

Österreichs Flotte blieb lange Zeit ein »Stiefkind« des Kaisers (oben u. links).

Die Seeschlacht bei Lissa (unten).

Julius Graf Andrássy – Rebell, ungarischer Ministerpräsident, später Außenminister und Günstling der Kaiserin.

Eine Delegation unter Franz von Deak und Julius Andrássy bietet den Ausgleich an.

Franz Josephs Krönung zum König von Ungarn (unten).

Die K. u. K. Armee: ein Vielvölkerheer.

Österreichische Infanterie-Maschinengewehrabteilung.

Kavallerieoffiziere des »Reitlehrinstitutes«.

Ungarisches K. u. K. Infanterieregiment.

Sanitätsabteilung im Manöver.

Das erste Militärradrennen.

Bosnisch-herzegowinische Infanterie beim Gebet.

Picknick gab es nur für Offiziere.

(Von links oben nach unten).

So sah der Pressezeichner die Urteilsverkündung in einem der ersten großen Prozesse gegen die Sozialdemokraten am 19. Juli 1870 in Wien. Die Anführer der großen Arbeiterdemonstrationen von 1869, Andreas Scheu, Heinrich Oberwinder, Johann Most und Johann Pabst werden zu fünf, bzw. sechs Jahren Kerker verurteilt (links).

Mit dieser Art von Justiz war jedoch der Erfolg der Sozialdemokratie nicht aufzuhalten: Immer mehr Menschen beteiligten sich an den Demonstrationen, Höhepunkt war eine Kundgebung am 3. November 1905, mit der über 250 000 Teilnehmer das allgemeine Wahlrecht erkämpften.

Die industrielle Revolution erfaßte erst spät Landwirtschaft und Gewerbe (Bilder Mitte und unten links).

Die Auseinandersetzungen um den 1. Mai signalisieren kommende Arbeitskämpfe (unten rechts).

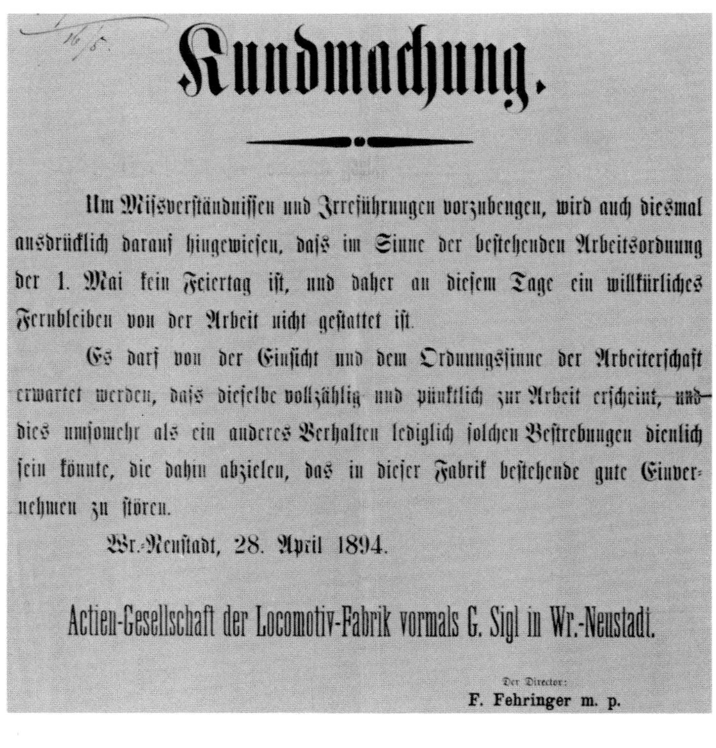

Kundmachung.

Um Missverständnissen und Irreführungen vorzubeugen, wird auch diesmal ausdrücklich darauf hingewiesen, dass im Sinne der bestehenden Arbeitsordnung der 1. Mai kein Feiertag ist, und daher an diesem Tage ein willkürliches Fernbleiben von der Arbeit nicht gestattet ist.

Es darf von der Einsicht und dem Ordnungssinne der Arbeiterschaft erwartet werden, dass dieselbe vollzählig und pünktlich zur Arbeit erscheint, und dies umsomehr als ein anderes Verhalten lediglich solchen Bestrebungen dienlich sein könnte, die dahin abzielen, das in dieser Fabrik bestehende gute Einvernehmen zu stören.

Wr.-Neustadt, 28. April 1894.

Actien-Gesellschaft der Locomotiv-Fabrik vormals G. Sigl in Wr.-Neustadt.

Der Director:
F. Fehringer m. p.

Die Weltausstellung, Bild oben der Haupteingang mit der Rotunde, brachte Wien neben einem weltweiten Ansehen auch Wucher, Spekulation und Bankrotte.

Die Nationen präsentierten sich in eigenen Pavillons im Geschmack der Zeit. Preußen (Bild Mitte rechts) brachte monumentale Kunst.

Mit einem Handschreiben verfügte Franz Joseph die »Renovierung« seiner Hauptstadt (rechte Seite).

Wiener Zeitung.

№ 296. Freitag den 25. Dezember 1857.

Pränumerationspreis für Wien:

Morgen- mit Amts-, Intelligenz- u. Abendbl.: ganzjährig 16 fl. — halbjährig 8 fl. — vierteljährig 4 fl. | **Morgenbl. m. Intellig. u. Abendbl. ohne Amtsbl.:** ganzjährig 12 fl. — halbjährig 6 fl. — vierteljährig 3 fl.

Inserate in das Intelligenzblatt für die einspaltige Petitzeile: für 1mal 4 kr., für 2mal 6 kr., für 3mal 8 kr. Jedesmalige Einschaltungs-Taxe 15 kr.

Pränumerationspreis für Auswärtige:

Morgen- mit Amts-, Intelligenz- u. Abendbl.: ganzjährig 22 fl. — halbjährig 11 fl. — vierteljährig 5 fl. 30 kr. | **Morgenbl. m. Intellig. u. Abendbl. ohne Amtsbl.:** ganzjährig 18 fl. — halbjährig 9 fl. — vierteljährig 4 fl. 30 kr.

Morgen- mit Amts-, Intelligenz- u. Abendbl.: (mit separater Zusendung des Abendblattes): ganzjährig 28 fl. — halbjährig 14 fl. — vierteljährig 7 fl. | **Morgenbl. m. Intellig. u. Abendbl. ohne Amtsbl.:** (mit separater Zusendung des Abendblattes) ganzjährig 24 fl. — halbjährig 12 fl. — vierteljährig 6 fl.

Einzelne Exemplare kosten das Morgenblatt 10 kr., das Abendblatt 2 kr.

Wegen der h. Festtage erscheint das nächste Morgenblatt am Dinstag den 29. Dezember.

Inhalt.

Amtlicher Theil.

Se. k. k. Apostolische Majestät haben bezüglich der Erweiterung der innern Stadt Wien nachstehendes Allerhöchstes Handschreiben an den Minister des Innern zu erlassen geruht:

„Lieber Freiherr v. Bach! Es ist Mein Wille, daß die Erweiterung der inneren Stadt Wien mit Rücksicht auf eine entsprechende Verbindung derselben mit den Vorstädten ehemöglichst in Angriff genommen und hiebei auch auf die Regulirung und Verschönerung Meiner Residenz- und Reichshauptstadt Bedacht genommen werde. Zu diesem Ende bewillige Ich die Auflassung der Umwallung und Fortifikationen der inneren Stadt, so wie der Gräben um dieselbe.

Jener Theil der durch Auflassung der Umwallung der Fortifikationen und Stadtgräben gewonnenen Area und Glacis-Gründe, welcher nach Maßgabe des zu entwerfenden Grundplanes nicht einer anderweitigen Bestimmung vorbehalten wird, ist als Baugrund zu verwenden und der daraus gewonnene Erlös hat zur Bildung eines Baufondes zu dienen, aus welchem die durch diese Maßregel dem Staatsschatze erwachsenden Auslagen, insbesondere auch die Kosten der Herstellung öffentlicher Gebäude, so wie die Verlegung der noch nöthigen Militär-Anstalten bestritten werden sollen.

Bei der Entwerfung des bezüglichen Grundplanes und nach Meiner Genehmigung desselben bei der Ausführung der Stadterweiterung ist von nachstehenden Gesichtspunkten auszugehen:

Mit der Wegräumung der Umwallung der Fortifikationen und der Ausfüllung der Stadtgräben ist in der Strecke von der Biberbastei bis an die Umfassungsmauer des Volksgartens in der Art zu beginnen, daß längs dem Donaukanale ein breiter Quai hergestellt und der vom Schottenthore bis zum Volksgarten gewonnene Raum theilweise zur Regulirung des Exerzirplatzes benützt werden kann.

Zwischen diesen gegebenen Punkten hat zunächst die Erweiterung der inneren Stadt in der Richtung gegen die Rossau und die Alservorstadt zu geschehen, einerseits dem Donaukanale, andererseits der Grenzlinie des Exerzirplatzes folgend, jedoch mit Bedacht auf die entsprechende Einschließung der im Bau begriffenen Votivkirche.

Bei der Anlage dieses neuen Stadttheiles ist zuvörderst auf die Erbauung einer befestigten Kaserne, in welcher auch die große Militär-Bäckerei und das Stabsstockhaus unterzubringen sind, Rücksicht zu nehmen und hat diese Kaserne achtzig (80) Wiener Klafter von der Augarten-Brücke nach abwärts entfernt, in der verlängerten Achse der dorthin führenden Hauptumfassungsstraße zu liegen zu kommen.

Der Platz vor Meiner Burg nebst den zu beiden Seiten desselben befindlichen Gärten hat bis auf weitere Anordnung in seinem gegenwärtigen Bestande zu verbleiben.

Die Fläche außerhalb des Burgthores bis zu den kaiserlichen Stallungen ist frei zu lassen. Ebenso hat der Theil des Hauptwalles (Biberbastei), auf dem die Meinen Namen führende Kaserne liegt, fortzubestehen.

Die fernere Erweiterung der inneren Stadt ist bei dem Kärnthnerthore und zwar auf beiden Seiten desselben in der Richtung gegen die Elisabeth- und Mondschein-Brücke bis gegen das Karolinenthor vorzunehmen.

Auf die Herstellung öffentlicher Gebäude, namentlich eines neuen General-Kommando's, einer Stadt-Kommandantur, eines Opernhauses, eines Reichsarchives, einer Bibliothek, eines Stadthauses, dann der nöthigen Gebäude für Museen und Gallerien ist Bedacht zu nehmen und sind die hiezu zu bestimmenden Plätze unter genauer Angabe des Flächen-Ausmaßes zu bezeichnen.

Der Raum vom Karolinenthore bis zum Donaukanale soll ebenfalls frei bleiben, deßgleichen der große Exerzirplatz der Garnison vom Platze vor dem Burgthore an bis in die Nähe des Schottenthores, und hat letzterer an den Platz vor dem Burgthore unmittelbar anzuschließen.

Von der befestigten Kaserne am Donaukanale an bis zum großen Exerzirplatz hat in gerader Linie ein Raum von Einhundert (100) Wiener Klafter Breite frei und unbebaut belassen zu werden. Sonst soll aber im Anschlusse an den Quai längs dem Donaukanal rings um die innere Stadt ein Gürtel in der Breite von mindestens vierzig (40) Klafter, bestehend aus einer Fahrstraße mit Fuß- und Reitwegen zu beiden Seiten, auf dem Glacisgrunde in der Art angelegt werden, daß dieser Gürtel eine angemessene Einfassung von Gebäuden abwechselnd mit freien zu Gartenanlagen bestimmten Plätzen erhalte.

Die übrigen Hauptstraßen sind in entsprechender Breite und selbst die Nebenstraßen nicht unter acht Klafter Breite anzutragen.

Nicht minder ist auf die Errichtung von Markthallen und deren entsprechende Vertheilung Bedacht zu nehmen.

Zugleich ist auch bei Entwerfung des Grundplanes über die Stadterweiterung die Regulirung der inneren Stadt im Auge zu behalten und daher der Eröffnung entsprechender neuer Ausgänge aus der inneren Stadt unter Bedachtnahme auf die in die Vorstädte führenden Hauptverkehrs-Linien, gleichwie der Herstellung neuer, jene Verkehrslinien vermittelnder Brücken die geeignete Beachtung zuzuwenden.

Zur Erlangung eines Grundplanes ist ein Konkurs auszuschreiben und ein Programm nach den hier vorgezeichneten Grundsätzen, jedoch mit dem Beisatze zu veröffentlichen, daß im Uebrigen den Konkurrenten freier Spielraum bei Entwerfung des Planes gelassen werde, gleichwie sonstige hierauf bezügliche geeignete Vorschläge nicht ausgeschlossen sein sollen.

Für die Beurtheilung der eingelangten Grundpläne ist eine Kommission aus Repräsentanten der Ministerien des Innern, des Handels, ferner

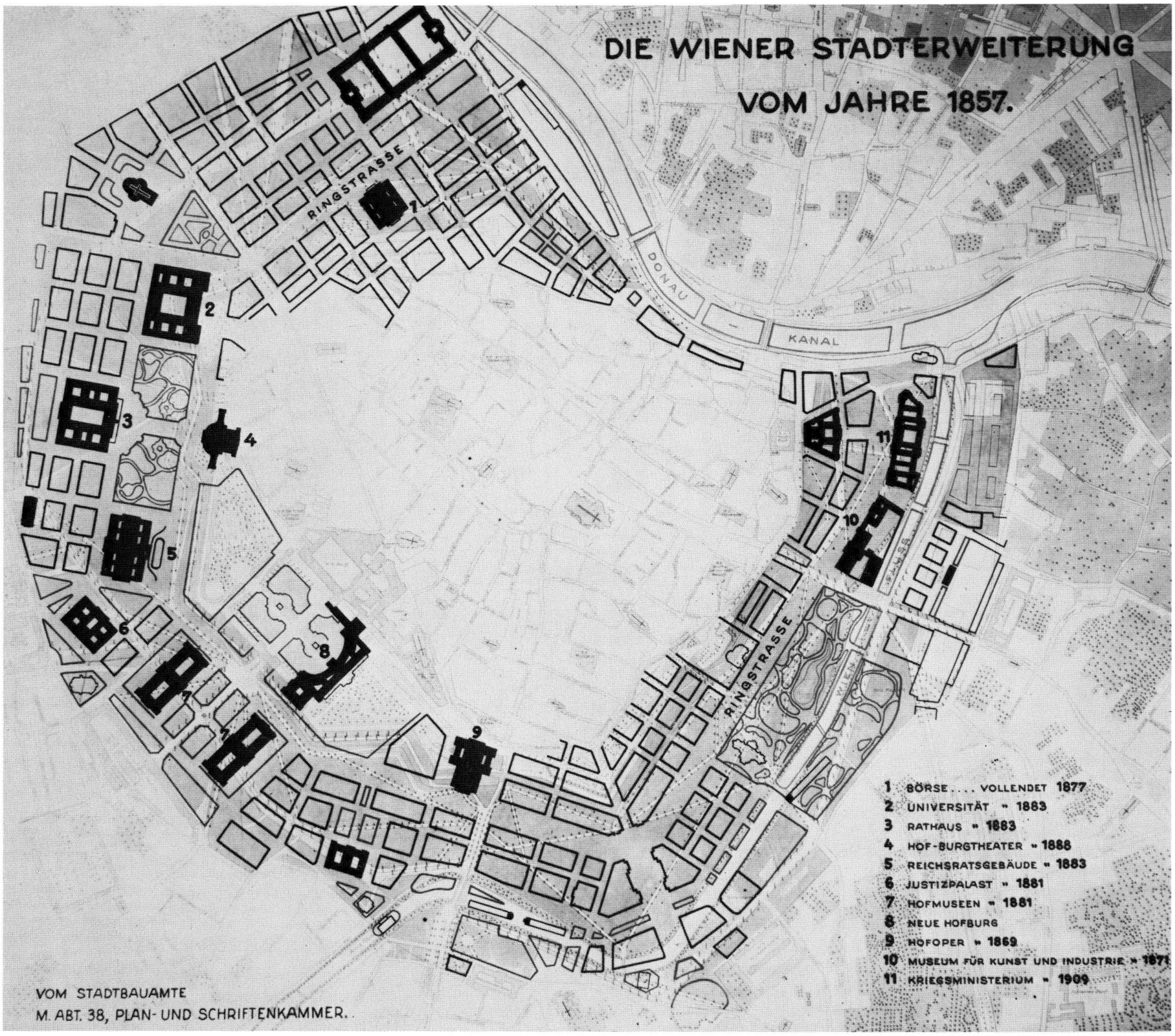
DIE WIENER STADTERWEITERUNG
VOM JAHRE 1857.
RINGSTRASSE
DONAU
KANAL
RINGSTRASSE
1 BÖRSE.... VOLLENDET 1877
2 UNIVERSITÄT " 1883
3 RATHAUS " 1883
4 HOF-BURGTHEATER " 1888
5 REICHSRATSGEBÄUDE " 1883
6 JUSTIZPALAST " 1881
7 HOFMUSEEN " 1881
8 NEUE HOFBURG
9 HOFOPER " 1869
10 MUSEUM FÜR KUNST UND INDUSTRIE " 1871
11 KRIEGSMINISTERIUM " 1909
VOM STADTBAUAMTE
M. ABT. 38, PLAN- UND SCHRIFTENKAMMER.

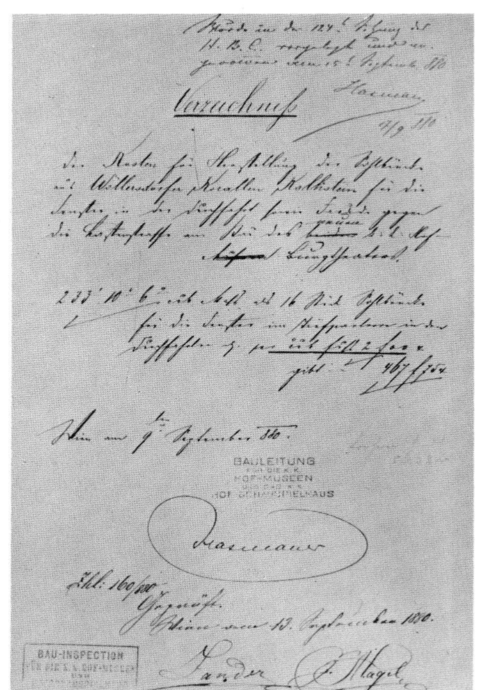
BAULEITUNG
HOF-MUSEEN
BAU-INSPECTION

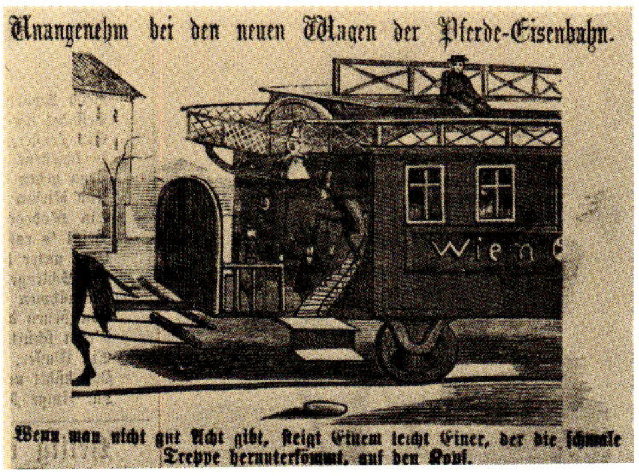

Die Pferdebahn hatte in Wien auch Kritiker.

Recht großzügig ging man an die Stadterweiterung (linke Seite oben). Wie notwendig diese war, zeigt die Darstellung der »Mistgstätten« bei Regen (linke Seite, Bild links unten).

Eine Original-Rechnung von Hasenau (linke Seite, Bild rechts unten).

August von Siccardsburg und Hasenau, die zerstrittenen Star-Architekten (oben links).

Bauarbeiten am Stephansdom und beim Kärntnertor.

In den Bildern Hans Makarts, des Malerfürsten der Ringstraße, sollen etliche Damen der Wiener Gesellschaft verewigt sein (linke Seite u. oben).

Sein Atelier brachte ihm allein in einem Jahr 13 000 Gulden an Eintrittsgeldern! (Bild unten rechts).

Eduard von Steinle, hier auf einer Zeichnung von Leopold Kupelwieser, gehörte in Rom zu den bedeutendsten »Nazarenern«, ebenso wie Josef von Führich, im Bild seine Statue von Viktor Tilgner.

Das Portrait der Adele Bloch-Bauer (links unten) und das Bild »Judith und Holofernes« von Gustav Klimt repräsentieren am besten die Richtung der »Sezessionisten«.

Sie begründeten den Ruf der Wiener Schule in der zweiten Hälfte des XIX. Jahrhunderts: (von links oben nach rechts unten): Der Anatom Karl von Rokitansky, Alois Negrelli – der Planer des Suezkanals, der Astronom Theodor von Oppolzer, der Chirurg Theodor Billroth, der Dermatologe Ferdinand von Hebra, der Anatom Josef Hyrtl, der Komponist und Hofoperndirektor Johann von Herbeck und der Physiker Ludwig Bolzmann.

Karl Lueger, Führer der Christlich-Sozialen Partei, wurde 1897 gegen den Widerstand des Kaisers Bürgermeister von Wien. (Bild oben in der Kutsche).

Glanzvolle Kulisse eines sterbenden Reiches: Die Hofbälle um die Jahrhundertwende. Heiratsmarkt des Hochadels und Keimzelle nationalistischer Polit-Intrigen: In die Geschichte gingen diese Bälle als Inbegriff des »Goldenen Wien« ein (Bild unten).

Der Kaiserstaat

Die Angriffe des I. Bataillons des 1. Garderegimentes zu Fuß, eines Gardefüsilierbataillons und einer Kompanie Gardejäger bringen Chlum vollends in den Besitz der Preußen.

»Chlum von preußischer Garde erstürmt!« – auf diese Meldung hin reitet Benedek sofort auf den Ort zu, gerät aber unmittelbar darauf in das feindliche Feuer. Hier, im Heulen der heranpfeifenden Geschosse, findet er seine alte Kaltblütigkeit wieder. Er führt das vorderste Bataillon des 52. Regiments, hochaufgerichtet zu Pferde, persönlich vor und läßt auch 2 andere Brigaden gegen Rosberitz vorführen. Das die Österreicher in wechselvollen Kampf zweimal nehmen. Auf Chlum werden Ostgalizier und vor allem die Deutschmeister von Regiment 4 angesetzt, sie erstürmen es, müssen aber zuletzt wieder im Feuer der Zündnadelgewehre zurück. »So fürchterlich auch das Zündnadelgewehr wirkt«, schreibt Generalfeldmarschall von Hindenburg später über diesen Kampf, – »über die stürzenden ersten Reihen kommen immer wieder neue auf uns zu!«
Als jetzt die Preußen auch Kavallerie einsetzen, müssen die Österreicher, durch dreifaches Kreuzfeuer aufgerieben, die Walstatt zuletzt räumen. Diese »Schlächterei« (Friedjung) kosten die eingesetzten drei österreichischen Brigaden im Zeitraum von 20 Minuten – 279 Offiziere und 10 000 Mann. Um 16 Uhr reiten 3 Reiterdivisionen zur Attacke an, um den Rückzug der eigenen Truppen zu decken. Die 1. und 3. Reserve-Kavalleriedivision unter ihren Kommandanten Fürst Windischgraetz und Prinz Holstein brechen mit ihren 4740 Reitern gegen die ebenfalls anreitenden 5100 preußischen Reiter vor. Erst nach diesem halbstündigen Reiterkampf bei Streselitz-Langenhof verlassen sie ungeschlagen den Kampfplatz. Mit diesem Reiterkampf endet bei Königgrätz die letzte große Kavallerieschlacht der Geschichte.
Benedek muß als »glückloser Feldherr« um 10 Uhr abends dem Kaiser melden: »Alle Anstrengungen, dem Rückzug Einhalt zu tun, waren vergebens.« Schon fünf Stunden vorher war in Wien ein Telegramm des Armeeoberkommandos eingetroffen, das gelautet hatte: »Schlacht bei Königgrätz, die Armee geschlagen, auf der Flucht nach der Festung, in Gefahr, dort eingeschlossen zu werden.«

Österreichs Flotte siegt in Italien

Licht in das Dunkel der darauffolgenden Tage bringt die Nachricht über den glänzenden Sieg des Kontre-Admirals Wilhelm von Tegetthoff über die italienische Flotte bei Lissa. Der österreichische Admiral war bereits unmittelbar nach der Kriegserklärung Italiens am 20. Juni, mit einem Geschwader in Richtung auf den italienischen Kriegshafen Ancona ausgelaufen. Mit der Absicht, seinen Gegner zum Kampf herauszufordern. Doch Admiral Persano hatte trotz seiner artilleristischen Überlegenheit den Kampf nicht angenommen.
Italiens öffentliche Meinung wirft dem Flottenkommando vor, es wolle die Flotte keiner Gefahr aussetzen. So läuft Persano aus und steuert auf die kleine österreichische Seefestung auf der Insel Lissa zu. In einem mehrtägigen Geschützkampf versucht Persano von der See aus, die Besatzung der Insel niederzuzwingen. Da erscheint, drei Tage nach Beginn der Beschießung, Tegetthoff mit einer Eskadre vor der Reede der hart bedrängten Insel. Berühmt geworden ist sein, beim Auslaufen der Flotte an die Schiffe gerichtetes Signal: »Panzerschiffe Feind rammen! – Muß Sieg bei Lissa werden!« Die See ist stürmisch, Böen peitschen über die Insel, von deren arg zerschossenen Batterien die Artilleristen gespannt nach den grauen Silhouetten der herandampfenden Flotte Ausschau halten. Diese rauscht in drei keilförmig formierten Treffen gegen die vor der Insel kreuzenden italienischen Schiffe heran, die sich jetzt in aller Eile in Schlachtordnung manövrieren. Doch schon durchstößt Tegetthoffs Flaggschiff »Erzherzog Ferdinand Max« an der Spitze der österreichischen Panzerdivision die Linie der Italiener. Ganz plötzlich dreht er dann gegen Norden ab, was die gegnerische Aufstellung in Unordnung bringt und jetzt zu einem Kampf Schiff gegen Schiff führt. Während einige italienische Kommandanten nervös manövrieren, dirigieren die Österreicher ihre Schiffe beinahe wie während eines Seemanövers unbeirrt zwischen die Batterien der gegnerischen Einheiten. Bereits zweimal ist die »Ferdinand Max« Gefahr gelaufen, von feindlichen Panzerschiffen gerammt zu werden. Immer hat ihr Kommandant Maximilian von Sterneck sie gerade noch im allerletzten Augenblick am Widder des Gegners vorbeimanövriert. Kurz darauf ist es er wieder, der zweimal versucht, selbst zum Rammstoß zu kommen, was ihm jedoch auch mißlingt. Da taucht mit einem Mal, der Rauchentwicklung wegen nur als Silhouette ansprechbar, die graue Flanke des feindlichen Flaggschiffes, der »Rè d'Italia«, vor dem Bug des »Ferdinand Max« auf. Eine kurze Anfrage an den neben Sterneck auf der Kommandobrücke stehenden Tegetthoff und schon ertönt der Befehl: »Rammen!« – Wenige Sekunden später bohrt sich der Widder des österreichischen Flaggschiffes unter ohrenbetäubendem Krachen und Splittern tief in die Flanke des Gegners. Donnernde Hurrahs von den österreichischen Schiffen begleiten den Untergang des feindlichen Flaggschiffes. Wie dann die Besatzungen der österreichischen Schiffe Anstalten zur Bergung der italienischen Schiffbrüchigen treffen, vereiteln deren Schwesterschiffe, durch ihre Manöver jede Hilfe. Nun fliegt auch plötzlich ein weiteres italienisches Panzerschiff, die »Palestro«, in Brand geschossen, in die Luft. Diese Explosion löst beim Gegner den Entschluß zum Abbruch der Schlacht aus. Er tritt den Rückzug an und verläßt nach dem Verlust von zwei Panzerschiffen und 1050 Mann sowie der gesamten Kriegskasse den Kampfplatz.
Tegetthoff verliert an diesem Tage 5 Offiziere und 25 Mann. Ein Offizier und 158 Mann werden verwundet. Aber nicht nur er mit seinem siegreichen Geschwader stellt bei Lissa die Leistungsfähigkeit der kleinen österreichischen Flotte unter

Beweis, auch auf dem Gardasee sind es sechs österreichische Kanonenboote und zwei Raddampfer, die acht Gegner der gleichen Klasse in Schach halten und ihm noch den Raddampfer »Benaco« abjagen.

Die Preußen vor Wien?

Noch vor Beginn der Schlacht von Königgrätz war an die Führer der siegreichen Südarmee Erzherzog Albrecht und John bereits der Befehl ergangen, in Eiltransporten Wien zu erreichen, wofür die Semmeringbahn jetzt ihre strategische Bedeutung erweist. Wien scheint nunmehr wirklich gefährdet. In großer Eile wirft man am Bisamberg und bei Floridsdorf Verschanzungen auf. Während es auch Benedek jetzt gelingt, die Reste der Armee, wie er berichtet, »so gut es geht«, geschlossen auf Olmütz zurückzuführen. Rücken doch die preußischen Spitzen bereits in Mähren ein. Es muß also versucht werden, einen Waffenstillstand anzubieten. Ein anderer Versuch, auch jetzt noch ein militärisches Eingreifen Frankreichs zu erreichen, scheitert an der glatten Absage Napoleons III. So muß man notgedrungen auf die Bedingungen Moltkes und Bismarcks eingehen. Beide lehnen einen Waffenstillstand ohne eine vorhergegangene Einigung über die Grundlagen eines künftigen Friedensvertrages ab. Inzwischen besetzen die Preußen weitere Gebiete in Mähren. In Wien setzt eine allgemeine Panikstimmung ein, wilde Gerüchte durchschwirren die Stadt und selbst in der Hofburg beginnt man jetzt ernsthaft einzupacken. Selbst die Hofbibliothek wird ausgeräumt.

Sissi und ihre Schwiegermutter finden es als bayerische Prinzessinnen beschämend, daß Bayern Österreich nur recht zögernd im Deutschen Bund unterstützt, dessen Auflösung nach der Besetzung Hannovers und der Gefangennahme des Kurfürsten Friedrich Wilhelm von Hessen in Kassel nur mehr eine Frage der Zeit ist. Was sich nach der Niederlage der 8. Bundesarmee mit deren bayerischen Verbänden am 7. Juli bei Aschaffenburg erst recht bestätigen wird. Als vierundzwanzig Stunden später bereits von einem Anmarsch der Preußen auf Wien gesprochen wird, dringt Franz Joseph in Sissi, nach Budapest zu reisen und auch die Kinder dorthin nachkommen zu lassen. Man packt das Allernötigste und Kostbarste aus der Burg und bringt es nach der ungarischen Hauptstadt auf den Weg. Elisabeth fährt dann, unter dem Vorwand, Lazarette besuchen zu wollen, nach Budapest voraus. Dort wird sie bereits am Bahnhof von Deak und Andrássy erwartet. Beide schildern ihr in düster gehaltenen Kommentaren die wachsenden Umtriebe der Kossuthpartei und regen immer deutlicher die Notwendigkeit einer Eigenständigkeit Ungarns im Rahmen der Gesamtmonarchie an. Als Elisabeth am 12. Juli nach Wien zurückfährt, um dort die von Ischl eingetroffenen Kinder zu sich zu holen, versucht sie Franz Joseph von der Notwendigkeit zu überzeugen, sich mit Deak und Andrássy auseinanderzusetzen. Gerade Andrássy erscheine ihr als der einzig geeignete Mann, eine dauernde Versöhnung mit dem Hause Habsburg herbeizuführen und möglicherweise eines Tages beide Länder, Österreich wie Ungarn, als Außenminister mit Erfolg zu vertreten. Franz Joseph zeigt sich von der Eindringlichkeit der Argumente nicht überrascht, denn er führt sie auf die leichte Beeinflußbarkeit seiner Gattin zurück. Aber er zögert.

Zehn Tage darauf, am 17. Juli 1866, empfängt er – nach einem neuen, beinahe wie ein Ultimatum klingenden Vorstoß Elisabeths, in Wien zunächst Deak und dann – Andrássy. Von der von Bismarck ins Leben gerufenen ungarischen Legion Klapkas fällt kein Wort. Wie über die Vergangenheit des einst »in effigie gehenkten« magyarischen Revolutionärs Andrássy nicht gesprochen wird. Letzteres ist genauso vergessen, wie die mißglückte Aktion der ungarischen Klapka-Legion, die in den Komitat Neutra einfallen wollte und von den slowakischen Grenzern ziemlich ruhmlos »verabschiedet« wurde. Das Gespräch zwischen dem immer treu gebliebenen Deak und den nunmehr wieder treuen Andrássy währt lange. Doch mit dem Vorrücken der Uhrzeiger nähert sich auch die Zeit jener Stunde, in deren Ablauf der historische Ausgleich zwischen Österreich und Ungarn Wirklichkeit werden wird.

Die Nordarmee Benedeks ist unterdessen wieder »ganz in Ordnung und in Disziplin« mit ihrem Gros durch das Waagtal, zum Teil aber auch im Bahntransport über Brünn und Göding, bis an die Donau gelangt und über den Strom gegangen. Der letzten Meldung Benedeks nach, hat sie am rechten Donauufer alle Brücken und alles Übergangsmaterial abgefahren. Seit dem 17. Juli führt der Sieger von Custoza, Erzherzog Albrecht, das Oberkommando. Seine Südarmee ist unterdessen ebenfalls an der Donau angelangt. Das Vorfeld von Wien hat man durch rasch errichtete Verteidigungsanlagen weiter befestigt, und Preßburg wird durch eine bewährte k.k. Brigade gesichert. Am 22. Juli, als preußische Kompanien während des Gefechtes bei Blumenau auf Gebirgspfaden, von ungarischen Förstern geführt, die Österreicher umgehen wollen, erreicht sie der Befehl vom sofortigen Waffenstillstand. Vorerst auf fünf Tage beschränkt, leitet er den Vorfrieden von Nikolsburg ein. Bismarck setzt durch, daß sein König auf die Abtretung österreichischer Gebiete verzichtet. Es wird aber der Verlust Venetiens besiegelt, eine Forderung Italiens, auch Südtirol abzutreten, lehnt Bismarck entschieden ab. Österreich muß 20 Millionen Gulden als Kriegsentschädigung zahlen. Auch von Sachsen wird keine Landabgabe verlangt. Dagegen scheidet Österreich aus dem Deutschen Bund aus und verliert damit jeden innerpolitischen Einfluß in Deutschland, dessen alter Bundestag zu Augsburg aufgelöst wird. Ein norddeutscher Bund entsteht unter preußischer Führung. Schleswig-Holstein, Hannover, Kurhessen, Nassau und die Freie Stadt Frankfurt gehören seit dem darauffolgenden Frieden von Prag zum neuen preußischen Großstaat.

Österreich und Ungarn – erste Schritte zum Ausgleich?

Die allgemeine Stimmung richtet sich wieder einmal gegen die Generale. Daß es aber gerade die Politiker waren, die konsequent die von diesen Generalen geforderte Ergänzung und Ausstattung der Armee verweigert hatten, davon spricht natürlich niemand. Einen gewissen »Trost« bedeutet für den Kaiser der Empfang durch die überwiegend tschechische Bevölkerung auf den Schlachtfeldern des böhmischen Kriegsschauplatzes. Gerade die tschechischen Bauern, aber auch die Städter bekunden beim Erscheinen des Monarchen eine Anhänglichkeit und Zuneigung, die Franz Joseph auf das tiefste beeindruckt. Es ist die Haltung, in der Ministerpräsident Belcredi eine Garantie für den Weiterbestand der Monarchie er-

blickt, während er Ungarn gegenüber von Mißtrauen erfüllt ist. Damit befindet er sich im Gegensatz zu einem neuen Mann, der seit dem Aufenthalt des sächsischen Königs in Wien dort seinen ständigen Aufenthalt aufgeschlagen hat, der bisherige sächsische Außenminister Graf Friedrich von Beust. Am 21. Oktober seines Postens in Dresden für verlustig erklärt, ist er acht Tage später österreichischer Außenminister. Man sieht in der Berufung Beusts in Wien eine diplomatische Ohrfeige, die Franz Joseph damit Bismarck versetzt und gewissermaßen das bestehende Revanchegefühl befriedigt. Wie dann auch Berlin empört reagiert.
In Ungarn unterscheiden sich zwei Richtungen durch ihre Ziele. Während Deak und Andrássy diese Unabhängigkeit unter Beibehaltung des habsburgischen Erbrechtes verstehen, tritt die von Kossuthschen Ideen erfüllte Unabhängigkeitspartei für die völlige Trennung von Österreich ein.
Bei der Ansprache Franz Josephs vor zwei Abordnungen ungarischer Magnaten am 8. Januar 1867 in der Wiener Hofburg, fällt dann zum ersten Mal das Wort »Ausgleich!«. Es ist ein Wort, welches der neue Außenminister Beust seit Beginn seines Amtsantrittes im Munde führt. Er weist darauf hin, daß der Verlust der Vormachtstellung Österreichs in Deutschland der magyarischen Gegenströmung Tür und Tor geöffnet habe. Vor allem sieht er in einem, von Belcredi begünstigten Überhandnehmen der Slawen eine Gefahr. Hingegen böte ein enges Zusammengehen von Magyaren und Deutschen eine Beständigkeit versprechende Basis. Genauso wie Elisabeth, verfällt auch der Sachse Beust dem Einfluß der von Andrássy und seinen Mitarbeitern verkörperten weltmännisch-konservativen Haltung.
Franz Joseph wird während dieser Auseinandersetzungen erneut auch von persönlichen Sorgen heimgesucht. Besonders die Nachrichten aus Mexiko wirken alarmierend, sogar deprimierend. Während ihrer Reise durch Europa war Kaiserin Charlotte von Mexiko während einer Audienz bei Papst Pius IX. ganz plötzlich zusammengebrochen. Sie hatte einen Wahnsinnsanfall erlitten und bleibt seit jenem Tag geistesgestört. Ein Bericht des soeben aus Mexiko heimgekehrten Kommandanten des Freiwilligenkorps, Graf Franz Thun, bringt Franz Joseph trotz der begeisterten Schilderung des Generals über die Haltung des »Emperadors« zur Erkenntnis, daß es dort drüben »zu Ende sei«.
Sorgen bereitet ihm auch der Gesundheitszustand des neunjährigen Kronprinzen. Rudolph zeigt oft wenig Appetit, er ist recht mager und macht den Eindruck einer schwächlichen Konstitution. Andererseits legt er dann wieder einen überspannt wirkenden Lerneifer an den Tag. So bleibt für den Vater der Weg von seinem Arbeitszimmer in die Aufenthaltsräume der Kinder mit Sorgen gepflastert. Die jetzt die Magyaren vermehren. Fordern sie doch bereits unverblümt die Einrichtung eines eigenen ungarischen Ministeriums.
Franz Joseph entscheidet sich für Beust und billigt Ungarn dieses Ministerium zu, das der einstige »Rebell« Andrássy übernimmt. In Wien tritt Belcredi zurück, Beust übernimmt jetzt auch die Aufgaben des k.k. Ministerpräsidenten.
In Ungarn erhält die alte Verfassung der Stephanskrone mit einigen, von dem 1849 hingerichteten Patrioten Ludwig Batthyány verfaßten Zusätzen, die alte Gültigkeit. Mit der Teilung in zwei Reichshälften, in ein »Cis«- und »Transleithanien«, nimmt auch in den Amtsstuben das bisherige »k.k.« – »kaiserlich-königlich« Abschied von allen amtlich gedruckten »Vorgängen«, um einen neuen »k.u.k.« »kaiserlich und königlichen« Amtsschimmel zu satteln. Für die österreichische Amtssprache bleibt das k.k. zwar bestehen, in Ungarn heißt es von nun ab, auf deutsch übersetzt »k.ung: königlich ungarisch«.
Beide Staaten anerkennen die in Preßburg 1687 beschlossene und 1722 durch die Pragmatische Sanktion bestätigte Herrschaft des Hauses Habsburg in Form einer Personalunion durch den Monarchen: In Österreich Kaiser, in Ungarn König. Beide Reichshälften werden durch eine gemeinsame Außenpolitik vertreten. Heer und Flotte übernehmen als gemeinsame Streitkräfte den militärischen Schutz des Reiches. Wobei die Bildung territorial gebundener Wehrkörper, für Österreich Landwehr, für Ungarn Honvéd, nicht ausgeschlossen wird. Auch die Finanzen werden gemeinsam verwaltet. Den Oberbefehl über die gemeinsamen Streitkräfte führt der Kaiser, doch die Parlamente beider Staaten bestimmen die Rekrutenkontingente. Zusammengefaßt werden die Kosten für die gemeinsamen Angelegenheiten mit 70 von Hundert von Österreich und 30 von Hundert von Ungarn getragen.

Franz Joseph – ein Kaiser verliert seinen Einheitsstaat

Am 8. Februar 1867 erfolgt dann die Unterzeichnung des Abkommens. Zum ungarischen Ministerpräsidenten wird Graf Julius Andrássy ernannt. Der in der Emigration lebende Kossuth bezichtigt Andrássy und Franz Deak des Verrates am Vaterland.
Einer freilich verhehlt sich nicht, daß er mit der Zustimmung zu diesem »Ausgleich« seiner eigenen, inneren Überzeugung zuwiderhandelt, Franz Joseph. Doch es geht um den Erhalt des Reiches, es gilt aber auch, innerhalb Österreichs eine neue Ordnung zu schaffen. Sie erfolgt zugleich mit der Verkündung der Dezemberverfassung von 1867. In ihr kommen nunmehr liberale Grundsätze zum Ausdruck. Die vom Reichsrat beschlossenen Staatsgrundgesetze billigen jedem Staatsbürger gleiches Recht vor dem Gesetz zu. Auch sind von nun ab alle öffentlichen Ämter ohne Unterschied jedermann zugänglich. Ein neues Vereins- und Versammlungsrecht wird proklamiert. Ein Wehrgesetz tritt in Kraft, ein Reichsgericht wird eingerichtet, wie auch die Einrichtung von Schwurgerichten verfügt wird. Ein Ehegesetz wird erlassen und ein neues Volksschulgesetz eingeführt. Wissenschaft und Lehre sind frei, auch darf niemand zur Teilnahme an kirchlichen Feiern gezwungen werden. Womit praktisch die Bestimmungen des Konkordats ihre Wirkung verlieren. Zugleich mit der Sanktionierung dieser Gesetze erhalten auch die Paragraphen des Ausgleichsgesetzes ihre verfassungsgerechte Grundlage. Für die österreichische Reichshälfte wird ein neues Ministerium geschaffen. An die Spitze dieses »Bürgerministeriums« tritt Fürst Carlos Auersperg, Vizepräsident und Minister für die Landesverteidigung wird Graf Taaffe. In den durch den Ausgleich geschaffenen neuen Reichsministerien führt als Minister des Äußeren »der mit Genialität drapierte Abenteurer« (Graf Crenneville, nach Corti) Graf Beust. Reichskriegsminister wird der durch die Verteidigung Südtirols 1866 bekannt gewordene General von Kuhn. Die Finanzen übernimmt Freiherr von Becke.

Was Belcredi vorausgesagt hat, tritt nach Bekanntgabe des Ausgleichs auch ein. Die Slawen der Monarchie, aber auch Teile des Adels, erheben gegenüber der nunmehr verfassungsrechtlich sanktionierten Bevorzugung des deutschen und magyarischen Elements entschiedenen Einspruch. Auch ruft die bevorstehende Rückeingliederung Kroatiens-Slawoniens in den ungarischen Staatsverband heftige Proteste in der Heimat Jellačić' hervor. Und in Siebenbürgen lehnen Sachsen und Rumänen die geplante Eingliederung ihrer Heimat in den magyarischen Machtbereich ebenfalls voller Empörung ab. In Galizien sehen sich die bisher dem Thron ergeben gewesenen Ruthenen der polnischen Willkür ausgeliefert. Unterstehen doch dort von jetzt ab die Schulen Galiziens der polnischen Aufsicht, was ein Zurückdrängen der ukrainischen wie auch der deutschen Sprache bedeutet. Gerade diese Maßnahme wird sich 47 Jahre später, bei Beginn des Ersten Weltkrieges in jenen Gegenden zum Nachteil Tausender österreichischer Soldaten rächen. Und noch ein Datum erhält in jenem Jahr für Tausende von Österreichern eine für den Daseinskampf ihrer Nachkommen richtungweisende Bedeutung: Anno 1867 wird in Wien der erste sozialdemokratische Verein, der Arbeiterbildungsverein, gegründet!

Kaiser Maximilians Ende in Mexiko

Noch sind die Eindrücke vom Auftakt einer neuen Ära in Ungarn lebendig, da erschüttert eine neue Nachricht die kaiserliche Familie: Das tragische Ende des mexikanischen Kaiserreiches und der Tod seines Kaisers »Maximilian«.
Ferdinand Max hatte sich in das im Norden von der Stadt Mexiko gelegene Queretaro geflüchtet. Mit seinem kleinen Gefolge und dem Rest der Besatzung wird er durch Verrat überrumpelt und gefangengenommen Von einem republikanischen Kriegsgericht wird er zum Tode verurteilt und am 19. Juni 1867 zusammen mit den Generalen Meja und Miramon am Cerro von Queretaro erschossen. Sobald die Mutter »Maxis« Erzherzogin Sophie die Nachricht erfährt, bringt sie, wie beim Anblick einer grauenvollen Vision nur die Worte hervor: »Erschossen? . . . Erschossen!«

1868 – das Ende des Kaisertums Österreich

Die bereits mit der Dezemberverfassung von 1867 eingeleitete Neuordnung der innerstaatlichen Struktur und die liberalen Grundsätze führen zu neuen Fehden zwischen dem Staat, den Vertretern der Nationen und der Kirche. Durch die Kündigung des Konkordats von 1855 erhält jedermann das Recht, vom 14. Lebensjahr an sein Glaubensbekenntnis zu wählen. Die Zivilehe wird eingeführt und dem Staat ausschließlich die Leitung des Unterrichtswesens in den Schulen, mit Ausnahme des Religionsunterrichts, zugestanden.
Auch erhält die Ablehnung der neuen Verfassung durch die Slawen Gewicht. Unter dem Eindruck der Budapester Ereignisse verlangen sie die Schaffung eines eigenen Staatsgebietes. Ebenso wie in Ungarn, soll dieser Staat nur durch Personalunion mit den übrigen Ländern der Habsburger Krone verbunden bleiben. So wirkt sich überall das Beispiel Ungarns auf die übrigen Völker der Monarchie im Sinne der Belcredischen Prophezeiung aus. Die Mehrheit der nichtmagyarischen und nichtdeutschen Volksgruppen fühlt sich übergangen.
Trotz Einspruches der Sachsen und Rumänen wird die Selbstverwaltung Siebenbürgens aufgehoben, ihr Landtag aufgelöst und die Hofkanzlei geschlossen. Nur Kroatien-Slawonien erhält eine gewisse Selbstverwaltung. Ein, alle elf Nationen des Reiches und ebenso das Haus Habsburg verpflichtendes wie auch belastendes Gesetz des Jahres 1868 ist die Einführung der Allgemeinen Wehrpflicht! Der Kaiser und König, Oberster Kriegsherr all dieser vielen und so unterschiedliche Sprachen sprechenden künftigen Soldaten verfügt mit einem Handschreiben vom 14. November 1868, daß das »Vaterland« von nun ab nicht mehr den Namen »Kaisertum Österreich« zu führen habe. Es wird in Zukunft den Namen »Österreichisch-Ungarische Monarchie« führen!

Die Heeresreform – Ansatz für ein Vaterland?

Seit seiner Gründung blickt das österreichisch–ungarische Heer auf eine 300jährige Tradition zurück. Sein erster Befehlshaber war der »Friedländer«, Herzog Albrecht von Wallenstein. In mehr als 7000 Schlachten und Gefechten in allen Ländern Europas hat sie seit ihrem Bestehen unter Feldherrn wie Prinz Eugen, dem edlen Ritter, Laudon, Erzherzog Karl und Radetzky ihre Schlagkraft unter Beweis gestellt. Nach der Verkündung der Allgemeinen Wehrpflicht ist es Erzherzog Albrecht, der diese Tradition fortführt.
Die Besonderheit der Neuorganisation der Armee liegt in der Gliederung in drei selbständige Wehrkörper. Dem gemeinsamen Heer (einschließlich der Flotte), der österreichischen (k.k.) Landwehr und der (k.ung.) Honvéd. Dieses gemeinsame (k.u.k.) Heer ist die Klammer, welche die auseinanderstrebenden Kräfte des multinationalen Staates zusammenhält.
So tritt jetzt eine aus 12 Nationen gebildete Rekrutenmasse vor die Ausbilder, denen es nun obliegt, diese jungen Deutschen, Tschechen, Polen, Ruthenen, Slowenen, Italiener, Ladiner, Magyaren, Slowaken, Kroaten, Serben und Rumänen zu einem Instrument zu formen. Zunächst sind ihnen diese »Präsenzdiener« für 3, später nur mehr für 2 Jahre innerhalb der Kasernen in die Hände gegeben. Nach ihrem »Abrüsten« bleiben sie dann weitere 7, später 10 Jahre als Reservisten »ihrem Auge« anvertraut. Nur wer sich als Kandidat des geistlichen Standes, als Unterlehrer oder Lehrer, auch als »Überzähliger« ausweist, wird der Ersatzreserve zugeteilt und kann nach 8wöchiger Ausbildung wieder »heimgehen«. Zum Landsturm rechnen alle Männer vom 19. bis zum 42. Lebensjahr. Außerdem bestehen, vorwiegend in den deutschen Erbländern und in Tirol, freiwillige Schützenformationen, deren Angehörige für den Kriegsfall als »landsturmpflichtig« erklärt werden können.
Die Kommandosprache wird, so unwahrscheinlich es klingen mag, die phonetische Klammer, die das Gemeinschaftsgefühl bei den jungen Männern entwickelt, denn die Kommandosprache im gemeinsamen Heer ist die deutsche. Aus 80 Kommandoworten entwickelt sich das sogenannte »Armeedeutsch«.
Während das Deutsche alle Kommandos, Befehle, Verfügungen und Dienststücke beim k.u.k. Heer und innerhalb der österreichischen Landwehr beherrscht, wird innerhalb der k.ung. Honvéd ungarisch kommandiert und befohlen. Eine

Ausnahme bilden Honvédeinheiten mit kroatisch-serbischen Mannschaften, wo das Kroatische als Kommando- und Dienstsprache zugestanden wird.
Die Zahl der sich in den Kasernen zwischen Riva und Jaroslau, Kronstadt und Reichenberg einfindenden Wehrpflichtigen setzt sich im ersten Jahr der allgemeinen Wehrpflicht aus 98000 Mann beim gemeinsamen Heer, unter Vorausplanung einer Kriegsstärke von 800000 Mann, zusammen. Landwehr und Honvéd erhalten erst 1892, dem Jahr neuer Reformen, 10000 und 12500 Wehrpflichtige zugewiesen.
Im Donaureich bestimmen nunmehr drei Generale, ein Reichs- und zwei Landesverteidigungsminister über Führung, Organisation und Ausrüstung der bewaffneten Macht.
Nicht allein durch den Eid, sondern auch durch eine persönliche Hingabe an seine Person, fühlt sich das Offizierskorps dem Kaiser verpflichtet. Durch seine Haltung repräsentiert er keine martialische Macht, er ist ein Soldat, der in seinem, um 5 Uhr morgens beginnenden, bis in die Nachtstunden währenden »Dienst« an der Spitze des Staates und der Armee, den gleichen »Vorgang« wie in jenem des kleinen Leutnants in einer galizischen Kasernenkanzlei erblickt.
Es kommt dazu, daß auch der gleiche Leutnant weiß, er kann grundsätzlich jede, ihn persönlich belastende Sorge »seinem Kaiser« vortragen. Sofern diese nicht den Ruf des Offizierskorps beeinträchtigt. Dazu gehört zum Beispiel die Bezahlung von Schulden. Spielschulden sind ausgenommen. Den von zahlreichen Filmautoren nach beiden Weltkriegen so gerne vorgestellten »feschen« k.u.k. Offizier, dessen Aufgabenbereich sich im flotten Leben zu erschöpfen schien, hat es im Heer der Monarchie, wenige Fälle ausgenommen, niemals gegeben. Die schmal bemessene Monatsgage von 50 Gulden, mit Zulagen höchstens 105 Gulden läßt die Mehrzahl der Offiziersfamilien auf Sparflamme kochen. Eine Heirat macht eine Kaution erforderlich. Seit 1866 findet auch ein Wechsel in der Besetzung von Offiziersstellen statt. Erbittert von den gegen ihn erhobenen Vorwürfen über seine Führung im letzten Kriege, zieht sich vor allem der Feudaladel vom aktiven Dienst in der Armee zurück. An seine Stelle treten bürgerliche Offiziere. Die Streitkräfte müssen mit der technisch-industriellen Entwicklung Schritt halten und benötigen immer mehr militärische Ausbilder wie Führungskräfte. Die Armee erhält ihren Nachwuchs aus den in jedem Korpsbereich bestehenden Kadetten-, Militärunterreal- und Realschulen. Dort finden sich die Söhne vieler Offiziere, Unteroffiziere und Beamter. Nach Beendigung ihrer Studienzeit werden sie den Regimentern als Fähnriche, dort wo ein Übersoll an Planstellen besteht, als Kadett-Aspiranten zugeteilt. Wer nach beendeter Kadetten- oder Gymnasialzeit die Hörsäle der Maria Theresianischen Militärakademie in Wiener Neustadt für drei Jahre besucht, kann sich neben dem angeeigneten Wissen über alle Fächer der militärischen Fachgebiete ruhig mit dem Bildungsniveau eines Akademikers messen. Wofür auch die von Budapest errichtete »Ludovica-Akademie« und die Akademie für Artillerie und Technik in Mödling und Traiskirchen ähnliche Möglichkeiten anbieten.
Eine Sonderstellung nimmt der Generalstab ein. Sachlich betrachtet, bewältigt der k.u.k. Generalstab ein Ausmaß an Führungsaufgaben, wie sie wohl keine andere Armee der Welt aufgrund der geopolitischen Lage des Reiches und der Zusammensetzung seiner Streitkräfte durchzuplanen hat.
Tragendes Element des Heeres ist jedoch der Unteroffizier und der Soldat, »Gemeiner« genannt. Die Ausbildung auf dem Kasernenhof ist hart, der Dienst streng geregelt und nimmt auf die so verschiedenartige Mentalität der Eingezogenen keine Rücksicht. Da steht ein kroatischer Korporal vor einer Gruppe, die Männer, die ihn fragend anblicken, sprechen rumänisch, ukrainisch, italienisch und deutsch. Und in den Köpfen der Angesprochenen rotiert bereits der Gedanke an die »Menage«. Die wenig abwechslungsreich ist: Morgens: schwarzer Kaffee, mittags: ein »Seidel« Suppe mit hineingeschnittenem Brot, ein drittel Pfund Rindfleisch mit 6–8 Loth Gemüse und den »Bimbs«, das Kommißbrot, das auch am Abend für die Menageschale voll schwarzem Kaffee reichen muß.
Die taktische Ausbildung der Truppen erfolgt auf Grund der neuzeitlichen Waffentechnik und ihrer Bedingungen. Die Manöver erfolgen heute in den Dolomiten, morgen im Karst, dann wieder in der böhmisch-mährischen Senke, in den weiten Ebenen Galiziens und Ungarns oder in den Bergen und Schluchten Siebenbürgens. Die Infanterie führt das neue Werndlgewehr, einen einschüssigen Hinterlader, bis dieses vom 5-schüssigen Mannlichergewehr und Stutzen abgelöst werden wird. Die Artillerie ist mit der bewährten Eustachius-Bronze ihrer Kanonen »bestückt« und gilt nach wie vor als eine der besten der Welt. In der Kavallerie wird zwar der alte Reitergeist wachgehalten, man versäumt jedoch, sie als berittene Infanterie auszubilden. Eine sich in Zukunft bewährende Spezialtruppe wird in den Tiroler Landesschützen ausgebildet. Deren Regimenter sind als Hochgebirgstruppe gedacht und bilden den Stamm für die später zum Einsatz kommenden Hochgebirgskämpfer des Ersten Weltkriegs.
Als Truppe mit »brillanten« Leistungen präsentieren sich auch die österreichisch-ungarischen Pioniere wie überhaupt alle technischen Einheiten. Ob im Brücken- oder Stollenbau, ob als Sappeure im Festungsgelände oder in der Anlage von Militärstraßen im bosnischen Karst, ihre technische Zuverlässigkeit wird im Ersten Weltkrieg besonders im Gebirge und bei Bewältigung der großen Flußübergänge unter Beweis gestellt werden. Eine Truppe freilich findet im Zuge der Heeresreform von 1868 und 1892/93 noch in keiner Dienstvorschrift eine Erwähnung. Obwohl ihr schon bald nach Beginn des Ersten Weltkrieges größte Bedeutung zukommen wird. Ihre ersten Anfänge werden auch in Österreich-Ungarn erst mit der Jahrhundertwende zum Thema einander widersprechender Meinungen unter den militärischen Fachleuten werden – die der Fliegertruppe der k. u. k. Armee und Marine!

Österreichs später Weg zum Industriestaat

Die als Folge der Revolutionsjahre einsetzenden Veränderungen auf der politischen Szene finden ihren Antrieb nicht zuletzt im Aufbruch eines wirtschaftlichen Liberalismus. So hat die vom Freiherrn von Bruck eingeleitete Förderung von Großbetrieben der Industrie die Wege geebnet. Allerdings war das auf Kosten sehr vieler Kleinbetriebe geschehen. Unstreitig jedoch erweist sich die 1859 erlassene Gewerbeordnung als die fortschrittlichste ihrer Zeit.
Mit dem Hinausdrängen der Industrie in die Landschaft wechselt an vielen Orten das Landschaftsbild.

Nur »kräftige« Bauern vermögen sich zu erhalten und ihrerseits auch die Erträge zu verbessern. Wer seinen Kleinbetrieb veräußert, verdingt sich entweder als Lohnempfänger auf einem Gutshof oder er sucht in einem der neuen Industriewerke Arbeit. Andere wieder, und das sind bereits Tausende, wandern aus.
Die Abwanderung der Industrie aus den Großstädten ist aber auch eine Folge der Verteuerung der Lebensbedingungen. Was in den Großstädten, vor allem in Wien und Prag, weiter verbleibt, das sind die »Köpfe« der Unternehmungen! Ihre Gegenwart dient den Kontakten mit den Behörden und Verbindungen mit dem Ausland. Was diese Städte wiederum zu Wirtschaftszentren des Reiches erhebt.
Bodenschätze sind in allen Gebieten des Völkerstaates vorhanden. Mittelpunkte der Industriegebiete werden von jetzt ab, abgesehen von Wien, das auch hier seine Stellung behauptet, verschiedene Städte in Böhmen, Mähren, Orte in der Steiermark, in Ober- und Niederösterreich, in Kärnten, im Küstengebiet und im »Ländle« Vorarlberg. Ungarn als Agrarland fällt zur Zeit noch zurück. Aber man spricht bereits von den Eisenwalzwerken und Geschützgießereien in Pilsen (Skoda), Donawitz im steirischen Erzabbaugebiet hat bereits 1857 den ersten Siemenshochofen angeblasen. In Cilli stellt man Panzerplatten her, mit denen Tegetthoffs Schiffe bei Lissa ausgerüstet waren, und im oberösterreichischen Reichraming wird bereits seit 1853 Wolframstahl erzeugt. Der österreichische Lloyd läßt in seinem Arsenal in der Bucht von Servola bei Triest seit 1837 laufend neue Hochseeschiffe auf Kiel legen, und einer der wichtigsten Wirtschaftszweige Österreichs, die Papierindustrie, erlebt in Neusiedl und Schlöglmühl in Niederösterreich einen ungeahnten Aufschwung. Auch die Textilindustrie mit ihren Webereien und Spinnereien in Nordböhmen, in Mähren, in Vorarlberg erobert sehr bald eine führende Rolle auf den Märkten Europas. Einen besonderen Ruf sichert sich die böhmische Glasindustrie (Gablonz), auch die Mühlenindustrie weitet sich aus. Sie wird in späteren Jahren unter anderem ein Haupterzeugnis der ungarischen Industrie darstellen. In Galizien und in der Bukowina erhöht die anlaufende Erschließung von Erdölvorkommen die wirtschaftliche Bedeutung dieser beiden Kronländer für beide Reichshälften.
Hand in Hand mit dem Ausbau der Industrie erhöht sich auch das Handelsvolumen des Staates. Die Gründung der Creditanstalt für Handel und Industrie (1855) und der Bodenkreditanstalt (1864) schaffen die finanziellen Voraussetzungen für Aktiengesellschaften und die Bereitstellung von Hypotheken. Ihr Einfluß wirkt sich schädigend auf viele Kleinunternehmen aus. Handelspolitisch bildet der Dualistische Staat seit den Dezembergesetzen 1864 ein einziges Zollgebiet, dem auch Liechtenstein angeschlossen wird. Nach der neuen Deutschlandpolitik (bekanntlich hatte Frankreich 1862 mit dem deutschen Zollverein einen Handelsvertrag abgeschlossen, der Österreich jede Ausfuhr nach Frankreich unterbunden hatte), muß der Donaustaat jetzt neue und noch nicht erschlossene Handelsbeziehungen anknüpfen, wofür sich vor allem der Balkan und Orient anbieten. Das Tor dazu bildet der Hafen zu Triest. Von dort sucht die rot-weiß-rote Handelsflotte nach neuen Anlandehäfen. Sie steuert nach Griechenland, der Türkei, fährt in die Levante, nach Ägypten und weiter bis Ostindien, China und Japan. Auch im Schwarzen Meer kreuzt sie und gegen Westen, steuert nach Ostafrika und den südamerikanischen Häfen, vor allem nach Brasilien. Seit 1853 erweitert auch der österreichische Lloyd sein Arsenal. Er richtet zwei neue Schiffswerften ein, baut ein Trokkendock und eine Dampfmaschinenfabrik. Um die Jahrhundertwende fahren von Triest aus 7722 Schiffe unter österreichisch-ungarischer Flagge.

Eisenbahnen erschließen das Land

Man wird sich erinnern: Anno 1832 war eine mit Pferden betriebene Schienenbahn auf einer Strecke von 64 km zwischen Linz und Budweis, genau bis Kerschbaum, eröffnet worden. Und im Jahr 1857 dampfte auf der »Kaiser-Ferdinand-Nordbahn« zum ersten Mal eine Lokomotive von Floridsdorf nach Wagram. In Ungarn waren ebenfalls seit 1840 Pferdebahnen in Betrieb. Im Jahr 1841 kam dann der Staat und beanspruchte das Bahnbaumonopol für sich. Mit Patent vom Dezember 1841 wurde der Ausbau von drei wichtigen, zu den Reichsgrenzen führenden Bahnlinien beschlossen. Die erste sollte über Prag an die sächsische Grenze geleitet werden, die zweite nach Triest über Graz laufen und die dritte von Wien über Linz an die bayrische Grenze geführt werden. In der Lombardei war außerdem auch eine Kurzstrecke von Mailand nach Monza und Treviglio und in Venetien zwischen Verona und Padua in Betrieb. In Ungarn fuhren auf der Strecke Budapest-Waizen auch bereits Dampflokomotiven. Als erste Alpenbahn wurde 1842 mit der Trassierung der Semmeringbahn begonnen. Nach den ursprünglichen Planungen des Ingenieurs Matthias Schönerer setzte Karl von Ghega seit dem August 1848, nicht zuletzt unter dem Druck der politischen Ereignisse, den Beginn der Bauarbeiten durch. Mit dem Ausbau der gesamten Strecke wurde ein Meisterwerk der Technik geschaffen. Allein bei der Überquerung des Gebirgsstockes mußte eine Steigung von 1:40 überwunden werden. Die Kosten beliefen sich auf rund 25 Millionen Gulden. Kaiser Franz Joseph befährt zum ersten Mal am 12. April, dann bereits am 16. und 17. Mai 1854, – dieses Mal mit »Sissi«, die neue Strecke. Beide besteigen dabei eine eigens für den Bahnbetrieb im Gebirge konstruierte Lokomotive, die »Lavant«. Noch während die Semmeringbahn gebaut wird, ist man auch schon mit der Trassierung einer »Karst«-Bahn beschäftigt. Wieder ist es Ghega, der diese Arbeiten leitet. Innerhalb von sieben Jahren (1850–57) werden 6 Tunnels durch das Karstgestein getrieben und die Viadukte von Nabresina und bei Barcola fertiggestellt. Dabei müssen streckenweise Talsenken durch Dammanschüttungen, eine Neuerung im damaligen Bahnbau, bis zu 46 m Höhe ausgeführt werden, wie überhaupt die mit Sandstein durchsetzten Kalkablagerungen große Schwierigkeiten bereiten. Sorgen verursacht auch der Wassermangel in dieser Steinwüste. Um ihn zu beheben, legt man eine 38 km lange Rohrleitung, die den Wasserbedarf der Dampfloks »sättigen« soll. Am 17. Juli 1857 ist auch die Karstbahn fertiggestellt und mit ihr eine lebenswichtige Verkehrsader zwischen Innerösterreich und dem Triester Hafen hergestellt.
Finanzielle Schwierigkeiten zwingen den Staat unterdessen zum Verkauf mehrerer Linien. Es sind von jetzt ab vor allem mit französischem Kapital gestützte Privatgesellschaften, die die Finanzierung und den Bau weiterer Bahnkörper über-

nehmen. Bis dann der Staat, angesichts seiner Verschuldung durch Garantie-Vorschüsse, den Bahnbau verschiedener Strecken wieder übernimmt. Unter der Leitung von Karl von Etzel und Wilhelm Pressel wird zwischen 1863 und 1867 die Brennerbahn erbaut. In einer Länge von 125,2 km steigt und fällt der Bahnkörper in 289 Kehren im Norden und Süden des 1363 m hohen Passes und überwindet an seinen steilsten Rampen auf einer Länge von 28,7 km ein Steigungsverhältnis von 1:40. Ähnlich wie die Semmeringbahn sollte auch die Brennerbahn strategischen Zwecken dienen. Sie wurde jedoch 1866 nicht rechtzeitig fertig. Sonst wäre es möglich gewesen, auf ihr einen Teil der in Venetien stehenden Truppen der Südarmee noch rechtzeitig auf den böhmischen Kriegsschauplatz zu verlegen.

Auch der Bau einer weiteren, strategischen Bahn, der Linie durch das Pustertal zählt zu den Meisterwerken österreichischer Ingenieure. Sie überwindet auf der 1211 m hohen Wasserscheide zwischen der Adria und dem Schwarzen Meer, auf dem Toblacherfeld, ihre höchste Steigung.

Weitere Gebirgsbahnen, die eine verkehrspolitische wie wirtschaftliche Bedeutung erfahren, sind die »Rudolfsbahn« (früher Kronprinz Rudolf-Bahn) und die an die Kaiserin Elisabeth-(West-)Bahn angeschlossene Giselabahn. Die Rudolfsbahn überquert das Tauernmassiv zwischen Admont und St. Michael. Sie erschließt das Eisenerzgebiet der Steiermark und die Eisenindustriezentren in Steyr, an der Erlauf und an der Ybbs. Die Giselabahn, 1872 eröffnet, soll den Anschluß zwischen der Westbahn und Tirol über Zell am See und St. Johann in Tirol ermöglichen. Österreichs alte »Vorlande«, das Bodenseegebiet mit Vorarlberg, erhalten erst mit dem Bau der Arlbergbahn eine echte Verkehrsverbindung mit ihrem »Hinterland«. Schon 1847 war ein Projekt dieser Art in Vorbereitung gewesen. Doch hatten die politischen Wirren der Achtundvierzigerjahre den Plan in Vergessenheit geraten lassen. Alle noch in der Zeit zwischen 1860 und dem Beginn des 20. Jahrhunderts während der Regierungszeit Kaiser Franz Josephs gebauten Bahnen in Österreich und Ungarn zu beschreiben, würde viele Seiten ausfüllen. Im Jahre 1881 umfassen die Österreichischen Staatsbahnen sowie die vom Staate verwalteten Bahnen eine Streckenlänge von 1970 km, 1885 sind es bereits 5155, 1900 11083 und 1901 19270 Kilometer. Ungarn hat 1867 ein Eisenbahnnetz von 2283 km, um 1900 9376,9 und 1901 17101 Kilometer.

Wiens neues Gesicht – eine Ringstraße für 220 Millionen Kronen

Der Plan einer Stadterweiterung Wiens hatte bereits vor 1848 bestanden. Damals war die »Innere Stadt«, also der eigentliche Stadtkern, noch von starken Befestigungsanlagen und einem Glacis umgeben. An der Peripherie hatten sich ehemalige Dörfer zu 36 Vororten entwickelt. Mit ihnen zählte Wien im Geburtsjahr Franz Josephs 317768 Einwohner. Gerade die Fortifikationsanlagen sind es, die jede Ausbreitung der Innenstadt verhindern. Bisher waren es die Militärs, die sich jeder Beseitigung der Basteien wie des Glacis widersetzt hatten. Immer noch berufen sie sich auf das Revolutionsjahr 1848. Damals, so motivieren sie ihr »Nein«, hätte das Vorhandensein dieser Fortifikationen das Eindringen der Arbeiter aus den Vorstädten verhindert.

Auch der Kaiser erkennt, daß die Argumente seiner Generale nicht mehr stichhaltig sind. In einem, aus den Weihnachtstagen des Jahres 1857 stammenden persönlichen »Handschreiben« an den Minister Bach ordnet er als Ausdruck seines Willens an, »daß die Erweiterung der Inneren Stadt Wiens mit Rücksicht auf eine entsprechende Verbindung derselben mit den Vororten »ehemöglichst« in Angriff genommen und hierbei auch auf die Regulierung und Verschönerung »Meiner« Residenz und Reichshauptstadt Bedacht genommen werde. Zu diesem Ende »bewillige ich die Auflassung der Umwallung der Fortifikationen der Inneren Stadt sowie der Gräben um dieselben.« Es melden sich allein 426 Bewerber als Konkurrenten für die Ausschreibung bis zum Februar 1858 an. Als Sieger der Entwürfe für die neue Stadtplanung gehen dann die Architekten Ludwig Förster, August von Siccardsburg, Eduard van der Nüll und Friedrich Stache hervor. Aufsehen erregt aber vor allem das Projekt des wohl bedeutendsten der damals in Wien tätigen Architekten, des Dänen Theophil Hansen. Er will einen Teil der Basteien erhalten. Sie sollen als eine Art Akropolis für Prunkbauten dienen. Das an der Ringstraße liegende österreichische Parlament erinnert noch heute an diese Idee. Auch Förster hatte sich bisher für einen Erhalt der Festungsmauern ausgesprochen. Nachdem jedoch durch den Beschluß Franz Josephs der Stadterweiterung die Richtung gewiesen worden war, trägt sein Entwurf diesem Gedanken Rechnung. So wird Ludwig Förster der Planer der neuen Ringstraße. Als erstes fällt die Rotenturmbastei der Spitzhacke zum Opfer. Weitere folgen, wodurch gewaltige Areale neuen Baugrundes entstehen. Doch Franz Joseph und seine Stadtplaner haben vorgesorgt: Ein kaiserlicher Erlaß verfügt die Bildung eines Stadt-Erweiterungs-Fonds. Das hier einströmende Kapital wird dafür bestimmt, »zur Bildung eines Baufonds zu dienen, aus welchem die dem Staatsschatz erwachsenden Auslagen, insbesondere auch die Kosten der Herstellung öffentlicher Gebäude, bestritten werden sollen«.

Auf diese Weise wird praktisch der Bau des Ringstraßenbereichs finanziert. Mit den eingehenden 220 Millionen Kronen (Fred Hennings, nach Friedjung) werden die Kosten für die Phalanx öffentlicher Prachtbauten beglichen, die die Ringstraße zu beiden Seiten, vom Stubenring bis zur Börse und zum Franz-Josephs-Kai säumen. Der eigentliche Ausbau der Ringstraße erfolgt jedoch erst 1863. Ihre Eröffnung findet zwei Jahre später durch den Kaiser statt. Bis sie endgültig fertiggestellt sein wird, werden allerdings noch 25 Jahre vergehen. Kontroversen gibt es zwischen dem damaligen Bürgermeister Felder und dem Kriegsministerium, es geht um das Riesenareal des Paradefeldes am Josefstädter Glacis. Ein Gelände, das sich im Sommer in eine Staubwüste, während des Herbstes und Frühjahrs in ein gewaltiges Schlammfeld, von den Wienern »Mistgstätt'n« getauft, verwandelt. Heute erheben sich dort das neue Wiener Rathaus mit dem Platz vor dem Burgtheater. Ein anderer heftiger Streit zwischen der Baubehörde und den Architekten des Kunsthistorischen und Naturhistorischen Museums verzögert ebenfalls deren Baubeginn. Bis sich auch hier der Kaiser einschaltet. Er beruft den in Zürich lebenden Hamburger Architekten Gottfried Semper nach Wien. Sempers ursprünglicher Plan, ein Kaiserforum nach dem Vorbild des Pariser Louvre zu schaffen, gelangt dann allerdings nicht zur Ausführung. Doch führt er, in Zu-

sammenarbeit mit dem Wiener Architekten Karl von Hasenauer, den Bau des Burgtheaters durch. Er verwirklicht damit eine Idee Franz Josephs, die Hofmuseen, die neue Burg, das Theater in ein aufeinander abgestimmtes Verhältnis zu bringen. Im Mai 1869 wird auch die neue Oper eröffnet. Da der Bau aus verschiedenen Stilelementen besteht, reibt sich die Kritik ausgiebig an seinen Erbauern. Was dazu führt, daß sich der eine, van der Nüll, das Leben nimmt, und der zweite, Siccardsburg, zwei Monate darauf an einem Herzschlag stirbt.
Wiens Aufstieg zur Zwei-Millionenstadt färbt gleichzeitig auf das Aufblühen anderer großer Städte Österreich-Ungarns ab. So findet man den in der Donaumetropole angewandten Baustil auch in den Anlagen der Wohnbezirke und Hauptstraßen in Budapest, Agram und Prag. Wie überhaupt das Stadtbild Wiens einem in Lemberg, in Czernowitz, in Laibach und Triest, in Graz, Salzburg, Linz, Innsbruck, Klagenfurt und Reichenburg und im benachbarten Brünn begegnet. Städte, die seit über 100 Jahren noch immer nicht ihre »österreichisch-ungarische Vergangenheit« zu verleugnen vermögen.

Die Donaumonarchie, wieder ein kultureller Mittelpunkt Europas

Mit der Verkündung des Staatsgrundgesetzes von 1867 werden die Hindernisse beseitigt, die eine freie Entfaltung der Wissenschaft und der Lehrtätigkeit eingeengt hatten. Vor allem ist es die Bühne, auf der jetzt die Literatur in den Vordergrund tritt. Verkörpert wird sie in Wien in der Persönlichkeit des »Burgtheater-Radetzkys« Heinrich Laube. Der einstmalige »Jungdeutsche«, 1835 vom Deutschen Bundestag gemaßregelt, ist es, der Grillparzers »Rückkehr« zur Bühne veranlaßt. Laube verläßt nach einem Kompetenzstreit mit dem Generalintendanten Münch-Bellinhausen (als Bühnenautor Friedrich Halm) die »Burg«. Er wird das im Bau befindliche Wiener Stadttheater übernehmen. Nachfolger an der »Burg« wird der Freiheitsdichter Freiherr von Dingelstedt.
Nach wie vor wirkt auch Friedrich Hebbel in der Donaustadt. Im Jahr 1862 erscheinen dort auch die »Nibelungen«. Ein Jahr später schließt dieser bedeutende deutsche Dichter die Augen. Auch Nikolaus Lenau ist bereits 1850 gestorben. Anastasius Grün(-Auersperg) tritt literarisch nur mehr wenig in den Vordergrund. Ein anderer Prosadichter, der Mährer Hugo von Hofmannsthal, wird zum Wahrer des geistigen Erbes Österreichs. Er wirkt ebenso als Erneuerer desselben und setzt sich mit an die Spitze der Weltliteratur. Adalbert Stifter bewährt sich weiter als Meister der in der Sprache zum Ausdruck gebrachten Empfindungen. Seine Schilderungen spiegeln eine grenzenlose Liebe zur Natur und der stillen Welt seiner Heimat wieder. Stifter stirbt 1868 in Linz. Ludwig Anzengruber, Peter Rosegger –, der eine der Klassiker des deutschen Volksstückes und radikale künstlerische Realist, der andere, ältere und unerschöpfliche Klassiker der deutschen Bauerngeschichte sind zusammen mit Karl Schönherr aus dem Zeitalter Franz Josephs ebensowenig wegzudenken wie Arthur Schnitzler. Seine gesellschaftskritischen Dichtungen charakterisieren den zwar geistreich sein wollenden, aber bereits von Zersetzung angefallenen Stil der Zeit.
Die tschechische Literatur weist Namen wie Vrchlicky, Hálek, Neruda, Zeyer, Heyduk als die meist gelesenen auf. Als Universalgenie ist Vrchlicky anzusprechen. Er übersetzt allein die Hauptwerke von zehn Literaturen unter Beibehaltung der fremden Versmaße in das Tschechische. Bei den Slowenen gelten Askerc, Cankar, Zupancic, Vodnik und Presern als Gründer und Vertreter der slowenischen Literatur.
In Ungarn lebt der Freiheitsgedanke auch nach dem Tod seines genialen Lyrikers Petöfi in der Dichtung und Prosa fort. J. Armany (1817-1882) widmet sein Werk dem magyarischen Volkstum. J. Eötvös (1813-1870), ein Kämpfer gegen die Vorrechte des Feudaladels und Schöpfer des Volksschulgesetzes, erwirkt im Jahre des Ausgleichs die Emanzipation der Juden und vertritt in seinen Werken vor allem die Ideen eines liberalen Katholizismus. Der volkstümlichste Erzähler ist M. Jókai, der über 100 Romane veröffentlicht. Von den Dichtern und Schriftstellern des Nachklassizismus gilt J. Vajda (1827-1897) als Wegbereiter der literatischen Revolution. Neben ihm sind J. Lévany, P. Gyulai, G. Vargha und der Lyriker und Goetheübersetzer A. Kozma zu nennen. Sie, wie M. Szabolcika, K. Mikszúth, F. Herczeg-Herzog, C. Tormay, Gy. Reviczky, K. Komjáthy, J. Kiß, der geniale Lyriker A. Ady, der »Deutschenfresser« D. Szabó gehören der Generation an, die in zäher Aufsässigkeit gegen Wien, Schritt um Schritt, die vaterländische Selbstständigkeit erkämpft. So werden einige unter ihnen noch das Jahr 1918 und damit die politische Unabhängigkeit Ungarns erleben.
Von den ungarischen Dramatikern jener Zeit sind der sehr gewandte Volksdichter E. Szigligeti (1848-1878) und seine Schüler E. Toth und F. Csepdelreghi die bekanntesten. E. Madách tritt als Autor der »Tragödie der Menschen« vor die Zuhörer. Zu den Vertretern einer europäischen Prosaepik zählt Z. Ambrus (1861-1919) und als Dramen-»Übermittler« wird auch F. Molnár weit über die rot-weiß-grünen Grenzen bekannt.

Wien, die Stadt der Musik

Einen unbestrittenen Rang als Großmacht im Reich der Musik nimmt gerade das Österreich-Ungarn Franz Josephs I. ein. Nicht einmal die Revolutionsjahre vermögen die Blütezeit des musikalischen Lebens in Wien zu unterbrechen. So war Fr. von Flotows »Martha« bereits 1847 in Wien uraufgeführt worden, der Komponist lebt von 1868 bis zu seinem Tod 1883 ständig in Wien. Anno 1849 steht Lortzings letzte Oper »Die Rolandsknappen« auf dem Programm, und Meyerbeer dirigiert 1850 in Wien »Die Propheten«. Auch Friedrich Liszt bekennt sich wiederholt zur künstlerischen Atmosphäre dieser Stadt. Nach seinem ersten Auftreten in Anwesenheit Beethovens begegnet man ihm 1838, 1839, 1848 in Wien. Im Jahr 1856 leitet er dort die Mozartfeste und 1869 wohnt er der Aufführung seiner »Heiligen Elisabeth« bei. Auch Liszts Freund Peter Cornelius, der Schöpfer der Oper »Cid«, weilt lange in Wien. Als besonders beharrlicher Freund der Stadt erweist sich Richard Wagner. Anläßlich der Aufführung des »Lohengrin«, 1861, »hört er die Oper« zum erstenmal selber mit überwältigender Ergriffenheit« (R. Kralik). In der Kulturzeitschrift »Botschafter« wird der erste Akt der »Meistersinger« veröffentlicht, und als Stücke aus »Rheingold«, »Walküre«, »Siegfried« aufgeführt werden, befindet sich Kaiserin Elisabeth während des ersten Konzertes unter den Zuhörern (R. Kralik). Wagner ist auch das »Programm einer stilvollen Regeneration des Hofoperntheaters« zu danken.

Die Kaisereltern Franz Karl und Sophie – ihr Einfluß geht zurück (oben).

Franz Joseph – ein »neuabsolutistischer« Monarch (rechts).

Sänftenträger waren damals in Ischl das »Kurtaxi« (rechts unten).

Die Handschrift des Kaisers, Ausdruck perfekter Ordnungsliebe.

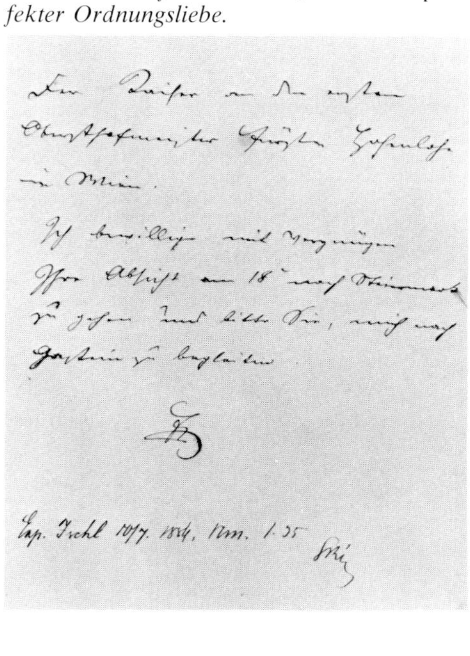

Der Kaiser an den ersten Obersthofmeister Fürsten Hohenlohe in Wien.

Ich bewillige mit Vergnügen Ihre Absicht am 18. nach Steiermark zu gehen und bitte Sie, mich nach Gastein zu begleiten.

Kaisermanöver, Höhepunkt des K. u. K. Militärjahres.

Mit dem Kaiser Schritt halten!

Nicht nur im Manöver, der Kaiser zeigte sich in der Öffentlichkeit gern ohne Leibwachen oder Polizeikordon.

Den technischen Einrichtungen seiner Armee gegenüber – hier ein Funkposten – zeigte Franz Joseph Interesse, mehr aber auch nicht!

Bis ins hohe Alter fest im Sattel! (links oben)

Sein liebster Platz: Der Feldherrnhügel (rechts oben).

In der Hauptstadt besonders beliebt: die bosnisch-herzegowinische Wachparade in der Hofburg (links).

Der Kaiser auf der Jagd. Gerne ging er in seine Ischler und steirischen Reviere auf die Pirsch. Dort hatte er engen Kontakt mit der Bevölkerung. Bei seinen Leibjägern und Jagdgästen sah er sich als Gleicher unter Gleichen.

Aus den privaten Fotoalben der kaiserlichen Familie. Es ist bekannt, daß fast alle Mitglieder des Kaiserhauses begeisterte Amateurfotografen waren, ausgenommen der Chef des Hauses, seine Majestät Franz Joseph. Überhaupt hatte er zur Technik wenig Beziehungen, Automobile waren für ihn ein notwendiges Übel (links oben), die Enkel auf dem Fahrrad (rechts oben) waren ihm schon sympathischer. Auch zu einem weiteren »Hobby« der Familie, der Seefahrt, hielt er persönlich Abstand (Mitte und links unten).
Selbst im privaten Kreis blieb er stets der Kaiser.

Für seine Enkelkinder war er der »Großpapa«. Auch während offizieller Anlässe fand er für sie immer wieder Zeit. Hier war Franz Joseph ein geduldiger Zuhörer (oben und rechts). Das waren die wenigen Augenblicke, wo er fast vergessen wollte, daß er Kaiser eines 52-Millionen-Vielvölkerreiches war (unten links und rechts).

Die Pracht der Wiener Hofburg war durchaus nicht sein persönlicher Stil.

Die Salons und Repräsentationsräume benutzte der Kaiser nur bei offiziellen Anlässen.

Auch für die übrige kaiserliche Familie war die Hofburg nicht viel mehr als ein standesgemäßer Rahmen.

Trotz mancher Zugeständnisse an die Wohnlichkeit blieb die Hofburg ungemütlich.

Auch »Sissi« mied die Burg so oft sie nur konnte.

Damals ein unerhörter Luxus, heute eine museale Kuriosität.

In der kalten Jahreszeit bewiesen die »K. u. K. Ofenheizer« ihre Sonderstellung bei Hofe.

Das Schloß Schönbrunn, Juwel der großen Maria Theresia, war bevorzugter Wohnsitz des Kaisers und seiner Familie.

Die glanzvolle Ausstattung täuschte auch hier nicht über die Kulisse hinweg.

Den Reichtum der Habsburger symbolisieren die Prunkräume in Schönbrunn.

Das »Goldzimmer« der Maria Theresia.

Schönbrunn, auch ein Ausdruck politischer Macht.

Der Brand des Wiener Ringtheaters im Dezember 1881. Die Katastrophe veranlaßte den Kaiser, bei den für die Sicherheit verantwortlichen Behörden ein radikales Revirement anzuordnen.

Grauenvolle Bilder erlebten die Feuerwehren. Besonders in den oberen Galerien, wo die Fluchtwege versperrt waren.

Im Rahmen der Wiener Stadterweiterung wurden Franz Joseph auch Pläne für ein »Kaiserforum« zwischen Heldenplatz und Ringstraße vorgelegt (Mitte). Der Kaiser wollte es aber erst später bauen lassen; zunächst gab es in Wien wichtigere Projekte, so z. B. die Donauregulierung. Der Fluß war bis zur endgültigen Befestigung für die Stadt eine latente Gefahr.

Ein langer Weg in die Einsamkeit

Eine weitere Blütezeit der klassischen Musik der Sechzigerjahre setzt mit dem Wirken der beiden großen symphonischen Meister Johannes Brahms (1862-1897 in Wien) und des Oberösterreichers Anton Bruckner (von 1868 bis zu seinem Tod 1896 »Wiener«) ein. So sieht die 1858 gegründete Wiener Singakademie Bruckner als Leiter der Gesellschaftskonzerte.

Natürlich verfällt das Wien, wie auch das ganze Österreich-Ungarn der zweiten Hälfte des 19. Jahrhunderts, den Melodien des Walzerkönigs. Noch während der Revolutionstage der Komponist anfeuernder Märsche für die Sache der Freiheit, ist Johann Strauß-(Sohn) seit langem im Kleid eines zu Ansehen gelangten Bürgers zu den Komponisten der Tanzsuiten übergegangen. Das Trio Johann, Josef und Eduard Strauß bestreitet durch Jahre das Repertoire der Konzertsäle, der Musik-Pavillons und exklusiven Ballsäle. Bis dann Johann eines Tages der »deutschen Nachtigall« Henriette Treffz begegnet, als Gatte und »Jean-Bub« den Taktstock jetzt öfters beiseite legt und sein Hauptaugenmerk dem Komponieren zuwendet. Die »Fledermaus« erblickt das Licht der Welt und als er später noch eine dritte Ehe mit der gleichnamigen Adele Strauß eingeht, komponiert er den »Zigeunerbaron«.

Wie dann auch in diesen Jahren der aufblühenden Operette der Dalmatiner Franz von Suppé den Österreichern ein neues Nationallied mit dem Marschlied »O Du mein Österreich!« schenkt. Zusammen mit dem Komponisten der »Dubarry«, Karl Millöcker, zählt Suppé zu den bedeutsamsten Nachfolgern des Operettenkönigs, ehe Franz Lehár die Bühne erobert. Zur nationalen Kunst steigert sich die tschechische Musik unter dem Einfluß des politischen Aufbruches. Ihre beiden größten Interpreten sind Friedrich Smetana (1824-1884) und Anton Dvorák. Smetana als Komponist des »Ma Vlast«, (»Mein Vaterland«), wird von seinen Landsleuten als der Vater der tschechischen Musik bezeichnet. Im Jahr 1866 kommt seine »Verkaufte Braut« zur Aufführung und wird ein Welterfolg.

Dvoráks Weg führt vom Vorbild Brahms in das Lager Franz Liszts. Der Reichtum seiner Melodien schöpft aus den Quellen des tschechischen Volksliedes und seiner Tänze.

Nicht vergessen soll Josef Hellmesperger werden, dem Wien die Neubelebung der Gesellschaft der Musikfreunde verdankt. Dirigent des Sing- und Männergesangsvereins wird Johann Herbeck. Im Jahr 1869 erstrahlt das neueröffnete Hofopertheater im Glanz unzähliger Lichter, und am 5. Januar 1870 »setzt Kaiser Franz Joseph eine Urkunde in den Schlußstein des neuen Musikvereinsgebäudes«, auf dem zu lesen steht:

»Der Tonkunst geweiht soll dieses Haus sein und bleiben. Ein Kunstwerk an sich, eine Heimat der Musik, eine Zierde der Stadt und des Reiches.« (F. Hennings).

Wien wird sich im Verlauf seiner Geschichte dieser Mahnung auch weiter verpflichtet fühlen. Denn zur gleichen Stunde, da dieser Schlußstein vermauert wird, führt der Genius der Musik dieser Stadt bereits zwei neue, – ihrer böhmischen Heimat entwachsende große Talente zu: Gustav Mahler und Hugo Wolf!

»Nazarener« und Sezession in der Malerei

In der Malerei jener Epoche erreichen Josef Kriehuber mit seinen lithographischen Portraits, Johann Georg Waldmüller mit seinen Landschafts- und Genrebildern und Rudolf Alt als Meister der Aquarelltechnik Höhepunkte ihres Schaffens. In Anlehnung an das deutsche Vorbild wird der »Nazarener« Karl von Blaas Schöpfer der Schlachtenfresken im Wiener Heeresgeschichtlichen Museum. Als Künstler der historischen Malerei treten noch Eduard von Engerth, Karl Wurzinger und Christian Ruben hervor. Der letztere malt die Fresken im Belvedere des Prager Hradschins aus. Engerth, der übrigens auch das Presbyterium der Altlerchenfelder Kirche nach einem Karton von Führich ausmalt, wird durch seine Kolossalgemälde »Prinz Eugen nach Zenta« und die »Krönung Franz Josephs zum König von Ungarn« in der Ofener Königsburg zu einem der bekanntesten Meister dieser Richtung. Auch Wurzinger sucht seine Themen im Historischen. Von ihm stammt das Gemälde von der Bedrohung Ferdinands II. durch die protestantischen Bürger Wiens, die ihn zur Unterzeichnung der Urkunde über den Religionsfrieden zwingen wollen.

Der strengste »Nazarener« Wiens ist Josef Führich. Die von ihm geschaffenen, wegen ihrer retrospektiven Stilformen viel beachteten Ausschmückungen in der Altlerchenfelder Kirche zählen zu den Spitzenleistungen österreichischen Kunstschaffens. Karl Rahl entwirft und beginnt mit den Arbeiten am Orpheus-Vorhang der Wiener Oper. Nach seinem Tod setzen Bitterich und Giepenkerl die Arbeiten fort. Als letzter großer Klassizist wirkt Anselm Feuerbach. Mit seinem Deckengemälde »Titanensturz« in der Aula der Wiener Universität hat er eines seiner Hauptwerke geschaffen.

Als Lehrer an der Wiener Akademie, der mit Vorliebe in der Alpenlandschaft seine Motive sucht, hat Franz Steinfelder bereits seinem Schüler Waldmüller den Weg gewiesen. Ein Meister, dessen Betonung der Farbe an Rahl erinnert, ist Josef Hoffmann. Er zählt auch zu den bekannten »Orientalisten«. Diese bereichern ihre Bilder durch neue, im Orient entdeckte Szenerien. Ein Meister dieser Richtung ist Karl von Pettenkofer. Seine Tätigkeit reicht bis in den Vormärz zurück. Als Lithograph behandelt er das »k.u.k. Heer«. Von den Landschaftsmalern wird auch Emil Jakob Schindler zu den bekanntesten gezählt. Eine führende Rolle unter den österreichischen Romantikern haben Moritz von Schwind, der bereits genannte Josef von Führich und Eduard Steinle inne. Für Schwind ist Romantik keine Kunstform, sondern Ausdruck des Persönlichen. Sein musikalisches Empfinden feiert in den Fresken des Wiener Opernhauses Triumphe. Verwandt mit der künstlerischen Bildvorstellung Schwinds zeigt sich auch

Eduard Steinle. Die Glasfenster der Votivkirche erinnern an ihn. In der Reihe der zahlreichen Portraitmaler hält Friedrich von Amerling für sehr lange Zeit die Spitze.
Als Landschaftsmaler erobert sich der Ungar Karl Marko einen Namen, auch Munkacsy wird sehr bekannt. Bei den Polen wirken Grottger, Matejko, Pochwalski, Wipianski, die beiden Adukiewicz und Jan Styka, unter den Tschechen Manes, Brozik, Kuba, Uprka und als Vertreter der Südslawen Bukovac. Zu nennen ist auch der Welsch-Tiroler Segantini. Ein großer Künstler, der den ersten Jahrzehnten des Nachmärz Züge seiner Persönlichkeit einprägt, ist Hans Makart. Eine Dokumentation Wiens ohne Makart böte niemals ein Bild jener Zeit. Kein Künstler der versinkenden wie der anbrechenden Epoche des 19. und 20. Jahrhunderts hat das künstlerische wie gesellschaftliche Portrait dieser Weltstadt in einem solchen Ausmaß in seinen Wirkungsbereich einbezogen, wie es bei Hans Makart der Fall war.
Friedrich Overbeck hatte sich im ersten Jahrzehnt des 19. Jahrhunderts in Wien in einen Gegensatz zu der »antikisierenden« Richtung Fügers gesetzt. Zusammen mit Gesinnungsfreunden verließ er daraufhin die Wiener Akademie. Den Namen »Nazarener« leiteten sie vom Ort ihrer römischen Tätigkeit, einem von Napoleon I. aufgelassenem Kloster, ab. Bedeutende Nazarener wurden noch Scheffer von Leonhardsberg (St. Cäcilia) und Ludwig Ferdinand Schnorr von Carolsfeld. Die Sezession zählt trotz vieler Gegner zu den wertvollsten Entwicklungen der Kunstgeschichte. Für Österreich bietet sie den Beweis, daß es gerade auf künstlerischem Gebiet keinen Stillstand gibt. Sie beweist aber auch, daß das Österreich Kaiser Franz Josephs sich seit dem Beginn seiner Regierungszeit immer deutlicher in den Vordergrund der europäischen Kulturgeschehnisse geschoben hat. Namen wie Klimt, Moll, Engelhart, Orlik, Roller u.a. beweisen, wie sehr die von dem Vielvölkerstaat ausgehenden Impulse zur Stärkung des europäischen Kunstlebens beigetragen haben.

Von Königgrätz zum Dreibund

Am 18. August 1867 treffen Napoleon III. und Eugenie in Salzburg ein. Die Veranlassung: ein Kondolenzbesuch des französischen Kaiserpaares bei Franz Joseph und Elisabeth aus Anlaß des Todes Maximilians von Mexiko. Doch vermutet man allgemein, daß auch andere Absichten mit diesem Treffen verbunden sind. Es soll der Plan eines Bündnisses zwischen Frankreich und Österreich erörtert werden, mit dem Ziel, im Falle einer kriegerischen Auseinandersetzung Frankreichs mit Preußen, Österreich zu einem Revanchekrieg mit dem Gegner von 1866 zu gewinnen. Doch der Sachse Beust, obwohl ein Todfeind Bismarcks, wendet sich entschieden gegen dererlei Absichten. Er warnt Franz Joseph, ein solches Vorgehen würde Österreich aller noch vorhandenen Sympathien im süddeutschen Raum berauben. Dann ist es auch Andrássy, der Bismarck verständigt, Ungarn würde im Falle eines Zusammengehens Österreichs mit Paris, Wien keinerlei Unterstützung gewähren. Man trennt sich wieder ohne Vereinbarung, und als Franz Joseph ohne »Sissi« im Oktober zu einem Gegenbesuch in Paris eintrifft, verläßt er, trotz großartiger Feierlichkeiten, die Seinemetropole mit der nüchternen Festellung: »Wir sind verbunden, ohne gebunden zu sein!« Die Kontakte reißen dennoch nicht ab. Eine Rückgliederung Schlesiens an Österreich kommt ins Gespräch und der Versuch, England und Italien in ein Bündnis mit einzubeziehen, worauf das letztere sogleich Anspruch auf Südtirol erhebt, falls Österreich mit einem Zuwachs von Gebieten in Deutschland entschädigt würde. England weicht jeder Festlegung aus. Noch am 18. Juli 1870 erhält Napoleon von Franz Joseph einen Brief, in welchem dieser bestätigt, daß Österreich–Ungarn die Sache Frankreichs »als die seine« betrachte und zu einem Erfolg der französischen Waffen »in den Grenzen des Möglichen« beitragen werde. Der Suezkanal wird eröffnet, und da Preußen durch seinen Kronprinzen, Frankreich durch Kaiserin Eugenie bei der Eröffnung vertreten sein werden, dringt Beust in seinen Kaiser, ebenfalls an den Feierlichkeiten teilzunehmen. Zumal Lesseps den Kanal nach den Plänen des Österreichers Negrelli erbaut habe. Nach einem Besuch der Cheopspyramide kehrt der Kaiser wieder nach Wien zurück. Dort erwarten ihn neue, auch das Schicksal seines Reiches belastende Sorgen. Der deutsch-französische Krieg steht vor der Tür. Erzherzog Albrecht wird beauftragt, erst in Paris mit Napoleon und dann mit dem in Wien eingetroffenen französischen General Lebrun wegen eines militärischen Eingreifens Österreichs an der Seite Frankreichs zu verhandeln. Da Österreich aber erst die Eröffnung der Feindseligkeiten abwarten will und für die Bereitstellung seiner Armee 48 Tage benötigt, verzögern sich die Verhandlungen. Bis dann, während eines Kronrates am 18. Juli 1870, sich Beust entschieden für ein passives Verhalten der Monarchie ausspricht und Andrássy in seiner Eigenschaft als ungarischer Ministerpräsident erklärt, die Doppelmonarchie wäre zu einem Krieg an der Seite Frankreichs nicht berufen und müsse sich unter Wahrung einer bewaffneten Neutralität vor jedem kriegerischen Abenteuer zurückhalten. Den Ausschlag gibt dann der Hinweis des Kriegsministers Kuhn, was wohl geschen würde, wenn Preußen Frankreich niederwerfen und anschließend mit dessen Verbündeten »abrechnen« würde! Worauf Franz Joseph, dem, wie C. Corti feststellt, »es doch viel lieber ist, nicht in ein Abenteuer gestürzt zu werden«, den Entschluß faßt, die Monarchie aus der Auseinandersetzung zwischen Preußen und Frankreich herauszuhalten. Worin ihn auch Rußlands eindeutige Stellungnahme gegen ein Eingreifen Österreichs bestärkt.
Mit Sedan und Versailles brechen auch Beusts Hoffnungen auf ein Ende der preußischen Vorherrschaft in Deutschland endgültig zusammen. Die Reaktion in Wien kündigt sich in der Berufung einer neuen Regierung Hohenwart an, der Beust jedoch noch weiterhin als Außenminister angehört. Die neue Regierung stützt sich vor allem auf die Slawen, den Adel und die Klerikalen. Was Beust wie Andrássy mit größtem Unbehagen erfüllt. Nachdem Österreich durch die Gründung des Deutschen Reiches nunmehr endgültig jede Möglichkeit einer Einflußnahme auf die innerdeutsche Entwicklung verliert, wendet es seine außenpolitischen Interessen im verstärkten Maße dem Südosten zu. Dort hat Rußland unterdessen versucht, die Durchfahrt seiner Kriegsschiffe durch die Dardanellen von der Türkei zu erzwingen. Was den Abmachungen des Vertrages von 1841 widerspricht. Angesichts der Gefahren, die sich durch dieses Vorgehen für Österreich abzeichnen, versichert sich Beust der englischen Hilfe und erreicht, daß die Meerenge weiterhin für die Kriegsschiffe aller Nationen gesperrt bleibt.

Julius Graf Andrássy – ein Ungar lenkt Österreichs Außenpolitik

Österreich-Ungarn kann es sich, angesichts der nach dem Krimkrieg gemachten Erfahrungen, nicht leisten, Rußland zum Gegner zu haben. Es muß sich nach Verbündeten umsehen, um Rußland in Schranken zu halten. Die einzige Macht, welche für eine Rückendeckung Österreichs in Frage kommt, ist das neu geschaffene Deutsche Reich Otto von Bismarcks. Eine erste Annäherung zeichnet sich anläßlich eines Kuraufenthaltes Kaiser Wilhelms I. in Gastein ab. Dort kommen er und Bismarck, zum ersten Mal seit Königgrätz, mit Franz Joseph und Beust zusammen. Während der zwar sehr höflich, aber doch zurückhaltend geführten Gespräche zeichnet sich zum ersten Mal ab, daß Bismarck für die Zukunft eine engere Verbindung beider Kaiserreiche im Auge hat. Er bezeichnet Beust als seinen »objektivsten und liebenswürdigsten« Gegner, doch bleibt die Betonung auf dem Wort »Gegner«, was erkennen läßt, daß Beust ihm nicht als der richtige Mann erscheint, der eine solche Politik voranzutreiben vermag. So schlägt im November 1871 Julius Andrássys große Stunde! Seine guten Beziehungen zu Berlin geben hierbei den Ausschlag. Denn obwohl Beust Andrássy in der Innenpolitik gegenüber den Forderungen der Tschechen unterstützt und eine Gleichstellung Böhmens mit Ungarn verhindert hat, ist es Andrássy, der in Franz Joseph drängt, Beust abzuberufen. Wobei er in Kaiserin Elisabeth eine beharrliche Fürsprecherin findet. Von allen Seiten gedrängt, entschließt sich Franz Joseph zuletzt dazu, Beust zu entlassen. »Sissi« hat zuletzt noch ihrem Gatten einen Vorschlag Andrássys zur Kenntnis gebracht, in welchem dieser verspricht, er werde während einer von ihm geleiteten Außenpolitik Österreich durch den Zuwachs türkischer Gebiete vergrößern. So wird Andrássy tatsächlich im November 1871 österreichisch-ungarischer Außenminister. Was Elisabeth, die sich jetzt immer häufiger in Meran aufhält, als einen persönlichen Sieg kommentiert. Als Gegner der Slawen sieht Andrássy auch in Rußland einen Gegner magyarischer Interessen. Darum verfolgt er von nun ab konsequent die Annäherung der Monarchie an das Deutschland Bismarcks. Hohenwarts Regierung wird durch neue Männer ersetzt, als deren Leiter der Prinz Adolf Auersperg die Geschäfte übernimmt. Ein Vorgang, den auch Erzherzogin Sophie für eine »ganz überraschende, ja unverständliche Maßnahme hält!«

Seit dem Tod »Maxis« lebt sie in größter Zurückgezogenheit. Doch dann erkrankt sie eines Tages ganz plötzlich. »Nervöse Erscheinungen«, stellt ihr Leibarzt Dr. von Bielka fest. Am 22. Mai 1872 zeigen sich weitere besorgniserregende Krankheitssymptome, denen die Mutter Franz Josephs in den Morgenstunden des 28. Juli siebenundsechzigjährig erliegt. Franz Joseph, Elisabeth, Kronprinz Rudolph und Erzherzogin Gisela weilen am Sterbebett. Der Kaiser vermag seine tiefe Erschütterung über den Verlust nicht zu verbergen. Und jetzt, wo die erkalteten Finger über das Sterbekreuz der großen Kaiserin Maria Theresia gefaltet sind, muß auch »Sissi« bekennen, daß trotz der Zwistigkeiten, die das Verhältnis zwischen beiden Frauen so oft gestört hatte, über allem Sophies beste Absicht lag.

Franz Joseph bleibt keine Zeit, der dahingegangenen Mutter nachzutrauern, er muß den Besuch Wilhelms I. erwidern. Er reist nach Berlin und tritt dort in preußischer Uniform auf. (»Es kommt mir vor, als zöge ich nun gegen mich selbst ins Feld!«) Auch der Zar Alexander erscheint zu Besuch in Berlin. Während der glänzenden Paraden und Bankette muß Franz Joseph wiederholt lobende Äußerungen Kaiser Wilhelms über seinen neuen Außenminister Andrássy anhören, wie ja überhaupt die neue Umgebung des Habsburgers von den früheren Gegnern Preußens »gesäubert« erscheint. So ist der treue Diener seines Allerhöchsten Herrn, Graf Crenneville, auch seines Postens als Generaladjutant des Kaisers enthoben und zum Oberstkämmerer ernannt worden. Wie man sagt, nicht ohne Einflußnahme von Seiten Elisabeths, der die Ungarnfeindlichkeit des Generaladjutanten mißfallen hatte. Und der Mann, den Franz Joseph an Stelle Crennevilles berufen wollte, Admiral Tegetthoff, ist nach einer ganz kurzen Krankheit am 7. April 1871 gestorben. Auch er war kein ausgesprochener Freund Preußens gewesen. Während der neue Generaladjutant Graf Bellegarde in keinem, über das Dienstverhältnis hinausgehendem persönlichen Verhältnis zu Franz Joseph steht. Allerdings steht auch er in vollem Gegensatz zur Kaiserin, weil er kein Freund der Ungarn ist.

Die Berliner Gespräche der drei Monarchen führen zu einer Vereinbarung der Regierungen, in Zukunft alle wichtigen Angelegeheiten auf außenpolitischem Gebiet im gegenseitigen Einvernehmen zu regeln. Bismarck glaubt eine Art Heilige Allianz erneut ins Leben gerufen zu haben. Sie soll sich nicht zuletzt auch der immer deutlicher werdenden Erstarkung sozialistischer Ideen entgegenstellen. Das Beispiel Frankreichs und die Errichtung der dortigen Republik deutet er als beunruhigende Vorzeichen. Mit dem Blick auf Frankreich, das sich unerwartet rasch von den Folgen seiner Niederlage zu erholen scheint, beschäftigen sich auch gewisse Planungen des deutschen Generalstabes. Dort denkt man daran, einem immerhin möglichen Revanchekrieg Frankreichs durch rechtzeitige Gegenmaßnahmen zu begegnen, was allerdings (1875) durch Einsprüche Englands, Rußlands und Österreich-Ungarns unterbunden wird.

Spekulationen, Skandale, Bankrotte – dazu noch eine Weltausstellung!

Österreich-Ungarn sieht sich ganz plötzlich wieder im Mittelpunkt der europäischen Politik. Andrássys Ausspruch: »Wir sind aus Deutschland hinausgeworfen worden, und das ist gut, wir haben Italien verloren und sind dadurch stärker geworden, wir wollen nichts annektieren und bloß Ruhe haben!« – zeigt insofern seine Wirkung, als sich jetzt Frankreich und England, ja sogar Rußland bemühen, »dem Ruah hab'n« Österreich-Ungarns als einer Macht von ausgleichender Ausstrahlung ihre Reverenz zu bekunden. Wobei Bismarck durch Andrássys Einfluß in Wien Vorrang erhält. Österreich-Ungarns Ansehen soll aber auch durch ein von wirtschaftlichen Interessen getragenes Ereignis nach außen hin gestärkt werden. Nachdem bereits in London zweimal und in Paris einmal Weltausstellungen stattgefunden haben, will die neue »Weltstadt« Wien auch nicht zurückstehen. Sie ist ohnehin durch den Zuzug Tausender, vor allem aus Mähren und Böhmen, Galizien und Ungarn in einer ungesunden Hektik buchstäblich »aus dem Boden gewachsen«. So hatte Franz Joseph 1870 bereits die Genehmigung zur Vorbereitung einer Weltausstellung in Wien erteilt. Am Schottenring wird in großer Eile ein provisorischer Börsenbau errichtet, in dessen unmittelbarer Nachbarschaft sich ein Heer von Börsenmaklern etabliert, worauf die Grundstücksspekulation ungeahnte Ausmaße annimmt. Alle Welt, vom Erzherzog bis zum Oberkellner beginnt Geld in Bodenspekulationen zu stecken. Jedermann will über Nacht zum Millionär werden, indem er Grundstücke ankaufen und gleich wieder teuer verkaufen läßt. Die Folgen sind unausbleiblich. Es kommt zu Insolvenzen und Grundstücksskandalen. Während die »Großen« Millionengeschäfte tätigen, verlieren Tausende Kleiner durch gerissene Börsenbetrüger ihr sauer erspartes bißchen Geld. Den Vogel bei diesen »Geschäften« schießt ein J. B. Placht ab. Bei seinem Zusammenbruch weist er »einen Schuldenstand von annähernd drei Millionen Gulden« aus, während sein Haben-Bestand 100 Gulden in bar und Papiere im Wert von beiläufig neuntausend Gulden« (F. Hennings) aufweist. Auch die Spekulation vieler Wohnungsinhaber am Ring, die ihre Wohnungen verlassen, aufs Land ziehen und ihre Wohnungen als Hotelsgarnis vermieten wollen, erweisen sich als Fehlschlag. Als Franz Joseph und Elisabeth dann am 1. Mai 1873 unter den Salutschüssen zahlreicher Geschütze den »Riesengugelhupf«, die neu erbaute Rotunde am Prater, betreten, rinnt dort noch das Wasser von den Wänden. Und während der feierlichen Eröffnungsreden packt der »Weltausstellungs-Schüttelfrost« die Anwesenden, nicht zuletzt auch deshalb, weil es draußen regnet und stürmt. (Nach F. Hennings). Genau acht Tage nach der feiereichen Eröffnung der Weltausstellung setzt der allgemeine Börsenkrach ein. Die gleiche Rotunde wird angesichts dieses Ereignisses zum »Mausoleum des wirtschaftlichen Aufschwunges der Gründerzeit« (F. Hennings). Von 1005 Aktiengesellschaften und 175 Banken überlebt nur eine verschwindend kleine Anzahl die Katastrophe. Um das Verhängnis ganz voll zu machen, tritt plötzlich die Cholera auf, der 2000 Menschen zum Opfer fallen. Daß sie sich nicht noch stärker verbreitet, ist vor allem der Vorsorge Cajetan Felders zu verdanken, der als Bürgermeister bereits vor einigen Jahren ein eigenes Epidemiespital einrichten ließ.

Kaiser Franz Joseph hat seit langem eine drohende Börsenkrise befürchtet. Selbst kein Geschäftsmann, war das hektische Gehaben seinem nüchternen Sinn längst zuwider gewesen. Nun obliegt ihm die peinliche Aufgabe, alle die hohen und »Allerhöchsten« Gäste zu empfangen, die sich zum Besuch der Weltausstellung angesagt haben. Ihre Reihe reicht vom Fürsten von Montenegro bis Kaiser Wilhelm I. und dem Zaren. Letzterer zeigt sich von Elisabeths Charme geradezu fasziniert, und der persische Schah geht bei seinem Antrittsbesuch erst dreimal um »Sissi« herum, begutachtet sie wie ein edles Pferd und erklärt dann: »Mon Dieu, qu'elle est belle!« Was »Sissi« mit unnachahmlicher Würde über sich ergehen läßt. Franz Joseph kann allerdings ein Lächeln nicht unterdrücken. Er denkt dabei: »Gottlob, daß sie gestern beim Empfang nicht dabei war, wie der gute Nassr-el-Din plötzlich zum Fenster gegangen ist, es geöffnet und hinausgespuckt hat, wobei sich unterhalb des Fensters mein ganzes Gefolge befunden hat!«

Elisabeth beweist übrigens eine Haltung, die ihren Stolz kennzeichnet, als König Viktor Emanuel in Wien eintrifft und, wie er zu verstehen gibt, an einem Zusammentreffen mit der schönen Majestät weitaus mehr interessiert ist, als an der Besichtigung des Ausstellungsgeländes. Die Kaiserin weigert sich, den Mann zu empfangen, der ihre Schwester (Gräfin Trani) aus Neapel verjagt und ihrem »Franzi« die schönsten Provinzen weggenommen hat. Selbst Kaiser Wilhelm I. muß auf einen Besuch verzichten, allerdings leidet »Sissi« tatsächlich an einer schweren Magenverstimmung, die es ihr unmöglich macht, Besucher zu empfangen. Wien wiederum begrüßt den Feind von 1866 mit betontem Charme. Die Equipage des Deutschen Kaisers wird von 6 Pferden gezogen, während der König von Italien nur mit vier Pferden vorliebnehmen mußte. Auch die Anrede während des offiziellen Trinkspruches, mit der Franz Joseph Wilhelm I. als »lieber Freund und Bruder« begrüßt, läßt erkennen, daß Andrássys Politik Früchte zu tragen beginnt. Schon beim Besuch des Zaren war zwischen diesem und Franz Joseph eine Abmachung getroffen worden, daß im Falle eines Angriffes von seiten einer dritten Seite auf eine der beiden Mächte Konsultationen zwischen beiden über etwaige andere Bündnisse oder militärische Aktionen erfolgen sollen.

Bosnien und Herzegowina – ein neuer Krisenherd

So läßt sich nicht verleugnen, daß Andrássys Anlehnung an das Deutsche Reich eine Festigung der österreichischen Position im Konzert der Mächte nach sich zieht. Dies tritt besonders zu Tage, als jetzt ein Aufstand in den türkischen Hoheitsgebieten, in Serbien, Bosnien, der Herzegowina und Bulgarien, Rußland veranlaßt, militärische Vorbereitungen zu treffen. Die Absichten sind klar: man will den slawischen Brüdern zur Hilfe kommen. Aus Bosnien fliehen täglich Hunderte von Christen auf österreichisch-ungarisches Gebiet. Die Tschechen und Serbokroaten fordern lautstark ein Bündnis der Monarchie mit Rußland, während in Ungarn türkenfreundliche Demonstrationen stattfinden. Doch da ist es Andrássy, der die günstige Situation einer erneuten Annäherung Österreichs an Rußland nicht ausnützt. Obwohl es dieses Mal der Zar selber ist, der Franz Joseph Angebote macht. Auf einer Zusammenkunft des österreichischen Kaisers mit Zar Alexander in der böhmischen Reichstadt wird vereinbart, daß Österreich-Ungarn im Kriegsfalle sich Rußland gegenüber neutral verhalten wird. Wobei Andrássy eine Zusage des Zaren aushandelt, daß im unteren Donauraum kein großer slawischer Staat gegründet werden dürfe. Ein Abkommen, dem ein Jahr später, 1877, die Verträge von Ofen-Pest und Wien folgen. In diesen gesteht Rußland Österreich-Ungarn ausdrücklich die Besetzung Bosniens und der Herzegowina zu. Es erklärt sich auch zusätzlich einverstanden, wenn Österreich das türkische Gebiet bis zum Wardar und Serbien als österreichisch-ungarische Einflußsphäre behandelt. Ein Jahr darauf bricht der russisch-türkische Krieg aus. Er verläuft für die Türkei so ungünstig, daß diese beinahe ihren gesamten europäischen Besitz einbüßt. Im Frieden von Santo Stefano erkennt die Hohe Pforte Rumänien, Serbien und Montenegro als unabhängige, Bulgarien als selbständiges Fürstentum an. Bosnien und die Herzegowina erhalten eine eigene Selbstverwaltung. Angesichts dieser umwälzenden Ereignisse ist es England, welches den Friedensbestimmungen von Santo Stefano die Zustimmung verweigert. Auf Betreiben Andrássys und Londons wird Bismarck die Rolle eines Vermittlers an-

geboten. Es kommt zum historischen Berliner Kongress von 1878, zu dem Bismarck die Außenminister der europäischen Großmächte und der Türkei einlädt. Eine der sich 36 Jahre später als verhängnisvoll erweisenden Bestimmungen des in Berlin abgeschlossenen Mächteabkommens lautet, Österreich erhält den Auftrag, Bosnien, die Herzegowina und, wenn nötig, den Sandschak von Novipazar zu besetzen. Allerdings sollen diese Länder der Oberhoheit des Sultans weiter unterstellt bleiben. Mit diesem »Erfolg« löst Andrássy seiner »Königin« gegenüber sein Wort ein, mit dem er ihr bei seinem Drängen nach einer Abberufung Beusts einen Gebietszuwachs der Monarchie im Südosten zugesagt hatte.
Österreichisch-ungarische Truppen marschieren von Brod an der Save aus in Bosnien ein. Befehlshaber dieser Armeegruppe ist der Feldzeugmeister Freiherr von Philippović. Eine zweite, von Dalmatien gegen die Herzegowina operierende Armeegruppe führt General von Jowanowitsch. Es kommt zu sehr harten Kämpfen, denn die mohammedanische Bevölkerung, zum Teil von türkischen Truppen unterstützt, aber auch von serbischer Seite aufgewiegelt, setzt den Eindringenden erbitterten Widerstand entgegen. Führer der mohammedanischen Bosniaken ist der Abenteuerer Hadschi Loja. Es kommt anfänglich sogar stellenweise zu Krisensituationen, von denen die schwerste bei der vom ungarischen Grafen Szápáry geführten Division bei Doboj eintritt. Die Ursache ist in einer zu leichtfertigen Beurteilung der Lage durch Andrássy zu suchen, der eine ausgiebige Mobilmachung abgelehnt hatte. Während sich nachher herausstellt, daß die Gegenseite über rund 134000 Mann irregulärer Kämpfer und an die 40000 Mann regulärer türkischer Truppen verfügt. So ist es nichts mit einem »Spaziergang«, für dessen Durchführung eine Kompanie und eine Schwadron erforderlich sind, sondern es bedarf eines Einsatzes von mindestens 6 Divisionen, um den Widerstand zu brechen. Was dann auch nach Durchführung umfassender Maßnahmen gelingt. Doch muß erst bei Meglaj, Zepca, Jajce, Tuzla erbittert gekämpft, es müssen Mostar und Sarajewo erstürmt werden, ehe Philippović den Abschluß der Okkupation melden kann. Zuletzt erkennt Sultan Abdul Hamid II. in einem Sondervertrag 1879 die Besetzung Bosniens und der Herzegowina einschließlich des Sandschaks von Novipazar durch Österreich an, er behält aber weiterhin die nominelle Oberhoheit über diese Gebiete.

Der Berliner Kongreß, Krisenherd Bosnien und Herzegowina

Mit dem Abkommen des Berliner Kongresses tritt eine deutliche Abkühlung des Verhältnisses zwischen Berlin und St. Petersburg ein. Jetzt ist es Bismarck, der eine verstärkte Anlehnung Deutschlands an Österreich-Ungarn befürwortet. Es kommt zu Verhandlungen zwischen ihm und Andrássy in Gastein und Wien. Ihr Abschluß findet im sogenannten »Zweibund« seinen Niederschlag. Wieder einmal verpflichten sich zwei Staaten zu gegenseitiger Hilfeleistung, falls ein dritter, dieses Mal Rußland, einen der vertragschließenden Staaten angreift. Falls ein Angriff von einer dritten Seite erfolge, sichert jede der beiden Mächte dem Partner eine wohlwollende Neutralität zu. Daß Graf Andrássy unmittelbar nach dem Abschluß dieses Zweibundvertrages zurücktritt, überrascht zwar in Berlin und anderen Hauptstädten, nicht aber in Wien und auch nicht in Budapest. Franz Joseph, so sagt sein Biograph Corti, »beginnt mehr und mehr die schweren, vielleicht nicht wieder gutzumachenden Fehler zu erkennen, die sein erster Minister in der Behandlung Rußlands überhaupt und im besonderen in der Anerkennung der Souveränität des Sultans über Bosnien gemacht hat«. Als vorläufiger Nachfolger im Ministerium des Äußeren übernimmt Baron Haymerle die Geschäfte.
Nach dem Weggang Andrássys verändert sich die Lage auf dem Gebiet der Außenpolitik mit einer beinahe atemberaubenden Hektik. In Italien ist König Viktor Emanuel gestorben. Sein Nachfolger Humbert sucht Anschluß an den neuen Zweibund. Er reist nach Wien, doch ehe es zu einer bindenden Absprache kommt, fällt in Rußland Zar Alexander einem Bombenattentat zum Opfer. Sein Sohn Alexander III. bedauert die Lockerung des früheren guten Verhältnisses zu Deutschland und versucht eine neue Annäherung, der Bismarck bereitwillig zustimmt. So kommt es zu einem Dreikaiserbündnis zwischen den Monarchen in Berlin, Wien und St. Petersburg.
Nun ist es wieder Italien, das sich nicht ohne Bündnispartner in der Lage glaubt, Frankreich gegenüber die Interessen seiner Landsleute in Tunis vertreten zu können. Auch befürchtet König Umberto das Überhandnehmen republikanischer Einflüsse in seinem Land. So sucht er um jeden Preis eine enge Verbindung mit den beiden Monarchien des Zweibundes, dem Deutschen Reich und Österreich-Ungarn, herbeizuführen. Dem »Liebeswerben aus dem Süden« kommen Bismarck und sein Wiener Kollege entgegen. Man einigt sich, und so wird am 20. Mai 1882 der Zweibund durch den Beitritt Italiens zum historisch bedeutungsvollen »Dreibund« erweitert.

Die Bestimmungen dieses, für alle Vertragschließenden so folgenschweren Abkommens lauten: Österreich-Ungarn bleibt im Falle eines italienisch-französischen Krieges neutral. Italien wieder bleibt ebenfalls im Falle eines österreichisch-russischen Krieges neutral. Österreich-Ungarn verpflichtet sich, die Belange Italiens im Mittelmeer zu fördern und – auf der Balkanhalbinsel nichts ohne die Zustimmung Italiens zu unternehmen (!). Das Deutsche Reich und Italien verpflichten sich, einander mit der gesamten Kriegsmacht beizustehen, falls eines von ihnen von Frankreich angegriffen wird. Bei einem gemeinsamen Angriffe Frankreichs und Rußlands auf Österreich-Ungarn oder auf dieses und das Deutsche Reich tritt die gesamte Kriegsmacht des Dreibundes in Tätigkeit!«
»Verpflichtet« und »wird« ... keines dieser beiden Worte wird im August 1914 die in ihrer Sinngebung enthaltene Auslegung finden!

Der Völker-»Verein«!

Bereits 1869, als der damalige Unterrichtsminister Leopold von Hasner dem österreichischen Abgeordnetenhaus das neue Reichsvolksschulgesetz vorgelegt hatte, war es von klerikaler Seite abgelehnt worden. Diese hatte die Wiedereinführung der Bekenntnisschule gefordert. Das an sich sehr moderne Gesetz mit der Bestimmung der allgemeinen Schulpflicht ab dem 6. bis zum 14. Lebensjahr, die Einführung von Turnen, Zeichnen, Singen und weiblicher Handarbeit als Schulfächer wie die Regelung der Lehrerbildung weichen von

den Vorstellungen ultramontaner Kreise ab, weil ihnen jeder Fortschritt ohne Einfluß der Kirche unerträglich erscheint. Man befindet sich ohnehin in einer zwielichtigen Lage. Papst Pius IX. hat den Lehrsatz der Unfehlbarkeit des Papstes »ex cathedra« verkündet. Ein neues Dogma, gegen das sogar einige österreichische Bischöfe Stellung bezogen haben. Und Sr. Majestät in der Wiener Hofburg »soll« – wie man hört – in seiner Stellung als »Apostolische« Majestät die Ansicht vertreten, daß diese Verkündigung »politisch nicht opportun wäre«. Noch mehr, der Kaiser hat die noch nicht gelockerten Verfügungen des Konkordats als nicht mehr verbindlich erklärt. Die Beschlüsse Roms nennt er sogar »unglückselig«. Alles dies zu einem Zeitpunkt, an welchem die Bersaglieri Viktor Emanuels die Porta Pia erstürmt haben, und damit der Kirchenstaat von der Landkarte der Apenninenhalbinsel ausgelöscht worden ist. Die Kirche sucht daher innerhalb der »Basis«, vor allem draußen in den Landbezirken, ihren Einfluß zu verstärken und erreicht damit auch, daß in den neugewählten Landtagen eine Mehrheit klerikal eingestellter Abgeordneter einzieht. In Prag hört man zur gleichen Zeit in den Wandelgängen des böhmischen Landtages jetzt weit mehr tschechisch als deutsch. In Eisenach, also draußen im Reich, haben Bebel und Liebknecht eine deutsche sozialdemokratische Arbeiterpartei gegründet. Franz Joseph befaßt sich allerdings im Augenblick mit näher liegenden Sorgen. Er hat noch die Anmaßung Andrássys in den Ohren, der für die neue ungarische Honvéd die Anbringung des ungarischen Wappens auf den Fahnen gefordert hatte. Zugleich war die Einführung der magyarischen Kommandosprache »angeregt« worden. Letzteres hatte den »Allerhöchsten Kriegsherren« richtig auf die Palme gebracht. Obwohl er deutlich spürt, daß er sich dieser Forderung auf die Dauer kaum widersetzen können wird. Schon hat er bemerkt, wie Andrássy seiner »Sissi« in der neuen Hofdame Gräfin Marie Festetics eine ungarische Patriotin unterschoben hat.
Nun, »Sissi« hat ihm soeben ein zweites Töchterchen – Marie Valerie – geschenkt, auch wenn die Geburt in Budapest stattgefunden hat und sich die Magyaren einen Sohn gewünscht hätten, den sie eines Tages zum König eines unabhängigen Ungarn ausgerufen hätten. »Österreich in Zukunft ein Vereinsstaat!«, so charakterisiert Graf Crenneville das Zukunftsbild dieses Staates. Dieses Österreich-Ungarn, das im ersten Jahrzehnt des 20. Jahrhunderts eine Bevölkerungszahl von 56 Millionen umfassen wird, beherbergt innerhalb seiner Grenzen (unter Einbeziehung Bosniens und der Herzegowina) rund 12 Millionen Deutsche, 10 Millionen Magyaren, 8,4 Millionen Tschechen und Slowaken, 5 Millionen Polen, nicht ganz 4 Millionen Ruthenen (Kleinrussen), 5,5 Millionen Kroaten und Serben, 1,3 Millionen Slowenen, 3,2 Millionen Rumänen und 0,8 Millionen Italiener. Dazu kommen noch einige kleinere Gruppen verschiedener Völkerschaften (z.B. Ladiner), deren Zahl ungefähr 400000 Seelen ausmacht.
Die Regierung Hohenwart hatte sich auf die Slawen, den Adel und die Klerikalen gestützt und Tschechen wie Polen begünstigt. Was den Widerstand der Deutschen verstärkt hatte. Wieder kommt die Forderung nach einem föderalistisch verbundenen Staatsgebilde ins Gespräch, wobei die einzelnen Ländergrenzen und die Zugehörigkeit der Bevölkerung zu einer bestimmten Nationalität übereinstimmen sollen. Was zum Beispiel zur Folge hätte, daß das Kronland Böhmen in zwei föderalistische Staaten zerfiele. Daß es die Tschechen anders verstehen, offenbaren ihre Sprecher auf einem in Rußland stattfindenden, allslawischen Kongreß. Dort wird ganz offen von einer Angliederung »Böhmens« an das moskowitische Zarenreich gesprochen. Als man 1866 die Wenzelskrone, um sie vor dem Zugriff preußischer Eroberer zu schützen, in die Wiener Schatzkammer »verlagert« hatte, war sie nach Beendigung des Krieges einer böhmischen Landesabordnung zurückgegeben worden. Seit diesem Tag war von Prag aus wiederholt an Franz Joseph der Wunsch herangetragen worden, sich in Prag als König der Böhmen krönen zu lassen. Man fordert dort das gleiche Recht wie jenes der Magyaren. Was die Polen zu ähnlichen Forderungen veranlaßt.

Ministerpräsident Graf Taaffe – Regierungschef zwischen slawischer Opposition und Deutsch-Nationalen

Als sich während der Zusammenkunft Franz Josephs mit Wilhelm I. und Bismarck in Gastein und Salzburg eine erste Annäherung zwischen Preußen und Österreich abzeichnet, schäumt ein Großteil der tschechischen Presse geradezu über. Den Deutschen wird mit dem Galgen, dem Niederschlagen und dem Ausreißen der Zähne gedroht. Bereits vorher haben die tschechischen Abgeordneten ihre Sitze im Reichsrat wie im Landtag verlassen. Trotzdem richtet Franz Joseph eine versöhnlich klingende Adresse an sie. Er erkenne, läßt er verlautbaren, angesichts der staatsrechtlichen Stellung der Krone Böhmens die Rechte dieses Königreiches an, ja er wäre auch bereit, diese Anerkennung durch seinen Königseid zu erneuern! Und die Antwort! Jetzt sind es die Deutschen, die sich empören, während die Tschechen eine in 18 Fundamentalartikel geformte neue Forderung aufstellen. Sie setzt Bedingungen für einen österreichisch-tschechischen Ausgleich fest. Dessen grundsätzliche Feststellung lautet: Böhmen ist ein eigener Staat mit allen Hoheitsrechten. Der sich sogar, wie vorhin geschildert, gegebenenfalls dem moskowitischen Großreich anschließen würde!
Im Jahr der Weltausstellung wird von der Regierung eine neue Wahlreform durchgeführt. Nach dieser wird das Parlament nicht mehr aus den Landtagen beschickt, sondern die Wahl der Volksvertreter erfolgt unmittelbar. Die Neuverteilung der Sitze sieht nunmehr folgendermaßen aus: Von 353 Abgeordneten stammen 85 aus dem Großgrundbesitz, 137 sind Vertreter der Städte und Handelskammern und 131 kommen aus den Landgemeinden. Unter diesen »Volksvertretern« befinden sich, wie F. Hennings sarkastisch feststellt, »allein unter den 18 Abgeordneten des Landes Niederösterreich nicht weniger als 12 Verwaltungsräte mit zusammen 38 verschiedenen Posten, die«, wie Hennings weiter feststellt, »im Parlament Börsengeschäfte und in der Börse Politik treiben.«
Franz Joseph beruft jetzt wieder einmal einen neuen Mann an die Spitze der Regierung. Von ihm erwartet er die Fähigkeit, durch eine geschickte Taktik die Opposition der Slawen aufzufangen und diese mit den Deutschen zu versöhnen. Sein Jugendgespiele und Freund, Graf Eduard Taaffe, übernimmt als Ministerpräsident die Regierungsgeschäfte. Seine Politik ist eindeutig gegen die deutschen Liberalen gerichtet. Womit er beweisen will, daß Österreich auch ohne sie regiert werden

kann. Zunächst setzt er die »Taxe« für das Stimmrecht auf 5 Gulden herab, womit er einer großen Anzahl kleinbürgerlicher Mittelständler den Zutritt zu den Wahllokalen freigibt. Sein neues Wahlgesetz segelt eindeutig unter den blau-weiß-roten Farben der Slawen. Wozu ihm sogar die deutschen Klerikalen Schützenhilfe leisten. Auf Grund des neuen Wahlgesetzes wählt auch ein Teil der Großgrundbesitzer tschechische Abgeordnete. Mit dem Erfolg, daß die Handelskammern von Prag, Pilsen und Budweis ausschließlich tschechische Abgeordnete in den Reichsrat entsenden. In Prag wird jetzt eine neue tschechische Universität von der ehrwürdigen deutschen Hochschule Karls IV. abgesondert. In den Volksschulen erhält das Tschechische Vorrang, und auch in Wien wird eine tschechische Schule eröffnet. Ähnliches vollzieht sich in Laibach. Dort führt der Landtag das Slowenische als Unterrichtssprache ein. Mit diesen Maßnahmen holt Taafe die Tschechen in den Reichsrat zurück und sichert sich die Stimmen der Slowenen. Auch die Klerikalen werden durch Zusicherungen gewonnen und damit die Liberalen wie die Deutschnationalen »in die Mangel genommen«.

Alldeutsche und Katholisch-Konservative – Österreich kommt nicht zur Ruhe

Wie immer, löst Druck Gegendruck aus! Die Einkreisungspolitik Taaffes gegenüber den Deutschnationalen bringt eine andere Bewegung in Fluß. Es entsteht die alldeutsche Bewegung Georg von Schönerers. Ein gewiegter Politiker und leidenschaftlicher Verfechter nationaler Volkstumsrechte inmitten der Bedrohung durch Slawen und Magyaren, stellt er 1882 das »Linzer Programm« auf. Schönerers Programm zielt letzten Endes auf die Vereinigung aller Deutschen in einem nationalen Staatsgebilde hin. Was das Ende des Habsburgerreiches zur Folge haben muß. Aber er fordert auch eine entschiedenere Förderung des Bauernstandes und Kleingewerbes. Den deutschen Liberalen sagt er ebenfalls den Kampf an und bekämpft in Wort und Schrift vor allem die Juden. Als Realpolitiker hält er sich aber an das berühmte Bismarckwort, der von dem Habsburgerstaat gesagt hatte, wenn er nicht existierte, müßte er geschaffen werden! Angesichts dieser geopolitischen Realität fordert er eine Sonderstellung Galiziens und der Bukowina und die Angliederung Dalmatiens an Kroatien, zugleich mit der Personalunion mit Ungarn. Sein bedingungslosester Kampf richtet sich jedoch seit Taafes Regierungsübernahme gegen eine Überhandnahme des klerikalen Einflusses in allen Einrichtungen des Staates.

Eine wesentliche Veränderung besteht auch darin, daß Taaffe die neuen Minister nicht mehr aus dem Lager der Abgeordneten, sondern aus der hohen Beamtenschaft wählt. Damit sichert er sich, bauend auf deren Verfassungstreue, von der Nationalitätenfrage eher unbelastete Ministerkollegen. Draußen unter dem Wählervolk ist das Kulturprogramm der Liberalen bereits auf Widerstand gestoßen, was den Gedanken zur Gründung einer katholisch-konservativen Partei angeregt hat. Die Idee wird von den Mitgliedern des bäuerlichen Mittelstandes, sehr vielen Gewerbetreibenden, aber auch von einem Teil des Adels aufgegriffen und gewinnt an Anhang.

Nunmehr wird ein Gesetz erlassen, das als modernes »Höfegesetz« eine Aufteilung von Liegenschaften ohne Bewilligung der von einem Landtag damit beauftragten Kommission untersagt. Das Höferecht von 1889 schränkt somit die Veräußerung von landwirtschaftlichem Grundbesitz ein und hat, z.B. in Südtirol verhindert, daß das spätere faschistische Regime die Aufteilung des deutschen bäuerlichen Besitzes durchsetzen konnte.

Der Großgrundbesitz verhindert eine Besserstellung der Landarbeiter. Die konservativ-katholische Bewegung setzt hingegen die Festsetzung einer Höchstarbeitszeit von 11 Stunden durch. Auch erreicht sie es, daß den Fabrikarbeitern die Einhaltung der Sonntagsruhe zugestanden wird. Im Jahr 1887 erfolgt zusätzlich ein Gesetz über die Unfallversicherung und 1888 ein weiteres, welches die Einführung einer Krankenversicherung anordnet.

Mit dem sich steigernden Unmut über die noch immer im Argen liegenden sozialen Zustände in weiten Bevölkerungskreisen wächst der Gedanke, eine von christlich-sozialen Grundsätzen geleitete Partei ins Leben zu rufen. Ruft doch das vor allem in den Reihen der Liberalen vertretene Großkapital die Massen der »Kleineren« immer herausfordernder auf die Barrikaden. So kommt es dann zur Gründung der Christlich-Sozialen Partei. Ihr profiliertester Vorkämpfer heißt Dr. Karl Lueger. Er wird Bürgermeister von Wien und Mitglied des Reichsrates. Als Führer der Christlich-Sozialen seiner Stadt wird ihm noch während der beiden letzten Dezennien der Regierungszeit Kaiser Franz Josephs eine geschichtliche Rolle zufallen.

Die Verabschiedung des Vereinsgesetzes von 1867 zieht eine noch weit bedeutsamere Gründung nach sich. In Hainfeld an der Donau wird durch die »Prinzipien-Erklärung der Sozialdemokratischen Partei Österreichs« in den letzten Dezembertagen des Jahres 1888 für Millionen Österreicher das Licht einer besseren Zukunft entzündet!

Die Sozialdemokratische Partei – endlich Rechte für die Arbeiter!

Der Staat hatte der Arbeiterschaft bislang »Verabredungen« untersagt. Ebenso wurden Streiks mit Strafen bedacht. Nunmehr entstehen allerorts Vereine, welche die Basis für den Zusammenschluß der Arbeiterschaft beim Kampf um das Koalitionsrecht bilden sollen. Worauf die Behörden mit Strafandrohungen reagieren. Am 13. Dezember 1869 marschieren rund 20000 Menschen in einem unübersehbaren Demonstrationszug über den neuen Ring. Sie fordern in Sprechchören das Koalitionsrecht und geben ihrer Empörung Ausdruck, daß man einige ihrer Führer verhaftet und eingesperrt hat. Durch den Aufmarsch der Massen überrumpelt, gestehen Parlament und Regierung der Arbeiterschaft das Koalitionsrecht zu. Ihre Anführer allerdings, vor allem Andreas Scheu, Heinrich Oberwinder, Johann Most und Johann Pabst werden wegen Hochverrats zu Kerkerstrafen zwischen fünf und sechs Jahren verurteilt.

Das zugestandene Koalitionsrecht ermöglicht den Arbeitern jetzt die Anwendung radikaler Mittel, was nicht ohne innere Auseinandersetzungen abgeht. Dabei gelingt einem Mann durch das schonungslose Aufdecken zum Himmel schreiender Zustände die Gegner der Arbeiterbewegung bloßzustellen: Dr. Viktor Adler!

Dr. Viktor Adler – ein Vorkämpfer für soziale Gerechtigkeit

Dr. Adler entstammt einer wohlhabenden Bürgerfamilie. Als Student steht er einem deutsch-liberalen, demokratischen Zirkel nahe. Das Studium sozialistischer Theoretiker veranlaßt ihn, sich eingehend mit sozialen Problemen zu beschäftigen. Auf diese Weise kommt er mit der Arbeiterschaft in nähere Berührung. Deren Notlage er nicht zuletzt auch mit den Augen des Arztes zum Gegenstand seiner Untersuchungen macht. In der Folge wird Dr. Adler Herausgeber einer in Wiener-Neustadt erscheinenden Zeitung mit dem Titel »Gleichheit«. Um Themen bemüht, trifft er eines Tages auf die »Wienberger Ziegelarbeiter«. Was er dort erlebt, faßt er in einer Artikelserie zusammen, die nicht nur damals ein außerordentliches Echo findet, sondern noch heute ein sozialgeschichtliches Dokument darstellt. So erfährt die Öffentlichkeit eines Tages beim Lesen der »Gleichheit«, daß »die Ziegelböhm«, wie die vorwiegend aus Böhmen und Mähren stammenden, zugewanderten Arbeiter genannt werden, schlimmer als Negersklaven leben, daß in den Ringhöfen bis zu zehn Familien in einem heißen Loch zusammengepfercht schliefen, daß dort Frauen vor Dutzenden von Männern entbinden müssen; daß die Unternehmer statt des Lohnes nur Blechmarken ausgeben, mit denen die Arbeiter in den Werkskantinen zu erhöhten Preisen ein elendes Essen kaufen müßten, was manchen veranlaßt, sich beim Henker in Neudorf eine »Gnadensuppe zu holen, um satt zu werden . . .«. (Nach O. Pollak).

Auf diesen Artikel Dr. Adlers hin, schafft man auf dem Ziegelberg schleunigst die doppelte Ausbeutung des Blechmarkensystems ab. Auch der Lohn wird von nun ab in Bargeld ausbezahlt. »Der gute Doktor« dieser armen Menschen trägt sich jedoch bereits mit neuen Gedanken. Die Idee läßt ihn nicht los, eine eigene österreichische sozialdemokratische Partei ins Leben zu rufen. Weil er aber weiterhin Artikel veröffentlicht, die gewissen Herrschaften durchaus nicht schmecken, kommt er in einen ständigen Konflikt mit den Behörden. Sein immer schärfer akzentuierter Kampf gegen die Auswüchse des Ausbeutungssystems fordert sehr prominente Gegner heraus. Auf deren Betreiben man ihm eine Anstellung als »Gewerbeinspektor« verweigert. Wie er sich dann an einer Demonstration und dem Streik der Wiener »Tramwaykutscher« 1882 beteiligt, holt man ihn vor ein Ausnahmegericht. Das Urteil lautet: »Vier Monate Gefängnis!«

1. Mai 1890 – Geburt einer Parteiorganisation

Unterdessen ist Adlers Plan zur Gründung einer, die Interessen der Arbeiterschaft vertretenden politischen Partei in Wien und in der Provinz auf lebhafte Zustimmung gestoßen. So kommt es am 29. Dezember 1888 in Hainfeld in Niederösterreich zur Gründung der österreichischen sozialdemokratischen Partei.

Schlägt in der Versammlung von Hainfeld die Geburtsstunde der österreichischen sozialdemokratischen Partei, so besteht diese ihre Feuertaufe am 1. Mai 1890. Nur daß dabei kein einziger Schuß fällt, obwohl ganze Regimenter in Bereitschaft befohlen werden. Nachdem Dr. Adlers »Gleichheit« verboten worden ist, übernimmt die neu gegründete »Arbeiter-Zeitung« in Wien die Werbung für den geplanten Arbeiterfeiertag. Adler, der sich selbst noch im Gefängnis befindet, leitet von der Zelle aus alle Vorbereitungen. Zur »Parole« des Tages werden die Forderung nach dem Achtstundentag und die endliche Einführung eines allgemeinen Wahlrechtes bestimmt. Eine ganze Anzahl von Unternehmern gibt den Arbeitern sogar für den 1. Mai frei, ja einige zahlen trotz des Arbeitsausfalles den Tageslohn weiter. Nur die Belegschaften der Staatsbetriebe, wie z.B. der Eisenbahn u.a.m., erhalten nur im Rahmen ihrer dienstfreien Zeit die Erlaubnis, an der Maifeier teilzunehmen.

Daß die »Organisation« des Tages »steht«, ist allerdings auch ein Verdienst des verantwortlichen Redakteurs der Arbeiter-Zeitung, Ludwig Bretschneider. Er hat über 100 Ordner während des Marsches über den Ring eingesetzt und so der Polizei jede »Einweisung« wie auch jede »Amtshandlung« erspart, die bei der Teilnahme von über 100000 Menschen ohnehin nicht ohne Militär die Ordnung hätte herstellen können! So wird der 1. Mai 1890 zum Geburtstag der »Organisation« der Partei, wie der 29. Dezember 1888 jener der Gründung geworden war. Peter Roseggers Erzählung »Der Weltfeiertag« hat die Ereignisse dieses Tages in Graz in einer Aufsehen erregenden Schilderung festgehalten. Ihres Erfolges bewußt, setzt die neu ins Leben gerufene Arbeiterbewegung nunmehr ihren Kampf um das Wahlrecht ihrer Mitglieder fort. Nach wie vor bleibt Dr. Viktor Adler an der Spitze der Bewegung, ihr Sprachrohr wird die Arbeiter-Zeitung. Sie erscheint anfänglich nur jede zweite Woche, auch wird ihre vierte Nummer bereits beschlagnahmt. Was sich dann oft wiederholt, was dem Blatt damit aber nur neue Leser zuführt. Worauf man ein Kolportageverbot für die Zeitung erläßt und der Redaktion für jede Nummer eine Steuerauflage aufbrummt, was dennoch nicht verhindert, daß das Blatt, vom Neujahrstag des Jahres 1895 ab, als Tageszeitung erscheint und ihre Auflage eine für die damalige Zeit beachtliche Zahl von 7000 Abonnenten erreicht.

Nach dem noch bestehenden Wahlrecht besitzt weder ein Arbeiter noch ein kleiner Beamter die Möglichkeit an die Urne zu gehen. Denn – auch die Herabsetzung der »Taxe«, d.h. der zu entrichtenden Steuer, die eine Wahlberechtigung einschließt, auf »nur« fünf Gulden, erscheint für Tausende noch immer zu hoch. Wieder glückt es während des Wahlkampfes nicht, die entsprechende Stimmenzahl aufzubringen, die für ein einziges sozialdemokratisches Mandat im Reichsrat erforderlich wäre.

Immerhin, Taaffe kann sich nun doch nicht einer Erweiterung des Wahlrechtes entziehen. Im Oktober 1893 legt er dem Kaiser eine neue Wahlvorlage vor, die tatsächlich ein allgemeines Wahlrecht in den Wählerklassen der Städte und der Landgemeinden vorsieht. Dieser Vorschlag schränkt zwar die Vorrechte der Großgrundbesitzer und des Großbürgertums nicht ein, aber die Arbeiter würden nunmehr endlich eine Vertretung in den Reichsrat entsenden können. Nach Taafes Vorschlag soll jeder Mann, ob nun des Lesens und Schreibens kundig oder nicht, der seine Militärpflicht erfüllt hat, zur Wahlurne zugelassen werden. Was die Zahl der Stimmberechtigten von anderthalb Millionen auf 5 Millionen erhöhen würde. Unterstützt wird dieser Vorschlag von den Jungtschechen und den Christlich-Sozialen. Er stößt aber bei den Liberalen, den Konservativen und dem adeligen Polenclub auf heftigsten Widerstand. Und fällt durch. Worauf Taaffe aufgrund der parlamentarischen Niederlage seinen Abschied nimmt.

Dr. Karl Lueger – ein christlich-sozialer Gegenpol

Nunmehr erscheint mit dem Auftreten der Christlich-Sozialen für die sozialdemokratische Partei ein sehr ernst zu nehmender Gegner, der seine Stärke in der Provinz besonders dem niederen Klerus verdankt. So wird die neue Bewegung zum Ausdruck der Rebellion des Kleinbürgertums, der Handwerker, der von der neuen Industrie an die Wand gedrängten Gewerbetreibenden gegen das Großbürgertum. Womit die Christlich-Sozialen allerdings auch eine Bewegung entfachen, die der Verproletarisierung der Arbeiterschaft und der Kleinbürger einen Riegel vorschiebt.
Seit der Minister »mit der eisernen Hand«, Graf Badeni, die Regierungsgeschäfte vertritt, »tut sich etwas« in Sachen der Wahlreform. Schon fordern die Radikalen unter den Arbeiterführern, man möge durch neuerliche Demonstrationen und Streiks eine klare Entscheidung zum Wahlrecht erzwingen, da legt der neue Ministerpräsident überraschend eine verbesserte Wahlvorlage dem Kaiser zur Unterschrift vor. Doch zeigt sich in ihr auch ein Pferdefuß: Es soll nämlich allen Männern, sofern sie das 24. Lebensjahr vollendet, ihrer Militärpflicht genügt und sie 6 Monate im Wahlbezirk Wohnung genommen haben, das Wahlrecht zugestanden werden. Jedoch teilt man sie einer neuen, einer 5. Wählerklasse zu. Die ihrerseits wieder nur durch 72 Abgeordnete im Reichsrat vertreten sein kann. Sodaß der bestehenden Mehrheit von Großgrundbesitz und Großbürgertum im Parlament keine Gefahr erwachsen kann.
Dr. Adler und seine Mitkämpfer sehen auch in einer fünften Wählerklasse eine Chance; man kann damit rechnen, wenigstens eine kleine Gruppe von Mandataren in den Reichsrat zu bringen. Man wird also in den Wahlkampf gehen und sein Bestes versuchen. Es währt dann, dank zahlreicher »Verzögerungsprozeduren« in Reichsrat und Herrenhaus noch anderthalb Jahre, bis Kaiser Franz Joseph das neue Wahlrecht bestätigt. Während des nun einsetzenden Wahlkampfes spielen die anderen »Sozialen«, die Christlichen, alle nur erdenklichen Argumente gegen die Arbeiterpartei aus. So spricht man in den Wahlversammlungen der »Partei der Kapläne« von Kinderopfern, Blutfesten, dem Recht auf freie Liebe und der geplanten Enteignung der Besitze. Auch fasziniert Dr. Lueger dort überall, wo er auftritt, durch die Ausdrucksform seiner Argumente und die Präzision seiner Forderungen, was dann auch im Wahlergebnis seinen Niederschlag findet. Die Christlich-Sozialen erhalten in Wien und Niederösterreich sämtliche, für die fünfte Wählerklasse bestimmten Mandate. Die Sozialdemokratische Partei geht in diesen Bereichen, und was sie äußerst schmerzlich empfindet, gerade in ihrer Hochburg Wien, leer aus. Dafür entschädigen sie aber die Industriegebiete in der Steiermark, in Böhmen, in Mähren und in Galizien. Durch die Märzwahl des Jahres 1897 erhalten 14 sozialdemokratische Mandatare von den 72 vorgesehenen Plätzen der fünften Wählerklasse zum ersten Mal in der österreichischen Geschichte einen Sitz im Reichsrat.

Die Sprachenverordnung – ein »Wahlgeschenk« für die Tschechen

Im Parlament sehen sich die »Vierzehn« einer dreifachen Übermacht christlich-sozialer Abgeordneter gegenüber. Und die Deutschnationalen verlieren rund ein Drittel ihrer bisherigen Mandate. Unter dem Lärm, der sich jetzt immer leidenschaftlicher befehdenden Vertreter der verschiedenen Nationalitäten im Parlament, gehen die Stimmen der sozialdemokratischen Abgeordneten beinahe unter. Denn, verleitet durch den Erfolg der Wahlreform, erläßt Badeni die berüchtigte Sprachenverordnung. Um von den Tschechen Zustimmung zum Ausgleich mit Ungarn zu erhalten, verlautbart Badeni eine neue Sprachenverordnung für Böhmen und Mähren. Mit dieser werden das Tschechische und das Deutsche einander gleichgestellt. Eine Ausnahme bildet nur der mit den Militärbehörden befaßte Dienstverkehr. Durch die neue Bestimmung wird auch das Tschechische in den rein deutschen Sprachgebieten zur Amtssprache erhoben, was die gesamte deutsche Bevölkerung innerhalb der Monarchie mit Entrüstung zur Kenntnis nimmt. Die deutschen Abgeordneten des Parlaments blockieren jede Tätigkeit im Abgeordnetenhaus, es kommt zu Straßenkundgebungen in zahlreichen deutschen Städten, und im Parlament steigert sich die Erregung zu rüden und wüsten Szenen. Zuletzt kommt es dort soweit, daß die Polizei Abgeordnete aus dem Haus schleppen muß. Auch geht es dieses Mal nicht ohne Blutvergießen während des Militäreinsatzes gegen die deutschen Demonstranten ab. Daraufhin wird Badeni von Kaiser Franz Joseph entlassen. Sein Nachfolger Dr. von Koerber erfährt dann wieder von tschechischer Seite eine brüske Ablehnung. Jetzt demonstriert die andere Seite in Prag, bis es soweit kommt, daß in verschiedenen Bezirken das Standrecht verhängt wird.
Im Jahr 1898 erklärt ein Russe während eines Festmahls für slawische Journalisten, die Deutschen wären die gemeinsamen Feinde aller Slawen. In Krakau verbrüdern sich Tschechen und Polen, und in Westgalizien plündern polnische Bauern jüdisches Eigentum aus, mit der Begründung, an allem Elend wären allein nur die Juden schuld. Auch dort stellt dann das Militär die Ordnung wieder her. Zur gleichen Zeit startet Schönerer seine Los-von-Rom-Bewegung. Nach seinem Dafürhalten machten alle Klerikalen mit den Slawen gemeinsame Sache, obwohl 1899 in Böhmen und Mähren tschechische Gewalttaten gegenüber den Deutschen stattfinden. Dort setzt jetzt auch plötzlich der Kampf gegen die deutsche Armeesprache ein. Schon wird bei Kontrollversammlungen von Seiten tschechischer Reservisten die deutsch gesprochene Meldung verweigert.
Trotzdem zeigt es sich, daß eigentlich nur ein geringerer Teil der Bevölkerung wirklich staatsfeindlich eingestellt ist. Auch die Sozialdemokraten sehen in der Monarchie die gegebene Staatsform. So erklärt der spätere erste Staatskanzler der Republik und erste Bundespräsident der zweiten Republik Österreich, der sozialdemokratische Politiker Dr. Karl Renner, im Jahr 1906: »Wir sind unter unermüdlichen Opfern wirtschaftlich und militärisch eins geworden und diese im Falle der Auflösung verlorenen Opfer würden nur gering wägen gegen die Verluste und Einbußen, die uns noch bevorstünden!«
Doch der Streit um die Sprachenverordnung beherrscht noch

immer die Öffentlichkeit. So kommt es auch dazu, daß ein großer Teil der böhmisch-deutschen Arbeiterschaft den Alldeutschen aus einer Abwehreinstellung gegen die Tschechen heraus, ihre Stimmen geben. Dadurch verliert die sozialdemokratische Partei während der nächsten Reichsratswahlen im Jahr 1901 die böhmischen Parlamentssitze. Trotzdem ringt sie der Partei Dr. Luegers drei Mandate, dieses Mal in Wien und in Niederösterreich, ab. Auch in der Wählerklasse des niederösterreichischen Landtages erobert ein Sozialdemokrat in Florisdorf und Korneuburg einen Sitz. Ein Jahr später führt Minister Koerber den Achtstundentag für Bergarbeiter ein. Womit auch auf diesem Gebiet wieder ein Stein ins Rollen gebracht wird. Das Hauptziel bleibt jedoch, nach wie vor, das »allgemeine, gleiche, direkte und geheime Wahlrecht«, das keine Einschränkung in Wählerklassen (Kurien) kennt. Dabei sollte festgehalten werden, daß es nicht Kaiser Franz Joseph ist, der sich gegen diese Form des Wahlrechts ausspricht. Er befürwortet es sogar und benützt es gegenüber neuen Vorrechtsansprüchen magyarischer Feudalherren sogar als Waffe. Denn er droht ihnen die Einführung dieses Wahlrechtes in Ungarn an, weil er genau weiß, daß die Herren damit in eine parlamentarische Minderheit geraten würden. Während einer Massenversammlung in den Wiener Sophiensälen am 3. November 1905 erfolgt mit immer heftiger werdender Erregung der Ruf nach einem endgültigen neuen Wahlgesetz. Dabei kommt es zu Schlägereien mit der Polizei. Auf diese Vorfälle hin ruft die Parteileitung zu einer Großkundgebung am 28. November auf. Dem Aufruf folgen eine Viertelmillion Menschen!

Wahlrecht oder Generalstreik – die Arbeiter erkennen ihre politische Macht

Ob es Einschüchterung ist oder ein endlicher Sieg der Einsicht und der Vernunft? Zu Beginn des Jahres 1906 legt Baron Gautsch seinem Kaiser die Vorlage für ein neues allgemeines Wahlrecht vor, mit der sich der Monarch einverstanden erklärt. An einem einzigen Tage finden allein in Wien neunzehn Massenversammlungen statt. Gleichzeitig drohen die Arbeiter mit einem dreitägigen Streik. Ihre Alternative lautet unmißverständlich: Allgemeines Wahlrecht sofort oder Niederlegung der Arbeit! Da geschieht es zum erstenmal, daß einflußreiche Geldgeber und Unternehmer der »Privilegiertenparteien« ihren Abgeordneten raten, nachzugeben. Eine längere Arbeitsniederlegung würde harte finanzielle und wirtschaftliche Schäden bedeuten. Am 26. Januar 1907 wird das Gesetz von Kaiser Franz Joseph unterschrieben. Damit hat die österreichische Arbeiterschaft nach einem siebzehnjährigen Kampf die Schlacht um das allgemeine, gleiche, direkte und geheime Wahlrecht gewonnen, während Ungarn noch viele Jahre auf allgemeine Wahlen warten muß, nicht zuletzt deshalb, weil die Magnatenpartei die Bevölkerung des eigenen Landes als für »zu unreif« erklärt.

Unter den Männern, die in jahrelanger Hingabe an die Idee einer neuen Ordnung den Weg für die Zukunft erkämpft haben, treten neben Viktor Adler, Franz Schuhmeier, Jakob Reumann, Engelbert Pernerstorfer, Anton Hueber, Josef Zapf, E. Kralik, P. Pokorny, H. Dietl, W. Korbik, Hybeš und manch anderer hervor. Am Beginn der sozialdemokratischen österreichischen Frauenbewegung steht Adelhaid Popp. Wie hatte doch Dr. Viktor Adler auf die Frage eines Ministers geantwortet, als sich dieser bei ihm erkundigte, was er denn jetzt mit einer derart groß gewordenen Fraktion anzufangen gedenke?

»Es ist uns schon schlechter gegangen. Wir werden es aushalten!«

Hof und Gesellschaft, ein geschlossenes Haus mit verschiedenen Etagen

Die Gesellschaftsebenen oder, optisch ausgedrückt, die Salons der oberen Zehntausend in Österreich-Ungarn verteilen sich auf verschiedene Etagen. Die oberste nimmt »der Hof« ein. Im darunter liegenden Stockwerk geben sich die Mitglieder des Hochadels die Hand. Und noch eine Treppe tiefer verkehrt die sogenannte »zweite« Gesellschaft.

Zunächst der »Hof«. Er wird von den Hofchargen und damit auch von einem Teil des Hochadels gewissermaßen abgeschirmt. Denn die Mitglieder der kaiserlichen Familie suchen auch gar nicht, mit Ausnahmen, zu enge Kontakte mit den Angehörigen anderer Stände. Außerdem hat ihre Erziehung, besonders aber die Erinnerung an die Ereignisse der Revolutionszeit dazu beigetragen. In den Mitgliedern des Hochadels sehen sie eine unbedingt treue Anhängerschaft an das regierende Haus und das monarchische System. Aus Spanien waren mit Karl VI. eine Reihe Adeliger nach Wien übersiedelt, die dort, sehr zum Unmut des ansässigen Adels, die spanische Etikette in das Hofzeremoniell einbezogen hatten.

Diesen Kreis der Träger von geschlossenen oder zum mindesten neun- und siebenzackigen Adelskronen nennt man in Wien und den Hauptstädten des Reiches die sogenannte »erste« Gesellschaft. Doch sogar hier gibt es eine gewisse Nuance gesellschaftlicher Geltung zwischen Prag und Wien. So gilt die Prager »erste Gesellschaft«, die sich in der sogenannten Ressource auch ein standesgemäßes Wirtschaftsunternehmen geschaffen hat, als vornehmer gegenüber der Wiener Gesellschaft. Allein schon die Namen ihrer Mitglieder als Inhaber großer Ländereien, Jagden, Bergwerke und Fabriken besitzen hier ein außergewöhnliches Gewicht.

Durchaus nicht von der Verbindung mit der ersten Gesellschaft ausgeschlossen ist die zweite Gesellschaft. Die Titelinhaber dieser Adelsschicht blicken zwar auch auf Verdienste und Leistungen ihrer Vorfahren zurück, doch reicht das »Alter« ihrer Titel nur in die Regierungszeit Maria Theresias, mehr noch in jene Josephs II. zurück. Mit den Titelverleihungen aufgrund bewährter Tapferkeit und Tätigkeit als Truppenführer oder anderer vorbildlicher Verdienste für das Vaterland wurde der österreichisch-ungarische Offiziers- und Beamtenadel geschaffen. Mit der fortschreitenden Entwicklung der Handelsbeziehungen, der Technik, der Forschung, Wissenschaften und der damit verbundenen Industrialisierung erfolgt auch eine Reihe von Adelsverleihungen an Handelsherren und Industriekapitäne. In unmittelbarer Verbindung mit dieser Entwicklung wächst auch der Einfluß der Bankhäuser. Was war also naheliegender, als daß man auch deren führende Köpfe mit Adelsprädikaten bedachte. Auf diesem Wege sind gerade in Österreich-Ungarn sehr bekannte Inhaber der jüdischen Großfinanz zu Freiherrntiteln und anderen »Ritter von«-Prädikaten gelangt. Mit ihrem Eintritt in die zweite Gesellschaft öffnen sich nunmehr auch den

Männern der Wissenschaft, den Forschern, Ärzten, Künstlern und Schriftstellern die Türen der in ihrer Mehrzahl sehr eleganten Salons.
Hier ist es aber auch, wo man dem berühmten Chirurgen und Krebsforscher Theodor Billroth begegnet. Er, der »Preuße«, der ein Jahr nach 1866 von Franz Joseph aus Zürich nach Wien geholt worden war. Noch nach der Schlacht bei Königgrätz hatte er gemeint: »Mich dazu bewerben, in Österreich zu leben, das möchte ich nun doch nicht, nachdem die Neuzeit gelehrt hat, daß dieser Staat keine Lebensfähigkeit mehr besitzt!« Im Jahr 1887 wird der gebürtige Pommer (er stammt von der Insel Rügen) Mitglied des österreichischen Herrenhauses und setzt damit eine würdige Nachfolge fort, die mit einem Rokitansky, Oppholzer, Nothnagl, Schuh und den großen Anatomen Hebra und Josef Hyrtl den Weltruf der Wiener Medizin begründet hatte. Noch ein anderer taucht ab und zu auf, der, zwar bedeutend jünger, noch während der letzten Dezennien der Regierung Franz Josephs der Wissenschaft ganz neue Erkenntnisse eröffnen wird: Sigmund Freud. Ihn, den geborenen Mährer, wird die Stadt Wien, dann freilich nicht mehr Hauptstadt eines Völkerreiches, zum Ehrenbürger erklären.
Mittelpunkt der gesellschaftlichen Veranstaltungen sind während vieler Jahre die Atelierfeste Hans Makarts. Besonders einige seiner Gemälde, wie die ›Sieben Todsünden‹, ›Das Fest in Florenz‹ und der ›Einzug Karls V. in Antwerpen‹ ziehen zahlreiche Besucher an. Denn in den dort abgebildeten, wenig bekleideten Schönen glaubt so mancher ein bekanntes Gesicht zu erkennen. Wofür Makart 13 000 Gulden an ›Besichtigungsgeldern‹ kassiert. Den Höhepunkt seiner Popularität erreicht er aber, als er aus Anlaß der Silbernen Hochzeit des Kaiserpaares 1879 einen Festzug von mehr als 10 000 Mitwirkenden auf die Beine bringt und sich durch dessen Leitgedanken ›Triumphzug der bildenden Kunst‹ für Jahrzehnte die Herzen der Wiener erobert.

Kronprinz Rudolph – die Geschichte hat auch heute noch weiße Seiten im Protokoll

Das Charakterbild dieses hochtalentierten Prinzen ist durch den Schlußakt von Mayerling vom Dunst zahlreicher Gerüchte und Mutmaßungen für lange Zeit im Zwielicht gehalten worden. Die Staatsakten freilich, die auf sein tragisches Ende Bezug haben, sind auch nicht nach der Freigabe durch die Republik zum Vorschein gekommen. Das unverbrüchliche Stillschweigen der als Zeugen der letzten Stunden des Kronprinzen in Frage kommenden Personen schließt jedoch nicht aus, daß die amtliche Verlautbarung vom Selbstmord Rudolphs der Wahrheit am nächsten kommt.
Die Geburt Rudolphs fällt in die Zeit der sich zuspitzenden Krise vor Beginn des Krieges von 1859. Er kommt nach einer schwierigen Geburt am 21. August 1858 zur Welt. Die Freude seines Vaters über die Geburt eines Thronerben findet in einem Armeebefehl mit gleichzeitiger »Beförderung« des Säuglings zum Oberst ihren Niederschlag. Kindheitsjahre und Bubenzeit stehen nicht zuletzt unter dem Einfluß der »Großmama« Erzherzogin Sophie, deren Auffassung von Kindererziehung in vielem der von der »Mama« geübten Praxis widerspricht. Körperlich entwickelt sich Rudolph erst langsam. Er ist sehr zart, ißt wenig und zeigt eine geringe Widerstandsfähigkeit. Andererseits ist er überraschend lebhaft, ja überneugierig und auch empfindlich. Auch benimmt er sich manches Mal sehr eigensinnig. Mit zehn Jahren rennt er im Spiel mit solcher Wucht gegen eine Türe, daß ihm der Atem versagt und vom sofort herbeigeholten Arzt eine Prellung des Brustkorbs und der Lunge festgestellt wird. Mit dem bald darauf einsetzenden Gymnasialunterricht erfährt er die in der kaiserlichen Familie bisher stets gehandhabte, viel zu hohe Belastung des jugendlichen Gehirns durch eine Vielzahl von Lehrfächern, zu der sich einige übertriebene »Erhärtungsmethoden« seines Erziehers Graf Gondrecourt gesellen, die erst abgestellt werden, nachdem sich seine Mutter darüber empört, will sie ihn doch »nicht zum Helden machen« lassen. Gondrecourt wird abgelöst, an seine Stelle tritt Oberst Graf Latour von Thurnburg (im Laufe der Studienjahre werden 50 Lehrpersonen Rudolph unterrichten!). Der Kaiser, durch Regierungsgeschäfte viel zu sehr in Anspruch genommen, findet nicht Zeit, sich um Einzelheiten der Erziehung seines Sohnes zu kümmern und Elisabeth, die gewiß von den besten Absichten geleitet wird, begeht den Fehler, daß sie die Gefahren übersieht, die durch eine Überbelastung eines in Entwicklung befindlichen Gehirns eintreten können.

Der Thronfolger – Österreichs Garant für eine liberale Zukunft?

An sich lernt Rudolph gut. Von den Lehrfächern, die sein Interesse erwecken, halten Literatur, Kunst und Naturwissenschaften die Spitze. Militärische Fächer fesseln ihn weniger. Er liest auch, im Gegensatz zu seinem Vater, viel und versucht auf diesem Wege sein Wissen noch zu erweitern. Fünfzehnjährig, am Neujahrstag 1874, hält er zum erstenmal Cercle. Dabei fällt sein liebenswürdiges und ungekünsteltes Auftreten auf. Seine Mündigkeitserklärung erfolgt am 27. Juli 1877.
Im Rahmen seines militärischen Werdeganges wird Rudolph seit 1878 bei verschiedenen Waffengattungen eingesetzt. Im Jahr 1880 befördert ihn sein Vater zum Generalmajor und Kommandanten der Prager Infanteriebrigade. Auch erhält er den Rang eines Vizeadmirals der Flotte.
Der Kronprinz vertritt ganz offen sehr liberale Anschauungen, ja, was geradezu ketzerisch klingt, er sieht im liberalen deutschen Bürgertum die einzige verläßliche Stütze des österreichischen Staates. Auch bekommt der Klerikalismus bei ihm eine schlechte Note. Was ihm den Ruf mangelnder Religiosität einbringt. Der Aristokratie wirft er vor, sie beschaffe sich vom Staate Vorteile, während die Bürger, besonders aber die Arbeiter, schwer um ihr Existenzminimum zu kämpfen hätten. Rudolph macht auch keinen Hehl aus seiner Bewunderung für Bismarck, obwohl er diesem persönlich wenig Sympathie entgegenbringt. Über das Haus Hohenzollern, in späteren Jahren vor allem über die Persönlichkeit Kaiser Wilhelms II., äußert er sich eher geringschätzig. Umso mehr verehrt er den französischen Kammer- und Ministerpräsidenten Gambetta. Wie er überhaupt seine freundschaftlichen Gefühle für Frankreich nicht verbirgt. Auf dem innenpolitischen Gebiet verfolgt er mit gesteigerter Sorge die Anzeichen eines möglichen Auseinanderfallens des Kaiserreiches. Nach seiner Ansicht läßt sich solches bei einer Fortdauer der von seinem

Vater und dessen Ministern betriebenen Regierungspolitik nicht verhindern. Er schätzt zwar die Magyaren und erkennt eine gewisse Berechtigung ihrer Forderungen an, übersieht aber, wie sehr der magyarische Nationalismus mit der Unterdrückung der Slawen und Rumänen die Gegensätze weiter verschärft. Beziehungen, die er während häufiger Aufenthalte in Ungarn, vor allem bei Jagden in Siebenbürgen anknüpft, führen dann eines Tages zu einer Belastung seiner Person, die ihn auch im Bereich der Politik auf den Weg zum schließlichen Verhängnis führen wird.

Rudolphs Liebe – der Kaiser sieht sie als Sache der Staatsraison

Früh macht sich bei Rudolph eine sprunghaft auftretende Unruhe und Hektik bemerkbar. Die Ursache ist der Ausdruck einer gewissen Hoffnungslosigkeit, die ihn beim Gedanken an die erwähnten Gefahren für den Weiterbestand seines Vaterlandes erfüllt. Den Beweis dafür bietet ein bereits in Prag 1878 verfaßtes Testament des Zwanzigjährigen. In ihm fordert er »neue Ansichten« und die Ablösung von der bisherigen Politik. »Reaktion ist überall«, heißt es da weiter, besonders in Österreich, was den ersten Schritt zum Untergang bedeute. Diejenigen, die sie predigen, »sind die gefährlichsten Feinde, sie habe ich immer verfolgt. Vor ihnen warne ich!« Es folgen drei enthusiastische Sätze an die Adresse Österreichs, seines »großen« Kaisers und der Armee. Und dann schließt das Testament mit einem »Abschiedskuß in Gedanken an alle schönen Frauen Wiens, die ich so sehr geliebt!«

Frauen gegenüber ist Rudolph labil. – Schon erfährt man, daß während eines Aufenthaltes in Gödöllö eine Baronin Vétsera, Mutter einer herzigen Tochter, oftmals auftaucht, Rudolph förmlich nachläuft und ihm unter dem Vorwand von Wetten kleine Geschenke macht, ja sogar ein Stelldichein mit ihm zustande bringt (C. Corti). Der Kaiser, der zugleich mit Elisabeth ebenfalls in Gödöllö zugegen ist, lächelt nur und gibt sich damit zufrieden, daß er »das Zehnte nicht weiß!«. Franz Josephs Standpunkt ist bekannt. Er überläßt die Erledigung von Affairen den beteiligten Personen und wünscht nicht, damit belastet zu werden. Es sei denn, ein dem Ansehen der Krone abträgliches Verhalten zwingt ihn dazu.

Es ist Erzherzogin Elisabeth, die einstige große Liebe Franz Josephs, die anläßlich eines Besuches den Gedanken vorbringt, ihre Nichte Stephanie von Belgien mit Kronprinz Rudolph zu verheiraten. Die Ehe wäre sowohl standesgemäß ebenbürtig, wie auch das ungeheuere Vermögen der Coburger ins Gewicht fiele. Der Kaiser läßt Rudolph daraufhin zu sich kommen und fordert in mehr oder minder bestimmtem Ton die Einwilligung seines Sohnes zu einer Ehe. Wobei er den Vorschlag der ungarischen Erzherzogin andeutet. Um Rudolph Zeit zu einer Entscheidung zu geben, rät er ihm zu einer längeren Reise durch alle Länder der Monarchie. Rudolph tritt diese Reise auch an und gewinnt während derselben so mannigfache Eindrücke, daß er nach seiner Rückkehr die Anregung weitergibt, ein Sammelwerk über die Monarchie herzustellen. Das dann auch unter seiner Mitarbeit in einer 24-bändigen Reihe als »Die österreichisch-ungarische Monarchie in Wort und Bild« erscheint. Rudolph hat übrigens bereits vorher seine Fähigkeit als Autor bewiesen. So hat seine Broschüre »Fünfzehn Tage auf der Donau«, als Ergebnis seiner Beobachtungen und Studien, Aufsehen erregt. Genauso wie ihn eine andere Schrift »Eine Orientreise« als fähigen Journalisten kennzeichnen wird. Wieder in der Heimat, stimmt er dem Heiratsvorschlag seines Vaters zu. Die in Brüssel eingeleitete Fühlungnahme hat volle Zustimmung des belgischen Königshofes gefunden. Rudolphs Gemütszustand ist ohnehin wieder einmal Depressionen ausgesetzt. Er hat eine nicht ungefährliche Krankheit erst überstanden, hofft aber auch, daß er in seiner jugendlichen Braut eine Gefährtin finden wird, die ihn stützt und ihn an sich fesselt. Am 6. März 1880 kommt es in Brüssel zur offiziellen Verlobung. Rudolph findet seine Braut sympathisch und anziehend, Stephanie erklärt, als ihr eine ältere Hofdame gratuliert: »Ich habe den Kronprinzen charmant gefunden, aber es genügt mir, daß Mama mir sagte, wie ausgezeichnet und distinguiert er sei, um nicht einen Augenblick zu zögern, ihm das »ja« zu geben, um das er mich bat!«

Der Kaiser und sein Kronprinz

Die Hochzeit findet am 10. Mai 1881 statt. Die Ehe geht auch anfänglich gut. Noch zeigen sich beide jungen Leute verliebt. Eine erste Spannung erfolgt dann bei der Geburt eines Töchterchens Elisabeth. Es stellt sich nämlich als Folge einer schwierigen Operation heraus, daß Stephanie nicht mehr mit weiteren Kindern rechnen dürfe. Womit mit einem Male die Frage der Thronfolge aktuell wird. Als männlicher Thronerbe käme nur der Sohn eines Bruders des Kaisers in Frage. Die nun einsetzende Abkühlung im Verhältnis der Ehepartner wird auch verstärkt, als Stephanie von noch weiter bestehenden »G'schichtln« ihres Gatten erfährt. Auch bereitet ihm die persönliche Freundschaft zum Chefredakteur des führenden liberalen Blattes Österreichs, Moritz Szep, Unannehmlichkeiten. Es stellt sich nämlich heraus, daß der Autor einiger im »Neuen Wiener Tagblatt« erscheinender, kritischer Artikel niemand anderer als der Feldmarschalleutnant Kronprinz Rudolph ist. Wie dann, durch eine durchsichtige Manipulation ein Brief Rudolphs an Szep abgedruckt wird, in welchem der Schreiber von dem bevorstehenden »Zerfall Europas spricht und den Ausbruch einer kommenden großen Revolution ankündigt, aus deren sozialen Umwälzungen ein ganz neues Europa nach langer Krankheit emporblühen würde«, erregt diese Veröffentlichung nicht geringes Aufsehen. Doch hält sich Franz Joseph, ganz wie es seine Art ist, von Maßnahmen gegenüber seinem Sohn zurück. Schwerwiegender wirken sich die freundschaftlichen Beziehungen Rudolphs zu führenden Mitgliedern der ungarischen Opposition aus. Deren Absichten eines Tages darauf hinauslaufen, dem Kronprinzen die ungarische Königskrone anzubieten. Äußerst unglücklich taktiert der Kronprinz bei der Lösung seiner Eheprobleme. So richtet er, ohne seinen Vater davon in Kenntnis zu setzen, ein Ansuchen um Annullierung seiner Ehe an die römische Kurie, die ablehnt und ihre Ablehnung in einem Schreiben an den »Apostolischen Kaiser und König« begründet. Franz Joseph zeigt sich außer sich und beschließt, seinen Sohn durch ein ihm gegebenes Ehrenwort an die Pflichten seiner Ehe zu binden.

Wie dem Kaiser gemeldet wird, sein Sohn stehe neuerlich in Beziehungen zur Tochter einer angesehenen Familie, entschließt er sich, nunmehr endgültig derartigen Affairen ein

Ende zu bereiten. Es handelt sich um eine junge Baroneß Máry Vétsera. Sie ist die Tochter jener Vétsera, die Rudolph in Gödöllö nicht von den Fersen gewichen ist. Von einer plötzlich nicht zu hemmenden Leidenschaft gepackt, macht Rudolph Máry zu seiner Geliebten. Die Begegnungen zwischen den beiden finden in der Wohnung des Bankiers Hirsch statt. Sie werden außerdem von einer Nichte Kaiserin Elisabeths, der Gräfin Larisch, gedeckt. Selbst seit Jahren in Rudolph verliebt, spielt diese hier die Rolle einer, von einer unerfüllbaren Liebe hörig gewordenen Kupplerin.

Máry Vétsera und die Vorgänge in Mayerling

Wann der Entschluß zwischen Rudolph und Máry zum freiwilligen Ausscheiden aus dem Leben endgültig gefaßt worden ist, bleibt für immer ein Geheimnis. Jedenfalls hat das Bewußtsein, seinem Vater gegenüber sein Offiziersehrenwort gebrochen zu haben, Rudolphs Entschluß mit beeinflußt. Wieder von jener Larisch gedeckt, fährt Máry Vétsera im Wagen von Rudolphs Fiaker Bratfisch nach Baden und von dort ins Jagdschlößchen Rudolphs nach Mayerling. Auch Rudolph ist inzwischen dort angelangt. Er war für den 29. Januar zu einem Familiendiner an die kaiserliche Tafel befohlen worden, hatte aber wegen angeblichen Unwohlseins abgesagt. Noch am Vorabend des 30. Januar 1889 erteilt der Kronprinz seinem Kammerdiener Loschek genaue Weisungen, ihn am nächsten Morgen pünktlich zu wecken. Er erwarte Jagdgäste und wolle frühzeitig auf die Jagd. Dann zieht er sich, wie immer mit einem freundlichen Gutenachtgruß, von seiner engsten Umgebung zurück. Als Loschek am darauffolgenden Morgen zur anbefohlenen Stunde an der Schlafzimmertüre erscheint und klopft, erhält er keine Antwort. Auch auf wiederholte Weckversuche bleibt alles still. Loschek ruft nun den Grafen Hoyos herbei und bittet ihn, den Kronprinzen zu wekken. Doch auch Hoyos erhält keine Antwort. Nach vergeblichen Versuchen, die Türe gewaltsam zu öffnen, holt Loschek ein Beil. Er schlägt die Türfüllung ein und – erstarrt! Im Halbdunkel der herabgelassenen Fensterläden erkennt er die nach vornübergebeugte Gestalt des Kronprinzen. Er rührt sich nicht, doch lassen sich an seinem Mund deutliche Blutspuren erkennen. Neben ihm auf dem Nachttisch stehen ein Glas und ein Spiegel. Auf dem daneben stehenden Bett entdecken Loschek und Hoyos jetzt die leblose Gestalt eines Mädchens. Kein Zweifel, es ist Máry Vétsera. Ihre Gesichtszüge sind erstarrt, die Augen, wie unter einem plötzlichen Erschauern, weit aufgerissen!

Loschek und Hoyos verschließen voller Entsetzen die Türe so gut sich dies bewerkstelligen läßt. Während Loschek als Wache zurückbleibt, rast Hoyos zum Bahnhof, läßt dort den eben signalisierten Schnellzug Triest-Wien anhalten und eilt nach der Ankunft in Wien sofort in die Hofburg. Dort begibt er sich unverzüglich zum Generaladjutanten Graf Paar. Als dieser das Vorgefallene erfährt, wagt er es nicht, dem Kaiser davon Meldung zu machen. Einzig die Kaiserin, so erklärt er, wäre in der Lage, dem Vater diese fürchterliche Nachricht zu überbringen. Und so geschieht es! Wenige Minuten später steht Franz Joseph im Zimmer seiner Frau. Sie selbst hat gerade erst aus dem Munde ihres Obersthofmeisters Baron Nopcsa und Ida von Ferenczys die grauenvolle Mitteilung erhalten.

»Franzi! . . .«

Ihre Stimme spricht aus, ohne daß sie selbst hört, was sie sagt. Doch ihr Herz versagt nicht. Als Franz Joseph wenige Minuten später mit tief gesenktem Haupt die Gemächer seiner Gemahlin verläßt, weiß niemand, mit welchen Worten es »Sissi« verstanden hat, ihn zu veranlassen, selbst in diesem Augenblick Haltung zu bewahren!

Erzherzog Johann Orth, ein aussichtsloser Kampf gegen alte Zöpfe

Das Schicksal Johann Orths hat für lange Zeit die Weltöffentlichkeit beschäftigt. Wieder, so hieß es, habe das starre Festhalten Franz Josephs an den Ehebestimmungen der Habsburgischen Hausgesetze den rätselvollen Tod eines Familienmitgliedes verschuldet.

Johann Orth, wie er sich später nach seinem bei Gmunden gelegenen Schloß nannte, ist ein Sohn Erzherzog Leopolds II. Salvator von der aus der Toskana vertriebenen Nebenlinie des Hauses Habsburg. Seine Mutter Maria Antonia ist eine Tochter des Königs Franz von Neapel-beider Sizilien. Nach der üblichen, in der Tradition des Hauses erfolgten Erziehung tritt Johann in die k. u. k. Armee ein. Dort fällt er bald durch Intelligenz und eine vorbildliche Dienstauffassung auf. Auch vertritt er, was von gewissen Vorgesetzten gar nicht so gerne gesehen wird, eigene Ansichten über die Zustände in der Armee und über die politischen Verhältnisse in seinem Vaterland. Er macht aus seinen liberalen Grundsätzen keinen Hehl und gibt sich, trotz Sechsundsechzig, preußenfreundlich. Auch äußert er sich kritisch über die Regierung.

Solcherlei Äußerungen eines 23jährigen Erzherzogs in kaiserlicher Uniform führen »höheren Ortes« nicht nur zu einem Stirnrunzeln. Wie man dann eines Tages dem Feldmarschall Erzherzog Albrecht eine Broschüre auf den Schreibtisch legt, die den Titel trägt: »Betrachtungen über die Organisation der österreichischen Artillerie«, mit welcher sich ein Erzherzog Johann Salvator als Autor vorstellt, klemmt der hohe Herr den Zwicker auf die Nase und beginnt mit der Lektüre. Nicht nur, daß dieser Jünger der Heiligen Barbara der eigenen, geheiligten Waffe Mängel in deren Organisation und taktischen Verwendung ankreidet, er nimmt sich sogar das Recht heraus, ihn, den Sieger von Custoza, zu kritisieren. Doch in dieser Schrift steht noch viel Schlimmeres! Der »Herr Erzherzog« nimmt sich heraus, die Außenpolitik Andrássys als falsch zu bezeichnen. Worüber sich Andrássy beschwert und eine Maßregelung des Autors fordert. Nun, über Disziplinarmaßnahmen gegenüber Offizieren entscheidet noch immer allein die Armee. Also zum Kaiser mit dem Akt, ehe Andrássy dem Monarchen mit einem Bericht die Laune verdirbt. Natürlich zeigt sich auch Franz Joseph über die Schrift äußerst verärgert. Er dekretiert: »Strafweise Versetzung von der Artillerie zur Infanterie!« Zugleich erhält der »Aufmucker« einen sehr scharfen Verweis, der außerdem allen Erzherzögen als »Warnung« zugeleitet wird.

Es vergehen einige Jahre, da macht Erzherzog Johann erneut von sich reden. Sein Name taucht plötzlich in Zusammenhang mit der Frage des Thronprätendenten von Bulgarien auf. Was hier hineinspielt, ist der Plan der ungarischen Opposition, mit der Krönung des Kronprinzen Rudolph ein sogenanntes »jüngeres Königtum« auszurufen. Nach den ungarischen Gesetzen kann nämlich der legitime Nachfolger des in Wien regierenden Kaisers schon bei dessen Lebzeiten zum König von Ungarn gekrönt werden. Nach Rudolphs Tod beansprucht nun plötzlich Johann Salvator die angeblich zugestandenen Rechte, nach denen ein habsburgischer Prinz den bulgarischen Thron besteigen soll. Was zu peinlichen Auseinandersetzungen mit dem bulgarischen Hofe führt. Der Kaiser entläßt Erzherzog Johann aus der Armee und schickt ihn als Feldmarschalleutnant in Pension.

Seit diesem Zeitpunkt grübelt Johann auf Schloß Orth über seine Situation nach. Um sich zu beschäftigen, bereitet er sich auf die Kapitänsprüfung für die Handelsmarine vor. Aber er kann sich um keine Kapitänsstelle ohne Bewilligung Kaiser Franz Josephs bewerben. So schreibt es das Hausgesetz vor. Er reicht auch ein Gesuch beim Kaiser ein, erhält jedoch monatelang keine Antwort.

Johann sucht nunmehr um eine Audienz an. Der Kaiser bewilligt sie, lehnt aber im Verlauf derselben die Zustimmung zu Johanns Kapitänsplänen ab. Seiner Meinung nach soll Johann standesgemäß heiraten und eine Beschäftigung suchen, die ihn nicht zwingt, als kaiserlicher Prinz mit der Handelskapitänsmütze auf den Weltmeeren herumzuschwimmen. Mit dem Wort »heiraten« löst er jedoch auch ein Stichwort aus. Johann lebt nämlich seit dreizehn Jahren mit der ehemaligen Schauspielerin Milli Stubel zusammen.

Sobald nun das Stichwort fällt, bringt Johann die Bitte vor, mit Milli die Ehe eingehen zu dürfen. Franz Joseph lehnt ab. Als Johann daraufhin erklärt, er habe seiner Freundin die Ehe versprochen und stünde bei seinem Wort, kommt es zu einer harten Auseinandersetzung zwischen Kaiser und Erzherzog, die damit endet, daß Franz Joseph von Johann den Verzicht auf Rang, Titel und zuletzt, nachdem Johann nicht nachgibt, auch auf den Namen eines Habsburgers fordert. Erbittert stimmt Johann auch dem letzten Ansinnen zu. Er werde, so erklärt er Franz Joseph, den bürgerlichen Namen Orth, nach seinem Gmundener Besitz, annehmen. Damit endet die Unterredung. Johann kehrt zu seiner »Milli« zurück und verläßt auch nach einiger Zeit, zusammen mit ihr, Österreich.

Das Paar nimmt zunächst seinen Wohnsitz in Zürich. Dort trifft eines Tages auch ein hoher Offizier der kaiserlichen Militärkanzlei ein. Sr. Majestät, berichtet er, wäre bereit, Frau Stubel einen Adelstitel zu verleihen und ihr eine angemessene Apanage auszahlen zu lassen. Dies alles allerdings immer unter der Voraussetzung, daß Erzherzog Johann doch noch von seiner Absicht zurücktrete und die Ehepläne mit Frau Stubel aufgäbe.

Das tragische Ende eines »erzherzoglichen« Kapitäns ohne Erfahrung

Johann lehnt ab. Das Paar reist weiter. Der Weg führt jetzt nach Spanien. Auch hier fühlen sich beide beobachtet. Wieder wechseln sie den Aufenthalt und fliehen nach England. In London verstecken sie sich in einer Vorstadtwohnung. Hier läßt sich das Paar dann auch heimlich trauen. Doch haben die ewigen Aufregungen Millis Gesundheitszustand stark mitgenommen. Johann muß sich nunmehr auch um eine Beschäftigung umsehen. Dabei kommt ihm sein Kapitänspatent zugute. Er verhandelt mit einem Reeder und ersteht zu einem sehr hohen Preis ein wenig seetüchtiges Schiff, den Dreimaster »Santa Margherita«. Unerfahren in derlei Dingen, wie er ist, hinterlegt er auch eine viel zu hohe Kaution.

Er läßt Milli in London zurück und tritt am 26. März 1890 die erste Seereise mit der »Santa Margherita« an.

Erst nach Monaten kehrt Johann Orth nach London zurück. Er hat die »Santa Margherita« im südamerikanischen Hafen Ensenada zurücklassen müssen. Eine Ladung für die Rückreise war nicht aufzutreiben gewesen. Bei seiner Ankunft in London erfährt er zu seiner Beruhigung, daß man Milli nicht mehr weiter beobachtet. Sonst findet er keine Zeile aus Österreich vor. Die Heimat, die alten Freunde, sie alle haben ihn abgeschrieben. Er will von neuem versuchen, für sein Schiff Ladungen aufzutreiben. Auf einem Personendampfer treten beide die Reise nach Ensenada an.

Bei der Ankunft in Ensenada stellt sich heraus, daß noch immer keine Aussicht auf eine Ladung für die »Santa Margherita« besteht. Man rät ihm, es in Chile zu versuchen. Dem Plan, die Reise dorthin anzutreten, widersetzt sich aber die erprobte dalmatinische Mannschaft. Mit dem nur bedingt seetüchtigen Dreimaster die Fahrt um Kap Hoorn zu wagen, halten die Männer für undurchführbar. Um Orth von dem Vorhaben abzubringen, kündigen sie zum Schein. Doch Orth mißversteht es und entläßt kurzerhand die Besatzung. Mit einer neu angeheuerten Mannschaft sticht er dann, mit Milli an Bord, am 12. Juli 1890 in See. Kopfschüttelnd blicken die entlassenen Dalmatiner dem Dreimaster nach. »Das endet nicht gut!«, äußern sie auf kroatisch und italienisch. Dann hören sie wochenlang nichts mehr. Ehe sie nach Österreich zurückkehren, lassen sie bei den verschiedenen Anlaufhäfen nach dem Verbleib der »Santa Margherita« nachfragen.

Nichts! Keine Hafenbehörde hat etwas von einem Schiff dieses Namens gehört. Auch späterhin, als sie in Triest ihr Schiff verlassen, ist nichts über Johann Orths Dreimaster zu erfahren.

Ob es während eines Sturms gekentert, ob es von Piraten aufgebracht worden ist . . . das Meer schweigt! Auch ein auf Befehl Franz Josephs in die Südsee entsandter Kreuzer kommt nach Monaten ohne Ergebnis zurück . . .

Die See schweigt weiter . . .! Nur die Weltpresse schweigt nicht. Sie greift den Fall des »Habsburg-Schiffes« auf und erhebt sein Geheimnis zur Sensation.

Hat das starre Beharren auf den Bestimmungen eines kaiserlichen Hausgesetzes neue Opfer gefordert?

Man hat die Leiche Rudolphs nach Wien in die Hofburg gebracht und in dessen Privatschlafzimmer aufgebahrt. Beim Anblick des Toten bricht Elisabeth zusammen. Sie martert sich mit Selbstvorwürfen. Mit einem Mal sieht sie klar, wie sehr »Rudi« gerade während der letzten Jahre ihrer bedurft hat. Und sie beschuldigt sich, sie habe sich bereits während der Jahre seiner Erziehung viel zu wenig um seine Entwicklung gekümmert.

Sissi – Flucht vor dem Hofleben!

Elisabeths Gemütszustand verschlechtert sich dann zusehends, als sie während einer der kommenden Nächte nach dem Begräbnis, mitten in der Nacht, heimlich ihr Schlafzimmer verläßt und sich unerkannt zur Kapuzinergruft fahren läßt. Dort verlangt sie Einlaß und wird vom Guardian in die Totengruft der Habsburger geführt. Verzweifelt sucht sie dort durch laut gellende Rufe den Sohn zu einer Antwort aus dem Jenseits zu bewegen. Auch ihr Gesundheitszustand verschlechtert sich zusehends. Auftretender Herzbeschwerden wegen sucht sie erst Ischl, dann Wiesbaden auf. Elisabeths körperliche Schwäche hat neben den Auswirkungen der Mayerlinger Tragödie nicht zuletzt ihre Ursache in dem Raubbau, den sie seit Jahren an ihrer Gesundheit getrieben hat. In der Sorge um ihre leicht angegriffene Lunge hat sie durch übertriebene Sporteinsätze ihren Körper abzuhärten versucht. Dabei war das Reiten ganz obenauf gestanden. Höhepunkt hierfür hatte stets Gödöllö angeboten. Das herrliche Gelände rings um das von einem traumhaften Park umgebene Jagdschloß. Sie reitet Schulpferd um Schulpferd, korrigiert Sitz und Haltung und führt genaue Tagebuchnotizen über Fehler und Verbesserungen. Ihr Reitstall in Gödöllö besteht für gewöhnlich aus 26 Pferden, ein Pony und einen Esel nicht zu vergessen. Oft sitzt sie von elf Uhr vormittags bis sechs Uhr abends im Sattel. Das herrlichste sind dann die Jagdritte. Auch Franz Joseph nimmt mit Vorliebe daran teil. Im roten Reitfrack und Zylinder kleidet er sich weit eleganter als in der ewigen Uniform, wie sie anerkennend feststellt. Natürlich findet sich auch Andrássy ein, bei den Parforcejagden wird dann die Politik vergessen, worauf sich der Tratsch immer eingehender mit »Sissi« und Andrássy beschäftigt.

Ehrgeizige Amazone auf den Reitplätzen der Alten Welt

Völlig befreiend wirken sich die Reiterlebnisse in Easton Neston in England, besonders aber in Irland, bei Elisabeth aus. Dort wird Summerhill, der Besitz Lord Langfords, zum Schauplatz unvergeßlicher Jagdritte. Stürze hin oder her, niemals vermögen sie das Erlebnis dieser Hirschjagden zu beeinträchtigen. Auch Elisabeth landet gelegentlich in einem Sumpfgraben, sie sitzt mit größter Selbstverständlichkeit wieder auf und reitet weiter. Im übrigen braucht sie sich keineswegs zu genieren. Ihr »Pilot«, der berühmte Captain Bay Middleton, Sieger in elf aufeinanderfolgenden Rennen während neunundzwanzig Veranstaltungen dieser Art, Englands berühmtester Steeplechases-Reiter, macht während der Ritte auf Summerhill des öfteren mit dem Boden Bekanntschaft. Er bleibt auch einige Male im Bügel hängen, dabei wird er 1892 den Reitertod finden. In der Normandie, während eines Aufenthaltes auf Schloß Sasetôt-les-maux-conduits, stürzt sie bei einem Sprung über eine Hürde so schwer, daß sie sich eine Gehirnerschütterung zuzieht. Besorgt will sie Franz Joseph sofort besuchen. Doch Andrássy verhindert es. Er begründet es mit der Sorge, ein Aufenthalt Franz Josephs in Frankreich könne zu politischen Mißdeutungen führen. Ausgerechnet Andrássy! Hatte doch gerade »Sissis« Vertrauen in den außenpolitischen Weitblick ihres großen Verehrers vor nicht gar so langer Zeit eine gewisse Enttäuschung erfahren. Andrássy hatte sich nämlich angesichts der Zuspitzung des Verhältnisses zwischen Preußen und Österreich dafür verbürgt, daß es keinen Krieg mit Preußen geben würde. Worauf von ihrer Seite, es hatte sich in Venedig abgespielt, die spitze Antwort gefallen war: »Machen Sie sich nicht lächerlich!«

Ganz besonders schwer trifft sie auf den Rat ihrer Ärzte der Verzicht auf den Reitsport. Sie muß dem Verkauf ihrer Lieblinge zustimmen. Auch erheben die gleichen Ärzte Bedenken gegen ihre stundenlangen Wanderungen, sie gelten bei ihren Hofdamen und Begleitern längst als »Spaziermärsche«, die sie mitunter auf fünfdreiviertel Stunden ausdehnt. Elisabeth leidet an Ischias, und auch die Schwellung der Füße wird zu einem ständigen Leiden. Gastein, Meran, Baden-Baden, Kissingen, Wiesbaden, bekannte Kurorte in der Schweiz, in Frankreich werden in Abständen zu Aufenthalten gewählt, ohne daß eine Besserung erreicht wird. Es folgt ein Aufenthalt in Österreich und Ungarn; jetzt ist es Tochter Valerie, die ihre Mutter begleitet. Allerdings nur für kurze Zeit, denn Valerie hat sich mit Erzherzog Franz Salvator verlobt. Kurz nach deren Heirat wird Elisabeth an das Sterbebett ihrer Schwester, der Fürstin Helene Thurn und Taxis nach Regensburg gerufen. Nenés Todeskampf erschüttert sie sehr: »Ich begreife nun«, erklärt sie nach ihrer Rückkehr, »daß man aus bloßer Angst vor einem solchen siechen Ende Selbstmord begehen kann.«

Die Reisen der Kaiserin

Nun hält sie nichts mehr! Ihr Entschluß steht fest. Sie wird reisen, reisen, nur wenn sie der Pflicht gar nicht auszuweichen vermag, nämlich an der Seite des Kaisers und Königs zu erscheinen, will sie in die Heimat zurückkehren. Über Bayern fährt sie nach Dover, besteigt dort einen Segler und überläßt sich unerschrocken dem Toben des Elements. Während eines schweren Sturmes muß man sie am Hauptmast festbinden, sie setzt sich einfach über die Gefahr hinweg, von Bord gespült zu werden. Die Reise geht weiter, erst nach Portugal, dann nach Gibraltar, sie landet in Algier, wo sie die gefürchtete »Bewegungsmanie« fortsetzt. Ajaccio auf Korsika und Süditalien sind die nächsten Stationen. Die Fahrt endet in Korfù, bis es dann Franz Joseph durchsetzt, einige Zeit mit ihm auf Schloß Miramare zu verbringen. Sie wirkt jetzt ausgeglichener und auch aufgeschlossener. Obwohl sie die fixe Idee beherrscht, sie wäre zu dick, wirkt sie mager, ja überschlank. Sie lädt Valerie und deren Gatten nach Korfù ein und reist mit beiden dorthin. Auf Korfù überwacht sie eine Zeitlang die Arbeiten am Bau des von ihr geplanten Königsschlosses aus der Phäakenzeit. Dann führt sie Tochter und Schwiegersohn auf das griechische Festland. Sie hat unterdessen ihre Kenntnisse in Altgriechisch durch Erlernen des Neugriechischen erweitert. Auf inständige Bitten der Tochter besucht sie dann doch wieder Österreich, nimmt Wohnung in der von Franz Joseph für sie erbauten »Hermes«-Villa im Lainzer Tiergarten und unterzieht sich wieder einmal einer Kur in Gastein. Dann zieht es sie erneut nach Korfù zurück. Dort läßt sie eine bei Hasselries bestellte lebensgroße Figur Heinrich Heines aufrichten, fährt bald danach nach Ägypten, weilt ganz kurze Zeit in Österreich und wird an das Krankenlager ihrer 84jährigen Mutter, der Herzogin Ludovika gerufen. Noch ehe sie dort eintrifft, stirbt ihre Mutter an Lungenentzündung. Am darauffolgenden Tag schenkt ihre Tochter Valerie einem Mädchen das Leben. Wieder auf Korfù, erlebt sie die Verwirklichung ihres Traumes, das Achilleon ist fertiggestellt. Trotzdem ist sie bald wieder unzufrieden: »Arme Frau«, notiert ihre derzeitige Hofdame Gräfin Mikes, »ich glaube, es ist niemand auf der Welt, der sich so unglücklich und unverstanden fühlt, und da wird niemand helfen!« (Nach C. Corti).

Auf Schloß Lichtenegg verlebt sie dann zusammen mit ihrer

Tochter, ihrer Enkelin und ihrem Schwiegersohn einige »österreichische« Wochen. Womit sie beweist, daß sie ihren so festen Entschluß, nie aus Repräsentationspflichten in die Monarchie zurückzukehren, doch nicht aufrecht zu erhalten vermag. Doch schon treibt sie die Unruhe von neuem fort, sie besucht Karlsbad, reist in die Schweiz weiter und kehrt kurz nach Gödöllö zurück. Dort will sie beim Ausverkauf ihres Reitstalles zugegen sein. Nun muß sie dann doch Repräsentationspflichten in Wien nachkommen, der russische Thronfolger ist zu Besuch, ein Anlaß, dem sie nicht ausweichen kann. Kaum entkommen, kreuzt ihr »Greif« drei Monate lang in spanischen und sizilianischen Gewässern. Weil sie »Franzi« und die Kinder nicht zum Weihnachtsfest allein lassen will, verlebt sie das Fest mit der Familie, bricht aber sogleich nach Spanien, dann nach Turin und an den Genfer See auf. Von der Landschaft entzückt, begeistert sie sich besonders für den idyllischen Ort Territet. Sie lädt Franz Joseph dorthin ein und verlebt mit dem Gatten eine Zeit glücklicher und von vollem Einverständnis geprägter Tage. Nach Franz Josephs Abreise besucht sie Neapel. Mit einem Mal faßt sie den Plan, ihr Achilleon auf Korfù zu verkaufen. Sie bildet sich ein, »wo immer sie auch wäre, wenn man ihr sagen würde, sie müsse immer dort bleiben, würde auch ein Paradies ihr die Hölle bedeuten!« Die Idee des Verkaufs schlägt ihr Franz Joseph dann aus dem Kopf. Von nun ab, man zählt das Jahr 1893, lautet das Reiseprogramm: Wien, Miramare, Algier, Azoren/Madeira, Marseille, Cap Martin, wo auch Franz Joseph zu Besuch eintrifft, Korfù, Gödöllö, Algier, wieder Cap Martin, mit einem zweiten Besuch des Kaisers, Korsika, noch einmal Korfù. In Korfù wird in Elisabeths Anwesenheit die von dem Italiener Chiatone geschaffene Bildsäule Kronprinz Rudolphs enthüllt. Dieses »Wiedersehen« mit den Zügen des Sohnes erschüttert die Mutter so sehr, daß sie die Trauminsel fluchtartig verläßt. Sie trifft in Lainz ein und verbringt dort viele, viele Stunden mit unstetem Wandern. Dann packt sie von einem Tag zum anderen wieder das Reisefieber. Während der monatelangen »Route« besucht sie Aix-les-Bains in Südfrankreich, Genf, Territet, fährt mit dem Hofzug von Triest aus nach Gödöllö und Wien, kehrt dann wieder an die Riviera zurück, begibt sich zu einer neuen Kur nach Karlsbad und landet zuletzt wieder einmal auf Korfù. Auf Korfù erreicht sie die Nachricht, daß Ungarn sie erwartet! Das Land feiert die 1000jährige Wiederkehr seiner Gründung. An einem solchen Tag darf seine Königin nicht fehlen. Längst verstummen weder in Österreich noch in Ungarn die Stimmen nicht mehr, die scharfe Kritik an der ewig »reisenden« Kaiserin üben. Und niemand will verstehen, daß der Kaiser und König ihr alles nachsieht, zumal längst bekannt ist, daß sie es war, die ihm eine neue Gefährtin zugeführt hat! So macht sie sich auf, und kehrt als »Königin« in ihr geliebtes Ungarn zurück. Wie sie an der Seite Franz Josephs in Budapest einfährt, umbraust sie tausendstimmiger Jubel. Während der feierlichen Eröffnung der Milleniumsausstellung am 2. Mai 1896 vernimmt sie mit tiefer Bewegung die Ansprache des Kardinal-Fürstprimas, der ausführt: »... daß ihre mütterlich zarte Hand dereinst das goldene Band webte, mit dem die Nation und der heißgeliebte König unzertrennlich verbunden seien ...« Freilich, einer fehlt in der vordersten Reihe der glänzenden Versammlung. Julius Andrássy! Er ist am 18. Februar 1890 in Volosca an einem schweren Blasenleiden gestorben. »Er war mein letzter und einziger Freund!«, hatte sie damals zur Tochter Valerie voller Erschütterung gesagt. Auch wenn das alte Vertrauensverhältnis längst abgekühlt war, er zählte immer zu den getreuesten ihrer Paladine.

Nach einem kurzen Zwischenaufenthalt in Schönbrunn, kehrt sie noch einmal in die ungarische Hauptstadt zurück. Der neue Flügel der Burg wird dem Königspaar übergeben. Während dieses feierlichen Aktes erfolgt auch die Überführung der Königsinsignien von der Krönungskirche zum Parlament. Mitten während der Ansprache des Präsidenten des ungarischen Reichstages, Desider Szilágyi, erwähnt der Redner den Namen der Königin. Im nämlichen Augenblick braust ein hundertstimmiges »Eljen!« auf. Das mit einem Mal zu einem wahren Orkan anwächst, einer Huldigung, in der sich die Ehrfurcht, die Anhänglichkeit, mehr noch, eine tief beeindrukkende Liebe zur Königin der Ungarn offenbart. »Es klang wie ein Gebet, wie Glockengeläut«, schildert ein ungarischer Schriftsteller die Szene im Pesti Hirlap vom 10. Juni 1896. Worauf Elisabeth mit einer unnachahmlichen Anmut den Kopf neigt und dankt, was erneuten, einen von stürmischer Zuneigung getragenen Jubel auslöst. Es ist das letzte Mal, daß die Königin von Ungarn die Huldigung der Nation entgegennimmt. Denn schon neigt sich die Uhr des Schicksals dem Zeitpunkt zu, an dem auch dieses ruhelose Leben erlöschen wird!

Katharina Schratt – ein Stern am Wiener Theaterhimmel

Katharina Schratt stammt aus Baden bei Wien. Sie kommt dort am 11. September 1853 als viertes Kind des Anton Schratt und der Katherina Wallner zur Welt. Der Vater führt ein gutgehendes Schnittwarengeschäft, die Mutter ist die Tochter eines angesehenen Drechslermeisters. Schon als Schülerin schwärmt die kleine »Kathi« für das Theater. Doch ihre Eltern wollen von einer Bühnenlaufbahn nichts wissen. Sie wird, weit fort von Wien, nach Köln in ein Internat gebracht. Dort versuchen ihre Erzieher mit allen Mitteln, ihr die Theaterideen aus dem Kopf zu schlagen. Doch Katharina gibt nicht nach. So wird Berlin 1872 die erste Stätte ihres schauspielerischen Wirkens. Dort tritt sie in einem Stück des Wieners Siegmund Schlesinger, »Der Gustl von Blasewitz«, auf und erntete bereits bei der Premiere sehr starken Beifall. Mit dem »Käthchen von Heilbronn« spielt sie sich dann weiter am Gendarmenmarkt in die erste Reihe und erhält von der »Vossischen Zeitung« ausgezeichnete Kritiken. Doch Berlin hält die Schratt nicht. Sie löst den Vertrag und kehrt nach Wien zurück. Dort engagiert sie Laube, 1873, unbesehen. Am 24. März des gleichen Jahres spielt sie auch am Wiener Stadttheater das »Käthchen« und wird hier vom Publikum ihrer Heimat stürmisch gefeiert. Hier ist es auch, wo sie zum erstenmal vor dem Kaiserpaar auftritt. Dies geschieht zur Feier des Regierungsjubiläums Franz Josephs. Nach der Vorstellung wird Laube in die Hofloge gebeten. Das Kaiserpaar dankt ihm für die ausgezeichnete Aufführung, doch erwähnen weder Franz Joseph noch Elisabeth einen Namen aus dem Ensemble. Was darauf hindeutet, daß weder der Kaiser noch seine Gemahlin ein besonderes Interesse an den Hauptdarstellern bekunden.

Seine K. u. K. Apostolische Majestät

FRANZ JOSEPH I.

regierender Kaiser von Österreich.
(In der vollständigen Titelliste folgen:
Acht Königstitel, ein Erzherzog, zwei Großherzöge, 14 Herzöge, ein Großfürst, ein Fürst,
zwei Markgrafen, drei Gefürstete Grafen, vier Grafen, zwei »Herren«-Titel
und ein Groß-Wojarode.)

Eines der letzten Bilder des Kaiserpaares. Aufgenommen in Bad Kissingen.

Kaiserin Elisabeth, das Volk nannte sie spöttisch »die Reiserin«.

Hofdame Gräfin Marie Festetics; im Auftrag des K. u. K. Außenministers Andrássy sollte die Ungarin Einfluß auf die Kaiserin nehmen.

»Sissi« war nicht immer eine strahlende Repräsentantin des Kaiserhauses.

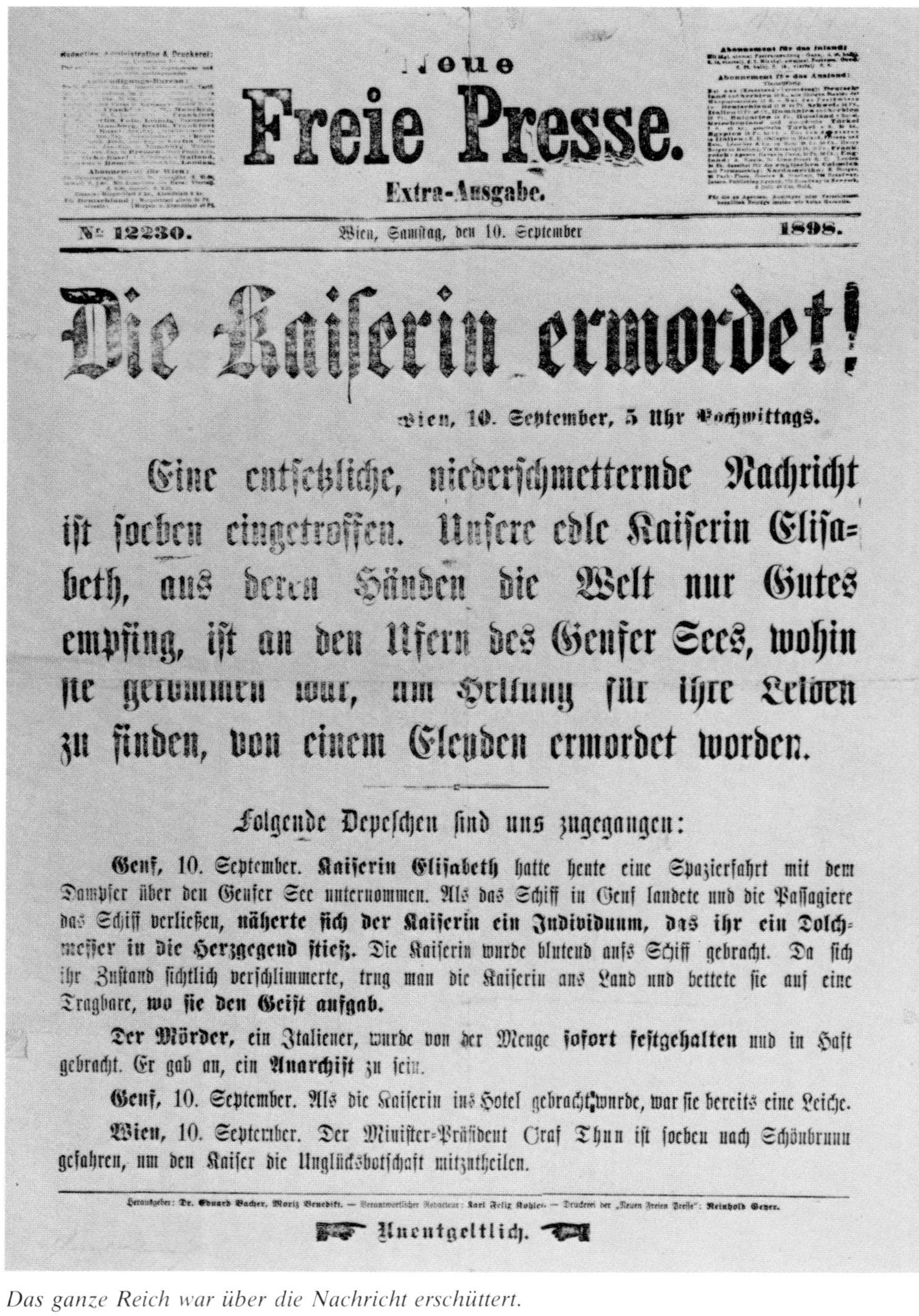

Neue
Freie Presse.
Extra-Ausgabe.

№ 12230. Wien, Samstag, den 10. September 1898.

Die Kaiserin ermordet!

Wien, 10. September, 5 Uhr Nachmittags.

Eine entsetzliche, niederschmetternde Nachricht ist soeben eingetroffen. Unsere edle Kaiserin Elisabeth, aus deren Händen die Welt nur Gutes empfing, ist an den Ufern des Genfer Sees, wohin sie gekommen war, um Heilung für ihre Leiden zu finden, von einem Elenden ermordet worden.

Folgende Depeschen sind uns zugegangen:

Genf, 10. September. **Kaiserin Elisabeth** hatte heute eine Spazierfahrt mit dem Dampfer über den Genfer See unternommen. Als das Schiff in Genf landete und die Passagiere das Schiff verließen, **näherte sich der Kaiserin ein Individuum, das ihr ein Dolchmesser in die Herzgegend stieß.** Die Kaiserin wurde blutend aufs Schiff gebracht. Da sich ihr Zustand sichtlich verschlimmerte, trug man die Kaiserin ans Land und bettete sie auf eine Tragbare, **wo sie den Geist aufgab.**

Der Mörder, ein Italiener, wurde von der Menge **sofort festgehalten** und in Haft gebracht. Er gab an, ein **Anarchist** zu sein.

Genf, 10. September. Als die Kaiserin ins Hotel gebracht wurde, war sie bereits eine Leiche.

Wien, 10. September. Der Minister-Präsident Graf Thun ist soeben nach Schönbrunn gefahren, um den Kaiser die Unglücksbotschaft mitzutheilen.

Herausgeber: Dr. Eduard Bacher, Moriz Benedikt. — Verantwortlicher Redacteur: Karl Felix Kohler. — Druckerei der „Neuen Freien Presse": Reinhold Geyer.

Unentgeltlich.

Das ganze Reich war über die Nachricht erschüttert.

Mit »Sissis« Tod begann sein Weg in die Einsamkeit.

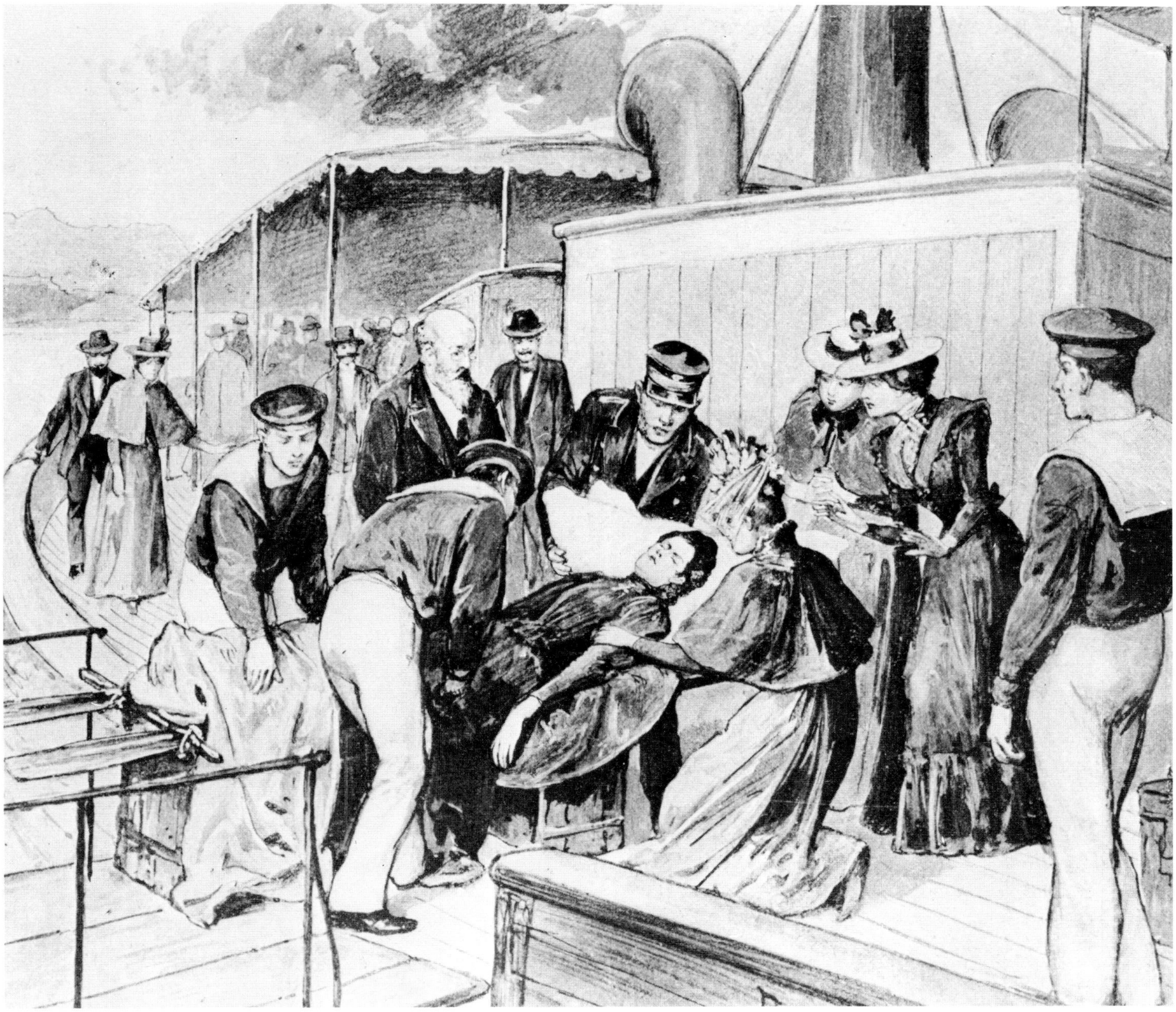

So sah der Pressezeichner den Tod der Kaiserin an Bord eines Vergnügungsdampfers auf dem Genfer See.

Die letzten Fotos der österreichischen Kaiserin Elisabeth in Genf mit ihrer Hofdame Gräfin Marie Festetics (Bild rechts).

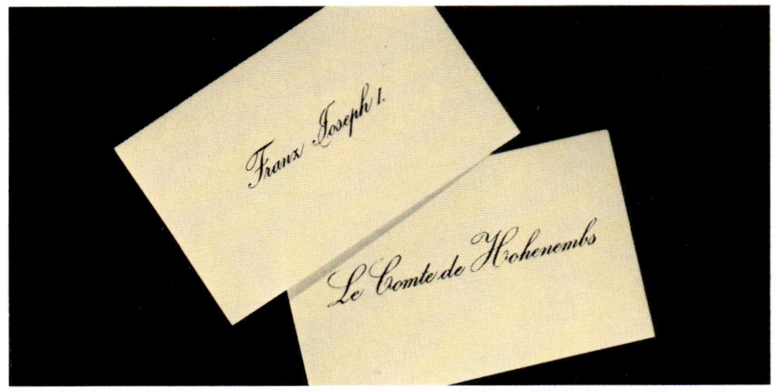

Des Kaisers Visitenkarten: Franz Joseph I. für offizielle Anlässe, Graf von Hohenembs, wenn er »inkognito« bleiben wollte.

Katharina Schratt, »der Engel des Burgtheaters«.

Frau von Schratt: »Liebe Freundin«, »Gnädige Frau« und treue Kaisergefährtin (rechts).

1872–1874 erforschten Weyprecht und Payer für Österreich die Arktis und nannten ihren Entdeckererfolg das »Franz-Josephs-Land« (unten).

Der »einsame« Monarch bei für ihn oft lästigen Pflichten.

Original (oben) und Fälschung (unten). Der Kaiser war zu Lebzeiten bereits eine Legende und damit für Postkartenverlage ein lohnendes Geschäft.

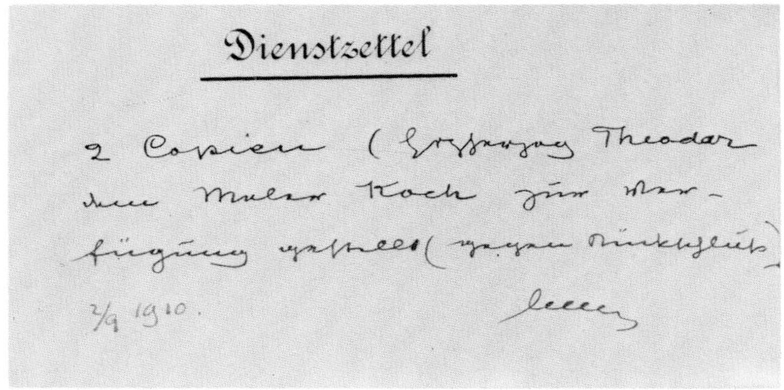

Militärische Dienstzettel waren der Alptraum der kaiserlichen Administration und besonders des Offizierskorps.

Von fünf Uhr in der Früh bis spät in die Nacht saß Franz Joseph an seinem Schreibtisch in der Burg. Um jede Kleinigkeit glaubte er sich selbst kümmern zu müssen.

Punkt 12.00 Uhr mittags erfolgte tagtäglich auf die Minute genau die Wachablösung in der Burg unter den Augen des Kaisers. Wehe dem Offizier, dessen Kompanie nicht auf den Zentimeter einschwenkte! (unten).

Erzherzog Johann Salvator, Sohn des Erzherzogs Leopold von Toskana und Rebell gegen die strengen Habsburger Hausgesetze. Er heiratete gegen den Willen des Kaisers die Schauspielerin Milli Stubel und büßte dafür Rang und Namen ein. Als Johann Orth verließ er Österreich, wurde glückloser Kapitän eines Handelsschiffes und blieb, zusammen mit seiner Frau, bei Kap Horn verschollen.

Mary Vetsera, die schwärmerische Baroneß aus Ungarn, wird immer wieder zu unrecht als Schlüsselfigur des Dramas um den Kronprinzen, Erzherzog Rudolf, bezeichnet. Die »kleine« Vetsera war für Rudolf bestimmt nicht viel mehr, als ein ungewohntes Erlebnis. Es war ihre Natürlichkeit, die ihn faszinierte.

In seinem Kronprinz Rudolf sah sich Franz Joseph enttäuscht. Als Offizier hatte er glänzende Zeugnisse, erkannte jedoch frühzeitig Mängel in der Armee, diesem für die Monarchie entscheidenden Instrument (links). Mit seiner Ehe respektierte er zwar die Habsburger Interessen, seiner Gattin Stephanie von Belgien war er jedoch kein »Mustergatte« (Bild unten).

Politisch sah er – zum besonderen Mißfallen seines Vaters – in der Presse ein geeignetes Mittel der Zukunft (rechts unten), was der kurze Brief an den Chefredakteur Weilen, seinen Freund, beweist. In diesem Zimmer kam es zur Tragödie von Mayerling (unten links).

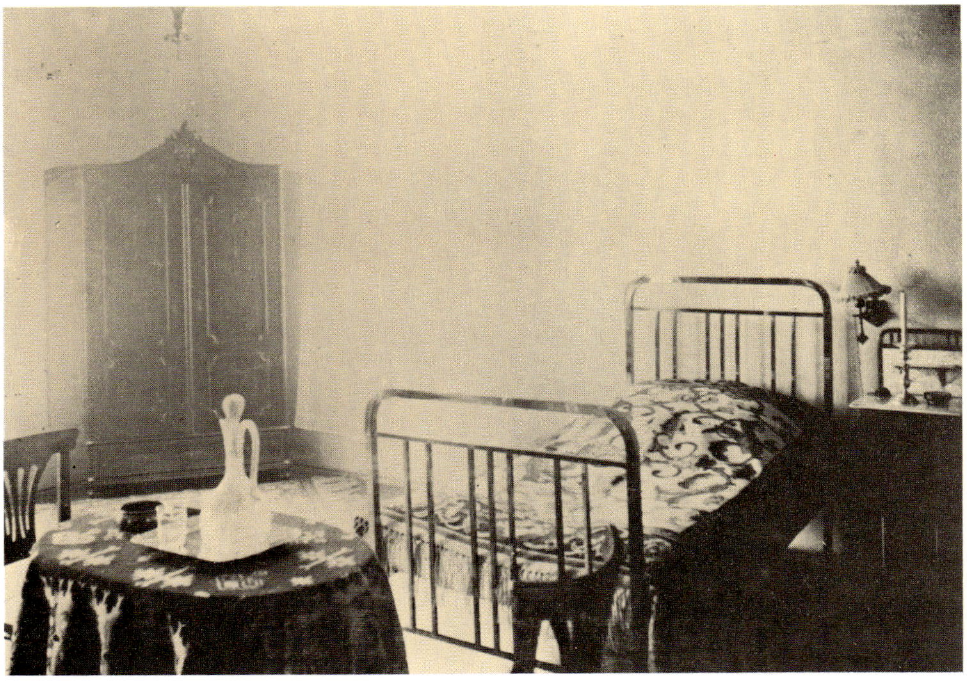

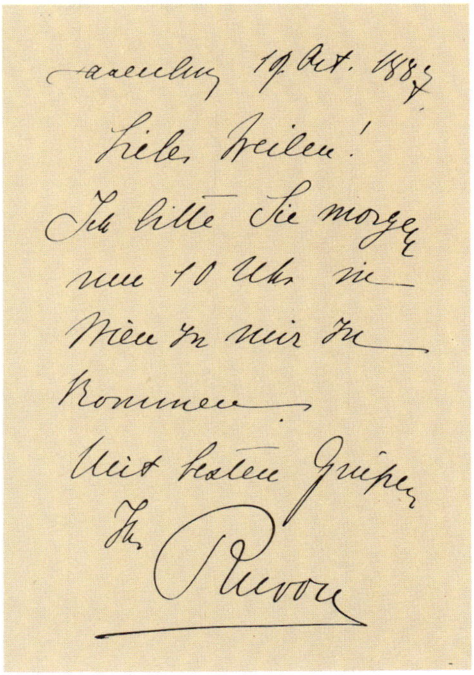

[illegible] 19 Oct. 1887

Lieber Weilen!

Ich bitte Sie morgen um 10 Uhr in Wien zu mir zu kommen.

Mit besten Grüßen

Ihr Rudolf

Nach dem Tode Rudolfs wurde Erzherzog Franz Ferdinand d'Este neuer Thronfolger.

Trotz jahrelanger Krankheit erkämpfte sich dieser junge Erzherzog (links mit Mantel) mit eisernem Willen seinen respektierten Platz in der Armeehierarchie.

Die Hofdame Sophie Chotek wurde, wieder einmal gegen den kaiserlichen Willen, die Gattin des Thronfolgers. Es war eine Liebe bis in den Tod (links Mitte).

Ferdinand erkannte frühzeitig den Wert der K. u. K. Flotte. Gern zeigte er sich in der Uniform eines Admirals und Kommandant der Flotte (rechts Mitte).

Der Kaiser zu Besuch bei der Familie Ferdinands. So gespannt das Verhältnis zwischen Kaiser und Thronfolger manchmal auch war, im Familienkreis war Franz Joseph der »charmante Alte Herr«.

Ein sterbendes Reich

Die Wirtschaftskrise mit ihren finanziellen Erschütterungen führt dazu, daß der Besitzer des Stadttheaters an einen Verkauf des Hauses denken muß. Daraufhin verläßt Laube mit seinem Ensemble Wien und geht nach Amerika. Katharina Schratt, die sich Laube verpflichtet fühlt, kündigt ebenfalls. Sie unterschreibt einen Vertrag nach St. Petersburg und fährt nach Rußland. Auch an der Newa hat sie im »Käthchen« besonderen Erfolg. Bei einem späteren Besuch in Österreich wird sich Zar Alexander III. ausdrücklich an Katharinas Auftritt in der russischen Hauptstadt erinnern.
Doch ist es in Petersburg nicht anders wie in Berlin, das Heimweh treibt die Schratt nach Wien zurück. Nach ihrer Rückkehr heiratet sie am 25. September 1879. Ihr Gatte aus der Familie der Kiß von Itebe war k. k. Konsul in Buenos Aires. Schon ein Jahr darauf kommt der einzige Sohn der Schratt, Anton, zur Welt. Erst 1882 nimmt sie nach längerer Theaterpause wieder ein Engagement an, diesmal in New York. Unterdessen hat sich in Wien manches geändert. Am Burgtheater wirkt Adolf Wilbrandt. Unter seiner Leitung führt ein neues Ensemble, darunter Devrient, Georg Reimers und andere die hohe Tradition dieses Hauses fort. Wilbrandt ist es auch, der die Schratt zurückholt und sie fest an die »Burg« verpflichtet. Sie ist jetzt 30 Jahre alt und steht am Beginn einer von zahlreichen Bühnenerfolgen gekrönten Laufbahn.

Eine vieldiskutierte Freundschaft zweier Frauen

In »Dorf und Stadt« sieht Kaiser Franz Joseph die Schratt zum ersten Mal als »Lorle«. Sie gefällt ihm und als er sie dann das nächste Mal in den »Feenhänden« wiedersieht, findet er, sie verkörpere in dieser Rolle ein »echtes Wiener Kindl«. Was ihn allerdings dazu veranlaßt, die Künstlerin, ihrem Wesen nach, als mit »Sissi« verwandt anzusehen, erscheint nicht ganz einleuchtend. Denn die Schratt ist weder eine Schwärmerin und auch frei von jeder Sentimentalität. Im Gegenteil, gerade ihre gesunde, oft resolute Art gefällt und wirkt auch auf ihre Mitmenschen. Kaiserin Elisabeth, die 1884 nach Wien zurückgekehrt war, hatte auch die Schratt in ihrer Rolle als »Nandl« im »Versprechen hinter dem Herd« gesehen und hatte sich von der Auffassung der Rolle durch die Schratt in dieser derb-volkstümlichen Posse durchaus »angetan« gezeigt. Was sie jedoch im Geheimen zum Besuch des Theaters veranlaßt hatte, war Neugierde gewesen. »Sissi« war nämlich aufgefallen, daß ihr »Franzi« seit einiger Zeit ein besonderes Interesse für das Theater an den Tag legte, und zwar immer dann, wenn der Name Katharina Schratt auf dem Programm gestanden hatte. Anläßlich des Industriellenballes, der zu den besonderen gesellschaftlichen Ereignissen der Saison zählt, ist auch das Kaiserpaar anwesend. Und Katharina Schratt. Sie sieht an diesem Abend besonders reizend aus. Das Kaiserpaar hält während des Balles den üblichen Cercle und wie ihm dann die Schratt vorgestellt wird, unterhält sich Seine Majestät weit länger mit ihr als mit den anderen Damen. Das Kaiserpaar erlebt sie dann auch während des Ischler Sommers als »Rosl« im »Verschwender«, ist aber um so erfreuter, als ihm die Künstlerin auch in Kremsier anläßlich der Zusammenkunft mit dem Zaren Alexander III. begegnet. Nach der Veranstaltung empfangen die Majestäten die Künstler zum Tee. Hier richten Elisabeth wie Franz Joseph anerkennende Worte über ihr Wirken an der »Burg« an die Schratt. Um den Klatschmäulern den Mund zu stopfen, ersinnt Elisabeth etwas, was jene geradezu in Sprachlosigkeit versetzt. Gibt sie doch dem Maler Heinrich von Angeli den Auftrag, ein Portrait der Schratt anzufertigen, das sie Franz Joseph zum Geschenk machen will! Die Künstlerin, die ja nichts ahnt, freut sich, von einem so namhaften Portraitisten gemalt zu werden und ist auch bei Fertigstellung ihres Bildes zugegen, als unerwartet das Kaiserpaar angemeldet wird. Die darauffolgende Szene, wie sich die Schratt erst in einem Nebenraum versteckt, dann von Angeli hervorgeholt und dem Kaiserpaar gegenübergestellt wird, hat in der einschlägigen Literatur eine breite Ausschmückung gefunden. Jedenfalls fällt die Schratt buchstäblich aus allen Wolken, wie ihr die Kaiserin jetzt eröffnet, sie habe dieses Portrait bestellt, um es ihrem Gatten zum Geschenk zu machen. Franz Joseph zeigt sich überaus erfreut, macht auch aus seinem Interesse an der Künstlerin gar kein Hehl und erkundigt sich, wo Frau Schratt ihren Urlaub zu verbringen gedenkt. Wie er dann hört, sie habe sich in Ischl im Schlößl Frauenstein eingemietet, kündigt er ihr in Gegenwart Sissis demnächst seinen Besuch an. Er hält auch Wort. Kaum daß Katharina nach einem vorherigen Kuraufenthalt in Karlsbad in Ischl eingetroffen ist, meldet ein Leibjäger den Besuch des Kaisers »zum Frühstück« für den kommenden Morgen an, was keine geringe Aufregung bei der Schauspielerin wie ihrer getreuen Haushälterin Marie hervorruft. Doch findet Franz Joseph am folgenden Morgen alles zum besten gerichtet, nur die geliebte Virginia fehlt. Diesem Morgenplausch folgen von nun ab tägliche Frühstücksbesuche.
Doch nicht nur er, auch die Kaiserin sucht jetzt die Nähe der Katharina Schratt. Weilt sie in Wien oder Ischl, bittet sie die Schauspielerin zu sich. Sie lädt sie in die Hermes-Villa zum Essen ein, macht Spaziergänge und auch Ausflüge mit ihr und erreicht damit ein Vertrauensverhältnis zwischen beiden Frauen, das auch hier zu einer echten Verbundenheit führt. Tritt sie eine ihrer langdauernden Reisen an, so empfiehlt sie Franz Joseph geradezu der Obhut der Freundin und dringt in sie, nicht allein dem Kaiser Gesellschaft zu leisten, sondern bittet sie auch, darauf zu achten, daß er nicht Stunde um Stunde am Schreibtisch verbringe, sondern sich auch den dringend nötigen Ausgleich im Freien verschafft. So erfolgt auch der nunmehr zur ständigen Einrichtung gehörende tägliche Morgenspaziergang des Kaisers und Katharina Schratts in Schönbrunn voll und ganz im Sinne der Kaiserin. Es kommt auch öfters vor, daß Franz Joseph bei solchen Spaziergängen

politisch brisante Themen erörtert und sich die Meinung seiner Begleiterin anhört. So gibt es einen berühmten Ausspruch des Deutschen Botschafters Fürst Eulenburg zu einer gerade prekären außenpolitischen Situation: »Auf Goluchowski, der Schratt und mir steht momentan der ganze Dreibund!« Und als der spätere Zar Ferdinand von Bulgarien zunächst von Bismarck einen wenig zufriedenstellenden Entscheid zu seiner Bewerbung für den bulgarischen Thron erhält, wendet sich seine Mutter, die Tochter des einstigen Bürgerkönigs Louis Philippe von Frankreich, an die Schratt und bittet sie, sie möge die Bestrebungen ihres Sohnes bei Franz Joseph unterstützen, was auch geschieht! Ferdinand besteigt den bulgarischen Thron. »Aus der Gunst des Kaisers!« – Immer wieder wird versucht, dem Verhältnis zwischen den beiden auch das Bestehen intimer Beziehungen anzudichten. Eine Unterstellung, der vor allem Elisabeth mit ungewohntem Nachdruck entgegentritt. Immer bezeichnet der Kaiser Frau Schratt seiner Gemahlin gegenüber als »die Freundin«, wogegen er Dritten gegenüber stets von der »Gnädigen Frau« spricht.
Und Katharina Schratt? Eine Dame trägt niemals ihr Herz offen zur Schau. Doch läßt die äußere Form, mit der sie dem Kaiser gegenübertritt, und der Takt, mit dem sie ihr Verhalten zu ihm umgibt, darauf schließen, daß sich gerade im Adel ihrer Haltung der Wert ihrer Zuneigung offenbart. Als Künstlerin feiert sie weiterhin Triumphe. Sie wird 1887 »Hofschauspielerin«, 1893 auf Lebenszeit Mitglied der Burgtheaters. Unvergessen bleibt die »Rolle«, die sie bei der Nachricht vom Selbstmord Kronprinz Rudolphs mit ihrem Auftreten vor Elisabeth und Franz Joseph übernimmt. Obwohl von einer Probe in der »Burg« schwer in Anspruch genommen, läßt sie sich laufend über das Befinden des Kaiserpaares berichten. Gisela, Herzogin von Bayern, kommt der Freundin ihres Vaters ohne Vorbehalte entgegen. Marie Valerie empfindet das Verhältnis hingegen anfänglich etwas peinlich und zeigte eine leichte Zurückhaltung. Bis sie sich vom wahren Wert dieser Freundschaft überzeugt und in späteren Jahren auch ihr Herz der Freundin ihres Vaters vorbehaltlos öffnet.
Diese Freundschaft zwischen dem Kaiser und der Schauspielerin entbehrt mitunter auch nicht einiger, an die Verliebtheit junger Paare erinnernder Anekdoten. Während die Schratt im Verlauf des ersten Frühjahres einige Wochen an der Côte d'Azur verbringt, wandert sie jeden Abend zum Bahnhof und händigt dem Schlafwagenschaffner einen wohl verpackten Strauß frischer Veilchen aus. Diese Veilchen »reisen« dann mit dem Wien-Expreß von Nizza in die österreichische Hauptstadt. Dort werden sie am Südbahnhof von einem Leibgendarm in Empfang genommen und »per Sattel« zur Hofburg oder nach Schönbrunn gebracht. Schon während der ersten Vormittagsstunden prangt dann der Gruß aus Beaulieu auf dem Schreibtisch des Kaisers. Bei einem Gegenbesuch in Nizza überredet Katharina Schratt den Kaiser sogar, das von ihm durchaus nicht geschätzte Spielkasino von Monte Carlo zu besuchen. Was natürlich dem Klatsch neue Nahrung zuführt, der dann erst recht nach der Ermordung Kaiserin Elisabeths zu wuchern beginnt. Auf die Nachricht vom Attentat am Genfer See hin, fährt die Schratt von Zell am See sofort nach Ischl. Dort tritt ihr ein von Schmerz versteinerter Franz Joseph entgegen. Bei diesem Anblick droht ihr Herz zu versagen. Wie aus weiter Ferne vernimmt sie die Worte: »Mir bleibt doch nichts erspart!«

Die Fundamente des Staates bröckeln

Als hätten die Flammen des Ringtheaterbrandes im Dezember 1881, bei dem Hunderte von Menschen den Tod gefunden hatten, gleich einem düsteren Fanal gewirkt, das den anbrechenden Untergang des Völkerreiches ankündigte, so wirken auch die Schüsse von Mayerling wie die Ermordung Kaiserin Elisabeths am 10. September 1898 durch den italienischen Anarchisten Luccheni am Kai Mont Blanc in Genf wie Axthiebe an den Wurzeln der Dynastie.
Mit einem Male melden sich jetzt auch die Italiener der Monarchie mit einer bisher nicht gepflogenen Vehemenz zu Wort. Im Tiroler Landtag verlangen sie lautstark die Selbständigkeit des Trentino. In Istrien wiederum wird der dortige Landtag durch den Streit zwischen Italienern und Slowenen arbeitsunfähig. Noch ahnt niemand, daß dem Vorprellen der Italiener bestimmte Tendenzen zu Grunde liegen, die sich in der Nachbarschaft des »Regno« entwickeln. In der Absicht, sich Tripolitaniens (dem heutigen Libyen) zu bemächtigen, schließt Rom mit Paris ein Geheimabkommen, das ihm den Einfluß auf die türkischen Gebiete in Nordafrika zusichert. Zusätzlich wird noch vereinbart, beide Staaten wollten sich gegenseitiger Neutralität versichern, falls einer der Vertragschließenden von dritter Seite angegriffen würde. Was deutlich eine Spitze gegen Österreich-Ungarn oder Deutschland erkennen läßt.
Dann ist es wieder einmal Ungarn! Mit gezielter Unnachgiebigkeit wird hier die Wehrkraft der Doppelmonarchie zu zermürben versucht. Eine von der Regierung 1903 eingebrachte Vorlage mit dem Ziel, die Rekrutenzahl zu erhöhen (es ist das Jahr der grausamen Ermordung des serbischen Königspaares Alexander und Draga Obrenowitsch im Auftrag der »Schwarzen Hand« im Belgrader Konak), wird zwar vom österreichischen Abgeordnetenhaus gebilligt, aber auf Betreiben der von Franz Kossuth geführten ungarischen Unabhängigkeitspartei in Budapest abgelehnt. Kossuth fordert wieder einmal die magyarische Befehlssprache und magyarische Fahnenembleme. Was Franz Joseph zu dem bekannten Tagesbefehl von Chloty im galizischen Manöverlager veranlaßt. Mit diesem Befehl betont er als »Allerhöchster Kriegsherr« unmißverständlich die Einheit der bewaffneten Macht. »Ich will erhalten, was Jahrhunderte zusammengefügt haben!« Weitaus schwerwiegender erscheint der Erlaß, mit dem die Versetzung ungarischer Offiziere des gemeinsamen Heeres in rein magyarische Truppenteile angeordnet wird. Auch werden in Ungarn die Militärschulen vermehrt. Alles Maßnahmen, die einer deutlichen Verwässerung der von Franz Joseph immer wieder propagierten Idee der »Viribus Unitis« gleichkommt.
Wie es zu erwarten war, macht das ungarische Beispiel, dank der von der Regierung bekundeten Nachgiebigkeit, bei den übrigen Nationen der Monarchie Schule. So fällt in Prag eine tschechische Volksmenge die deutschen Hochschüler an, in Wien demonstrieren wiederum tschechische Hochschüler, und im »so kaisertreuen Tirol« veranstalten die italienischen Studenten der Innsbrucker Universität ganz ungeniert Straßenkundgebungen.
Solche Beispiele erhöhen dann wieder den Appetit der österreichfeindlichen Kreise im ungarischen Reichsgebiet. Man erteilt der Agramer Universität die Erlaubnis, Anwärtern für

den österreichischen Staatsdienst den Nachweis deutscher Sprachkenntnisse zu erlassen. Erneute Widerstände gegen die Verstärkung der Rekrutenkontingente durch die Opposition im Budapester Parlament führen dann zur berühmt gewordenen »Räumung« desselben durch ein Honvédbataillon, dessen Mannschaft aus Rumänen besteht! Im rasch aufeinanderfolgenden Wechsel der Regierungschefs und der Auflösung wie neuen Konstitutionierung des ungarischen Reichstages, spiegelt sich das groteske Bild, welches, einem Mühlrad vergleichbar, heute diese Regierung und Regierungsmehrheit an sich hochzieht und sie beinahe im gleichen Atemzug wieder hinabspült. So wechseln sich Mehrheiten mit Minderheiten der Regierungspartei und der Opposition in aufschäumender nationalistischer Erregung gegengeistig ab und bemerken dabei gar nicht, wie die Mehrheit der in Ungarn lebenden nichtmagyarischen Völker das Schauspiel anheizt, immer in Erwartung des Tages, an dem sie dem verhaßten Magyarentum den Todesstoß zu versetzen vermögen. Eine von der Komödie zur Tragödie überleitende Vorstellung, die man vom österreichischen Zuschauerraum mit verkrampfter Spannung verfolgt. Bis man überrascht erwacht, als das Hick-Hack 1906 mit der Zustimmung Wiens zu einem eigenen ungarischen Zolltarif endet. Und die österreichische mit der ungarischen Reichshälfte einen Handelsvertrag abschließen muß!

Wenigstens erkennt die Volksvertretung der österreichischen Reichshälfte die Notwendigkeit einer Erhöhung der Truppenverstärkung weiterhin an. Vor allem aber hat sie mit großer Mehrheit der Einführung des Allgemeinen, direkten Wahlrechtes von 1907 zugestimmt. Wie buntscheckig sich das direkte freie Wahlrecht auf der Völkerpalette der österreichischen Reichshälfte auswirkt, zeigt nunmehr die Verteilung der Plätze im Wiener Parlament an. Von den 87 Abgeordneten der sozialdemokratischen Partei sind 49 deutscher Abkunft. Die in den »Freiheitlichen« vereinigten 79 Abgeordneten (Deutsche Volkspartei, Agrarier, Deutsche Fortschrittspartei, Schönerianer, Deutschradikale) sehen sich 82 tschechischen Abgeordneten, 55 Mitgliedern des Polenclubs, 6 Vertretern der polnischen Volkspartei und 37 südslawischen, 30 ruthenischen und 14 italienischen »Kollegen« gegenüber. Was sich in der Fortsetzung der innerhalb des Parlaments geführten, von draußen »angeheizten« Auseinandersetzungen auswirkt.

Der Kampf der Sozialdemokratie gegen die Kinderarbeit

Zu der durch den Nationalitätenstreit auch auf der österreichischen Seite verursachten Schwächung der Staatsautorität gesellt sich der auf eine Änderung des Gesellschaftsbildes eingeschworene Kampf der österreichischen Sozialdemokratie.

Von den vielen Problemen, die die Besserstellung der »niederen Klassen« betreffen und die sich im allgemeinen in allen von der zunehmenden Industrialisierung betroffenen Staaten wiederholen, sei hier das vielleicht brennendste herausgegriffen, weil seine Nichtbeachtung »am Lebensmark« des ganzen Volkes zehrt: Die Frage der Beschäftigung von Jugendlichen und Kindern!

Daß hierbei Zahlen sprechen müssen, mag manchen Leser ermüden. Aber gerade deren Aussage übermittelt ein Bild von den »Zuständen«, über die die meist auf die bürgerliche Welt, die große Politik, die Hofkreise oder die »Affairen« ausgerichteten Schilderungen jener Zeitepoche nichts berichten. So sind 1902 in Österreich noch immer 221165 Jugendliche an den verschiedensten Arbeitsplätzen beschäftigt. Im »heiligen Land Tirol« gibt es Täler, wo, wie in Gröden, in den Werkstätten der Bildschnitzer die Kinder abends nicht selten noch mit dem Werkzeug in der Hand am Arbeitstisch einschlafen. Man legt sie sogar erst dann zu Bett, wenn jeder Versuch, sie wach zu halten, versagt. Um 1908 werden in Österreich noch immer mehr als ein Drittel aller Kinder zu wirtschaftlichen Arbeiten herangezogen. Allein 57939 müssen mit sechs Jahren, wenn nicht schon früher, zur Arbeit gehen. Sogar während der Schulferien arbeiten mehr als 77000 Kinder und Jugendliche mehr als sechs Stunden, 47000 mehr als acht und 20000 mehr als zehn Stunden täglich. Und das fast immer, um den Eltern das »Brot« mitzuverdienen.

Die Löhnung für solche Arbeit beträgt zwischen 4 und 10 Hellern als Stundenlohn. Beinahe ebenso katastrophal sieht es mit der Frauenarbeit aus. Im Jahre 1900 gibt es in Österreich 1,9 Millionen Arbeiterinnen. Von denen so manche angesichts der Arbeitslosigkeit ihres Mannes für den Unterhalt der gesamten Familie aufkommen muß. Was sich dann wieder auf die Kindersterblichkeit auswirkt. So sterben in Österreich 1910 von 1000 neugeborenen Arbeiterkindern einhundertzweiundneunzig. Die Verbesserung des Arbeitschutzgesetzes ist somit das nächste Ziel der österreichischen Sozialdemokratie. Zugleich wirkt sie aber für die Genossen anderer Länder als eine Art Stoßtrupp. Namen wie der Dr. Adlers, Pernstorffers, Paul Richters, Franz Domes, Matthias Eidersch', des späteren hochangesehenen Wiener Bürgermeisters Karl Seitz, Leopold Winarskys, Albert Severs und Wilhelm Ellenbogens stehen hier im Vordergrund.

Dr. Karl Lueger – Bürgermeister der Hauptstadt

Der große Gegenspieler der Sozialdemokraten ist Dr. Karl Lueger. Ungeachtet seiner Erfolge als »Motor« der christlich-sozialen Bewegung verweigert ihm die Regierung dreimal die Anerkennung als Bürgermeister der Hauptstadt. Endlich, nachdem seine Partei das Land draußen wie Wien geradezu überschwemmt, genehmigt man seine Ernennung zum ersten Bürgermeister. Luegers Ziel, in einem wieder erstarkenden Österreich auf der Basis einer christlich-sozialen Weltanschauung auch der Hauptstadt einen würdigen Rang einzuräumen, manifestiert sich in den von ihm eingeführten Reformen der Verwaltung und im Ausbau sozialer Einrichtungen. Seine Wirtschafts- und Sozialpolitik ruft nicht allein in Österreich Bewunderung und Anerkennung hervor. Gaswerk, Elektrizitätsbetriebe, besonders aber die Straßenbahn löst er aus Privatbesitz ab und übergibt ihre Leitung der Stadt. Wien, seit 1890 durch die Einverleibung der Vororte »Groß-Wien« mit 19, seit 1904 mit 21 Bezirken, verdankt Karl Lueger, unbeschadet seiner umstrittenen politischen Einstellung, von ihm als der Hauptstadt des Reiches wieder zu einer Weltmetropole erhoben worden zu sein.

Allein die Bevölkerungszahl erhöht sich zwischen 1850 und 1900 um 50 Prozent. Auch das Steueraufkommen steigert sich wesentlich, was wiederum den Einnahmen und Ausgaben des Staates zugute kommt. Das Gleichgewicht des Staatshaushaltes erscheint 1890 wieder hergestellt und weist ein Jahr darauf sogar einen Überschuß auf. Da die Silberproduktion in der Welt ständig zurückgeht, führt man in Österreich-Ungarn 1892 die Goldwährung ein. Als Währungseinheiten werden anstelle der Gulden und Kreuzer, Kronen und Heller (1 kg Gold = 3280 Kronen) geprägt. Durch die Zusammenlegung von Fabriken erfolgt der allmähliche Übergang vom einstigen Agrarstaat in einen Industriestaat, ein Prozeß, der sich zwar langsam vollzieht und an der gesunden Substanz der Bauernschaft zehrt. Allein in den Alpengebieten Tirol und Vorarlberg wurden seit 1850 rund 1700 landwirtschaftliche Betriebe aufgelassen, und in der Steiermark hatte man zwischen 1903 und 1912 3252 Bauernliegenschaften an Nicht-Landwirte verkauft. Was als eine Folge der jetzt mit Macht einsetzenden Landflucht anzusehen ist. Wie dann andererseits die Einführung eines gezielten Fruchtwechsel-Anbaues die Bodenerträge erhöht und eine verbesserte Wartung des Viehs zu vorbildlichen Zuchterfolgen führt.

Trotz Staatskrise und Nationalitätenstreit – wirtschaftlicher Aufschwung

Landwirtschaftliche Schulen, Versuchsstationen, eine planvolle und streng gehandhabte Aufforstung, Flußregulierungen und Wildbachverbauungen führen außerdem zu einer neuen Nutzung des Bodens und einer veränderten Einstellung des Landvolkes zur wirtschaftlichen Bedeutung seines Standes, der durch die Einrichtung der Raiffeisenkassen und Genossenschaften eine weitere Selbstbestätigung erfährt.
Auch das Berg- und Hüttenwesen erlebt europäische Bedeutung. So fördern allein die steirischen Magnesitwerke 1910 bereits 1760000 Tonnen. Als sich das Finanzministerium 1868 gezwungen sieht, große Geldmengen zur Bezahlung der Kriegsschulden an Preußen heranzuschaffen, muß es den ganzen Bereich des Erzgebietes um Hieflau und Eisenerz, zusammen mit anderen Hammerwerken, dazu Waldungen und ein Gesamtareal von 42000 Joch verkaufen. Diese »Innerberger Hauptgewerke« genannte Industrie erwirbt die Österreichische Kreditanstalt für nur 12 Millionen Gulden. Dann, 1882, wird die »Alpine Montangesellschaft« gebildet. Wobei die Betriebe von Eisenerz, Donawitz und Zellweg »fusionieren«. Hand in Hand mit dieser Verbreiterung der industriellen Erschließung (auch Steyr entwickelt seine Waffenproduktion zu einer der führenden Gewehrfabriken Europas) schreitet auch die von der sozialdemokratischen Partei erkämpfte, allmählich einsetzende Besserung der Lebensverhältnisse unter der Industriearbeiterschaft fort. War sie bislang nur Zeuge des Erfolges ihrer Arbeit gewesen, so ermöglicht ihr jetzt die Gewerkschaft seit 1890 auch die Durchsetzung ihrer Lohnforderungen.
Ganz Österreich und mit ihm auch Ungarn rüstet sich zur Feier des 60jährigen Regierungsjubiläums Franz Josephs. Dessen Huldigungen er zwar leicht gebeugt, aber immer noch in der Haltung eines Grandseigneurs über sich ergehen läßt. Denn dieser von einer längst klarblickenden Nüchternheit geleitete 78jährige Monarch weiß durchaus zwischen einer von echter Zuneigung getragenen Begeisterung und den offiziellen Jubeltönen einiger politischer Chöre zu unterscheiden. Wo er aber wirkliche Anhänglichkeit spürt, wertet er solche Kundgebungen als Beweis, daß es noch immer viele Tausende gibt, die in ihm das Symbol für den Fortbestand des Vaterlandes erblicken. Was ihn für einige Zeit von dem tief sitzenden Pessimismus erlöst. Dem Festkleid nach beansprucht Wien für die Zeit der Feiern den ersten Rang. Man erwartet Kaiser Wilhelm II. an der Spitze aller deutschen Fürsten. Den überaus glanzvollen Festakt der Ehrung des ältesten »deutschen« Monarchen durch die Bundesfürsten des Deutschen Reiches hat Franz von Matsch in seinem Gemälde »Fürstenhuldigung« festgehalten. Der politische Wert dieser Kundgebung liegt nicht zuletzt in der in ihr bekundeten Überwindung der Erinnerung an Sechsundsechzig.
Auf die Ehrung durch die elf Fürsten und den Bürgermeister der Hansestadt Hamburg folgt ein Festzug von vielen tausend Schulkindern in Schönbrunn. Ein größerer Festzug im Juni versinnbildlicht die große Geschichte des Reiches. Trotz der ihn umgebenden festlichen Stimmung bleibt der Kaiser ernst. Unwillkürlich richtet sich sein inneres Auge der Innenstadt zu, dort wo im Halbdunkel der Gewölbe die Kapuzinergruft liegt. Auch heute wieder werden vor ihm die beiden Gestalten lebendig, die dieses so festliche Bild nicht mehr miterleben, Elisabeth und Rudolph! Ihn haben sie allein zurückgelassen, einsam und nur mehr seiner Pflicht hörig, als hätten sie es nie anders erwartet, daß er auch ohne sie bereit sein würde, die ganze Last dieses Thrones weiter auf seinen Schultern zu tragen.

»Die Steirer sind brave Leut' und tun mir nix«

Doch dann wechseln auf einmal diese inneren Eindrücke! Bilder tauchen vor ihm auf, in denen eine andere Gegenwart seine Phantasie beschäftigt. Ja, hier meldet sich bei ihm, dem sonst so Phantasielosen, eine Welt, in der sogar ein Franz Joseph zu träumen vermag. Seine herrlichen Jagdreviere um Ebensee und um Mürzsteg. Sobald es ihm die Regierungsgeschäfte erlauben, macht er sich buchstäblich »heimlich« aus dem Bereich der Hofhaltung fort und fährt oft nachts noch nach Ischl oder Mürzsteg. In Ischl erhält er dann täglich den Besuch des Hofjagdleiters, der ihm, wie beim Militär, zu melden hat, wo die Hirsche »einziehen«. Als Jagdwaffe zieht Franz Joseph zunächst den »Ischler Kugelstutzen« jeder englischen Präzisionsflinte vor.
Mit besonderer Vorliebe geht Franz Joseph auf die Pirsch nach dem Auerhahn. Wozu er für gewöhnlich schon bald nach Mitternacht aufbricht. Weil ihn aber seit einigen Jahren das Bergsteigen immer härter ankommt, trägt ihn jetzt ein braver Ischler Haflinger bis in die Nähe des Hochstandes. Und auch hier ist er stets darauf bedacht, in »Tuchfühlung« mit den »Leuten« zu bleiben. Während solcher Jagdaufstiege will er hören, wo sie der Schuh drückt, wie sie leben und was sie so denken. Nicht einmal im »roten« Eisenerz legt er auf Sicherheitsvorkehrungen Wert: »Lassen Sie das!«, bedeutet er dem zuständigen Bezirkshauptmann, der ihn partout nicht mutterseelenallein noch abends spät zum wildromantischen Mürztal aufsteigen lassen will. »Ist gar nicht nötig! Die Steirer sind brave Leut' und tun mir nix!«
Solche und ähnliche Bilder befreien ihn von der Gegenwart, der er sich dann aber doch mit einem gelösten Lächeln verschreibt. Was zur Folge hat, daß der Kommandant der eben

hinter der »Fahne von Aspern« in weißen Waffenröcken vorbeidröhnenden Mannschaft des Bataillons »Zach«, seinem Adjutanten zuraunt: »Hast du gesehen, meine Kompanien haben auf Seine Majestät einen besonders guten Eindruck gemacht!« Worauf er im Geiste bereits die Jubiläumsmedaille auf seiner Brust blinken sieht.
Das Jubiläumsjahr mit seinen Besuchen höchster und hoher Herrschaften endet jedoch nicht im Vollklang der Melodie des »Gott erhalte!«.

Die Annexion Bosniens und der Herzegowina

Anlaß hierzu geben die Ereignisse in der Türkei. Dort haben Offiziere der mazedonischen Garnisonen, als Anhänger der »Jungtürken«, revoltiert. Der Sultan Abdul Hamid wird gezwungen, sein absolutistisches Regime aufzugeben und die liberale Verfassung von 1876 erneut einzuführen. Daraufhin erklärt sich Bulgarien durch Selbsterhebung zum Königreich für unabhängig. Zugleich erhebt es die traditionellen Ansprüche auf Mazedonien. Nun haben sich aber Zar Nikolaus II. und König Eduard VII. von Großbritannien bei einer Zusammenkunft in Reval über ihr künftiges Verhalten in allen, die Türkei berührenden Fragen geeinigt. Seit der Einverleibung Ägyptens in das unmittelbare britische Interessengebiet setzt sich London nicht mehr mit dem bisher gewohnten Nachdruck für die Souveränsrechte des Sultans auf dem Balkan und im Dardanellengebiet ein. Was Rußland sofort zu einer verstärkten Einflußnahme auf Bulgarien veranlaßt. Angesichts dieser Entwicklung, man schreibt den Juli 1908, sieht sich Österreich-Ungarn gezwungen, auch seinen Interessen auf dem Balkan erhöhten Nachdruck zu verleihen. So entnimmt der damalige Kriegsminister General von Auffenberg während eines Gespräches mit dem k.u.k. Außenminister, Baron (später Graf) Aehrenthal des Ministeriums Bienerth, einigen Andeutungen, »daß eine Aktion bezüglich Bosniens im Gange sei. Sich in diplomatisches Schweigen, vielmehr verbergend hüllend, brachte er mich auf den Sandžak zu sprechen!« Dieser Sandžak schiebt sich als langgezogener Hals vom Nordwesten gegen Südosten zwischen Montenegro und Serbien von Prijepolje auf Mitrovica. Wenn auch die Gefahr bestand, daß man ihn von beiden Seiten her eindrücken konnte, so konnte er immer als Basis für militärische Aktionen in Richtung auf Üsküb (Nish) und Saloniki dienen. Darum war er auch seit 30 Jahren von k. u. k. Truppen besetzt geblieben. Nunmehr jedoch, da man sich innerhalb Bosniens und der Herzegowina häuslich einrichten will, verliert er seine strategische Bedeutung und bildet ein willkommenes »Austauschgeschenk«. Denn völlig überraschend erklärt Kaiser Franz Joseph am 5. Oktober 1908 die Länder Bosnien und Herzegowina als integrierten Bestandteil der österreichisch-ungarischen Monarchie. Was als »Annexion Bosniens und der Herzegowina« in die Geschichte eingeht. Kaum verkündet, löst diese Besitzergreifung eine Kette unvorhergesehener Reaktionen aus. Unvorhergesehen deshalb, weil der mächtige »Partner« auf dem Interessengebiet Balkan, Rußland, sich überrumpelt fühlt. Dies, obwohl die bevorstehende Annexion zwischen dem russischen Außenminister Iswolksi und seinem österreichischen Kollegen Aehrenthal in Buchlau besprochen und darüber eine stille Vereinbarung getroffen worden war. Ganz abgesehen davon, daß sich beide an den Inhalt der Verträge von Ofen-Pest und Wien aus dem Jahr 1877 gehalten hatten. Mit einem Male erklärt Iswolksi, es habe ihn Aehrenthals Mitteilung vom bevorstehenden Anlaufen der Aktion auf seiner Reise nach Paris nicht mehr erreicht. Auch in England zeigt man sich aufgebracht und beschließt Maßnahmen. So wird auf die Türkei eingewirkt, ihre Häfen für österreichische Waren zu sperren. Englands Haltung hat allerdings ein ganz anderes Vorspiel. Man rächt sich dort für die »Abfuhr«, die König Eduard VII. anläßlich eines Gratulationsbesuches bei Franz Joseph von diesem erfahren hat. Österreich hätte nämlich einer Allianz gegen Deutschland beitreten sollen. Eine Absicht, der Franz Joseph wenig Verständnis entgegenbrachte. Natürlich ist man auch in Konstantinopel entrüstet. Doch gegenüber der Alternative Rußland auf bulgarischem Boden oder Österreich-Ungarn als »Herr« zwischen Save und Narenta, entscheidet man sich zu keinem allzu harten Widerstand gegen Wien. Am übelsten wirkt sich aber die »Annexion« in Serbien und Montenegro aus. Während man im letzteren zwar eher gedämpft gegen Österreich hetzt, entfacht Belgrad eine ungezügelte Haßpropaganda. Zentrale aller gegen Österreich und Ungarn gerichteten Angriffe ist die »Narodná Odbrana«, die Geheimorganisation der »Schwarzen Hand«, auf deren Konto bereits der Mord an König Alexander und seiner Gattin zu setzen ist.
Ihr politisches Ziel ist die Errichtung eines großserbischen Reiches, in das alle, auch auf österreichisch-ungarischem Boden befindlichen, von Serben bewohnte Territorien einbezogen werden sollen. Wobei am Rand bemerkt werden darf, daß das serbische Königshaus, bis zur Ermordung Alexanders, von Franz Joseph nicht unerhebliche Zuwendungen erhalten hatte, während Fürst (er wird ein Jahr später »König«) Nikita von Montenegro aus der kaiserlichen Privatschatulle eine Art stiller »Apanage« überwiesen bekommt.
Die Haßgesänge aus Belgrad: »Krieg gegen Österreich!«, rufen ein besorgtes Echo diesseits der Donau und Save hervor. Schließlich sitzt man seit 30 Jahren in Bosnien und in der Herzegowina, hat Millionen hineingesteckt, das Land wirtschaftlich wie kulturell zu erschließen versucht, Wege und Straßen gebaut, Schulen eingerichtet und in jeder Hinsicht versucht, die Lebensbedingungen der Menschen zu verbessern.
Serbien ruft also nach Krieg! Und Rußland? – Allein wird es sich schwerlich zu einem Waffengang gegen Österreich entschließen. Denn hinter der Donaumonarchie steht das Deutsche Reich. Immerhin, die Situation steht auf des Messers Schneide. Die Militärs, an ihrer Spitze der Chef des Generalstabes Conrad von Hötzendorf, sprechen sich entschieden für einen Waffengang aus, natürlich gegen Serbien allein. Conrad will ein für allemal die Stellung Österreich-Ungarns auf dem Balkan sichern und damit auch Ruhe schaffen. Man weiß inzwischen nämlich, daß weder von Seiten Rußlands noch Englands mit einem militärischen Eingreifen für serbische Interessen zu rechnen ist. Frankreich hält sich heraus, weil jeder Angriff auf Österreich einen Kriegsfall für Deutschland bedeuten würde. Kaiser Wilhelm II. und sein Kanzler Fürst Bülow haben sich eindeutig an die Seite Österreichs gestellt, obwohl man in Berlin auch nicht über das Vorgehen Österreich-Ungarns recht glücklich gewesen ist. So wird verhandelt und schließlich eine Einigung erzielt. Die Doppelmonarchie zahlt an die Türkei 54 Millionen Kronen für den in Bosnien

und der Herzegowina befindlichen türkischen Besitz an Staatsgütern. Weiterhin gibt Österreich-Ungarn der Hohen Pforte den Sandžak Novibazar zurück. An Belgrad wird von Wien aus eine scharfe Note gerichtet und ihm untersagt, weiter seine großserbische Propaganda auf österreichisch-ungarisches Gebiet auszudehnen.
Die Länder, um die es geht, Bosnien und die Herzegowina, gehen nunmehr im Einverständnis mit allen Mächten des seinerzeitigen Berliner Vertrages als »Reichslande« in den Staatsverband des Habsburger Reiches über.
So endet die bosnische Krise des Jahres 1908 praktisch mit einem Schacher. Eine Transaktion, die niemanden restlos befriedigt!
Und dann ist noch einer da, dem dieses Geschäft keineswegs gut gefällt. Italien! Man weist in Rom auf ein zwischen Wien und dem Monte Citorio bestehendes Abkommen hin, worin sich beide Teile verpflichten, nichts auf dem Balkan zu unternehmen, bevor man sich vorher darüber verständigt hätte. Ein Bruch dieser Vereinbarung also! Noch schweigt Rom darüber, weil es in allernächster Zeit die Unterstützung Österreichs in Nordafrika brauchen wird. Über kurz oder lang aber wird der Tag anbrechen, an dem auch Italien auf das »Übergehen seiner Interessen« auf dem Balkan zurückkommen wird!

Erzherzog Franz Ferdinand

Auf dem Höhepunkt der Annexionskrise fällt die Zurückhaltung des Thronfolgers Franz Ferdinand auf. Ein Rang, der ihm – nach dem Tode Kronprinz Rudolphs – als dem ältesten der Neffen Franz Josephs zusteht. Die Ablehnung jeder kriegerischen Aktion gegen Serbien, die sehr im Gegensatz zur Meinung des Generalstabschefs Conrad von Hötzendorf steht, findet ihren Niederschlag in dem bekannten Ausspruch des österreichischen Thronfolgers: »Ich wünsche keinen Zwetschgenbaum von Serbien!«
Kaiser Franz Joseph hat seinem Nachfolger das Schloß Belvedere als Wohnsitz angewiesen. Franz Ferdinand wurde am 18. Dezember 1863 in Graz als Sohn des dritten Bruders Franz Josephs, Erzherzog Karl Ludwig, geboren. Seine Mutter, die sizilianische Prinzessin Maria Annunziata, ist die zweite Gemahlin seines Vaters. Noch nicht fünfzehnjährig, tritt Franz Ferdinand bereits in das Budapester Hausregiment Nr. 32 ein. Seit diesem Tage fühlt er sich, nach dem Vorbild seines kaiserlichen Onkels, in erster Linie als Soldat. Mit dem Unterschied freilich, daß jener, durch die Umstände gezwungen, diesen Beruf nur formal vertreten kann, während sein Neffe sich bereits von Jugend an alle Voraussetzungen für seinen späteren Rang eines »Generalinspektors der Armee« schafft. Der Dienst beim Budapester Hausregiment »Kaiserin und Königin Maria Theresia«, mehr noch die spätere Ernennung zum Obersten des 10. in Ödenburg (Sopron) garnisonierenden Husarenregiments konfrontieren den jungen Offizier schon bald mit den Auswüchsen des magyarischen Nationalismus. In einer an den damaligen Chef des Generalstabes, Freiherrn von Beck, gerichteten Denkschrift übt Franz Ferdinand eine schonungslose Kritik an den Zuständen in einem ihm als »deutsch« anvertrauten Reiterregiment. So würde, trotz seiner Gegenwart, im kameradschaftlichen Verkehr innerhalb des Offizierskorps ausschließlich ungarisch gesprochen. Im Dienst meldeten die Unteroffiziere ostentativ in magyarischer Sprache, auf die einfachste, in deutsch an die Mannschaft gerichtete Frage, erhielte man die stereotype Antwort: »Nem tudom, ich verstehe nicht!« Auch würden militärische Ausdrücke mit langatmigen magyarischen Erklärungen übersetzt. In der Kaserne fände man nur ungarische Wappen vor und auch die Aufschriften wären ausschließlich auf Ungarisch angebracht. Als er einen völlig unbrauchbaren, faulen ungarischen Adeligen »gestellt« habe, hätte diese Beanstandung eines ungarischen Offiziers sofort zu einer deutlichen Opposition vom Oberstleutnant bis zum Korporal geführt. Die Zustände hätten sich dann so zugespitzt, daß er gezwungen gewesen sei, über das Kriegsministerium die Versetzung einiger Offiziere aus deutschen und böhmischen Reiterregimentern zu erbitten.
Aus solchen Erfahrungen schöpfend, erklärt sich die antimagyarische Grundeinstellung des künftigen Thronfolgers. Der außerdem den Magyaren, an der Spitze den ungarischen Hochtories, niemals verzeihen wird, die Notlage des Staates 1866 und 1867 zur Erpressung des Dualismus ausgenützt zu haben. Franz Ferdinand ist durch und durch Großösterreicher, er hat sich nach der Übernahme der Thronfolge 1889 voll und ganz der Vorbereitung und den Pflichten seiner künftigen Aufgaben verschrieben. Im Verlauf des Jahres 1892 traten, völlig unerwartet, die Symptome eines Lungenleidens auf. Das zwingt ihn, in fernen, zum Teil tropischen Ländern Genesung zu suchen. Er unternimmt eine Weltreise, besucht Ägypten, Indien, Ceylon, das damalige Holländisch-Indien, die Sunda-Inseln, Australien, Japan, zuletzt Nordamerika und kehrt erst nach über einem Jahr nach Österreich zurück. Während der Reise hat er bereits erfahren, daß sein kaiserlicher Onkel das Ödenburger Husarenregiment seinem jüngeren Bruder Otto übergeben hat, sozusagen als Vorbeugung für den Fall, daß man künftighin nicht mehr mit seiner Thronfolge rechne und seinen Bruder bereits jetzt in der Nähe Wiens stationiert haben wolle. Allerdings zerstreut Franz Joseph diese Bedenken. Er ernennt ihn zum Kommandanten einer Infanteriebrigade in Budweis, legt ihm aber trotzdem nahe, seinen Wohnsitz in dem nahe von Budweis gelegenen Schloß Chlumetz aufzuschlagen. Dort verschlechtert sich Franz Ferdinands Zustand von neuem. Der von Franz Joseph mit der Untersuchung des Thronfolgers beauftragte Leibarzt Dr. Eisenmenger rät jetzt zu einem neuen Kuraufenthalt im Süden. Bevor Franz Ferdinand abreist, besucht er noch einmal seine alte Garnison Ödenburg und verlebt auch einige Tage auf dem in der Nähe gelegenen Schloß Halbthurn des Erzherzogs Friedrich und seiner Gemahlin Isabella. Auf Halbthurn begegnet er das erste Mal einer Hofdame der Erzherzogin, der jungen böhmischen Komtesse Sophie Chotek. Sie stammt aus altem tschechischen Uradel, ist wenig vermögend, dafür besitzt sie aber einen außerordentlichen Charme und sehr schöne Augen. Statt sich nun, wie es vor allem Erzherzogin Isabella gerne sehen möchte, eingehend mit deren ältester Tochter Maria Christine zu beschäftigen, zeigt der Gast ein weit ausgeprägteres Interesse für die hübsche Komtesse.
Ein reiner Zufall führt dazu, daß Sophie Chotek eines Tages Franz Ferdinand während eines heftigen Hustenanfalles überrascht. Einer Kindheitserfahrung folgend, holt sie ein Fläschchen Lebertran und bittet den Erzherzog, ein paar

Tropfen zu nehmen. Etwas verwundert und eher belustigt, leistet er der Aufforderung Folge. Bisher hatte er nämlich noch nie gehört, daß Lebertran bei Hustenanfällen verabreicht würde. Umso erstaunter bemerkt er, daß dieses Kinder-Medikament anscheinend hilft. Mehr im Spaß als im Ernst nimmt er das Fläschchen als Souvenir mit. Wobei er feststellt, daß zwei ausdrucksvollen Augen eine nicht minder heilsame Wirkung zukommt als jeder anderen Medizin.

Franz Ferdinand und Sophie Chotek – eine große Liebe bis in den Tod

Auf dringende Vorstellungen des Ministers Taaffe hin, läßt sich Franz Joseph dazu überreden, nun doch an eine mögliche Nachfolge durch Ferdinands Bruder Otto zu denken. So wird dieser von Ödenburg in die Hauptstadt versetzt und erhält als Wohnsitz für sich und seine Familie das Augartenpalais zugewiesen, das der lebenslustige Otto sehr bald unter dem Eindruck der ihm »zur Vorbereitung« vorgelegten Akten als »Auweh-Palais« kennzeichnen wird! Der plötzliche Tod seines Vaters und das entsetzliche Ereignis von Genf zwingen Franz Ferdinand zur Rückkehr in die Heimat. Ob es nun tatsächlich der Nil war oder der aufmunternde Blick zweier Augen, die ihm Mut zuzusprechen schienen, jedenfalls stellen die Ärzte bei seiner Rückkehr fest, er wäre völlig gesundet.
Es vergeht einige Zeit, da weilt der Erzherzog wieder auf Halbthurn auf Besuch. Nach seiner Abreise geht Erzherzogin Isabella noch einmal in das Gästezimmer. Einer Hausfrauengewohnheit folgend, will sie sich davon überzeugen, daß ihr Gast nichts vergessen hat. Dabei zieht sie, ohne etwas Bestimmtes zu denken, die Schublade des Nachtkästchens heraus. Dabei fällt ihr Blick auf einen kleinen, blinkenden Gegenstand.
»Ein Medaillon?«
Ihre Kaiserliche Hoheit greift nach dem Ding, befühlt es und bemerkt, daß auf der anderen Seite ein Bild eingefaßt ist. Sie dreht das Medaillon um und erstarrt!
»Das ist doch die Sopherl Chotek!« Und das im Schlafzimmer des künftigen Kaisers und Königs!
Was sich daraufhin abspielt, hat der Chronist in zwei Sätzen in klassischer Kürze geschildert: »Erzherzogin Sophie fand es für alle Fälle gut, die Hofdame mit der erkrankten Prinzessin Gabriele nach Abbazia zu entsenden. Aus dem Auge, aus dem Sinn!« Keineswegs!
Es vergehen kaum zwei Wochen, da reist Erzherzogin Isabella selber nach Abbazia. Sie will sich vom Gesundheitszustand ihres Töchterchens überzeugen. Zu ihrem Befremden findet sie Gabriele allein im Park des Hotels. Nur ein Kammermädchen ist bei ihr.
»Wo ist denn Sophie Chotek?«
»Ich weiß nicht, . . . ich glaube spazieren?«
»Spazieren!« Erzherzogin Isabella ist empört. »Seit wann versieht eine Hofdame so ihren Dienst!«
Erst nach einiger Zeit erscheint Sophie Chotek wieder. Sofort eilt Isabella auf sie zu, sie will ihr gerade die Meinung sagen, da taucht, wie aus dem Boden gewachsen, der Thronfolger zwischen den Parkbäumen auf. Isabella muß sich im ersten Augenblick erst an seinen Anblick gewöhnen, etwas erscheint ihr fremd an ihm. Richtig, er trägt ja Marineuniform, mit den goldenen Tressen eines Admirals.
Als wäre nichts Absonderliches vorgefallen, geht er auf die Erzherzogin zu, küßt ihr die Hand und erkundigt sich, warum sie ihre Ankunft nicht angekündigt habe. Da bemerkt er erst, daß es zwischen den Damen etwas gegeben haben muß. Denn beide haben hochgerötete Wangen. Und er begreift auch schon. Es geht darum, weil er Sophie von ihrem Aufsichtsposten weggeholt hat. Er entschuldigt sich lächelnd, nimmt ganz ungeniert Sophies Arm und schließt seine Erklärung mit dem lapidaren Satz: »Sophie ist nämlich meine Braut!«
Franz Joseph kann die Braut nach dem Hausgesetz nicht als »ebenbürtig« anerkennen und verlangt von Franz Ferdinand den Verzicht auf diese Ehe. Doch der Thronfolger besteht auf derselben. Da ist es der Pole Graf Goluchowski, der eine Formel vorschlägt, auf die sich beide Teile einigen könnten. Er meint nämlich zum Kaiser, er könne vielleicht in die Ehe einwilligen, wenn der Thronfolger für seine Gattin und seine Kinder auf die Mitgliedschaft des Erzhauses verzichten würde. Der Kaiser bleibt skeptisch, Franz Ferdinand hat ebenfalls Einwände. Da greift Goluchowski zu einem Mittel, das überzeugend zu wirken scheint. Er sagt zu Franz Ferdinand, ich bin Slawe, Kaiserliche Hoheit. Der Entschluß, eine Dame aus slawischer Abkunft zur Frau zu nehmen, wird bei allen Slawen der Monarchie den Eindruck erwecken, daß ihnen in Zukunft jener Platz in diesem Staate zugebilligt werden wird, der ihnen nach ihrem Bevölkerungsanteil zukommt.
Goluchowski deutet an, daß sich nach einer Thronbesteigung Ferdinands immer eine Formel finden lassen würde, die eine nachträgliche »Ebenbürtigkeit« ermöglichen ließe. Doch auch dieser Möglichkeit schiebt Franz Joseph einen Riegel vor. Eine eigens einberufene Kommission redigiert einen Zusatzparagraphen zum Hausgesetz, der von Franz Ferdinand wie von jedem künftigen Thronerben einen Eid verlangt, daß er niemals eine Änderung des Verzichtsparagraphen vornehmen würde.
Als Franz Ferdinand das erfährt, verweigert er von neuem seine Zustimmung. Doch dann ist es wieder Goluchowski, der es versteht, den Thronfolger umzustimmen. Der auch von sich aus seine Braut nicht mehr auf die Folter spannen will. Dann kommt es zu der berühmten, feierlichen Verzichtserklärung Franz Ferdinands vom 28. Juni 1900 in der Ratsstube der Hofburg.

Die Hochzeit des Thronfolgers – ein Sieg über die alten Hausgesetze

Die Vermählung findet schon bald darauf, am 1. Juli 1900, im böhmischen Reichstadt statt. Vom kaiserlichen Hof nimmt kein einziges Mitglied daran teil. Doch dann erhebt Franz Joseph die »morganatische« Gemahlin seines Neffen zur »Herzogin von Hohenberg«. Franz Ferdinand, der lange Zeit kein ausgesprochener Freund der »Preußen« ist, erfährt dann durch keinen geringeren »Preußen« als Kaiser Wilhelm II. die erste »ebenbürtige« Anerkennung seiner Gemahlin. Anläßlich eines Besuches des Thronfolgerpaares in Berlin erweisen der deutsche Kaiser und sein Hof der Herzogin von Hohenberg alle einer kaiserlichen Prinzessin zustehenden Ehrungen. Was Ferdinand Kaiser Wilhelm niemals vergessen wird. In Wien geschieht dann das Gegenteil. Als Franz Ferdinands jüngerer Bruder Otto 1906 an einer plötzlich auftretenden, schweren Erkrankung stirbt, brüskiert der Obersthofmeister Fürst Montenuovo das Thronfolgerpaar in unerhörter Weise. Wie die Hoftrauerwagen nach dem Begräbnis vorfahren, bedeutet der Fürst der Gattin des Thronfolgers, daß ihr kein Platz an der Seite ihres Gatten im Hofwagen zustehe. Sie möge im letzten Hofwagen Platz nehmen. Zu stolz, um auf diese Beleidigung weiter einzugehen, geht die Herzogin zu Fuß die ganze Wagenreihe entlang und besteigt den allerletzten Wagen. Der Thronfolger unterdrückt nur mit Mühe einen lautstarken Zornesausbruch. Aber er wird sich daran erinnern! Schon am nächsten Tag, als Montenuovo im Belvedere vorspricht, um eine Erklärung anzubringen, empfängt ihn der Thronfolger nicht.

Seit dem Einzug ins Belvedere wird dieser herrliche Bau Lukas von Hildebrandts zur Zentrale eines aus einem auserlesenen Mitarbeiterstab beschickten Arbeitskreises. Den »Kopf« bildet die Militärkanzlei des Belvedere, eine Einrichtung, der Franz Joseph nur zögernd zugestimmt hatte. Was hier geplant, besprochen, verfügt und durchgeführt wird, widerspricht allein schon in der Form den bisherigen Gepflogenheiten von »drüben«. Worunter die Kanzleien der Hof- und Geheimräte im Bau zwischen Babenberger Straße und Michaelerplatz gemeint sind. Drängender und treibender Geist ist Franz Ferdinand selber.

Innenpolitisches Ziel Franz Ferdinands ist die Schaffung eines Großösterreichs, in welchem neben dem deutschen Element auch das slawische, gemäß seiner Bevölkerungszahl, als staatserhaltender Faktor zum Tragen kommt. Das Bestehen eines ungarischen Nationalstaates, in dessen Grenzen sechs Nationen der härtesten Bedrängnis ausgesetzt sind, betrachtet Franz Ferdinand als Fiktion. Vor allem widersetzt er sich durchaus nicht dem Drängen der Tschechen, die ihm die historische Wenzelskrone aufs Haupt setzen wollen. Er mißt aber einem solchen Akt eine eher formal-symbolische Bedeutung zu. Keinesfalls ist er gewillt, sich zum König von Ungarn innerhalb der vorgeschriebenen sechs Monate nach dem Weggang seines Vorgängers krönen zu lassen. Vorher, so betont er, müßte erst eine neue, den großen Reichsgedanken anerkennende Verfassungsänderung erfolgen, die er auch mit Machtmitteln durchzusetzen bereit ist. Ein völlig neues Moment in die Planung eines künftigen Bundesstaates der österreichischen und ungarischen Länder bringt der Gedanke, sich zum Kaiser von Österreich krönen zu lassen. In der Tat hatte eine solche Krönung seit der Annahme dieses Titels durch Franz I., 1804, nie stattgefunden. Diese Österreich-Krönung soll vor jener in Prag und Budapest stattfinden, womit auch jener Vergleich Anwendung findet, der die Völker des Donaubeckens unter einem großen Vaterhaus vereinigt, unter dessen Schutz sie als zwar vielfach ungleichartige Geschwister, doch verträglich nebeneinander wohnen und leben.

Das außenpolitische Konzept Franz Ferdinands lautet: Engste Bindung an das Deutsche Reich, Wiederherstellung bündnisreifer Beziehungen zu Rußland, Zurückhaltung gegenüber dem allzu freisinnigen, revanchelüsternen Frankreich und beste Verbindungen zu Großbritannien, allein schon der Liebe Franz Ferdinands zu der neuen österreichischen Flotte wegen. Italien wird als traditioneller Gegner betrachtet. Wie sehr Franz Ferdinands Entgegenkommen gegenüber den Slawen die Bestrebungen der serbischen Nationalisten stört, wird durch die viel später erfolgenden Enthüllungen des serbischen Unterrichtsministers Jovanovic 1924 bestätigt.

Es war der Plan Franz Ferdinands, durch die Krönung mit der Wenzelskrone in Prag in allen Slawen Österreichs und Ungarns ein Staatsgefühl zu erwecken, das die serbischen Geheimbündler um ihre Ziele gebracht hätte. Um das zu verhindern, wird von ihnen der Mord vom 29. Juni 1914 geplant.

Von 5 Uhr früh bis spät in die Nacht – ein Kaiser arbeitet nach »Dienstplan«

Immer dann, wenn sich Erzherzog Franz Ferdinand bereit macht, um in die Hofburg zu fahren und dort bei Seiner Majestät Vortrag zu halten, befällt ihn eine von Spannung erfüllte Nervosität. Er zeigt sich gegenüber seiner Umgebung reizbar und wird sogar unangenehm. Der Grund hierfür liegt in den Schwierigkeiten, die ihn erwarten. Es kostet jedesmal Nerven, wenn er den alten Herrn von der Zweckmäßigkeit einer Neuerung überzeugen muß. Je älter der Kaiser wird, desto mißtrauischer verhält er sich gegenüber Vorschlägen, die seiner Ansicht nach noch nicht für die Durchführung reif sind. So kommt es vor, daß auch dem Thronfolger das Temperament durchgeht und die Unterredungen »mit Donner und Blitz« enden. Als fürchteten beide, und zwar jeder den anderen, werden bei solchen Anlässen die Gespräche »rein dienstlich« geführt. Bis sich Franz Ferdinand mit einem »Jawohl Majestät!« der Tür zuwendet, jedoch immer so, daß er dem Onkel und Kaiser nicht den vollen Rücken zukehrt.

Wie sich ja auch sonst im Ablauf des »Dienstes immer gleichgestellter Uhr« in der Burg wie in Schönbrunn nicht viel geändert hat, was Franz Ferdinand immer wieder zu einem mißmutigen Kopfschütteln veranlaßt.

Pünktlich auf die Minute betritt der Monarch jeden Morgen um 4 Uhr sein Arbeitszimmer. Der Kammerdiener Ketterl hat ihn bereits um drei Uhr dreißig wecken müssen. Ab 5 Uhr früh liegt der Posteinlauf auf seinem Schreibtisch. Um die gleiche Zeit müssen sich der Chef der Militärkanzlei General Baron Bolfras und der Vorstand der Zivilkanzlei Hawerda-Wehrlandt zur Berichterstattung bereithalten. Um fünf Uhr trägt Ketterl auch das Tablett mit dem Frühstück herein. Tee – in früheren Jahren war es Kaffee –, ein Semmerl, Butter und eine Scheibe Schinken (kirchliche Fasttage ausgenommen!). Während er frühstückt, studiert der Kaiser die Akten. Um 9 Uhr meldet sich dann, schlecht ausgeschlafen, Graf Paar, dann, wenn er nicht schon früher gerufen worden war, Baron Bolfras und im Anschluß an diese der erste Obersthofmeister Fürst Rudolf Liechtenstein, zuweilen auch der Oberstküchenmeister Graf Wolkenstein. Im Anschluß erscheinen die Minister zum Vortrag. Zweimal in der Woche finden auch die Audienzen statt. Zu den Ministervorträgen wäre zu sagen, daß Franz Joseph von jedem dieser Herren uneingeschränkte Offenheit erwartet. Die Behauptung, daß man ihm nicht widersprechen durfte, gehört ebenso in das Reich der Fabel, wie jene, er habe die Wahrheit nicht vertragen. Mittags um 12 Uhr wird auch mit traditioneller Pünktlichkeit das Déjeuner serviert. Ketterl stellt dann »alles auf einmal« auf einem Tablett auf den Schreibtisch. Wobei er darauf achten muß, daß er keine der Aktenstücke »verschiebt«. Auch hier gilt die Regel: die erledigten rechts, die unerledigten links! Das »Alles auf einmal« besteht in einer Tasse Suppe, die angereichert wird mit Rindfleisch, Gemüse oder Beefsteak mit Gemüse, ab und zu auch Geflügel.

Zwei Ereignisse, zugleich Tief- und Höhepunkt der letzten Friedensjahre: Die Affaire um den Obersten Alfred Redl 1911 *(links) erschütterte das Vertrauen des Kaisers in »seinen« Generalstab.*

Die Huldigung aller deutschen Fürsten und des 1. Bürgermeisters der Hansestadt Hamburg unter Anführung des deutschen Kaisers zum 60jährigen Regierungsjubiläum brachten Franz Joseph noch einmal den alten Glanz seines Reiches (oben).

1899 – 1900 zog der Boxeraufstand im fernen China das Interesse der Welt auf sich. Ein internationales Militärkorps mußte eingreifen.

Amerikanische Kavallerie (links).

Japanische Feldpolizei in »Aktion« (unten).

Der Boxeraufstand war für die Vereinigten Truppen kein militärischer Spaziergang.

Russische Matrosen besetzen ein Stadtviertel in Peking (oben rechts).

Österreichische Matrosen »requirieren« Transportmittel (rechts).

Russische Infanterie vor dem Einsatz (unten links).

Britische Truppen erstürmen das Gesandtschaftsviertel in Peking (unten rechts).

Ein kleiner König in Montenegro: Nikolaus »Nikita« hatte große Ambitionen.

Dalmatinische Heimwehr in Cattoro.

Die Balkankriege von 1912/13 brachten die Donaumonarchie in politische Bedrängnis. Diese drei Titelbilder des alten »Simp'l« (Bildleiste Mitte) zeigen treffend die versagende Diplomatie der europäischen Großmächte (links), das Blutbad im Zeichen des Kreuzes (Mitte) und schließlich das »lackierte« Österreich, das nun alleine einem haßerfüllten und russisch-freundlichen Serbien gegenüberstand.

Die Ideen der Bertha von Suttner, der ehemaligen Sekretärin A. Nobels (links), und ihrer Österreichischen Friedensgesellschaft standen im Gegensatz zu den strategischen Gedanken des Generalstabschefs Franz Conrad von Hötzendorff (rechts).

Knatternde Motorautobusse waren im »Goldenen Wien« noch eine Seltenheit.

Das Verkehrsbild bestimmten nach wie vor die »Stellwagen« der Jahrhundertwende.

Es ist das Wien aus den Anfangsjahren des XX. Jahrhunderts, dessen »romantischer« Ruf auch heute noch nachklingt. Wien war damals alles andere als »glückselige Insel«: Arbeitskämpfe, Wohnungsnot und politischer Zündstoff waren auch hier an der Tagesordnung (Bilder Mitte und unten).

Ankunft des Thronfolgerpaares mit dem Hofzug am Morgen des 28. Juni 1914. Noch ahnt niemand, welche Katastrophe an diesem Tag über die Welt hereinbrechen wird (oben).

Die Garnisonstadt Sarajewo verkörperte lange Zeit friedliches Nebeneinander (oben links).

Das erzherzogliche Paar verläßt das Rathaus zur Fahrt in den Tod. Ahnte Ferdinand, was ihn in Sarajewo erwartete? Verbürgt ist, daß er seinem möglichen Nachfolger, Erzherzog Karl Franz Joseph, genaue Anweisungen für den Fall gab, daß ihm hier in Bosnien etwas zustoßen sollte (Bilder links und unten).

Sekunden nach dem Attentat wird der Mörder, ein serbischer Student mit Namen Princip, überwältigt.

Sobald die Nachricht das Volk erreichte, kam es in fast allen Städten der Monarchie zu Ausschreitungen gegen serbische Geschäfte (Bilder rechts und unten).

Österreichs Luftfahrt und Luftstreitkräfte haben eine lange Tradition (Lenkballon Schwarz).

Der erste k. u. k. Militär-Fliegerkurs 1911. Vor einer »Etrich Taube« posiert als zweiter von rechts der später erfolgreichste österreichische Marineflieger, Lt. Carl Banfield.

Flugtag in Wiener Neustadt. Skeptisch begutachtet der Oberste Kriegsherr die neue Waffengattung, welche bereits in weinigen Jahren strategische Bedeutung erlangen wird (Bilder Mitte und links unten).

Mit dem Interesse der Militärischen Führung an der Fliegerei wuchs auch die zivile Begeisterung für die sportlichen Seiten (links).

Eine der letzten Aufnahmen des Kaisers im Familienkreis, anläßlich der Hochzeit seines Großneffen Karl Franz Joseph, des späteren Kaisers Karl, mit Prinzessin Zita von Bourbon-Parma (rechts).

Das Ende

Immer aber stellt Ketterl das geliebte Krügel »Spaten« vor seinen Kaiser hin. Die Küchen liegen im übrigen in einem entfernten Trakt der Burg. Man muß also das Mittagessen für den Kaiser in zwei Blechkanistern heranbringen. Wo dann in einem kleinen Nebenraum die Mahlzeit nachgewärmt wird. Erscheint dann gerade während des Essens ein Minister oder anderer mit Verantwortung belasteter Mann, läßt Franz Joseph ohne Rücksicht darauf, ob die Mahlzeit beendet ist, das angefangene Essen sofort wieder hinaustragen.

Das eigentliche Diner wird erst um 5 Uhr nachmittags eingenommen. Fährt Franz Joseph nicht nach Schönbrunn, wo der Morgen ohnehin auf Frau Schratt abgestimmt ist, um dort eine Stunde im Kammergarten spazieren zu gehen, leistet ihm in der Burg Frau, jetzt »von« Schratt beim Diner Gesellschaft. Aber auch dieses Mal wird im Arbeitszimmer serviert. Es folgt die gewohnte Plauderstunde beim Qualm der »goldbraunen« Virginia und dann arbeitet Franz Joseph weiter bis spät in die Nacht.

So läuft seit Jahrzehnten die »Beschäftigung«, um mit der Dienstvorschrift der k.u.k. Armee zu sprechen, des »Allerhöchsten Herren« ab. Erlaubt es ihm die Zeit, gehört der »Großpapa« ganz der Familie seiner Tochter Marie Valerie und deren Kindern.

Nun besteht die Familie ja nicht bloß aus Enkelkindern. Auch die Älteren vollführen Streiche. Böse Streiche sogar!

Fördern Affairen eher die Popularität des Kaiserhauses, so schätzt Franz Joseph eine Volkstümlichkeit durch Heiraten von Familienmitgliedern mit Bürgerlichen weit weniger. Noch ist die Geschichte mit Johann Orth nicht vergessen, da verliebt sich der dritte Bruder Ottos, der elegante, gut aussehende Erzherzog Ferdinand Karl, in eine Tochter des Professors an der Technischen Hochschule, Czuber. Das Peinliche an der Angelegenheit ist, daß Ferdinand Karl mit ihr ein Verhältnis angefangen hat, das er unmöglich so fortsetzen kann. Bertas Familie erwartet, daß Ferdinand Karl sie heiratet. Dieser wendet sich an seinen Bruder Franz Ferdinand und bittet ihn, beim Kaiser vorzufühlen und eventuell zu vermitteln. Doch Franz Ferdinand lehnt auf Grund seiner eigenen Erfahrungen ab. Worauf Ferdinand Karl kurz entschlossen heiratet, ohne es jedoch dem Kaiser zu melden. Wie er sich selber ausdrückt, gibt ihm diese Gesellschaft intellektueller Menschen das, was er in seinen Kreisen nicht findet.

Zuletzt kommt er dann doch nicht daran vorbei, sich aus den »eigenen« Kreisen offiziell abzumelden. Er sucht um eine Audienz an und erhält sie ohne weiteres bewilligt. Franz Joseph weiß natürlich bereits, was seinen Neffen zu ihm führt. Trotzdem will er wissen:

»Du hast der Czuber doch nicht die Ehe versprochen?«

Ferdinand Karl weiß später selbst nicht, was ihn dazu bewogen hat, einfach zu lügen. Er stottert nur unsicher: »Nein, Majestät!«

»Soso, also noch nicht! Na, dann danke ich dir. Vergiß aber nicht, deiner Frau zu sagen, daß du bei mir warst!«

Die Audienz war beendet. Von nun ab gibt es keinen Erzherzog Ferdinand Karl mehr, sondern nur einen Ferdinand Burg, der mit seiner Gattin auf Schloß Rottenstein bei Meran seinen Wohnsitz nimmt.

Im Porto Militare an der Mole San Vicenzo zu Füßen des Castello Nuovo in Neapel liegen die grauen Kolosse der italienischen Flotte unter Dampf. Längs der Mole Angiolino, bis hinüber zum Porto Vecchio Mercantile reihen sich die Gewehrpyramiden wartender Truppen. Hinter ihnen stehen in dichten Treffen die Mannschaften, Bersaglieri, Fanti, Zappatori und Soldaten des Genio. Sie tragen Tropenhelme und Khaki-Uniformen. Seit zwei Monaten führt Italien Krieg gegen die Türkei. Doch die Eroberung Tripolitaniens macht keine Fortschritte. Ein türkischer Major Enver mit ein paar Bataillonen und die wilden Senussi leisten so erfolgreichen Widerstand, daß der »Spaziergang« nach Libyen sich auf einen schmalen Küstenstreifen beschränkt. Dagegen geht die Besetzung der Dodekanes-Inseln und von Rhodos zügig vor sich. Die Türken leisten dort wenig Widerstand und werden sich bald zum Frieden entschließen müssen. Denn die Telegramme im Ballhausplatz besagen, daß sich auf dem Balkan ein Gewitter gegen Istanbul zusammenbraut.

Zunächst erschüttert jedoch ein unerhörter Skandal die gesamte Öffentlichkeit der Monarchie. Die Spionageaffaire des Obersten Redl. Als Souschef im k.u.k. Evidenzbüro stehen ihm wichtige Geheimakten des österreichischen Generalstabes offen. Dort fällt eines Tages auf, daß die Russen alle Punkte, die von österreichischer Seite im Falle eines Krieges als operative Ziele festgelegt werden, befestigen. Auch Franz Ferdinand stellt fest, daß Oberst Redl ein für einen Offizier recht luxuriöses Leben führt. Redl ist unterdessen Generalstabschef des VIII. Korps in Prag geworden, er reist jede Woche nach Wien und geht dort eines Tages in eine auf Weisung Franz Ferdinands gestellte Falle. Der Skandal ist ungeheuer. Vor allem auch deshalb, weil sich herausstellt, daß einige jüngere Offiziere der Kriegsschule Redl ins Netz gegangen sind. Der ebenfalls in die Spionageaffaire verwickelte russische Militärattaché Oberst Zienkiewitsch wird aus Österreich ausgewiesen.

Krieg im Balkan – erste Vorboten der großen Katastrophe

Statt nun, wie allgemein erwartet wird, Redl vor ein Kriegsgericht zu stellen, drückt man ihm in einem Hotelzimmer eine Pistole in die Hand. Er erschießt sich, die Opfer seines Verrates werden aber drei Jahre später zu Tausenden in Galizien fallen. Unter dem Eindruck des türkischen Versagens im Dodekanes schließen sich Bulgarien, Serbien, Montenegro und Griechenland zu einem gegen die Hohe Pforte gerichteten Bündnis zusammen, hinter dem sich deutlich die russische »Aufmunterung« abzeichnet. Zwar erklären die europäischen Großmächte, keiner Änderung auf dem Balkan zuzustimmen, doch läßt dieser Beschluß das kleine Montenegro kalt. Seine Soldaten fallen die türkischen Truppen auf albanischem Boden an. Von Italien in Nordafrika angegriffen, von den Staaten des neuen Balkanbundes bedroht, sehen sich die Türken zum Friedensschluß von Ouchy (Lausanne) gezwungen. Der Italien, nicht ohne diplomatische Stütze durch Österreich, den Besitz der Cyrenaika und der von ihm besetzten Dodekanes-Inseln sichert. Unterdessen haben auch die Bulgaren die Feindseligkeiten gegen die Türken eröffnet. In den Schlachten von Kirkilisse und Lüle-Bürgas schlagen sie die bedeutend schwächeren türkischen Truppen, holen sich aber an der Tschadaldscha-Linie vor Adrianopel blutige Köpfe. Um eine Festsetzung der Bulgaren in Saloniki zu vermeiden, rücken jetzt die Griechen in Thessalien vor und besetzen die wichtige Hafenstadt Saloniki. Auch Kreta schließt sich an Griechenland an, dabei werden schauerliche Grausamkeiten an der dortigen türkischen Bevölkerung verübt. Auf den Druck der Großmächte hin, erklärt sich jetzt Bulgarien am 4. November 1911 zu einem Waffenstillstand bereit. Eine Botschafterkonferenz in London beschließt daraufhin die Gründung eines neuen Staatsgebildes: Albanien.

Dieser Staat wird mit besonderer Zustimmung Italiens ins Leben gerufen. Damit soll einer Ausdehnung Serbiens bis zur Adria ein Riegel vorgeschoben werden. Die gleichzeitige Erneuerung des Dreibundes gibt dieser Aktion besonderes Gewicht. Unterdessen kommt der Frieden mit Bulgarien noch immer nicht zustande. Der Waffenstillstand wird gekündigt, das von den Türken bisher tapfer verteidigte Jannina muß sich ergeben, und auch Adrianopel wird jetzt von Bulgaren und Serben erstürmt. Trotz seiner Zugehörigkeit zu dem neu gegründeten Albanien, läßt der neue »König« Nikita von Montenegro Skutari durch seine Truppen belagern. Immer deutlicher macht sich die »brüderliche Hilfe« der Russen für ihre slawischen Verwandten auf dem Balkan bemerkbar, Rußland führt eine Probemobilmachung durch, was wieder Österreich-Ungarn veranlaßt, seine Grenzgarnisonen für einen Kriegsfall vorzubereiten. Diese Maßnahmen zwingen daraufhin Herrn Nikita, die Belagerung Skutaris aufzuheben. Denn auch Italien läßt deutlich erkennen, daß es Montenegros Gegenwart auf albanischem Boden nicht duldet. Endlich, am 5. Mai 1913, kommt es zum Präliminarfrieden von London. Die Türkei verliert das gesamte Gebiet westlich der Linie Enos-Midia an die Bündnisstaaten des Balkanbundes.

Die Teilung der türkischen Beute löst schon bald einen Streit zwischen den Siegern aus. Mit einem Male erhebt Rumänien Anspruch auf Silistria und einen Landstreifen der Dobrudscha. Bulgarien, vom Krieg stark geschwächt, muß nachgeben. Doch jetzt erhebt auch Serbien Gebietsansprüche gegenüber Bulgarien. Nachdem der Adriatraum zunächst ausgeträumt ist, will es sich mit mazedonischen Gebieten entschädigen, was Bulgarien nicht zuläßt. So bricht im Juni 1913 der zweite, weitaus blutigere Balkankrieg aus. Denn auch Griechenland und Montenegro ergreifen jetzt für Serbien Partei. Und Rumänien erscheint wieder auf dem Plan. Von der Übermacht eingekreist, erliegen die Bulgaren zuletzt dem feindlichen Ansturm. Die Erbitterung, ja vielfach Grausamkeit, mit der gekämpft wird, hat eine völlige Ausblutung Bulgariens zur Folge. Ganz zuletzt eröffnet jetzt auch die Türkei neue Feindseligkeiten, sodaß der gesamte Balkan zu einem einzigen Kriegsschauplatz wird. Nachdem sie jetzt auch Adrianopel an die Türken verlieren, willigen die Bulgaren in einen Waffenstillstand ein. Dem am 10. August 1913 der Friede von Bukarest folgt. Bulgarien verliert den Süden der Dobrudscha an Rumänien, das Gebiet südöstlich der Maritza und Adrianopel an die Türkei, und Saloniki fällt endgültig an Griechenland. Ein Schiedsspruch der Großmächte soll über die Inseln im Ägäischen Meer entscheiden. Der neu ins Leben gerufene Staat Albanien erhält einen eigenen Regenten in der Gestalt des Prinzen Wilhelm von Wied. Der allerdings bereits im September 1914 das Land wieder verlassen wird. Insgesamt hat die Hohe Pforte 20000 qkm an Land auf dem Balkan verloren. Was ihr bleibt, ist ein Gebiet, das sie gerade noch als Trittbrett für den Zutritt nach Europa benützen kann.

In Wien verfolgt man den Ablauf der Balkanereignisse mit großer Spannung. Die offizielle Meinung teilt sich in zwei Lager. Hofburg wie Schönbrunn, also der alte Kaiser und seine Berater, plädieren für den status quo, also für eine abwartende und durch gelassene Ruhe imponierend wirkende Haltung, während man im Belvedere durch energisches Auftreten, womöglich durch eine Herausstellung der militärischen Macht den Serben die Lust an weiteren Versuchen, ihren Landbesitz noch zu erweitern, austreiben möchte. Ein imponierender Faktor für solche Demonstrationen ist neben der Armee seit kurzer Zeit der neue Wehrmachtsteil, die Flotte. Gerade ihr hat Erzherzog Franz Ferdinand größte Aufmerksamkeit zugewandt und ist dabei bewußt in die Fußstapfen seines unglücklichen Onkels Ferdinand Max (von Mexiko), Tegetthoffs und Sternecks getreten. In kluger Abwägung der ihr gegebenen Möglichkeiten, sieht er ihre Hauptaufgabe in einem Offenhalten der Straße von Otranto. Wie er es auch als einen sehr schweren Fehler ansieht, daß die Monarchie sich nicht schon längst die Seefestung Valona in irgendeiner Form als Flottenstützpunkt gesichert hat. Denn, was nützen Pola, Sebenico und Cattaro, wenn ein Feind (die italienische Flotte) den Wassersack von Otranto zuschnürt. Dank der Initiative Franz Ferdinands und des Admirals Anton Haus (auch Admiral von Horty war damals Flügeladjutant bei Kaiser Franz Joseph) wird gezielt am Aufbau der Flotte gearbeitet. Sie umfaßt zur Zeit 4 Großkampfschiffe (»Viribus Unitis«, »Tegetthoff«, »Prinz Eugen«, Szent Istvan«, letzteres noch im Bau) von je 20000 Tonnen, bestückt mit modernen Skodageschützen (12 zu 30,5 cm), 12 Linienschiffe, 26 moderne Torpedoboote und 6 U-Boote. Der Bau von modernen Kreuzern und Torpedobootzerstörern ist infolge der beschränkten Mittel noch im Rückstand. Leider wird es bis zum Beginn des Ersten Weltkrieges nicht möglich sein, aus Mangel an Rohstoffen und Spezialarbeitern die U-Boot-Waffe zu verstärken. Angesichts der Überlegenheit der italienischen Flotte und »im Schatten des titanenhaften deutschen Flottenbaues« (G. Nietsche), ist der bisherige Stand der kleinen k.u.k. Flotte immerhin eine beachtliche Leistung. Ein Beispiel hierfür haben die Männer der Polarexpedition unter Payer und Weyprecht 1872 mit der Entdeckung des »Franz-Joseph-Landes« gegeben und während des Boxeraufstandes 1900 in China hatten ein Panzerkreuzer sowie drei Kreuzer an den Kämpfen um Taku teilgenommen. Österreichische Matrosen waren Verteidiger des Gesandtschaftsviertels von Peking und Teile der Besatzungen unter Führung des deutschen Feldmarschalls Graf Waldersee hatten sich auch als Landungstruppen ausgezeichnet. Das Offizierskorps der Flotte besteht in seiner

Mehrzahl aus Deutschen, die Matrosen sind Kroaten, Italiener und Ungarn. Besonders die Dalmatiner gelten als hervorragende Seeleute. Als Pendant zu der Hochseeflotte kreuzt außerdem eine Flottille von Donaumonitoren auf dem Nibelungenstrom zwischen Linz und Semlin vor Belgrad.
Erzherzog Franz Ferdinand und sein General Conrad sind also für die harte Linie. Die Gegensätze zwischen den Auffassungen der Burg und dem Belvedere führen dazu, daß auch in der Außenpolitik keine einheitliche Linie verfolgt wird.

Sarajewo

Damit erhält aber die Meinung Franz Ferdinands ihre Berechtigung: Eine militärische Demonstration großen Ausmaßes kann und wird selbst den vorlauten Serben die Luft aus den Lungen treiben und in Rom den Eindruck hinterlassen, daß man in Wien äußerst wachsam ist. Darum befiehlt Franz Ferdinand, er ist seit 1913 Generalinspektor der Armee, also ihr höchster Befehlshaber neben dem Kaiser, die Versammlung von 60000 Mann in Bosnien. Mit der Aufgabe, dort große Manöver abzuhalten. Franz Joseph, der von ihm gebeten wird, an den Manövern teilzunehmen, lehnt ab. Er betrachtet militärische Demonstrationen nach wie vor als allerletztes Mittel, das nur dann angewendet werden sollte, wenn keine andere Aussicht auf eine Beilegung der Spannungen besteht. Er weiß aber auch, daß Franz Ferdinand gar nicht daran denkt, die Demonstration über den Rahmen der Manöver auszudehnen. Wer hingegen auf den Besuch des Thronfolgers drängt, ist der ehrgeizige Landeschef von Bosnien, Feldzeugmeister Potiorek. Dieser ehrgeizige und auf seine Verwaltungserfolge erpichte General will auf jeden Fall Lorbeeren für die von ihm demonstrierte Entwicklung und für die Kaisertreue der Bosniaken ernten. So zwingt man den Thronfolger mehr oder minder zu einer politischen Demonstration, indem er den Besuch von Sarajewo mit der Inspektion der Truppen koppeln soll. Ein Auftrag, der ihm nicht willkommen ist und seltsamerweise mit trüben Ahnungen erfüllt.
Franz Ferdinand entschließt sich also auch zu einer »offiziellen« Reise nach Bosnien. Seine Frau, die Herzogin von Hohenberg, begleitet ihn.
Wenige Tage vor der Abreise des Thronfolgerpaares erscheint der serbische Gesandte am Ballhausplatz. Wie er erfahren hat, so erklärt er, ist der Beginn der Manöver in Bosnien für den 28. Juni festgelegt worden. Seine Regierung sowie sein ganzes Land müßten dies als eine Herausforderung von österreichisch-ungarischer Seite betrachten. Denn der 28. Juni sei ein Gedenktag an die 1389 verlorene Unabhängigkeit Serbiens an die Türkei und gelte im ganzen Lande als nationaler Trauertag. Auch die bosnischen Serben müßten einen militärischen Aufmarsch an einem solchen Tage als eine Verletzung ihrer Gefühle betrachten. Im übrigen müsse Serbien an Gegenmaßnahmen denken, um für eventuelle Zwischenfälle gerüstet zu sein. Daher werde es auch jenseits der Grenze seinerseits Truppen heranführen.
Wien spricht daraufhin von einer Einmischung in die Angelegenheiten eines fremden Staates. Und weist die Demarche zurück.
In Belgrad aber ruft der Leiter der »Narodnà Odbrana«, Dimitrijević, die führenden Köpfe seiner Untergrundorganisation zusammen. Der 28. Juni 1914, der Tag des »Vidovdan«, soll dieses Mal als Gedenktag einer neuen Epoche des Vaterlandes in die Geschichte eingehen!

Eine Autofahrt wird zum Fanal für ein Jahrhundert

Franz Ferdinand trägt heute Paradeuniform, die Herzogin ist ganz in Weiß. Mit dem Erzherzogspaar besteigt auch Landeschef Potiorek das Auto, auch er trägt Paradeuniform. Neben ihm nimmt der Flügeladjutant des Erzherzogs, Graf Harrach, Platz. Das erzherzogliche Paar ist soeben aus Ilidze eingetroffen. Nun geht die Fahrt auf die Stadt zu. Überall stehen jubelnde Menschen, »Zivio«-Rufe erschallen, dazwischen auch ein deutsches »Hoch!« oder »Eljen!« Sarajewo hat sein festlichstes Kleid angelegt. Fahnen, schwarz-gelbe und in den bosnischen Landesfarben, wehen längs der Straßen, Girlanden und Blumen, wohin das Auge blickt.
Was auffällt, das sind die wenigen Polizisten. Als man bei Potiorek angefragt hat, ob er Militärassistenz wünsche, hat er das abgelehnt. Er kann sich auf seine Bosniaken verlassen . . .
Das ist also der beleidigte serbische Nationalstolz, die Herausforderung des »Vidovdan«! Statt finsterer Gesichter und kühler Ablehnung überall Jubel und Feststimmung und nirgends eine Spur von Haß.
Da – plötzlich eine schmetternde Detonation! Dicht hinter dem Auto. Splitter pfeifen umher, ein Tumult bricht aus, ängstliche Schreie gellen auf und dann steht plötzlich ein Polizeioffizier auf dem Trittbrett des Autos.
»Weiter! Vorwärts, rasch, rasch! Man hat eine Bombe geworfen!«
»Eine Bombe? Wo, wer?« Ferdinand ist aufgesprungen, fällt aber durch das plötzliche Anfahren auf seinen Sitz zurück. Schon entfernt sich das Auto in rascher Fahrt. Was hinter ihnen geschieht, ist nur als undeutlicher Lärm mehr vernehmbar.
»Jawohl, eine Bombe, Kaiserliche Hoheit!«
»Eine maßlose Schweinerei. Sophie, bitte, keine Angst.«
Sophie ist sehr blaß, aber sie kämpft den überstandenen Schrecken sofort nieder. »Schrecklich«, flüstert sie, »gottlob, daß nichts weiter passiert ist.«
Es ist aber etwas passiert. Oberstleutnant Merizzi ist im zweiten Wagen gesessen und hat einige Splitter abbekommen. Auch unter den Zuschauern hat es Verletzte gegeben.
Noch völlig von dem Geschehenen beeindruckt, steigt das Erzherzogspaar vor dem Konak, dem Rathaus von Sarajewo, aus dem Auto. Auf der Treppe sind der Bürgermeister und die Gemeinderäte versammelt, Herren im Frack und Fez, daneben zwei Männer in bosnischer Tracht und der Iman.
Der Erzherzog hilft zunächst persönlich seiner Gemahlin aus dem Auto. »Danke, daß du so gefaßt bist, Liebes«, sagt er leise, dann wendet er sich an den Bürgermeister, der eben vorgetreten ist, sich tief verneigt und ihn begrüßen will. »Ein Skandal! Hier wird ein Gast mit Bomben empfangen!«
»Ist schon jemand da, der mir Einzelheiten rapportieren kann?«
»Ja, Kaiserliche Hoheit . . . ein Auslandsserbe, Grabilowitsch, angeblich Student, hat die Bombe geworfen, Oberstleutnant Merizzi ist verwundet. Er liegt im Garnisonsspital!«

»Wir fahren nachher sofort hin. Das fehlt gerade noch. Einer meiner fähigsten Offiziere!«
»Kaiserliche Hoheit werden doch nicht . . .?«
»Gewiß werde ich. Und zwar sofort, nachdem Ihre Hoheit die Delegation bosnischer Frauen empfangen hat und Sie mir alle Ihre Herren vorgestellt haben.«
Es dauert keine halbe Stunde. Die Herzogin Sophie ist in einen Nebenraum getreten und wird von den dort versammelten Frauen einer bosnischen Delegation begrüßt. Erzherzog Franz Ferdinand unterhält sich unterdessen mit verschiedenen Gemeinderäten über aktuelle Fragen der Stadt. Sobald die Herzogin wieder den Saal betritt, geht sie sogleich auf ihren Gatten zu.
»Ich komme natürlich mit, Franz!«
»Du?« Ein besorgter Blick trifft zwei Augen, die ihn mit einem Ausdruck unendlicher Verbundenheit anblicken. Sind es Tränen, die darin schimmern?
»Ich danke dir.«
Potiorek ist noch immer wie erstarrt. Seine Bosniaken! Auch wenn es ein Altserbe ist, den sie gefaßt haben. Es fällt doch immer auf Bosnien und vor allem auf ihn zurück. Während er hinter dem erzherzoglichen Paar die Treppen hinabsteigt, läßt er keinen Blick von dem Thronfolger. Der trägt den Kopf hoch, fast hochmütig, wie es Potiorek erscheint, und geht kerzengerade auf das Auto zu. Nur die Herzogin lächelt wieder.
Potiorek nimmt dann auf dem Notsitz des Autos vor dem Erzherzogspaar Platz. Der Flügeladjutant Graf Harrach läßt es sich dieses Mal nicht nehmen, auf das Trittbrett zu steigen. Als es ihm der Erzherzog verwehren will und zuruft: »Sie werden herunterfallen, Harrach, das Auto fährt zu schnell«, schüttelt er nur den Kopf. Es soll keinem einfallen, sich dem Auto zu nähern.
»Also los. Anfahren!«
Der Wagen des Bürgermeisters fährt voraus. Da kommt die Brücke über die Bosna. Neben ihr gabelt sich die Straße. Am Fluß führt der Appelkai entlang, während die Franz-Joseph-Straße stadtwärts in Richtung auf das Garnisonsspital weiterführt. An der Kehre ist ein dunkler Menschenknäuel erkennbar. Wieder Volkstrachten, wieder Menschen in ziviler Kleidung, wieder »Zivio«-Rufe, »Hoch!«, »Eljen!«.
Mit einem Male springt Potiorek auf. »Anhalten!« ruft er, »anhalten! Der Bürgermeister fährt falsch!«
Mit einem Ruck zieht der Fahrer die Handbremse an. Der Bürgermeister ist den Appelkai entlang weitergefahren. Scheinbar hat er vergessen, seinen Fahrer zu informieren, daß der Erzherzog zunächst in das Garnisonsspital will, so daß der Fahrer die ihm seit dem Morgen vorgeschriebene Route einhält. Unterdessen schaltet der Fahrer des erzherzoglichen Autos den Rückwärtsgang ein. Eben will er ein paar Meter zurücksetzen und gibt Gas, da vernimmt er neben sich, und zwar neben dem Trittbrett, auf dem Graf Harrach nicht steht, einen leisen Knall und gleich darauf einen zweiten. Er sieht auch, wie die Menschen auf der Straße plötzlich über jemanden herfallen, er hört wütende Schreie, kroatische Schimpfworte und dann schreit Graf Harrach plötzlich: »Um Gotteswillen fahren Sie doch, fahren Sie! Man hat Ihre Kaiserliche Hoheit getroffen. Und Seine Kaiserliche Hoheit verletzt!«
Der Fahrer gibt Gas. Er fährt los, mitten in die Menschenmenge hinein. Doch die ist schon auseinandergestoben. Was er noch sieht, sind ein paar Polizisten, die mit den blanken Säbeln auf einen jungen Menschen einhauen.
Die Herzogin ist unterdessen von ihrem Sitz etwas nach vorne gerutscht. Der Erzherzog hat wie schützend den Arm um sie gelegt und flüstert mit einer seltsam veränderten Stimme: »Sopherl, bitte stirb doch nicht, bitte stirb nicht. Du mußt am Leben bleiben, für – für unsere Kinder!«
Wie der Wagen vor dem Garnisonsspital anhält, springt Potiorek als erster aus dem Wagen. Er eilt auf die andere Seite, wo Graf Harrach soeben die Erzherzogin auffängt. Auf ihrer weißen Bluse sickert ein roter Blutfleck.
Wie sie dann auch Erzherzog Franz Ferdinand herausheben wollen, sackt seine sonst so hohe Gestalt plötzlich zusammen.
Franz Ferdinand d'Este und seine Gemahlin Sophie sind auf Befehl der Narodná Odbrana als erste Opfer des Ersten Weltkrieges gefallen.

Zeremoniell über den Tod hinaus

Die Empörung, der Abscheu und die Trauer finden an einer einzigen Stelle keinen Widerhall, in den Amtsräumen des Obersthofmeisters Fürst Montenuovo. Hier herrscht, wenn man auch eine offizielle Trauerstimmung zur Schau trägt, verschwiegene Genugtuung. Der verhaßte Gegner Franz Ferdinand ist nicht mehr. So wird man ihn auch, gerade weil er sich so oft ostentativ als Gegner gewisser Vorschriften des Zeremoniells erwiesen hat, mit einem einfachen Zeremoniell zu Grabe tragen.
Auf Betreiben Montenuovos erhalten Franz Ferdinand und seine Gemahlin ein Begräbnis dritter Klasse. Die europäischen Fürstenhöfe wie auch die hohe Beamtenschaft der Monarchie wird verständigt, daß deren Teilnahme an den Beisetzungsfeierlichkeiten nicht erwünscht sei. Dann ist es zunächst die Flotte, die der »Heimkehr« der beiden Toten bis Triest ein feierliches Geleit gibt. Doch schon in Triest erfolgt die Überführung zum Bahnhof in gespenstischer Eile und ohne jeden Pomp. Und in Wien vollzieht sich die Einsegnung der Leichen in einer Weise, die lauten Protest zur Folge hat. So wird der Sarg des Thronfolgers in der Burgkapelle auf einem hohen, zwar pompös ausgestatteten Katafalk aufgestellt, jener der Herzogin von Hohenberg nebenan und um einen Meter niedriger, und zwar auf einem einfachen Gerüst. Um den »Abstand« zwischen dem Rang des Thronfolgers und jenem der ehemaligen Hofdame zu verdeutlichen, waren in besonders »geschmackvoller« Weise die Abzeichen ihrer einstigen Stellung, ein paar weiße Handschuhe und ein schwarzer Fächer, zu Häupten ihres Sarges niedergelegt. Bei dem nachfolgenden Kondukt durch die Stadt durften weder die Kirchenglocken geläutet werden, noch die Kinder den Leichenwagen folgen.
Nicht zu unrecht bemerkt ein anwesender ausländischer Diplomat zum Heeresinspektor General von Auffenberg: »Hätte man den ausländischen Fürstlichkeiten und Regierungsvertretern nicht abgesagt, würde vielleicht eine Aussprache zwischen dem einen oder anderen Monarchen oder Minister einen Ausbruch eines Krieges verhindern!«
Was bedeutete schon das gegenüber dem Gefühl der befriedigten Rache eines in den Vorstellungen des spanischen Zeremoniells eingerosteten Hofbeamten!

Der Erste Weltkrieg

Die Behauptung, Franz Joseph habe auf die überhastete Durchführung der Trauerfeierlichkeiten Einfluß genommen, ist als glatte Verleumdung abzuwerten.
Franz Joseph war viel zu erschüttert, um sich mit zeremoniellen Einzelheiten zu befassen. Die einzige, überlieferte Reaktion auf die Schreckensnachricht hin waren die fassungslosen Worte gewesen: »Furchtbar, furchtbar!« Er, der Vierundachtzigjährige, sieht sich gezwungen, nunmehr alle Bürden wieder auf seine Schultern zu nehmen, die ihm der Einundfünfzigjährige, trotz aller Meinungsverschiedenheiten, bisher abgenommen hatte. Er beruft jetzt als erstes seinen Großneffen Karl Franz Joseph, den nunmehrigen Thronfolger, zu sich. Dem jugendlichen Gatten Zitas von Bourbon-Parma erwachsen so buchstäblich über Nacht Aufgaben, auf die er niemals vorbereitet worden ist.
Unzweifelhaft fühlt sich Franz Joseph an seiner verwundbarsten Stelle getroffen. Nicht der Staat Österreich-Ungarn, sondern sein dynastisches Ehrgefühl wurde auf das schwerste verletzt. Der Schimpf, der seinem Hause angetan wurde, fordert Sühne. Franz Joseph weiß auch, daß weite Bevölkerungsschichten, ohne Unterschied ihrer nationalen Zugehörigkeit, über das Attentat außer sich sind. Dem trägt auch ein Ministerrat am 7. Juli Rechnung, mit dem ein Ultimatum an Serbien beschlossen wird. Seine Bedingungen sind äußerst scharf. Unter anderem wird die Besetzung Belgrads durch österreichisch-ungarische Truppen gefordert, die die Durchführung der Untersuchungen gegen nationalistische Kreise und eventuelle Zusammenhänge zwischen deren Tätigkeit und der serbischen Regierung klären sollen. Der einzige, der von dem scharfen Ton des Ultimatums abrät, ist der ungarische Ministerpräsident Tisza.
So kommt es zur Überreichung des Ultimatums in Belgrad durch den österreichisch-ungarischen Gesandten am 23. Juli 1914 und zur Anordnung der teilweisen Mobilisierung am 25. Juli. Trotz des Zwischenspiels der Diplomaten, sind es vor allem die russischen Militärs, die mit ihrer Stellungnahme für Serbien und der gegen den Willen des Zaren durchgeführten Mobilmachung den Krieg provozieren. So stehen sich Deutschland, Frankreich und Rußland mit einem Male in Waffen gegenüber, der Krieg bricht aus, und auch England sieht sich durch den Einmarsch deutscher Truppen in Belgien in den Konflikt hineingezogen.
Man hat die Leistungen des österreichisch-ungarischen Soldaten während des Ersten Weltkriegs oftmals als ein Wunder bezeichnet. Nicht weil man an der Einsatzbereitschaft oder der Tapferkeit der Masse der Kämpfer gezweifelt hätte, sondern weil man nicht erwartet hatte, daß die Angehörigen der gleichen Nationen, die sich im Innern der Monarchie mit einer an Haß erinnernden Leidenschaft bekämpft hatten, für den »Völkerkerker« mit oft beispielloser Hingabe ihr Leben einsetzen würden. Man erwartete hingegen, daß sie schon in den ersten Schlachten versagen würden. Das gerade Gegenteil war der Fall.
Zusammenfassend wäre zu sagen: Außer den Deutschen und den Magyaren, die ja beide praktisch um ihren Lebensraum kämpften, haben alle Nationen des Vielvölkerstaates nicht der Stimme ihres Blutes Rechnung getragen, sondern tapfer und opferwillig bis zum letzten Tage des Krieges gekämpft.
Anderthalb Millionen Soldaten stellt Österreich-Ungarn in den Mobilmachungstagen des Sommers 1914 ins Feld. Begeistert und umjubelt, nicht der unzureichenden Stärke und Ausrüstung gedenkend, rückte Regiment um Regiment, Division um Division in den anbefohlenen Aufstellungsraum im Nordosten und Südosten. Doch schon mit den ersten Schüssen begann der Soldat draußen mit blutiger Schrift die Ziffern seiner Abrechnung in das Schuldkonto der Verantwortlichen für die »Versäumnisse« einzutragen. Zählte doch das Feldheer, dank dieser »Versäumnisse«, bei Kriegsbeginn nur 48 Infanterie- und 11 Kavalleriedivisionen. Trotz dieser Unterlegenheit warfen sich die Regimenter der Monarchie, ungeachtet ihrer nationalen Zusammensetzung, neben den vielfach ohne jedes Maschinengewehr, vor allem aber ohne entsprechende Artillerie angesetzten Landsturmformationen mit altbewährter Todesverachtung gegen den überlegenen Feind. Der wich anfänglich vor den vorstürmenden Armeegruppen Dankls und Auffenbergs eilig zurück und ließ sich auch durch Niederlagen, wie bei Krasnik, in der Durchführung seiner längst vorbereiteten Aufmarschpläne nicht stören. Erst als die russische Heeresleitung die Gewißheit erlangte, daß die deutschen Korps aus Schlesien, Pommern und Polen an die Westfront abgezogen wurden, drückte er nun Staffel um Staffel seiner heranrollenden Divisionsmassen gegen die Österreicher. Das Anwachsen des russischen Übergewichtes zwang nun die k.u.k. Heeresleitung zum Rücktransport eines Teiles der schon auf dem serbischen Kriegsschauplatz bereitgestellten Verbände. Als sich nach monatelangen verlustreichen Rückzugs- und Abwehrkämpfen der harte galizische Winter des Jahres 1914 über die Front niedersenkte, bezeugten die furchtbaren Verlustziffern der deutschen Verbände den ersten großen Blutverlust des deutschen Volkstums der Monarchie. So war die dritte und spätere Edelweißdivision, im August 1914 mit 14000 Gewehren ins Feld gezogen. Am 30. November bestand sie wiederum nur mehr aus 5000 Gewehren. Allein am 20. Dezember 1914 belief sich ihre Zahl endgültig auf 1500 Gewehre!
Bald nach Ablauf der großen Osterschlacht 1915 in den Karpaten erfolgte jedoch die schwerste Erprobung für den Opfermut aller zum Einsatz angetretenen Soldaten. Zur selben Zeit erschien am Südsaum der deutschen Alpenkette und an den Grenzgebieten des Südslawentums ein neuer und doch so alter Feind des Habsburgerreiches: Italien!
Man rief in Kärnten die Schützen und in Tirol das letzte Aufgebot, die Standschützen, auf.
Diese Standschützen waren eine eigenartige Truppe. Aus den Listen der Schießstände »gezogen«, stellten sie tatsächlich das letzte Aufgebot an Wehrfähigen dar, die nicht bereits in den Marsch- und Landsturmformationen an die Fronten im Nordosten oder Südosten gebracht worden waren. 54 Standschützenbataillone neben anderen Freiwilligenformationen, »Jungschützen«-Bataillonen aus Oberösterreich, steirischen Schützen, deutschen, südslawischen und ungarischen Landsturmeinheiten und Marschbataillonen, übernahmen in der Stärke von zusammen 122 Bataillonen die Verteidigung der Front. Allein 35 Divisionen setzte der Gegner zu Beginn seines Kriegseintrittes gegen diese klägliche Streitmacht an.
Während sich nun im Tiroler Hochgebirgskrieg und in den Kämpfen an der Kärntner Grenze nicht nur der Mensch im Feuer, sondern oft genug auch die Natur als Gegner des Men-

schen gegenüberstanden, tobten auf den Hochflächen und in den ausgedörrten Steindolinen des Karstes die Isonzoschlachten.

»Nichts kann besser die ungeheure Leistung, aber auch das Heldentum der österreichisch-ungarischen Isonzoarmeen sinnfälliger aufzeigen als die nackten Zahlen, aus denen sich das gegenseitige Kräfteverhältnis ergibt.

Im Herbst 1915 kämpften im Görzer Brückenkopf 86 italienische gegen 30 österreichisch-ungarische Bataillone. Vierzehnmal griffen die Italiener die Podgora, dreißigmal Oslavija, vierzehnmal den Monte Sabotino innerhalb 47 Tagen an – vergeblich!

In der 6. Isonzoschlacht standen am Monte Sabotino bei Görz 14 italienische Bataillone gegen 1 österreichisch-ungarisches Bataillon.

In der 10. Isonzoschlacht traten 30 italienische gegen 18 österreichisch-ungarische Divisionen an, das Kräfteverhältnis in der 11. Isonzoschlacht war zum Schluß 51 zu 20!« (Gallian)

Deutsche Truppen der Monarchie waren es, die auch hier während aller Schlachten an den Ufern dieses blutgetränkten Flusses zusammen mit Ungarn und Südslawen die Hauptlast der Verteidigung bis zur Durchbruchs- und damit 12. Isonzooffensive trugen. Burgenländer vom 76. Regiment kämpften neben den Steirern der Regimenter 27 und 47. Dann zeichneten sich wiederum das Linzer Infanterieregiment 14, die Neunundvierziger aus St. Pölten, Deutschmeister und sudetendeutsche Regimenter neben Landwehr und Landsturmbataillonen aus. Auch Kaiserjäger und Kaiserschützen aus Tirol, Gebirgsschützen aus Kärnten, deutschböhmische Grenadiere vom Regiment 42 und niederösterreichische Vierundachtziger, die immer wieder an den gefährdetsten Frontabschnitten eingesetzt wurden, gehörten zu den unerschüttertsten Verteidigern der Front.

Im Herbst 1915/16 standen in Serbien und Montenegro die Egerländer an der Spitze der zum Vormarsch antretenden verbündeten Heere. Im Frühjahr 1916 wiederum waren es sudetendeutsche und alpenländische Bataillone, die den Hauptstoß des Durchbruchs auf den Sieben Gemeinden an der italienischen Front führten.

Bis mit dem Verbluten der vor allem gegen Rußland ins Feld gerückten Verbände aus den Reihen des Ersatzes als gefährlicher Verbündeter des Gegners der Verrat wuchs. An Stelle des in der Treue in einer Staatsidee in sich gefestigten Offizierskorps war vielfach ein Führertum, das sich aus den Reserve- und Landsturmoffizieren ergänzte, getreten. Politisch verhetzte tschechische, polnische, ruthenische, slowenische und serbische Lehrer, sonstige Intellektuelle und politische Führer der Nationalitäten trugen jetzt die Offizierssterne. Hatte es da und dort, vor allem bei tschechischen und ruthenischen Ersatzformationen, bereits vereinzelte Fälle von Fahnenflucht und Versagen gegeben, so wuchs die Unzuverlässigkeit mancher Truppenteile gerade aus der politischen Haltung pflichtvergessener Führer jetzt zur offenen Gefahr.

Im November 1918 waren dann die deutschen Truppenkörper der untergehenden k.u.k. Armee unter den letzten, die vielfach nur auf wiederholten Befehl die Stellungen räumten. Durch das Manifest des letzten Habsburgers Karl, der Österreich-Ungarn in einen Bundesstaat mit nationaler Eigenständigkeit umwandeln sollte, brach eine Front, die die Armee noch immer gehalten hatte, zusammen. Mit 300000 Gewehren hatte die letzte Armee Österreich-Ungarns gegen 700000 der Entente noch die Südwestfront im Sommer 1918 gehalten. Da enthob das oben erwähnte Manifest die im Felde stehenden Soldaten von ihrer Eidespflicht. Unaufhaltsam strömten jetzt Tschechen und Polen, Ruthenen, Slowaken, Slowenen, Serben, Kroaten, Rumänen und Magyaren von der Front weg in die Heimat. Nur die Deutschen vermochten die Härte des Schicksalsschlages noch nicht ganz zu erfassen. Als die aber zuletzt nun auch heimmarschierten und ein zerstückeltes Heimatland und ein niedergebrochenes Reich fanden – da begann in ihnen auch schon das Bewußtsein Wurzel zu fassen, daß Teilen von ihnen noch ein schwerer Abwehrkampf um die Erhaltung der Heimat für ihre Söhne bevorstand.

Ein erfülltes Leben?

Noch am Vormittag seines Sterbetages hatte der Kaiser mit dem Ministerpräsidenten Koerber eine lange Besprechung, der ihm über die ganze Lage und die im Reiche wütende Hungersnot reinen Wein einschenkte. Er berichtete dem Monarchen über das herrschende Elend und erklärte, daß es nicht mehr so weiterginge. Die Menschen würden immer aufrührerischer gesinnt.

»Wenn dem so ist«, erklärte der Kaiser, »so wird ohne Rücksicht auf meine Bundesgenossen der Friede geschlossen.«

Dienstag, den 21. November 1916. Der Kaiser hat ausnehmend gut geschlafen und ist, wie gewohnt, sehr früh aufgestanden. Um acht Uhr dann meldet sich der Obersthofmeister Fürst Montenuovo und ersucht den Monarchen, den Burgpfarrer zu empfangen, der ihm den Päpstlichen Segen übermitteln soll. Der Kaiser ist sichtlich aufgeräumt und bestimmt die Stunde, zu welcher der Burgpfarrer vorsprechen soll. Dann kommen die Tochter Marie Valerie und deren Tochter, die Gräfin Waldburg-Zeil, zu Besuch und plaudern angeregt. Wie sich die Erzherzogin verabschiedet, bittet sie den Großpapa, ob sie nicht zu Abend noch einmal bei ihm vorbeischauen dürfe, doch der Monarch lehnt freundlich ab. Er habe noch sehr viel zu tun, meint er, erlaubt ihr aber, ihm doch einen Gute-Nacht-Kuß zu bringen.

Um dreiviertel zehn Uhr erscheinen Generaladjutant Graf Paar und Baron Bolfras noch zum Vortrag, denen sich der Burgpfarrer anschließt und den Päpstlichen Segen erteilt. Es folgen etwas später Thronfolger Erzherzog Karl und seine Gemahlin Zita. Der Kaiser freut sich besonders über die Nachrichten von der Front. Dann, gegen elf Uhr, zeigen sich plötzlich Schwächeanzeichen, die einen vorherbestellten Vortrag des Kabinettsdirektors Baron Schießl und seines Sektionschefs unmöglich machen. Man bringt Franz Joseph auf einen Lehnstuhl unter, um sich auszuruhen. Er erhebt sich aber noch einmal und begibt sich an seinen Schreibtisch, um einige Unterschriften zu leisten. Als dann gegen 5 Uhr die Erzherzogin Valerie noch einmal vorbeischaut, findet sie den Großpapa schon sehr schwach. Auf einen Hinweis hin, daß sie gleich wieder fortgehen wolle, antwortet er müde: »Das wird gut sein, mit geht es schlecht.« Er läßt sich daraufhin seinen Betschemel bringen und verbringt einige Zeit im stillen Gebet. Auf die leise Andeutung hin, es wäre an der Zeit, sich niederzulegen, sagt er still: »Ich habe noch viel zu beten!«

Es wird dann doch spät, bis man ihn endlich zu Bett bringt. Dem Kammerdiener Ketterl, der ihn fragt, welche Befehle er

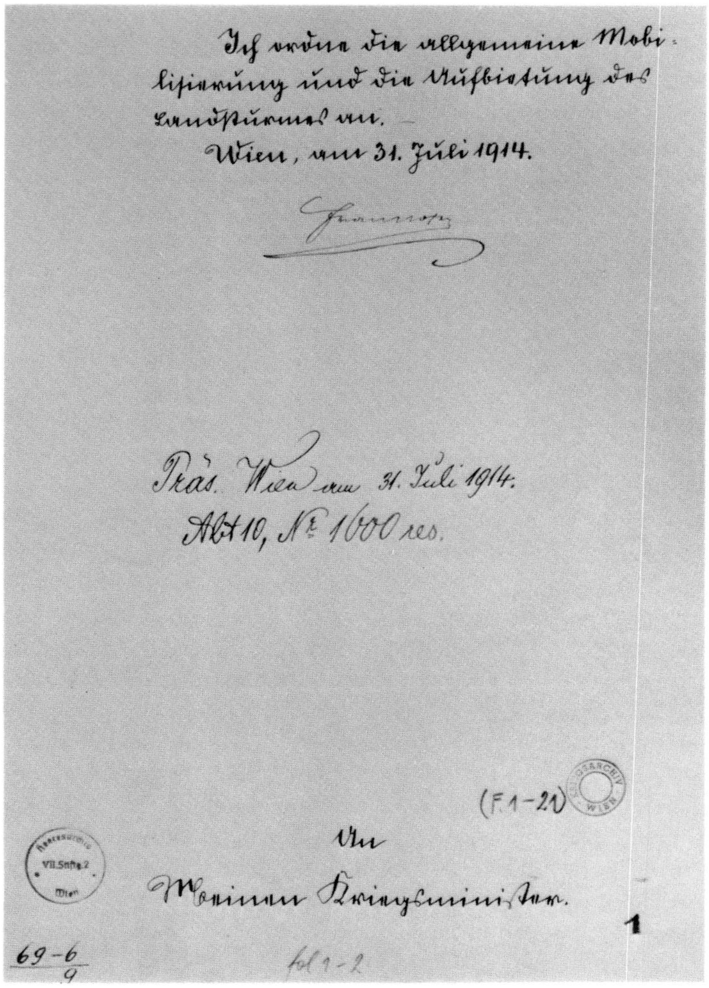

Ich ordne die allgemeine Mobilisierung und die Aufbietung des Landsturmes an. —

Wien, am 31. Juli 1914.

Franz Joseph

Präs. Wien am 31. Juli 1914.
Abt10, Nr 1600 res.

(F.1-21)

An
Meinen Kriegsminister.

1

69-6/9

fol 1-2

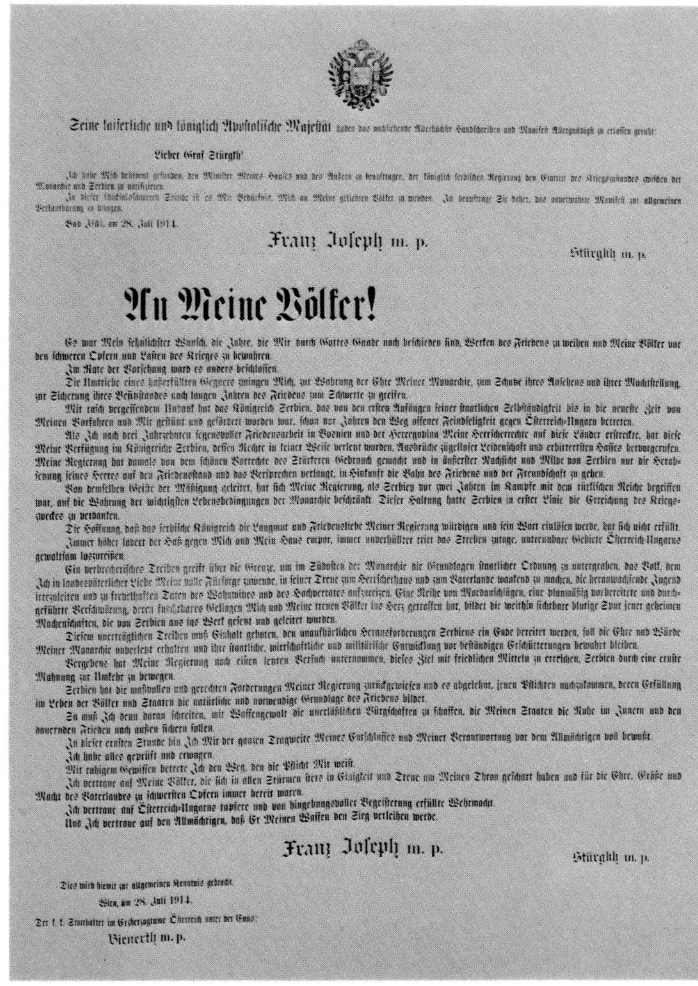

Seine kaiserliche und königlich Apostolische Majestät haben das nachstehende Allerhöchste Handschreiben und Manifest Allergnädigst zu erlassen geruht:

Lieber Graf Stürgkh!

Ich habe Mich bestimmt gefunden, den Minister Meines Hauses und des Äußern zu beauftragen, der königlich serbischen Regierung den Eintritt des Kriegszustandes zwischen der Monarchie und Serbien zu notifizieren.

In dieser schicksalsschweren Stunde ist es Mir Bedürfnis, Mich an Meine geliebten Völker zu wenden. Ich beauftrage Sie daher, das anverwahrte Manifest zur allgemeinen Verlautbarung zu bringen.

Bad Ischl, am 28. Juli 1914.

Franz Joseph m. p.

Stürgkh m. p.

An Meine Völker!

Es war Mein sehnlichster Wunsch, die Jahre, die Mir durch Gottes Gnade noch beschieden sind, Werken des Friedens zu weihen und Meine Völker vor den schweren Opfern und Lasten des Krieges zu bewahren.

Im Rate der Vorsehung ward es anders beschlossen.

Die Umtriebe eines haßerfüllten Gegners zwingen Mich, zur Wahrung der Ehre Meiner Monarchie, zum Schutze ihres Ansehens und ihrer Machtstellung, zur Sicherung ihres Besitzstandes nach langen Jahren des Friedens zum Schwerte zu greifen.

Mit rasch vergessendem Undank hat das Königreich Serbien, das von den ersten Anfängen seiner staatlichen Selbständigkeit bis in die neueste Zeit von Meinen Vorfahren und Mir gestützt und gefördert worden war, schon vor Jahren den Weg offener Feindseligkeit gegen Österreich-Ungarn betreten.

Als Ich nach drei Jahrzehnten segensvoller Friedensarbeit in Bosnien und der Herzegowina Meine Herrscherrechte auf diese Länder erstreckte, hat diese Meine Verfügung im Königreiche Serbien, dessen Rechte in keiner Weise verletzt wurden, Ausbrüche zügelloser Leidenschaft und erbittertsten Hasses hervorgerufen. Meine Regierung hat damals von dem schönen Vorrechte des Stärkeren Gebrauch gemacht und in äußerster Nachsicht und Milde von Serbien nur die Herabsetzung seines Heeres auf den Friedensstand und das Versprechen verlangt, in Hinkunft die Bahn des Friedens und der Freundschaft zu gehen.

Von demselben Geiste der Mäßigung geleitet, hat sich Meine Regierung, als Serbien vor zwei Jahren im Kampfe mit dem türkischen Reiche begriffen war, auf die Wahrung der wichtigsten Lebensbedingungen der Monarchie beschränkt. Dieser Haltung hatte Serbien in erster Linie die Erreichung des Kriegszweckes zu verdanken.

Die Hoffnung, daß das serbische Königreich die Langmut und Friedensliebe Meiner Regierung würdigen und sein Wort einlösen werde, hat sich nicht erfüllt.

Immer höher lodert der Haß gegen Mich und Mein Haus empor, immer unverhüllter tritt das Streben zutage, untrennbare Gebiete Österreich-Ungarns gewaltsam loszureißen.

Ein verbrecherisches Treiben greift über die Grenze, um im Südosten der Monarchie die Grundlagen staatlicher Ordnung zu untergraben, das Volk, dem Ich in landesväterlicher Liebe Meine volle Fürsorge zuwende, in seiner Treue zum Herrscherhaus und zum Vaterlande wankend zu machen, die heranwachsende Jugend irrezuleiten und zu frevelhaften Taten des Wahnwitzes und des Hochverrates aufzureizen. Eine Reihe von Mordanschlägen, eine planmäßig vorbereitete und durchgeführte Verschwörung, deren furchtbares Gelingen Mich und Meine treuen Völker ins Herz getroffen hat, bildet die weithin sichtbare blutige Spur jener geheimen Machenschaften, die von Serbien aus ins Werk gesetzt und geleitet wurden.

Diesem unerträglichen Treiben muß Einhalt geboten, den unaufhörlichen Herausforderungen Serbiens ein Ende bereitet werden, soll die Ehre und Würde Meiner Monarchie unverletzt erhalten und ihre staatliche, wirtschaftliche und militärische Entwicklung vor beständigen Erschütterungen bewahrt bleiben.

Vergebens hat Meine Regierung noch einen letzten Versuch unternommen, dieses Ziel mit friedlichen Mitteln zu erreichen, Serbien durch eine ernste Mahnung zur Umkehr zu bewegen.

Serbien hat die maßvollen und gerechten Forderungen Meiner Regierung zurückgewiesen und es abgelehnt, jenen Pflichten nachzukommen, deren Erfüllung im Leben der Völker und Staaten die natürliche und notwendige Grundlage des Friedens bildet.

So muß Ich denn daran schreiten, mit Waffengewalt die unerläßlichen Bürgschaften zu schaffen, die Meinen Staaten die Ruhe im Innern und den dauernden Frieden nach außen sichern sollen.

In dieser ernsten Stunde bin Ich Mir der ganzen Tragweite Meines Entschlusses und Meiner Verantwortung vor dem Allmächtigen voll bewußt.

Ich habe alles geprüft und erwogen.

Mit ruhigem Gewissen betrete Ich den Weg, den die Pflicht Mir weist.

Ich vertraue auf Meine Völker, die sich in allen Stürmen stets in Einigkeit und Treue um Meinen Thron geschart haben und für die Ehre, Größe und Macht des Vaterlandes zu schwersten Opfern immer bereit waren.

Ich vertraue auf Österreich-Ungarns tapfere und von hingebungsvoller Begeisterung erfüllte Wehrmacht.

Und Ich vertraue auf den Allmächtigen, daß Er Meinen Waffen den Sieg verleihen werde.

Franz Joseph m. p.

Stürgkh m. p.

Dies wird hiemit zur allgemeinen Kenntnis gebracht.

Wien, am 28. Juli 1914.

Der k. k. Statthalter im Erzherzogtume Österreich unter der Enns:

Bienerth m. p.

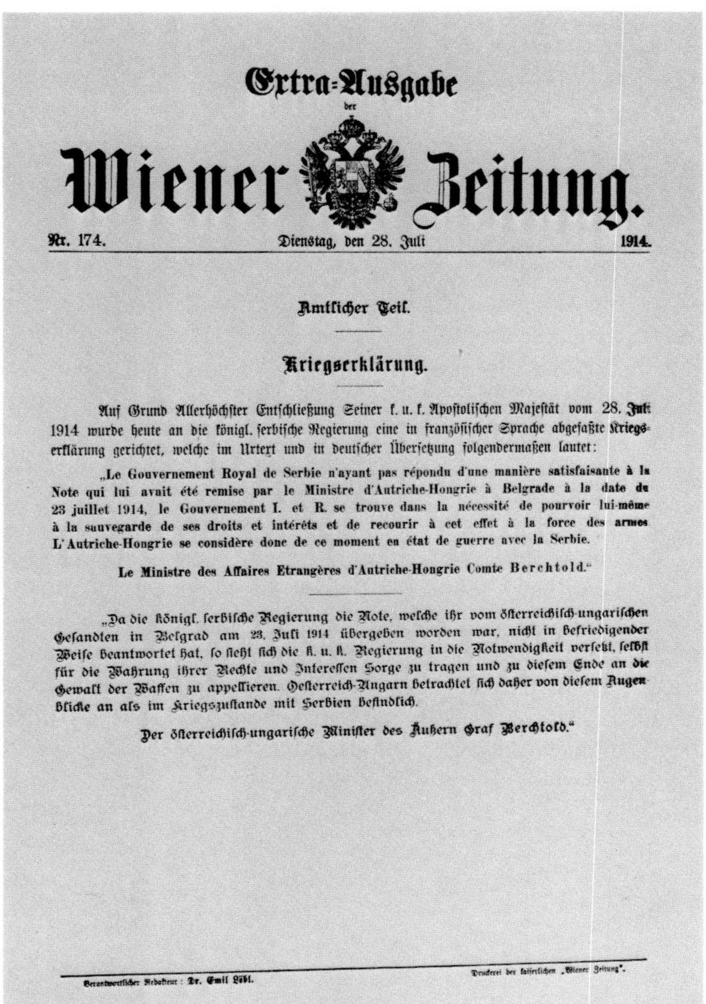

Extra-Ausgabe der

Wiener Zeitung.

Nr. 174. Dienstag, den 28. Juli 1914.

Amtlicher Teil.

Kriegserklärung.

Auf Grund Allerhöchster Entschließung Seiner k. u. k. Apostolischen Majestät vom 28. Juli 1914 wurde heute an die königl. serbische Regierung eine in französischer Sprache abgefaßte Kriegserklärung gerichtet, welche im Urtext und in deutscher Übersetzung folgendermaßen lautet:

„Le Gouvernement Royal de Serbie n'ayant pas répondu d'une manière satisfaisante à la Note qui lui avait été remise par le Ministre d'Autriche-Hongrie à Belgrade à la date du 23 juillet 1914, le Gouvernement I. et R. se trouve dans la nécessité de pourvoir lui-même à la sauvegarde de ses droits et intérêts et de recourir à cet effet à la force des armes. L'Autriche-Hongrie se considère donc de ce moment en état de guerre avec la Serbie.

Le Ministre des Affaires Etrangères d'Autriche-Hongrie Comte Berchtold."

„Da die königl. serbische Regierung die Note, welche ihr vom österreichisch-ungarischen Gesandten in Belgrad am 23. Juli 1914 übergeben worden war, nicht in befriedigender Weise beantwortet hat, so sieht sich die k. u. k. Regierung in die Notwendigkeit versetzt, selbst für die Wahrung ihrer Rechte und Interessen Sorge zu tragen und zu diesem Ende an die Gewalt der Waffen zu appellieren. Oesterreich-Ungarn betrachtet sich daher von diesem Augenblicke an als im Kriegszustande mit Serbien befindlich.

Der österreichisch-ungarische Minister des Äußern Graf Berchtold."

Verantwortlicher Redakteur: Dr. Emil Löbl. Druckerei der kaiserlichen „Wiener Zeitung".

Dokumente der letzten Friedenstage:

Die Kriegserklärung an Serbien (links).

In einem »Manifest an meine Völker« rechtfertigt der Kaiser seine Haltung (oben rechts).

Die vom Kaiser eigenhändig unterschriebene allgemeine Mobilmachung und die Aufbietung des Landsturmes (oben links).

Franz Joseph hat diesen Krieg nicht gewollt. Ihm fehlte zur Durchsetzung seines Friedenswillens gegenüber den politischen und militärischen Ratgebern der Gesamtüberblick. Auch in dieser entscheidenden politischen Frage blieb Franz Joseph wieder nur ein guter »Truppenführer« und durchaus kein »Stratege«. Er sah nicht den kommenden Weltkrieg; bis es zu spät war glaubte er nur an eine Strafexpedition gegen Serbien. In Ischl sagte er später zur Katharina Schratt: »Hoffentlich kommen wir mit einem blauen Auge davon!«

für den nächsten Morgen habe, sagte er laut und bestimmt. »Wie immer, um halb vier Uhr früh wecken, ich bin mit meiner Arbeit nicht fertig geworden!« Und als ihm der Kammerdiener noch ein paar Tropfen einer Medizin einflößen will, fragt er noch kurz: »Warum geht's denn jetzt?«
Gegen halb neun Uhr abends vermehren sich die Anzeichen, daß es bald zu Ende geht. Inzwischen sind außer den Ärzten auch das Thronfolgerpaar, Erzherzogin Marie Valerie, ihr Gatte, die Erzherzoginnen Maria Josefa und Maria Theresia, Graf Paar, Montenuovo, andere Persönlichkeiten aus der nächsten Umgebung des Kaisers und das Kammerpersonal im Sterbezimmer versammelt. Der Burgpfarrer spricht leise Gebete, Erzherzogin Marie Valerie ist neben dem Bett niedergekniet und drückte dem Sterbenden das Sterbekreuz in die Hand.
Es ist neun Uhr fünf, da setzt der Herzschlag aus. Der Leibarzt Dr. von Kerzl und Professor Dr. Ortner treten an das Bett. »Exitus!« Ein Leben voller Pflichterfüllung und Leiden hat endlich seine Erlösung gefunden!

Kaiser Karl I. und Kaiserin Zita, letzte Statisten einer vergangenen Monarchie

Schon wenige Tage nach dem Regierungsantritt des jungen Kaisers Karl fegt ein frischer Wind durch die Kanzleien der Hofämter, die Alten gehen und Neue kommen. Auch in den Ministerien folgt auf fast allen Ministerstühlen ein Wechsel. Die beiden dringendsten Probleme, die sich den neuen Männern stellen, heißen: Sicherung der Versorgung der Bevölkerung und der Versuch, möglichst bald zu einem Friedensschluß zu kommen. Innenpolitisch neigt Kaiser Karl zu einer ähnlichen Lösung wie sie seinem Onkel Franz Ferdinand vorgeschwebt hat, nämlich die Völker der Monarchie zu einem großen Staatsgebiet zu vereinigen. Ursprünglich beabsichtigt auch er, die Krönung als König von Ungarn so lange hinauszuschieben, bis der Umbau des Reiches vollendet ist, doch er läßt sich vom ungarischen Ministerpräsidenten Graf Tisza überreden, sich sofort die ungarische Königskrone auf das Haupt setzen zu lassen und den Eid auf die ungarische Verfassung zu leisten. Was auch dann am 30. Dezember 1916 geschieht.
Mit dem Eid auf die ungarische Verfassung sind Karl aber die Hände gebunden. Um wenigstens in der österreichischen Reichshälfte ein föderalistisches System zu verwirklichen, wird im Jahr 1917 das Parlament, das Graf Stürgkh jahrelang geschlossen hatte, wieder einberufen. Doch statt am Ausbau des gedachten Staatenbundes mitzuarbeiten, bringen die nichtdeutschen Nationen Vorbehalt um Vorbehalt vor.
Es ist das alte Lied! Nur mit dem Unterschied, daß jetzt draußen an den Fronten die Völker, deren Vertreter solches fordern, in einem Kampf auf Leben und Tod für den Erhalt dieses Reiches verwickelt sind. Wie dann Kaiser Karl in einem Akt politischer Großzügigkeit auch alle politisch Verdächtigen aus den Gefängnissen entläßt, erweist es sich bald, daß er damit statt Versöhnung und Dank zu ernten, »einen Freibrief für Überläufer und Verräter« ausgestellt hat.
Aufsehen erregt vor allem die »Sixtus«-Affaire. Karl und vor allem Zita erweisen sich bald als absolute Gegner eines »Siegfriedens«, wie ihn vor allem General Ludendorff anstrebt. Vom ersten Tag, an dem Karl die Regierung antritt, ist sein Ziel, den Krieg, für den er keine Verantwortung trägt, »so bald wie möglich durch einen Verständigungsfrieden zu beenden«. Darum versucht er im Frühjahr 1917 durch seinen Schwager Prinz Sixtus von Bourbon-Parma, der in der belgischen Armee dient, zunächst mit Frankreich eine Verständigung herbeizuführen. Was angesichts der Blutopfer, welche Tausende deutscher Soldaten für den Bestand des österreichisch-ungarischen Staates gebracht haben, einem Verrat an dem Verbündeten gleichkommt. Das Dazwischentreten der Italiener verhindert weitere Verhandlungen mit Poincaré.
Der große Sieg von Flitsch-Tolmein im Oktober 1917 läßt dann die Hoffnung aufkommen, das Österreich doch noch, wie Franz Joseph bei Beginn des Krieges zu Frau Schratt gesagt hatte, mit einem blauen Auge davonkommen würde. Doch setzt der Piave dem weiteren Vormarsch ein Ende. Es kommt im Osten zu Friedensverhandlungen mit den Sowjets und der Ukraine, dem Frieden von Brest-Litowsk am 3. März 1918 und dem Frieden mit Rumänien im April 1918. Wie dann der Friedensminister Graf Ottokar Czernin bei seiner Rückkehr von den Verhandlungen in Brest-Litowsk mit stolzgeschwellter Brust in Wien eine auf einen siegreichen Frieden ausgerichtete Rede hält und andeutet, der alte »Tiger« Clemenceau habe heimlich in Wien um Frieden angeklopft, da dreht der Franzose den Spieß um und verlautet den Inhalt der Sixtusbriefe. Wobei er deutlich macht, daß nicht er, sondern Kaiser Karl um Frieden angesucht habe.
Die Folge ist ein ungeheurer Skandal. Man ist in Deutschland empört, und auch die Deutschen Österreichs fühlen sich durch das Verhalten ihres Kaisers vor dem Bundesgenossen bloßgestellt. Karl entläßt zunächst Czernin (dieser hatte den Rücktritt des Kaisers gefordert) und macht sich zur bekannten »Sühnefahrt« nach Spaa ins deutsche Hauptquartier auf. Er versichert Kaiser Wilhelm seine Bündnistreue und läßt durchblicken, daß er eigentlich gar nicht das Bündnis durch den Brief an seinen Schwager verletzt habe.
Doch treiben die inneren Verhältnisse in der Monarchie unaufhaltsam der Auflösung zu. In Prag sind die eben durch den kaiserlichen Amnestieerlaß freigekommenen Gegner des Habsburgerstaates fröhlich am Werk, da ist es der amnestierte Nationaltscheche Dr. Kramarsch, der im Mai 1918 in Prag eine Rede gegen den »österreichischen Zwangsstaat« hält, die Vertreter aller von Österreich ›unterdrückten Völker‹ anhören. Hunger im Inland und Mangel an Material, um einen Krieg weiterzuführen, lassen auch den letzten Willen zum Widerstand abbröckeln.
Vom 21. bis 29. Oktober bilden sich dann in Prag, Agram, Budapest und in Wien nationale Regierungen, ein letzter Versuch Karls, mit Hilfe eines Liquidationskabinetts Seipel-Lammasch-Redlich Österreich zu retten und auf einer künftigen Friedenskonferenz zu vertreten, scheitert an den Umstürzen in Prag und Budapest. Nach vierhundertjähriger Herrschaft, den Tagen, da Kaiser Maximilian mit seiner Devise: »Alii bella gerunt, tu felix Austria nube!« dem Hause Österreich die Länder der Stephans- und der Wenzelskrone heimgebracht hatte, sinkt der Doppeladler von den Masten in Budapest, Prag, Agram und Wien.

Vier Wochen nach dem Attentat hingen auch in Sarajewo die Plakate der Mobilmachung.

Ein slowakisches Regiment rückt ins Feld. Die Gegner hießen Serbien und Rußland.

Auf allen großen Bahnhöfen des Reiches das gleiche Bild: Blumengeschmückte Waggons und lachende Soldaten, die spätestens Weihnachten wieder zu Hause sein wollten (oben und unten links).

Auch bei der Flotte zunächst Jubel! (rechts unten)

Der Jubel verstummte schnell. Unter ungeheueren Opfern mußte sich das österr.-ung. Heer der russischen Feuerwalze in Galizien entgegenstemmen.

Das 2. Kaiserjägerregiment verlor im September 1914 sogar die Regimentsfahne. Hier werden die Soldaten auf ihre neue Fahne vereidigt (links).

Galizien wurde während der kommenden drei Jahre gnadenloses Schlachtfeld. Hier verblutete sich das österr.-ungar. Feldheer. Schon 1/2 Jahre später waren fast ausschließlich Reservemannschaften im Einsatz (Bilder Mitte). Gefangenentransporte, auf dem Bild sind es Serben, und brennende Dörfer – der Krieg verwüstet ein Land (Bilder unten).

Die Luftwaffen bekamen strategische Bedeutung. Das moderne Radar hatte bereits im I. Weltkrieg an allen Fronten seine improvisierten Vorgänger.

Für die Soldaten wurde besonders Galizien zur »Marschierhölle«. Die Front war immer in Bewegung.

Die schwere österreichische Artillerie bewies vom ersten Tag an ihre traditionelle militärische Qualität, trotz veralteter Geschütze, mit der sie zunächst ins Feld ziehen mußte. Beim Gegner sorgten allerdings die ab 1911 im Geheimen gebauten 30,5 Zentimeter-Motormörser für unangenehme Überraschungen.

Auch deutsche Langrohrgeschütze waren beim österreichischen Heer im Einsatz (Bild unten).

Überhastete Ausbildung und mangelnde Flugerfahrung waren häufig Ursache von Flugunfällen hinter den eigenen Linien.

Interessanter als das Bild der gefangenen Italiener ist die vielsprachige Unterschrift dieser Feldzeitung für alle Einheiten des Vielvölkerheeres (Mitte links).

Königlich-ungarischer Korporal Josip Broz, später genannt Tito (unten im Bild, links liegend).

Der Isonzo bekam für die österreichisch-ungarische Armee die gleiche makabre Bedeutung, wie Verdun für die deutschen Armeen. In drei Jahren (1915–1917) tobten hier zwölf fürchterliche Schlachten (Bild unten).

Gefangene Alpini und Bersaglieri. — Elfogott alpinik és bersaglierik. — Zasužnjeni Alpini i Bersaglieri. — Zajatí Alpínové a Bersaglierové. — Pojmani Alpini i Bersaglieri. — Połoneni alpiny i bersagliery. — Alpini şi bersaglieri prinşi. — Alpins et bersaglieris prisonniers. — Alpinis and Bersaglieris made prisoners.

Seekrieg in der Adria: Zu dieser Art von Minenräumen gehörte schon Mut!

Tauchretter und Gasschutzmasken standen noch im Anfang der Entwicklung.

Donaumonitore spielten eine gewichtige Rolle bei der Eroberung von Belgrad (1915).

Österreichische Torpedoboote verunsicherten besonders die italienischen Küsten (Mitte rechts).

Einer der berühmtesten österreichischen Marineflieger dieser Zeit, Kapitän Banfield, lebt heute in Triest.

Die Schlachtschiffe der K. u. K. Flotte haben, ähnlich der deutschen Flotte in der Ostsee, die Adria kaum verlassen. Trotzdem gelang es ihr nicht, die anfängliche Überlegenheit dort zu halten.

Cattaro, das heutige jugoslawische Kotor, war Hauptstützpunkt für die schweren Schiffseinheiten. Pola, heute ebenfalls jugoslawisch mit Namen Pula, war der zweite strategisch bedeutende Kriegshafen.

Diese Bilder täuschen: Für den Großteil der Offiziere der K. u. K. Marine war, besonders auf den großen Einheiten, das jahrelange Abwarten in den Häfen eine echte Nervenprobe. Darüber können auch Schiffsmesse und Hafencasino nicht wegtäuschen.

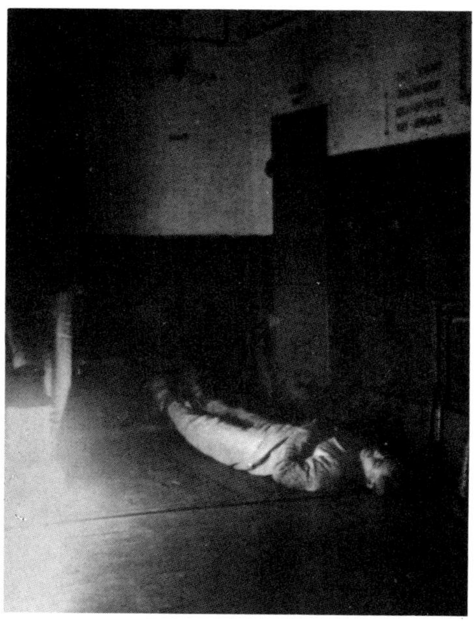

Drakonische Strafen gab es für aufsässige Mannschaften: Angekettet, Dunkelhaft und Netzarrest. Kein Wunder, daß es in der finsteren Enge der Mannschaftsquartiere, meistens tief unten im Schiffsbauch, zu Meuterei und Schlägereien kam.

Das Nationalitätenproblem spielte auch in der Marine eine Rolle. Decksmannschaften waren meistens aus Dalmatien, Kroatien und Italien. Beim technischen Personal fand man besonders viele Tschechen. Ein besonders großes Kontingent stellten die Magyaren, das war bereits Tradition.

Die Offiziere rekrutierten sich aus allen Regionen der Monarchie: Deutsche, Kroaten, Ungarn und Italiener.

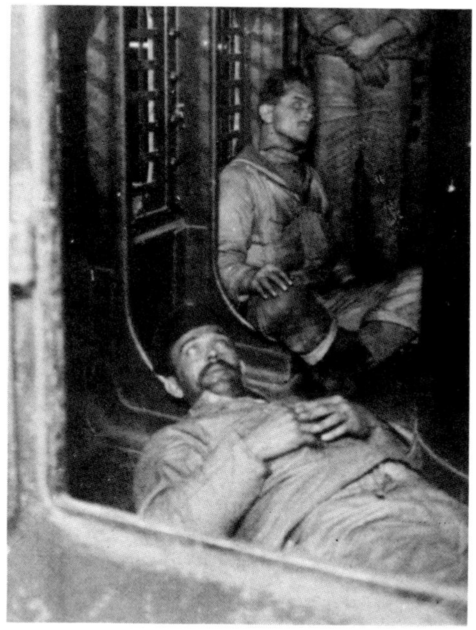

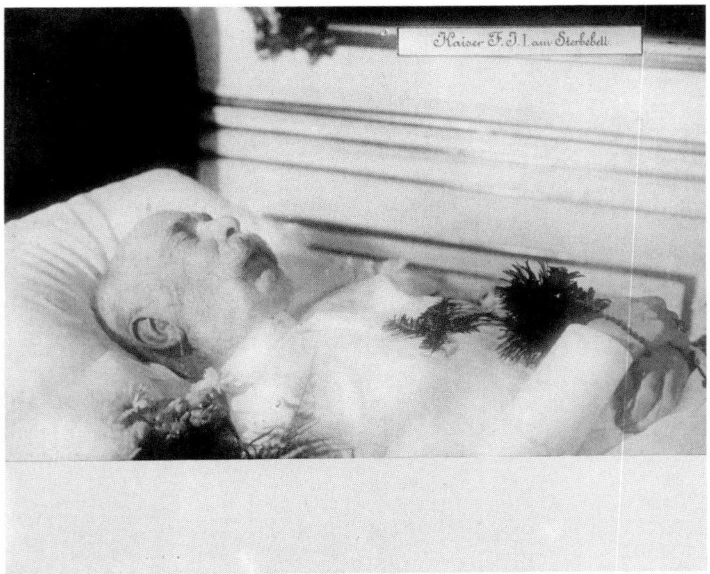

Am 21. November 1916 starb Kaiser Franz Joseph I. Wegen der herrschenden Hungersnot wollte er noch kurz vor seinem Tod den Krieg sehr bald beenden.

Für die Hauptstadt Wien war das feierliche Begräbniszeremoniell mit dem eindrucksvollen Leichenzug die letzte Demonstration der Habsburger Monarchie (rechts und Mitte).

Auch das gehörte zum Trauer-Zeremoniell: Kaiser Karl in deutscher, sein Gast Wilhelm II. in österreichischer Uniform (Bilder unten).

Die letzte Ruhestätte Franz Josephs: die Kapuzinergruft in Wien.

Der Krieg tobt weiter: Bilder von der Alpenfront 1917. Bis zu 2000 Meter hoch hingen die »Schwalbennester« in den Felsen.

Südtirol, hier die Kirche von Sexten, lag ständig im Feuer italienischer Artillerie.

Von Innichen, der historischen Stätte aus der Zeit des Bayernherzogs Tassilo, blieb nur die romanische Kirche.

Sexten wurde in drei Jahren fast dem Erdboden gleichgemacht (rechts).

Die Soldaten der Alpenfront hatten zwei Gegner: die italienischen Armeen und eine gnadenlose Natur.

Die letzte österreichische Kaiserin: Zita bei einem Besuch in Vorarlberg.

Die Kinder des letzten Kaiserpaares: Von ihnen hat zur Zeit dieser Aufnahme keines mehr Aussicht auf eine Thronfolge.

Kaiser Karl wurde 1916 in Budapest noch zum König von Ungarn gekrönt und leistete den Eid auf die ungarische Verfassung.

Kaiser Karl sah sich Habsburger Militärtradition verbunden.

Bei der Truppe war der letzte Kaiser nicht unbeliebt.

Das Ende: Das Reich ist zusammengebrochen, die Armee löst sich auf, die Flotte wird den alliierten Siegern übergeben. Die Soldaten kehren in ihre nun eigenen nationalen Staaten zurück.

Epilog

Die es erlebt, die für seinen Fortbestand ihr Leben eingesetzt haben, für die war dieses Österreich-Ungarn ein echtes Erlebnis! Angefangen von dem Schaffner, der, wenn man bei Ala österreichischen Boden betrat, italienisch sprach, über den Wiener Fiaker, der einem auf deutsch die Sehenswürdigkeiten der Donaustadt erklärte, bis zum Gepäckträger, der einem in Brünn auf tschechisch sein Entgelt abverlangte und dem Hausmeister, der einem in Krakau in die Wohnung auf polnisch einwies, keiner von ihnen hätte sich anders als ein Österreicher ausgegeben. Und auch die Freunde von der ungarischen Reichshälfte, ob sie nun Magyaren, Kroaten, Slowaken oder Siebenbürger Rumänen waren, ich kann mich nicht daran erinnern, daß meine Eltern oder ich selbst von ihnen je anders als ein Landsmann angesprochen worden wären. So sehe ich heute noch die tschechischen Soldaten vor mir, wie sie am Sonntag in den Wirtshäusern mit unseren Bauernburschen zusammensaßen, abends mit unseren Südtiroler Mädels zum Tanz gingen und sich gemeinsam mit den aus dem Cadore herübergekommenen italienischen Arbeitern prügelten, weil ein dunkelhaariger Bursche einer unseren Schönen besser gefiel als der Wastl aus Welsberg oder der Franticek aus Iglau. Auch der polnische Kutscher meines Vaters, hat, als er um die Mizzi, unsere Köchin, anhielt, nicht erst gefragt, ob sie ihn als waschechte Slowenin heiraten dürfe. Selbst noch während des Krieges, als meine engere Heimat im unmittelbaren Frontbereich lag, erlebte ich es persönlich, wie sich durch mehrere Wochen allabendlich sieben Nationen in der gleichen Uniform vergatterten, um bei anbrechender Dunkelheit den Marsch in die Stellung anzutreten. Ich kann mich dabei nicht erinnern, je ein abfälliges Wort von seiten eines Slowaken über einen Magyaren oder eines Tirolers über einen Tschechen gehört zu haben. Auch innerhalb der Armee trat mit Zunahme der politischen Agitation erst nach und nach eine bemerkbare Gegensätzlichkeit unter den Truppenteilen verschiedener Nationalität auf, die letzten Endes ihre Kampfkraft beeinflußte.

Und noch einige Worte zur Familie des Herrscherhauses, das durch so viele Jahrhunderte diesem Völkerreich Sinn und in vielem auch Inhalt zu verleihen vermochte. Lebten sie mit ihren Völkern oder sonderten sie sich durch den Hof, durch eine Mauer von Höflingen und Leuten, die daran interessiert waren, die Distanz zwischen den Untertanen und der Kaiserlichen Familie aufrechtzuerhalten, ab? Auf keinen Fall war dies nach dem Tode Franz I. und dem Ende des Staatsrates der Fall. Hier galt das Wort, das Franz Joseph an den Generalstabschef Conrad von Hötzendorf richtete, als er ihm bei seiner Meldung sagte: »Ich mache Ihnen volle Aufrichtigkeit mir gegenüber zur Pflicht!«. Die Schwester meiner Mutter war Hofdame bei sehr hochgestellten Angehörigen der kaiserlichen Familie und erzählte oft genug von den Kontakten mit den verschiedensten Menschen aus allen Bevölkerungsschichten, die von seiten des Hofes gepflegt wurden. Ich selber erinnere mich sehr gut an zwei Begebenheiten, deren Zeuge ich selber wurde und die kennzeichnend für die Person des Thronfolgers Erzherzog Franz Ferdinand waren. So kamen wir 1909 gerade von der Enthüllung des Denkmals für den Tiroler Freiheitshelden von 1809, Peter Sigmayr in Olang, zurück als in Niederdorf ein großer Brand ausbrach. Während eines plötzlich auftretenden Gewitters war ein Bauernhof vom Blitz getroffen worden und brannte lichterloh. Erzherzog Franz Ferdinand kam vorüber, ließ sofort halten, alarmierte »sehr energisch« den Kommandanten der dort befindlichen Garnison und beteiligte sich persönlich »mit den Händen« an den Löscharbeiten. Nicht ohne nachher der Bauernfamilie, die um Hab und Gut gekommen war, einen namhaften Geldbetrag zu hinterlassen. Ein paar Tage später spazierte er gemeinsam mit seiner Gemahlin als »schlichter« Tourist durch mein Heimatdorf, sprach mit den Bauern, betrat einige Höfe, sah in die Stuben und nach dem Stall und interessierte sich für die Ernteaussichten, die Viehzucht und für die sonstigen Anliegen der Bauern, über die er sich in einer späteren Teestunde bei meinen Eltern in aller Ausführlichkeit aussprach. Auch erinnere ich mich sehr gut an die Gräfin Mathilde (genannt Spatz) Trani, eine jüngere Schwester der Kaiserin Elisabeth, die alljährlich in einem unserer Hotels in Toblach wohnte. Sie wanderte oft stundenlang mutterseelenallein durch die Landschaft, betrat Bauerngehöfte und Arbeiterwohnungen, unterhielt sich mit den »Leuten«, sah dem Spiel der Kinder zu und übergab dem Herrn Pfarrer stets eine größere Geldsumme für die Armen im Orte. Man sage nicht, daß diese Persönlichkeiten nicht wußten, wie das Volk dachte und welche Sorgen es drückten. Und diese auch im engsten Familienkreis in Gegenwart Seiner Majestät zur Sprache brachten. Zum Schluß noch einen letzten und unvergeßlichen Eindruck vom »alten« Kaiser. Es war während des großen Jubiläumsfestzuges anläßlich der Hundertjahrfeier der Erhebung Tirols unter Andreas Hofer in Innsbruck.

Wir saßen der Hoftribüne genau gegenüber und konnten jede Einzelheit des Vorbeimarsches verfolgen. Mit einem Male kam, an der Spitze einer Südtiroler Kompanie, eine Gruppe Veteranen anmarschiert. Sie trugen alle die Erinnerungsmedaille der Schlacht von Custoza und des Italienfeldzuges von anno Sechsundsechzig an der Brust. Inmitten der Gruppe marschierte ein alter weißhaariger Veteran. Er trug eine herrliche, aus Edelweiß geflochtene Kaiserkrone auf einem Kissen. Sobald er vor dem Kaiserzelt angekommen war, schwenkte er aus der Reihe, ging auf den Kaiser zu und legte ihm die Krone zu Füßen. Der Kaiser sah es, und, was er sonst nur selten tat, streckte die Rechte aus und schüttelte dem alten Mann kräftig die Hand. Dann hob er die Hand an den Federhut und salutierte, während er dem Veteran nachblickte. Er tat dies lange, als wollte er sagen: »Du und ich, wir beiden taten damals das gleiche als wir für dieses Österreich gebangt und gelitten haben, das sich heute noch einmal in seinem Glanz und seiner Vielfalt entfaltet!« Zehn Jahre später – gab es kein Österreich-Ungarn mehr!

Stichwortregister

Literaturnachweis

Allmayer-Beck Christoph / Lessing	Die k. (u.) k. Armee 1848–1914. Verlag Bertelsmann
Auffenberg – Komarow	Aus Österreichs Höhe und Niedergang, Drei-Masken-Verlag, München 1921
Corti, Egon Caesar	Vom Kind zum Kaiser. Kindheit und Jugend Kaiser Franz Josephs I. Verlag A. Pustet, Graz–Wien
Corti, Egon Caesar	Mensch und Herrscher. Weg und Schicksale Kaiser Franz Josephs I. Verlag Styria, Graz–Wien.
Corti, Egon Caesar	Elisabeth, die seltsame Frau. Verlag A. Pustet, Salzburg–Leipzig
Danneberg, Robert	Das sozialdemokratische Programm. Verlag der Wiener Volksbuchhandlung
Fischer, Ernst	Österreich 1848, Probleme der demokratischen Revolution in Österreich. Verlag Stern, Wien
Glaise-Horstenau, Edmund	Österreich-Ungarns letzter Krieg, Das Kriegsjahr 1914. Verlag militärwissenschaftliche Mitteilungen, Wien
Hadamowsky, Franz	Friedrich Kaiser, ein Wiener Volksdichter erlebt die Revolution 1848. Verlag Bellaria, Wien
Helfert, Frhr. Josef Alexander	Der ungarische Winterfeldzug und die octroyierte Verfassung. Verlag F. Tempski, Prag
Heller, Eduard	Kaiser Franz Joseph I. Militärwissenschaftlicher Verlag G. M. F. Schubert
Hennings, Fred	Ringstrassen-Symphonie. Verlag Herold, Wien–München
Janetschek, Ottokar	Kaiser Franz Joseph. Schicksale und Tragödien aus der guten alten Zeit. Verlag Amalthea, Zürich–Wien
Jedlicka, Ludwig	Erzherzog Franz Ferdinand,Gestalten der Geschichte Österreichs. Verlag Tyrolia, Innsbruck–Wien–München
Kiszling, Rudolf	Die Revolution im Kaisertum Österreich 1848/49. Universum-Verlagsgesellschaft, Wien, 1948
Klastersky, Cissy	Der alte Kaiser, wie nur einer ihn sah. Verlag Gerold & Co., Universitätsbuchhandlung Wien
Knappich, Wilhelm	Die Habsburger Chronik. Verlag Bergland, Salzburg–Stuttgart
Köpeczki, Béla	Petöfi Šandor, Rebell oder Revolutionär? Verlag Corvina, Budapest
Kralik, Richard	Geschichte der Stadt Wien und ihrer Kultur. Verlag Adolf Holzhausen, Wien
Mailler, Hermann	Frau Schratt, ein Lebensbild. Wien 1947
Nitsche, Georg	Österreichisches Soldatentum im Rahmen deutscher Geschichte. Verlag G. Freytag A. G. Berlin–Leipzig
Pollak, Oskar	Der Weg aus dem Dunkel. Verlag Wiener Volksbuchhandlung
Raab, Riki	Fanny Elsler, Eine Weltfaszination. Verlag Bergland, Wien
Redlich, Joseph	Kaiser Franz Joseph, eine Biographie. Verlag für Kulturpolitik, Berlin
Regele, Oskar	Feldzeugmeister Benedek, der Weg nach Königgrätz. Verlag Herold, Wien–München
Roughan, Henry	Die Erschließung der Ostalpen durch die Lokomotive. Österreichs Hort, Patriotische Verlagsbuchhandlung, Wien
Susan, Dr. C. V.	Geistiges Leben im letzten Jahrhundert. Österreichs Hort, Patriotische Volksbuchhandlung, Wien
Tremel, Ferdinand	Kaisertum Österreich. Verlag Styria, Steirische Verlagsbuchhandlung, Graz
Weber, Georg	Weltgeschichte in übersichtlicher Darstellung. Verlag W. Egelmann, Leipzig

Folgenden Museen, Archiven und Sammlungen sind wir für die Mithilfe und Bereitstellung von Bildmaterial zu Dank verpflichtet:
Historisches Museum der Stadt Wien
Portraitsammlung der Nationalbibliothek, Wien
Heeresgeschichtliches Museum, Wien
Kriegsarchiv des Ministeriums für Landesverteidigung, Wien
Kunsthistorisches Museum, Wien
»Kleines Archiv«, Portrait- und Autographensammlung Prof. Walter Jary, Wien
Foto Meyer KG, Familienarchiv Inge Lindner, Wien
Photomuseum Sammlung Frank, Bad Ischl
Frau von Eichthal, Wien
Prof. Dr. A. Festetics, Tübingen
Süddeutscher Verlag, München
Eupra – Bildagentur, München
Mondadori Press, Segrate (Milano)
Baron R. Proházka, München
Paul Kohn, New York
Graf Louis Normann-Audenhove, Wien
Sonderausstellung »Österreich unter Kaiser Franz Joseph I.«, Schloß Pottenbrunn bei St. Pölten (1978/79)

Redaktion: Günter Padberg

Lithografie:
Otterbach Repro KG, Rastatt

Satzherstellung: Satz 2000, München

Die Vorlagen für die Vorsätze vorne und hinten stellte das Kriegsarchiv in Wien zur Verfügung.

Der hintere Vorsatz zeigt den Verlauf der Fronten im Todesjahr Kaiser Franz Josephs I.

Flottenstärken in den europäischen Gewässern am 1. Februar 1917

		Gesamttonnengeh.	Anmerkung
Deutschland		684.560	Hievon in der Ostsee 70.000
Österreich-Ungarn		272.300	Ohne Donauflottille
Türkei		65.000	Mit „Goeben" und „Breslau"
Bulgarien		1.600	Ohne Donauflottille
Summe		1,023.460	
Großbritannien		2,500.000	Offizielle Angaben über die Aufenthaltsorte der Flotte Großbritanniens liegen nicht vor. Die Eintragungen in obige Skizze und nebenstehende Tabelle beruhen daher auf Kombinationen.
Frankreich		826.000	
Russland	Ostsee	264.000	
	Schw. Meer	161.000	
Italien		484.250	
Rumänien		1.325	Ohne Donauflottille
Summe		4,236.575	

Heeresstärken auf den europäischen Kriegsschauplätzen am 1. Februar 1917

	Mittelmächte		Entente	
	Inf. Div.	Kav. Div.	Inf. Div.	Kav. Div.
Ostfront	128½	23	232	42
Westfront	135	·	181	12
Südwestfr.	31	·	57	4
Balkan	15½	1	25	3
Summe	310	24	495	61